我
·COGITO·
思

陌生人马可

意大利与中国的古今丝路

Marco the Stranger

邱捷　夏沃　编

（意）苏尔迪　等著

邱捷　译

The Silk Road Past and Present
between Italy and China

GUANGXI NORMAL UNIVERSITY PRESS
广西师范大学出版社
· 桂林 ·

陌生人马可：意大利与中国的古今丝路
MOSHENGREN MAKE：YIDALI YU ZHONGGUO DE GUJIN SILU

策划：吴晓妮@我思工作室
责任编辑：叶　子
助理编辑：赵黎君
装帧设计：何　萌
内文制作：王璐怡

图书在版编目（CIP）数据

　　陌生人马可：意大利与中国的古今丝路 / 邱捷，夏沃编；
（意）苏尔迪等著；邱捷译. —桂林：广西师范大学出版社，
2021.6
　　（新丝路艺丛）
　　ISBN 978-7-5598-3568-0

　　Ⅰ . ①陌… Ⅱ . ①邱… ②夏… ③苏… Ⅲ . ①中外关
系－文化交流－文化史－意大利 Ⅳ . ①K203②K546.03

　　中国版本图书馆 CIP 数据核字（2021）第 005498 号

广西师范大学出版社出版发行
（广西桂林市五里店路 9 号　邮政编码：541004）
网址：http://www.bbtpress.com
出版人：黄轩庄
全国新华书店经销
北京汇林印务有限公司印刷
（北京市大兴区黄村镇海鑫路9号　邮政编码：102611）
开本：710 mm×1 000 mm　1/16
印张：20　插页：44　字数：315 千
2021 年 6 月第 1 版　　2021 年 6 月第 1 次印刷
定价：88.00 元

如发现印装质量问题，影响阅读，请与出版社发行部门联系调换。

CONTENTS

目 录

Das ist der edel Ritter · Marcho polo von Venedig ir groſt landtfarer · der uns beſchreibt die groſſen wunder der welt die er ſelber geſehen hat · Von dem auffgang bis zu dem nydergang der ſunnē · der gleychē vor nicht meer gehort ſeyn

图 1.1　壁画。高 60 厘米，宽 66 厘米，厚 9 厘米。场景中人物身着丝绸华服，正中是一位年轻的女音乐家，正一边拨着左手中的琴弦，一边给倒伏在座榻上的竖琴调音。斯达比亚古城，公元 1 世纪，意大利那不勒斯，国家考古博物馆。

图 1.2　那维廖之家（运河之家）壁画。高 66 厘米，宽 52 厘米。庞贝古城，公元 1 世纪，意大利那不勒斯，国家考古博物馆。

图 1.3 中国明代（14 世纪后半叶至 15 世纪初年）丝绸面料上的莲花图案

图 1.4 单耳带嘴卵形罐。马约利卡锡釉陶，高 24 厘米。卡法乔洛（Cafaggiolo）出品，16 世纪初。

图 1.5 药店用陶坛。马约利卡锡釉陶，高 36 厘米，底部直径 15.4 厘米。彩陶表面布满"如瓷"纹样的装饰，该图案以切成一半的花朵截面为特征，轮廓勾勒在先，后填充钴蓝色，称为"齿形半月"。卡法乔洛出品，约 1500 年至 1515 年，意大利佩鲁贾储蓄银行基金会。

图 1.6 树桩罐。马约利卡锡釉陶，高 23.7 厘米，底部直径 11.4 厘米。蒙特卢波（Montelupo）出品，约 1525 年至 1550 年，意大利佛罗伦萨 Pandolfini 拍卖行。© Pandolfini Casa d'Aste-Firenze

图 1.7 油坛。马约利卡锡釉陶，高 14.2 厘米，口径 9 厘米，底部直径 7.3 厘米。卡法乔洛出品，约 1520 年至 1530 年，意大利佛罗伦萨 Pandolfini 拍卖行。© Pandolfini Casa d'Aste-Firenze

图 2.1　沙漠商旅。中国五代，胡环（旧传）《番骑图》局部，绢本设色。北京故宫博物院。

图 2.3　蒙古人营地的日常生活场景。大不里士，羊皮纸上的波斯细密画，14 世纪，巴黎，法国国家图书馆。

图 2.4A　马斯特利之家，亦称"骆驼宫"。相传这座房屋原为 1112 年来自伯罗奔尼撒的三位商人兄弟所有。12 世纪建造，意大利威尼斯。

图 2.4B　马斯特利之家，即"骆驼宫"外立面局部。面向"菜园圣母运河"的外墙上刻有一幅饶有趣味的浅浮雕：驮着货物的骆驼和阿拉伯商人。

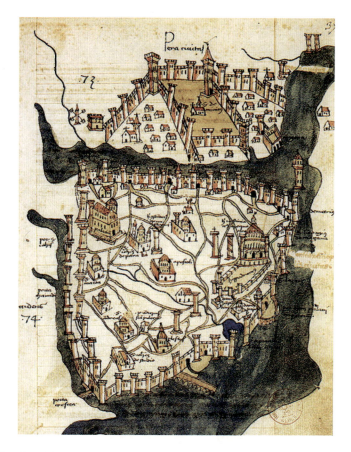

图 2.6 《君士坦丁堡地图》。佛罗伦萨地图学家 Cristoforo Buondelmonti 绘制。出自该地图学家 1422
年所著《群岛之书》（*Liber Insularum Archipelagi*），是在奥斯曼土耳其帝国攻陷君士坦丁堡之前绘制
的唯一现存的该城地图。巴黎，法国国家图书馆。

图 2.5 祭坛锦旗。织丝刺绣，长 377 厘米，宽 132 厘米。1261 年，君士坦丁堡。为庆祝签署《南菲宏条约》，
由拜占庭的东罗马帝国皇帝巴列奥略王朝米海尔八世赠送给热那亚共和国。意大利热那亚，圣奥古斯丁博
物馆。

图2.7 圣徒奥多里科从塔纳取
回四位殉教徒兄弟遗骨的故事。
圣徒奥多里科生平壁画，局部。
意大利乌迪内，圣方济各教堂。

图3.2 波罗兄弟自威尼斯启程，《马可·波
罗游记》，约1400年抄本插图。英国牛津，
牛津大学图书馆（博德利图书馆）。

图 3.4 《通商指南》扉页。弗朗西斯科·佩戈洛蒂（Francesco Pegolotti）编写，14世纪，意大利佛罗伦萨，里卡迪亚那图书馆。

图 3.5 黄河边的商人，《马可·波罗游记》，1410—1412 年抄本插图。巴黎，法国国家图书馆。

图 3.7 钟表匠的铺子，《工作中的手工艺人》（De Spherae，局部），1480—1490 年抄本插图。意大利摩德纳，摩德纳大学埃斯滕斯图书馆。

图 3.8 鞑靼女奴，《在塔纳殉难的方济各教徒》（壁画局部）。安布罗吉奥·洛伦泽蒂作品（Ambrogio Lorenzetti，意大利，1285—1348），意大利锡耶纳，圣方济各教堂。

图 4.1 《上印度和大鞑靼地图》。摘自《亚历山大的克罗狄乌斯·托勒密的八本地理描述书》，洛伦兹·弗赖斯（Lorenz Fries，法国，1485—1532）编，里昂、斯特拉斯堡，格吕宁（Grüninger）印制，1522 年。托勒密（Claudius Ptolemaeus，约 90—168），古希腊数学家、天文学家、地理学家。

在这张地图的北部清晰标识了"契丹省"，而南面注有"蛮子省"（南人）。图上提及基督教聂斯托利派（景教）1488 年竖立的石碑。海中的图饰表现的则是中国皇帝的形象，他有着亚历山大的模样，长着欧洲人的鼻子和长长的白胡须，坐在西方样式的宿营帐篷中。除了托勒密式的经纬度坐标系统，这位 16 世纪的绘图师还在地图上增加了日本，位置比它实际所在要南移很多。

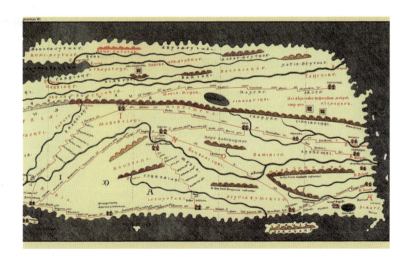

图 4.2 古罗马地图上的远东，《坡廷格尔古地图》（*Tabula Peutingeriana*，局部）。《坡廷格尔古地图》是 16 世纪奥格斯堡执事康拉德·坡廷格尔（Konrad Peutinger，德国，1465—1547）对 12、13 世纪复制的一张 3 世纪的古罗马行军道路图的再复制。维也纳，奥地利国家图书馆（Hofbibliothek Vienna）。

图 4.6 　《坤舆万国全图》。利玛窦（Matteo Ricci，意大利，1552—1610）参与绘制。这是中国采用欧洲制图方式绘制的第一幅彩绘世界地图，按照明万历皇帝的要求，意大利传教士利玛窦和明朝官员李之藻共同刊刻。原刻本为六幅条屏，每条屏约 60.83 厘米高，182 厘米宽（今装裱为一大幅）。杭州印制，1602 年。

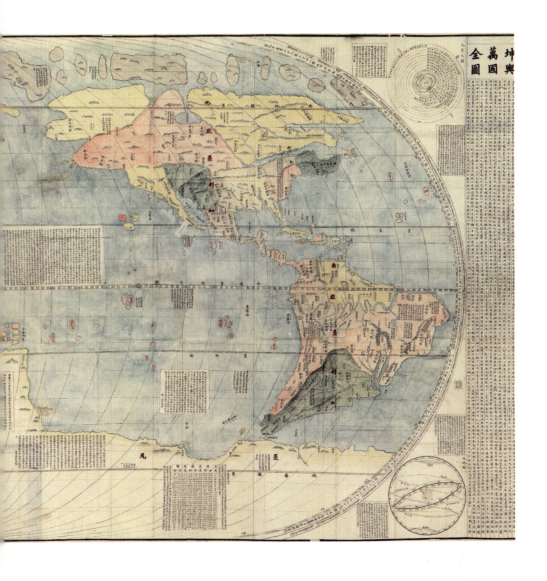

图 4.7 《中国新图志》(*Novus Atlas Sinensis*)。卫匡国(Martino Martini, 意大利, 1614—1661)绘, 荷兰琼·布劳地图公司印制, 阿姆斯特丹, 1655 年。

图 4.8 《中国新图志》分省图——北京(局部)。卫匡国绘, 荷兰琼·布劳地图公司印制, 阿姆斯特丹, 1655 年。

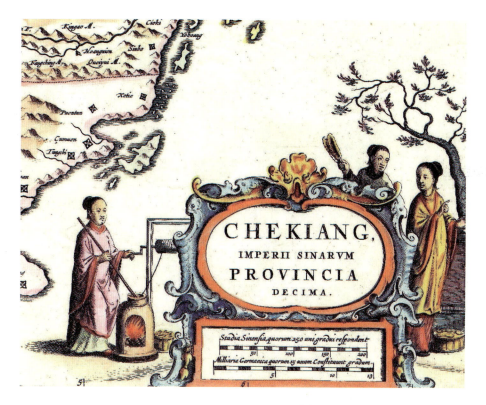

图 4.9 《中国新图志》分省图——浙江（局部）

图 4.10 《中国新图志》分省图——云南（局部）

图 4.12 《中国新地图集》（*Nouvel Atlas de la Chine*）。让-巴蒂斯特 · 布吉尼翁 · 德安维尔（Jean-Baptiste Bourguignon d'Anville，法国，1697—1782）绘。

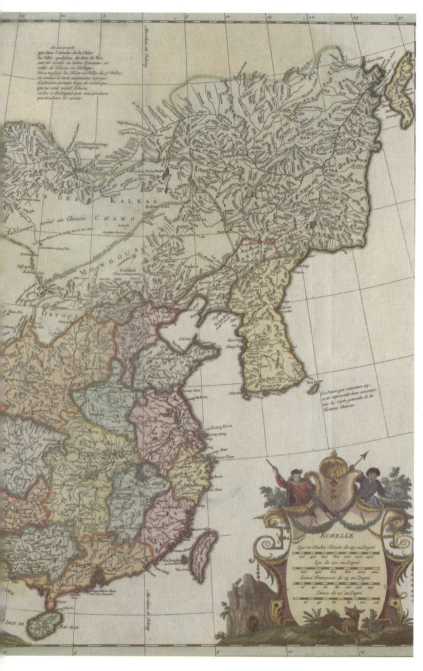

这张地图收于杜赫德（Jean-Baptiste du Halde，法国，1674—1743）的《中华帝国全志》，全名《中华帝国及其所属鞑靼地区的地理、历史、编年纪、政治及博物》。荷兰海牙亨利 · 舒勒印制（The Hague: Henri Scheurleer），1737年。

图 4.3 《亚洲地图》（局部）。摘自《墨卡托地图集》，亦名《阿特拉斯：世界构造与构造图像的宇宙冥想》。杰拉德·墨卡托（Gerard Mercator，佛兰芒，地理学家，1512—1594）绘。这份亚洲地图上标识了两个东北亚的游牧民族：匈奴（Ung）即所谓 Gog，而 Sumongul Magog 或 Mongul Magog，即蒙古，亦所谓 Magog。德国杜伊斯堡，1595 年。

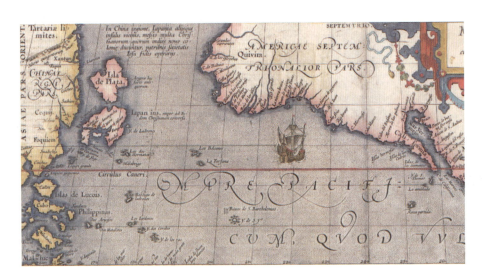

图 4.5 《世界概貌》（*Theatrum Orbis Terrarum*，也称《寰宇全图》）中的太平洋及岛屿图（局部）。亚伯拉罕·奥特柳斯（Abraham Ortelius，比利时，1527—1598）绘。在关于日本群岛的注释更新中，增加了北海道（Hokkaido），却以 Plata（银）命名，即所谓的 Argyra，银岛。对比中国和朝鲜，日本群岛在这张地图上的位置并不正确。《亚伯拉罕·奥特柳斯地图集》，Van Dienst 地图公司，安特卫普，1570 年。

前　言
丝路传说与历史

司马儒（Maurizio Scarpari）

威尼斯大学

　　直到不久以前，"丝绸之路"或"丝路"，还是一个被圈在特定范畴之内、概念较为封闭的词语，对其定义，人们有清晰的理解和共识。可是到了气象万千的今天，人们对"丝绸之路"的认识、遐想或者期盼，已经发生了神奇的变化。

　　首先，我们需要区别一下"古丝绸之路"和"新丝绸之路"。"新丝绸之路"是中国提出的"一带一路"倡议，它的实践关乎中国乃至整个世界的经济命运和地缘政治。

　　我们在这里谈论的，是古代的丝绸之路。然而在澄清了这一点后，关于需要聚焦的对象，我们似乎依然没有完成彻底的界定。不管是"古代"还是"丝绸之路"，这两个词语从不同的角度都给逻辑留下了提问的空间。用作定语的"古代的"，时间界限模糊，它让人联想到的时间跨度过于宽泛。无法定义古代丝路千年演变进程中的段落归属，有可能造成论题的历史阶段落入不够确凿的陷阱。如果另找定语，"传统的"似乎可以替换"古代的"，但在构词上，"传统的丝绸之路"依然弥补不了定义欠精准的不足。而事实上，

"丝绸之路"的字面含义几乎显得更加不确切，甚至可能造成歧义，因为这个词组容易让人理解为一条或多条从东向西、单向、规划良好、组织有序的道路，它们主要用于商业，尤其是丝绸贸易，从中国出发，通往西方一个不太确切的地方。史实中，这些丝绸最终出现的地方是罗马帝国的集市，在那里它们受到热烈的追捧，并以高价售出。于是这条道路被设定为始于长安[今陕西西安。——方括号内均为译者注，后同]，终于罗马帝国的心脏。它被想象成欧亚大陆的脊梁，为中国与罗马这两个古老而伟大的文明做出了有益的贡献。

这样的切入点其实仍然失之偏颇，因为它掩盖并几乎抹杀了整个中东地区在丝路史上所承载的重要使命。那块曾经绽放了繁荣的商业和瑰丽文化的中东土地，孕育和造就了众多璀璨的文明，同时深刻影响了西方和东方。欧亚大陆上的中东一域，土地辽阔，历史悠久，然而即便不能说是被遗忘，它也一直被传统西方史学所忽视。自从 16、17 世纪的"大分流"（Pomeranz，2000）以后，长期以来的欧洲中心论随心所欲地涂抹着历史的叙述。在之前的数世纪里，当大部分的欧洲还是穷乡僻壤，富饶的中亚已经拥有精致灿烂的文明，中国作为地球上最发达的经济体更是一马当先。然而，这些事实统统被欧洲中心论者抛诸脑后，在他们的论调中，东方整个儿变成了一块单一却模糊不清的地缘政治体，一个比较低级的文明所在地，不值得加以关注或进行深入的研究（Said，1978；Framkopan，2015）。

近几十年来，得益于新的考古发现和更加严谨细致的分析方法的运用，历史编纂学对这种已经不合时宜甚至有误导性的视角进行了深刻的反省，采取更加客观缜密的方法，力求还原不同地区在不同历史阶段的真实可靠的画面。揭开传说的面纱，剥离陈词滥调，以求回到"丝绸之路"诞生的初始之地。本书正是抱着这样的初衷扬帆起航的。

传说的起源

"丝绸之路"的概念来自德国地理学家和地质学家费迪南·冯·李希霍芬男爵（1833—1905）1877 年的提议，关于"路"，他既采用了单数形式 Seidenstraße，也使用了复数形式 Seidenstraßen（Richthofen，1877a 和 1877b），二者基本可以互换，指代连接中国与中亚和西亚的横贯大陆的路线。在 19 世纪末和 20 世纪上半叶之间，继瑞典学者与探险家斯文·赫定（1865—1952）、英国马克·奥利尔·斯坦因爵士（1862—1943）和法国保罗·伯希和（1878—1945）的重要考古发现之后，这样一个认知确立了，即丝绸之路是一条或多条连接中国与西方的通道，并在一千五百多年的时间跨度里将中国和罗马这两个伟大的早期文明连接在了一起。

应该说，"丝绸之路"的命名所呼唤的，并非要找到或呈现历史上开辟的实际路径，它更多是一种抽象但迷人的浪漫情怀。西方世界对遥远文明之间的直接联络一直心驰神往，但在古代，这不亚于镜花水月、痴人说梦。在 15、16 世纪大航海探险时代开启之前，能够一次性走完连接中国大陆（及东南亚）与欧洲大陆（以地中海周边国家为代表）的陆路和海路，实现世界东西两端直接跨越的案例，实为凤毛麟角。然而"丝绸之路"的定义以及它在地图、航海图和地球仪上的显示又分明让人觉得，存在着这样一种用于商业交流的陆上通道，它们分为北方线路和南方线路，同时还有组织良好的海上航线，人们可以在这些沟通路线上不间断地来往。也就是说，从中国——更多是从当时的首都长安出发，通过一次漫长但不见得遥遥无期的旅行，向西前进直到地中海地区，是完全可行的；那么从欧洲向亚洲出发，特别是去中国，只要沿着那些线路逆向前行，不慌不忙，同样可以抵达。

丝绸之路起源于公元前 2 世纪中国汉武帝在位时（公元前 141—前 87），陆上丝路的首位探险者是张骞（公元前 164—前 114），他奉帝国之命于公元前 139 年首次出使西域，并于公元前 119 年再度出使。他应该越过了塔里木盆地，足迹远至希腊化时期的大夏。关于张骞出使的记录最早见于司马迁的《史记》，这是一部非常重要的关于中国古代历史的著作，它的成书年代距离所记载的历史事件发生时间较为接近，故被认为拥有史实的基本可靠性。对于书中的有些表述，因为适用不同的解读，学界至今尚未能够达成一致的观点。以描述当时中国边界以西地区的一些地理名词为例，它们确切对应什么地方或范围？比如字面含义为"西面地区"的名词"西域"，以及今甘肃省境内的"临洮"；又如"大秦"，当年罗马辖下的叙利亚，有些人将它理解为罗马帝国或者帝国的首都；还有指代帕提亚帝国或其一部分的"安息"。

"丝绸"为"路"的本质定下了商贸的主旋律，但必须指出的是，相较外交或军事举措，很多时候以发展商业为目的的贸易活动在当时的"丝路"上反而显得比较次要，而丝绸是从东向西流动的诸多商品中的一种，它也不能成为所有商品都在那些通道上单向运行的判断依据。"丝绸之路"作为一个固定用语的成功，很大程度上源于这样一个事实，就是西方人对这种精致的织物长期怀抱的神秘感，它出产在对他们来讲如此遥远且一无所知的国度，这个国家的拉丁名称正是源于汉语的"丝"：Serica，赛里斯人（Seres，丝国人）居住的地方，他们日日夜夜守护着生产和加工这些珍贵丝线的秘密。老普林尼（23—79）是第一位对中国做了一些具体描述的古罗马作者，可惜他的信息缺乏可靠的依据。中国首部民族地理学作品《山海经》对中国以西地区居民的描述就甚为怪诞，这是一部形成于公元前4世纪至公元前1世纪的神话故事集。总之，结合前辈们留下的"遗训"，老普林尼在他的《自然史》中这样说道：赛里斯人寿命可达一百四十岁，与世隔绝地生活在他们的土地上，各地的商人都想去他们那里做买卖。老普林尼描述赛里斯人高大威猛，红头发，蓝眼睛，声音吓人。就像古罗马诗人维吉尔（公元前70—前19）在他的《农事诗》中所歌咏的，他也认为丝是一种生长在树上的白绒毛，需要灌溉大量的水。西方人不得不继续等待，要等到古罗马皇帝马可·奥勒留时代（161—180）出现一位名叫包撒尼雅斯（Pausanias）的希腊地理学家来为他们揭开这个谜团，在他的《希腊志》中我们读到："至于赛里斯人用来织造他们衣服的丝线，它并非来自树皮，而是有着别的起源，就让我来解释一下吧。在他们的国家有一种小动物，希腊人把它叫作赛儿（ser），赛里斯人则以另外的名字相称，这种小动物除了身体是金甲虫的两倍之外，剩下的就跟吊在树上织网的蜘蛛差不多，它跟蜘蛛一样也有八只脚。赛里斯人根据冬夏两季的气温制作合适的笼子豢养它们，而它们生产出来的就是那层绕在八只脚周围的细丝。"

丝绸在中国有着古老的起源，可以追溯到新石器时代晚期，在欧洲发现的第一批中国丝绸碎片则可以追溯到公元前 5 世纪。希腊人称中国丝为 tò sèrikòn，质量远高于科斯岛出产的野生蚕茧的蚕丝。第一个谈论科斯岛野生蚕丝的人是生活在公元前 384 年至公元前 322 年的亚里士多德，在他的《动物史》中，他将这一发现归功于帕拉台（Platea）的女儿帕姆菲儿（Pamphile）。有些人认为，亚历山大大帝（公元前 336—前 323 年在位）的父亲马其顿人菲利普（马其顿国王，公元前 359—前 336 年在位）的遗骸，有可能就是存放在 1977 年考古学家马诺利斯·安德洛尼克斯（Manolis Andronikos）在马其顿派拉（Pella）附近的艾加伊（Aigai）发现的墓葬的金瓮里，包裹遗骸的是一块染成紫色并带有金色刺绣的丝绸面料。此外，在德国的巴登–符腾堡州和卢森堡，人们曾在公元前 5 世纪和前 4 世纪的墓葬中发现过一些丝绸碎片。帕尔米拉（Palmira）是公元前 1 世纪以后沙漠商旅途中的一大重镇，在叙利亚、印度、中国和罗马之间的商业交通中具有战略枢纽的位置，人们在那里也发现了许多丝绸的踪迹。在帕尔米拉贵族墓葬中发现的丝绸织物，至今仍是地中海地区存在丝绸贸易的最古老的证据。

那不勒斯考古博物馆保存着可以追溯到公元 1 世纪的一幅壁画（图 1.1，见彩插），人们原是在那不勒斯附近的小城斯塔比亚发现的它。斯塔比亚跟庞贝古城、赫库兰尼姆一起，在公元 79 年 8 月的火山爆发中，被熔岩流和石砾风暴吞噬并最终被埋葬在火山喷发的灰烬里。这幅壁画，以及从庞贝古城的"那维廖之家"（Casa del Naviglio）发掘出来的另一幅壁画（图 1.2，见彩插），可谓花样年华的古罗马贵族女子喜着一袭罗绮的最早证据。这种深受欢迎的时尚服饰迅速传遍了帝国，丝绸成为女性和诱惑的代名词，同时也变成了情色与淫荡的同义词。胆大妄为的罗马贵妇们任由裙衫变得越来越轻薄和透明，这种"不知羞耻"的风气被谴责为罗马颓废衰败的征兆之一，也促使塞涅卡（公元前 4—65）在他的《论恩惠》（De Beneficiis）中评论道："这些丝绸的衣服，说真的，没有任何一种布匹能够如此既无法保护身体也无法保护廉耻了！连她们的情人都觉得，我们的女人已经把身体太多地裸露在众目睽睽之下而不是在自己的卧房里了。"

回顾传说

传统定义中的"丝绸之路",概念表述粗疏且容易导致歧义(Rezakhani,2010;Selbitschka,2015、2018),较长时间以来,学者们强调修订"丝绸之路"传统定义的必要性,并且认为应该基于不同的范式重新推敲现有的数据和资料,把对历史进程的诠释从陈旧或片面的观念中解放出来。当人的持续"运动"(movement, Selbitschka 语,2018)以及他们获得的知识、文化、信仰与物品被看作分析的焦点,各种演变就在全方位相互交流与融合的视角下重新得到评估,能够直接或间接地决定认知的进步。"丝绸之路"应该理解为由不同群体的旅行者共同完成的"线路集合"。在广袤的欧亚大陆(占地球上浮出水面土地的三分之一强),这些旅行者从一个地方"漫步"到另一个地方,也有去到这片陆地之外地方的(诸如日本、东南亚各国、东非和北非),他们的旅行距离相对不会太远,很少越过区域的极限范围。这种朝圣式的路途往返通常出于各种动机:政治、军事、经济、商业、宗教,皆有可能。这类持续的人员流动带来了商品、思想和知识的沿途交换,它们通常局限在一定的幅员之内,因为交通网络首先出现在地方一级,逐渐才向较远的范围辐射,只有随着时间的推移,才会衍生出更多的支线和更为复杂的铰接。

在这些迁徙中,人们奔赴的目的地是占据要冲位置的中途枢纽,它们沿着那条独一无二、方向绝佳却并不好走的陆上线路分布,这条路后人称之为"丝绸之路"。"丝绸之路"的陆上通道把偏僻的绿洲与村庄、城市连接在了一起,那些坐落在广阔冲积平原上的王国或帝国,原本被流沙戈壁、崇山峻岭或滔滔江水所阻隔,也因此而获得了彼此通达的可能。这条"丝绸之路"经过塔里木河流域,那里曾经是人稠物穰的于阗王国、繁荣的吐鲁番城和车水马龙的喀什噶尔。它也经过以布哈拉和撒马尔罕为枢纽的中亚河中地区,还有帕米尔高原,以及从伊朗一直延伸到阿拉伯半岛的辽阔土地,这些地方都在东亚人民和地中海沿岸国家之间的交流中起到过关键的作用。同时,海上丝路的战略意义也日益突显,阿拉伯海的一厢是东亚和南亚帝国，另一厢则是拥有完全不同政治体制的中亚、欧洲和非洲，在东西方外交关系和贸易进程中发挥了核心作用的正是这片阿拉伯海。所有貌似散落四处的碎片式的路径都为"丝绸之路"的综合通道体系带去了形成的动因和可能，使物流结构呈现出毛细血管状的广泛高效的分布。

所以，穿越欧亚的路线，是在人们对最后能够形成"多少距离""多少连接"并无清晰概念的几个世纪的时光流逝中逐渐形成的。旅行的人们每次都朝着大概的方向走上不太远的一段距离，向着自己想象中的那个模糊的西方或者神秘的东方迈开脚步。于是，"中介"成为种种活动中的关键词语，也成为各国商人、使臣、僧侣、探险家和冒险家相互之间的共同"称呼"，这些来自毫不相干的地方的人们，当他们在主要的交汇地停留，在沿途散布的偏远绿洲相遇，或在间隔大约一天路程的客栈邂逅，他们互相交换随身的物品、想法和所知信息，为了保障继续上路的安全和下一程的收获，他们打探着各式各样的信息。他们很少做太长距离的旅行，一旦谈好生意或完成任务就返回出发的地方，继续为下一趟的启程做准备。这样的模式带来了一种持续的、有利可图的商品和知识交换。于是，在这个对"未知"强烈好奇又无比期待传递"所知"的时代里，不同的风俗习惯、行为操守、思想活动、技术知识和宗教信仰，都在冲撞与比对中热切地聚集到一起。

并非所有的旅行和探索都是为了贸易。尤其在早期，外交和军事的需求左右着治国者的决策。所以在东方，即传统认为丝绸之路起点的地方，当汉武帝派遣张骞出使西域，他的兴趣既不是开辟新的贸易路线，也不是策划经济协议之假想，而是为了建立战略同盟，防止帝国的西面、北面边疆因草原部落的不断袭击而陷入动荡的局势。这些威胁开始于秦朝（公元前221—前207）之前的几个世纪，特别是公元前4世纪末至公元前3世纪初。那时，为了增强经济和军事影响力以匹敌地处"中央"的中原国家，周边地区的赵国、燕国和秦国发动了各自的扩张，为这些扩张行动付出代价的是当时生活在他们西、北边界之外的民族。这些国家早年曾经构筑起强大的防御工事，在后来统一中国的第一位皇帝秦始皇手中，它们变成了长城，它并非官方史学家一直声称的是为了保护自己免受游牧民族的入侵，而是为了确保自己对通过武力征服的新的疆域的统治（Di Cosmo，2002）。

在汉朝（公元前202—220）的四个世纪里，游牧部落尤其是匈奴为了夺回失地常常侵犯边境，边关压力有增无减，汉王朝不得不采取各种应对措施。其中，谨慎的外交活动、朝贡体制的卓越运用、有效的军事联盟对瓦解敌对力量起到了良好的作用，中国的帝王们实现了对疆土的捍卫，而在某些时段甚至还继续拓展了帝国疆域。为了不让敌对军事势力得逞，他们给予匈奴不少特殊礼遇，包括不要求匈奴奉汉朝为正朔，这意味着不把这个"蛮人"部落列入"低等民族"。这种特殊礼遇也包括"礼物交换"（这在中国传统朝贡体制中显得颇不寻常），从长时间看，它对中国朝廷似乎造成了更大的负担。还有"和亲"，字面意思是"和平与亲属关系"，它包含一份和平协议、一位中国血统的公主与匈奴头领的通婚、一份丰厚的嫁妆，还有由黄金和贵重物品尤其是丝绸以及小麦等生活资源构成的年贡。

边疆游牧民族的掣肘造成了汉王朝金库绝非"毛毛雨"的连续性支出，但事实证明，相比花费大量时间在漫长战线上进行战争，这样的抉择实属两害相权取其轻。事实同样证明，这种解决方案对于草原民族来说也是有百利而无一弊，因为他们收到的珍贵物品正是中亚商人渴求的东西，通过出售或交换，草原人民也获得了丰厚的利润。在游牧经济中，这类贸易后来竟然变成了最重要的经济组成部分。从整个欧亚大陆的众多考古发现中可以看到，把从中国人那里收到的贵重礼品进行"分销"，或者把匈奴人或羌人从中国人那里抢来的奢侈品进行"分销"，在东起蒙古、北跨南西伯利亚、西至罗马帝国治下的叙利亚的广阔天地里，曾经是大有可为的商业活动。

在向西和向北的丝路沿线，分布着许多军事前哨和通邮站点，特别是在现在中国的新疆维吾尔自治区，即位于河西走廊之西的"新边疆"。长达上千公里的河西走廊沿着黄河两岸前进，把中国内陆连接到敦煌的绿洲，接着就贴着塔克拉玛干沙漠前往中亚。这些沿途的护卫设施主要目的并非保护商人和货物，而是维护这些地区的安宁，保护它们免受匈奴骑兵或其他"蛮族"部落的武力侵袭，比如羌人，他们刚刚从匈奴的枷锁中解放出来，却已然成为新的威胁。

如果剔除马匹贸易，特别是因为强健而深受欢迎的大宛（费尔干纳）"天马"，当时的中国人对促进广泛交流并没有太多的兴致。关于这一点，无论是同时代的官方文献，特别是司马迁的《史记》、班固的《汉书》、范晔的《后汉书》，还是中国中部、西北部各类遗址墓葬出土的大量公元前3世纪末至公元1世纪的简牍公文，都为我们得出了同样的结论。这些资料似乎清晰地展示了一个事实，那时候的中国外贸通常只以很小的规模在相关机构的所在地发生，而采购的主要目的就是为了解决偏僻军事哨所的日常生活所需。

所以，汉朝是为了外交才遣使西域，它需要在政治军事上开辟通往陌生世界的新通道，尤其是为了与匈奴的强大对手——公元1世纪在南亚北部建立了贵霜帝国的"月氏"（"月支"）取得联系，为捍卫和巩固帝国的疆域去争取新的同盟。通过这样的策略，汉朝还拓展了南方疆域，兼并了一些当时独立的列国——云南的滇（西南）、岭南的南越、福建的闽越和东越（东南），打开了与东南亚和印度之间的通道及海上贸易。在几十年的时间里，从附庸直至完全融入汉朝行政体制的还有内蒙古、高句丽的一部分、西域地区的小王国、云南和岭南地区。

如 瓷

显然，传统概念为丝绸之路设定的时间和地理界限在今天看来是不可靠的了。基于考古数据和不那么墨守成规的方式，浮现在我们面前的将是一番不同的情景。在欧亚大陆上，人的迁徙连带思想观念、技术知识、宗教信仰、商品货物乃至寄生虫传染病的传播，早在张骞出使西域（中亚）之前就开始了，并且在以蒙元帝国结束（1368年）或东罗马帝国解体（1453年）为标记的传统丝路历史结束后，仍继续着自己的兴衰和起伏。与传统中为丝路设定的开始时间一样，传统中界定的丝路历史的结束时间也引起了学界的争议。

根据对西伯利亚南部、新疆塔里木盆地的墓葬发掘而获得的骨骼线粒体DNA，最新的科学发现为我们揭示了一个事实，从公元前两千年以后，这里就分布着高加索人种以及带有其遗传特征的混合种群，这是印欧人种以相当数量的群体向东迁移的结果（Mallory & Mair，2000；Keyser 等，2009；李春香等，2010）。伴随着人的迁移，在物质、文化、语言、艺术等不同领域，正在发生的是诸多元素的相互作用与影响（Amitai & Biran 2015）。比如接踵而来的食物交换，首先是小麦，它于公元前两千年中期到达中国（赵志军，2009）；铜冶金始于中亚地区但在中国经历了深刻的演变，当古代世界的其他地方还在为器皿制作中的连接工艺对着金属板敲敲打打，中国已经知道把熔化了的青铜合金浇注在陶土的模子里来实现完整的大件青铜器的铸造（Rastelli，2013）。不少制成品的引进给中国人的日常生活带来了根本性的变化，比如草原游牧民族骑马穿着的舒适的裤子（Beck 等，2014）、大车（Shaughnessy，1998）、玻璃（安家瑶，2002）。有些学者甚至秉持一个直到几年前还无法想象的假设：在公元前 3 世纪的中国，来自希腊艺术和建筑形式的影响已经有迹可循（Barnhart，2004；Christopoulos，2012）。有人还提出这样的观点：秦始皇墓葬中数千个真人大小的兵马俑造型，其中应该有希腊工匠的贡献，因为他们提供了理论甚至材料方面的支持（Nickel，2013）。宗教信仰的传播至关重要，首先是佛教（Bianchi，2016），佛教僧侣让中国人认识了椅子、茶和糖（Kieschnick，2003）；随后传到东方的还有拜火教、犹太教、基督教、摩尼教以及 7 世纪后的伊斯兰教。同时，各式各样的新鲜事物也在沿着相反的方向传播到西方：比如谷物中的黍（Panicum miliaceum）和粟（Setaria italica），公元前八千年左右已经在中国驯化成农作物，它们于公元前三千年传到希腊（Lightfoot, Liu & Jones，2013）；为人类带来巨大进步的众多发明更是源源不断地从中国传入西方，例如指南针、造纸术、活字印刷、瓷器，等等。

除了霓裳羽衣般的丝绸，温润如玉的中国瓷器，尤其是中国传统陶瓷艺术中特有的青花瓷器，它的起源和传入意大利的历史过程，也隽永而耐人回味。青花瓷原是中国与波斯贸易往来和文明交流的成果。中国是最早诞生瓷器的地方，波斯则被认为是钴蓝装饰技术的发源地。青花瓷的工艺之所以能够拥有如此独到又丰富的表现力，其源泉恰恰是往返于古代中国与波斯之间无以计数的精美绝伦的器物。当青花瓷来到亚平宁半岛，本地的能工巧匠在经历了模仿阶段之后摸索出一套自成体系的创作工艺，由于装饰图案因袭明代青花瓷上的植物纹饰特征，人们就给了它一个直截了当的名字"如瓷"（alla porcellana）。蒙特卢波这个地方位于托斯卡纳，离佛罗伦萨很近，是文艺复兴时期马约利卡锡釉陶（maiolica）工艺品的主要出产地之一。马约利卡锡釉陶艺术自15世纪在意大利中部和北部萌芽，一直发展到至少16世纪上半叶，法恩莎和威尼斯城内玲珑考究的精品铺是它尽情绽放独特魅力的地方。在装饰纹样方面，这些釉陶通常一边再现中亚和东亚的成功图案，一边表达着自我的新诠释。那时候，用在织物上的图案似乎强烈影响着陶瓷的纹饰，例子不胜枚举，如佛罗伦萨式的"波斯小棕榈"、法恩莎马约利卡彩陶上的牡丹和菊花、威尼斯产品中的莲花……

说一个"长着牙齿的半个月亮"的故事吧。有一种装饰图案，被我们叫作"齿形半月"（mezzalunadentata）[1]（Kora，1973）。那是一朵切成半截的花朵，擎着放射状的花冠。长久以来，西方人一直以为它的构思来自15世纪威尼斯天鹅绒上石榴的纹样（Moore Valeri，1984），但今天人们终于弄清了它的身世。这朵大约起源于1480年的小花并非来自威尼斯的织物，而是从中国面料的装饰花纹（图1.3，见彩插）里获得了灵感，带有这个花纹的丝绸面料在整个亚欧大陆流传极其广泛（Marini，2014；Godart & Scarpari，2016）。出现在蒙特卢波的锡釉彩陶上的"齿形半月"造型有着不同的变化，这些纹样自1498年起被卡法乔洛（Cafaggiolo）的陶艺专家们启用。卡法乔洛是依照皮耶尔弗朗切斯科·美第奇的意愿建造起来的一座陶瓷作坊，设置在曾经是其堂兄洛伦佐·美第奇（执政于1469年至1492年）所拥有的家族庄园里，位于巴尔贝里诺·德尔·穆杰洛（Barberino del Mugello）。由于这间作坊生产的马约利卡彩陶品质优异，卡法乔洛成为文艺复兴时期最重要的陶瓷工作室之一。图1.4（见彩插）中，椭圆形带耳柄的罐子上明晃晃摇曳着"齿形半月"之花。这只陶罐的年代可以追溯到16世纪初。图1.5（见彩插）中，用于药房的釉陶坛也是同时期的卡法乔洛出品，也绘有"齿形半月"的纹样，它们掩映在醒目的蔓生植物的枝

1　mezzalunadentata，该纹饰也译作"齿形月牙纹"。

叶丛中，属于典型的中式植物造型。图 1.6（见彩插）是出产于 1525 年至 1550 年间蒙特卢波的锡釉彩陶罐，在这里，螺旋形的枝蔓、花朵和细叶簇拥在一起，藤蔓缠绕交织，更加密集。

随着时间的推移，"如瓷"这一独特的装饰纹样渐渐遗忘了自己的中国出身，它如此彻底地托斯卡纳化，以至于全然成为蒙特卢波和卡法乔洛锡釉陶的记号。这种蜕变正是无与伦比的明证：人类文明的相互感染与融合是如此复杂和深刻，它们无关乎文化、距离或疆域，却好像生长在藤蔓上的花朵，攀援缠绵，出神入化，结果，如瓷。

今天我们用文字和图案相聚在这里，相望意大利与古代丝绸之路的交集。由于主题可涉及的内容非常广泛，怎样对这次的集结设定范围或界限成了问题，而我们尝试把规则交给时间：让我们重走 9 世纪到 15 世纪的那段古道吧。然而最终我们还是走得更远了一些。确实，丝绸之路的脚步远远超过传统意义上的一千五百年，而它的地理延伸相当于整个欧亚大陆加上其他地区。丝绸之路，是一个最美丽的隐喻，它叙述的是我们生存的世界从古到今的历史和故事。试想，为了绘制一张更加美丽的新蓝图，直到今天我们仍然需要奔向它的怀抱去汲取灵感和力量。

面对丝绸之路的话题，就结构而言，这本文集是"局促"的，但它能够带着读者走到地中海边——古丝路西方世界的坐标地，到那里去听一听意大利人叙述的出发的故事，看看他们眼里的东西双程是怎么开始和汇合的，而西方与东方又是在怎样的循环往复中彼此影响。丝路的一切，远比人们本来所以为的更加丰富曲折，而不同文明间的互动与浸染，每每悄然发生在人们对交错与纵横的不知不觉之间。（图 1.7，见彩插）

作者简介

司马儒（Maurizio Scarpari），意大利著名汉学家。威尼斯大学（Università Ca' Foscari di Venezia）古代汉语专业教授（1977—2011）。历任威尼斯大学院系主任理事会主席、东亚研究院主任、大学董事会成员、大学参议院和顾问委员会成员、威尼斯大学副校长。曾担任威尼斯大学培训与研究所主席、威尼斯 ESU（Ente per il Diritto allo Studio Universitario）董事会成员。自 2011 年退休以来全心投入中国历史和文化的研究与推广工作，担任数种知名中国研究杂志编委会委员和中国艺术与考古展览组委会成员。出版书籍和学术论文逾二百五十部 / 篇。相关出版机构：Einaudi、il Mulino、Marsilio、 Cafoscarina、White Star、Morcelliana、Skira、Federico Motta Editori。Einaudi 出版社大型丛书《伟大著作》（2009—2013，都灵）的《中国》（共三卷）主编，主持了逾四千页的编写工作，跨度从中国文明起源直至当代。

著作（近年出版作品）：《伟大著作·中国》（*La Cina. Grandi Opere*），都灵，Einaudi 出版社，2009—2013 年；《儒学基础与文本》（*Il confucianesimo. I fondamenti e i testi*），都灵，Einaudi 出版社，2010 年；《孟子与执政艺术》（*Mencio e l' arte di governo*），威尼斯，Cafoscarina 出版社，2013 年；《儒家》（*Confucianesimo*），布雷西亚，Morcelliana 出版社，2015 年；《回归孔子：介于传统和市场的中国》（*Ritorno a Confucio. La Cina fra tradizione e mercato*），博洛尼亚，Il Mulino 出版社，2015 年。

策展："古今丝路"，2016 年 12 月 6 日至 2017 年 2 月 26 日于罗马意大利共和国总统府，2017 年 3 月 31 日至 7 月 2 日于都灵东方艺术博物馆。

参考书目

1. 鲁文·阿米泰和米夏尔·比然（Reuven Amitai & Michal Biran）编：《游牧民族作为文化变迁的代理人：蒙古人和他们的欧亚先驱》（*Nomadsas Agents of Cultural Change: The Mongols and Their Eurasian Predecessors*），夏威夷大学出版社（University of Hawaii Press），火奴鲁鲁，2015 年。

2. 安家瑶：《当玻璃在中国贵如珍宝》（*When Glass Was Treasured in China*），安妮特·L. 朱利亚诺（Annette L. Juliano）和朱迪丝·A. 勒纳（Judith A. Lerner）编：《丝路研究：沿着中国丝绸之路的游牧民族、商人和宗教徒》（*Silk Road Studies: Nomads, Traders, and Holy Men along China's Silk Road*），第 79—94 页，Brepols Publishers，Turnhout，比利时，2002 年。

3. 班宗华（Richard M. Barnhart）：《亚历山大在中国？中国的考古问号；中国历史的新视角》（*Alexander in China？Question for Chinese Archaeology；New Perspective on China's Past*），杨晓能编：《20 世纪的中国考古学》（*Chinese Archaeology in the Twentieth Century*），第一卷《文化和文明的再审视》（Vol. 1：Culture and Civilization Reconsidered），第 329—343 页，耶鲁大学出版社，纽黑文和伦敦；纳尔逊-阿特金斯艺术博物馆（Nelson-Atkins Museum of Art），堪萨斯城，美国，2004 年。

4. 贝克（Beck）等：《裤子的发明和它可能与骑马及便于行动之间的关系：关于中亚东部

吐鲁番地区发现公元前两千年末案例的研究》，《国际第四纪》（*Quarternary International*），第348 页、第 224—235 页，2014 年。

5. 艾斯特尔·比安基（Ester Bianchi）：《公元 1 世纪至今沿着丝路的佛教历程》，路易斯·高达特和司马儒（Louis Godart & Maurizio Scarpari）编：《自古至新之丝路》（*From the Ancient to the New Silk Road*），第 115—127 页，洛雷托（Loreto），意大利，2016 年。

6. 卢卡斯·克里斯托普洛斯（Lucas Christopoulos）：《在古中国（240 BC—1398 AD）的希腊人和罗马人》，《中柏专著》（*Sino-Platonic Papers*），第 230 页，宾夕法尼亚大学出版社，2012 年。

7. 加勒亚佐·考拉（Galeazzo Cora）：《14 和 15 世纪佛罗伦萨及周边的马约利卡陶器史》，桑索尼（Sansoni）出版社，佛罗伦萨，1973 年。

8. 尼古拉·迪·高斯摩（Nicola Di Cosmo）：《古代中国和它的敌人：东亚史上游牧民族权力的崛起》，剑桥大学出版社，英国剑桥，2002 年。

9. 彼得·弗兰克潘（Peter Frankopan）：《丝绸之路：一部全新的世界史》，布鲁姆斯伯里出版社（Bloomsbury Publishing），伦敦，2015 年。

10. 路易斯·高达特和司马儒（Louis Godart & Maurizio Scarpari）：《自古至新之丝路》（*From the Ancient to the New Silk Road*），第 115—127 页，洛雷托，意大利，2016 年。

11. E. 于格 和 F-B. 于格（Edith Huyghe & François-Bernard Huyghe）：《丝绸之路》（*La route de la soie*），Petite Bibliotèque Payot，2006 年。

12. 克里斯汀·凯瑟（Christine Keyser）等：《古代 DNA 为南西伯利亚的库尔干人历史提供了新见识》，《人类基因》（*Human Genetics*），第 126 页、第 395—410 页，2009 年。

13. 约翰·基西尼克（John Kieschnick）：《佛教对中国物质文化的影响》（*The Impact of Buddhism on Chinese Material Culture*），普林斯顿大学出版社（Princeton University Press），2003 年。

14. 李春香等：《有证据显示，早在青铜时代初期就有东西混血人口居住在塔里木盆地》，《BMC 生物学》（*BMC Biology*），第 8 页，2010 年。

15. 艾玛·莱特福特（Emma Lightfoot）、刘歆益和马丁·琼斯（Martin K. Jones）：《淀粉谷物为什么迁徙？对于横跨欧亚大陆的史前黍稷类作物消费同位素证据的审视》（*Why Move Starchy Cereals? A Review of the Isotopic Evidence for Prehistoric Millet Consumption across Eurasia*），《世界考古学》（*World Archaeology*）45（4），第 574—623 页，2013 年。

16. J.P. 马洛里（J.P. Mallory）和梅维恒（Victor H. Mair）：《塔里木木乃伊：古代中国与最早来自西方的民族之谜》（*The Tarim Mummies. Ancient China and the Mystery of the Earliest Peoples from the West*），Thames & Hudson，伦敦，2000 年。

17. 马里诺·马里尼（Marino Marini）：《爱好与收藏：14—18 世纪的托斯卡纳马约利卡彩陶与瓷器》（*Passione e collezione: Maioliche e ceramiche toscane dal XIV al XVIII secolo*），Edifir 出版社，佛罗伦萨，2014 年。

18. 安娜·慕莱·瓦勒利（Anna Moore Valeri）：《齿形月牙纹的起源与演变》（*La mezzaluna dentata，le sue origini e il suo sviluppo*），《法恩莎》（*Faenza*）70（5—6），第 375—379 页，1984 年。

19. 卢卡斯·尼克尔（Lukas Nickel）：《中国的第一位皇帝与雕塑》（*The First Emperor and Sculpture in China*），《SOAS 报告书》（Bulletin of SOAS）76（3），第 413—447 页，2013 年。

20. 彭慕兰（Kennet Pomeranz）：《大分流：中国、欧洲和现代世界经济的发展》（*The Great Divergence. China，Europe，and the Making of the Modern World Economy*），普林斯顿大学出版社，2000 年。

21. 荣思彬（Sabrina Rastelli）：《青铜时代的艺术和礼仪》（*Arte e rito nell' età del Bronzo*），司马儒编：《伟大著作·中国》（*La Cina.Grandi Opere*）第 1 卷第 2 册，第 324—400 页，2013 年。

22. 科达达·雷扎卡尼（Khodadad Rezakhani）：《从未有过的道路：丝绸之路与跨欧亚交流》（The Road That Never Was. The Silk Road and Trans-Eurasian Exchange），《南亚、非洲和中东比较学》（*Comparative Studies of South Asia，Africa and Middle East*）30（3），第 420—433 页，2010 年。

23. 费迪南·冯·李希霍芬（Ferdinand Freiherr von Richthofen）：《中国：我的旅行及研究结果》（*China：Ergebnisse eigener Reisen und darauf gegründeter Studien*），Dietrich Reimer，柏林，1877 年。

24. 费迪南·冯·李希霍芬：《关于直至公元 2 世纪的中亚丝绸之路》（Über die zentralasiatischen Seidenstrassen bis zum 2. Jahrhundert n. Chr.），《柏林地理学会论文》（*Verhandlungen der Gesellschaft für Erdkunde zu Berlin*）4，第 96—122 页，1877 年。

25. 爱德华·赛义德（Edward W.Said）：《东方学》（*Orientalism*），Pantheon Books，1978 年。

26. 谢藏（Armin Selbitschka）：《早期中国外交：现实政治与所谓的朝贡制度》（Early Chinese Diplomacy. Realpolitik vs. the so-called Tributary System），《亚洲专刊》（*Asia Major*）第 3 季（系列），28（1），第 61—114 页，"中央研究院"历史语言研究所（中国台湾），2015 年。

27. 谢藏：《早期丝绸之路》（The Early Silk Road［s］），David Ludden 编：《牛津大学研究百科全书：亚洲历史》（*Oxford Research Encyclopedia of Asian History*），牛津大学出版社，纽约，2018 年。

28. 夏含夷（Edward L. Shaughnessy）：《马拉战车传入中国的历史回顾》（Historical Perspectives on the Introduction of the Chariot into China），《哈佛大学亚洲研究学刊》（*Harvard Journal of Asiatic Studies*）48（1），第 189—237 页，1988 年。

29. 赵志军：《小麦东传到中国：新数据及新问题》（Eastward Spread of Wheat into China-New Data and New Issues），《中国考古学》（*Chinese Archaeology*）9（1），第 1—9 页，2009 年。

丝路商队驿站。12 世纪，伊朗呼罗珊地区，谢拉夫营寨。

Marco
the Stranger

01

辑一

The Silk Road Past
and Present between

Italy and China

沿着丝绸之路前进的商队。1375 年《卡塔兰地图》（*Catalan Atlas*）手稿，波斯湾和里海区域图中的局部细节。巴黎，法国国家图书馆。（彩图见本书封面用图）

行走丝路

苏尔迪（Francesco Surdich）

热那亚大学

一条路的诞生

对于欧洲人来说，尽管在旧石器时代就有了从比利牛斯前往西伯利亚的路径，可只有到了新石器时代，这条草原之路才渐渐成为完全意义上的贸易通道，不同民族源源不断地来往在这条从来没有彻底平静过，也从来未曾彻底断绝过的浩荡大路上；而贸易航线的开辟，将为后续时势中形成的万变不离其宗的陆、海、河共计八千公里的综合交通体系注入生命的原动力。这就是德国地理地质学家费迪南·冯·李希霍芬在 1887 年关于中国的五卷鸿篇巨制的导言中，用流通在这些交通线上的最贵重的商品——丝绸来命名的"丝绸之路"，关联着公元前 221 年的一次大革命：大一统中国的出现和站在它的权力之巅、谜一样的始皇帝——秦始皇。

丝绸之路，是一条交融了文化、语言、艺术、宗教、科学的道路，也是拥有世界上最美丽的神话与传说的道路，用法国著名的中世纪史学家雅克·勒高夫（Jacques Le Goff）的说法，那是西方人眼中"梦幻般的地平线"。然而，丝绸之路首先是一条贸易之路，因为它的出现，率先蓬勃发展起来的是原产地和消费地之间大规模的货物运输和货物交换，而这些贸易活动与中国的丝绸有着特殊的渊源。当昂贵的丝绸抵达欧洲，最初它们被染成紫色，仅仅用于小饰品的制作；后来用作装饰各类枕垫的护套面料；再后来，因为它的柔软度、弹性和华美远超亚麻与羊毛，人们开始用它缝制衣裳。丝绸的特殊品质使它成为深受欢迎的奢侈品，它征服了欧洲国家各朝各代的男女老幼。

中国有万里长城忠实地守卫着黄河，有肥沃的长江中下游平原，另一边波斯帝国的蔷薇花簇拥着古都设拉子城（Shiraz）和伊斯法罕城（Esfahan），唯有通过丝绸之路，中国的大河才会与阿拉伯、波斯的美丽都城联系在一起。丝路，它经过戈壁沙漠，沿着绿洲蜿蜒；它越过喜马拉雅山脉、喀喇昆仑山口和帕米尔高原，由东而西地把位于一块巨大陆地两头的世界连接在一起。这块巨大的陆地，作为一个整体的亚欧大陆，却因历史和文化的差异历来被一分为二：亚洲、欧洲。然而，被叫作"丝绸之路"的这条通道却从来都是完整的、包容的，它跨越了种种阻挡与界限，把因为距离而被分开的文明放到一起，同时也会保护不同文明间的差异以及因差异而具有的活力。在横亘东西的共同空间里，这条道路将拥有它存在的无上理由，因为在它的空间里人类终将超越种族的差异。丝绸之路绝非一无所有的空旷，一程草原一程荒漠后，在错落有致的绿洲，人们或交换货物，或小憩补充体力，或换上接力的牲口，或转道继续前行。举目四望，这里群山巍峨，把中亚内陆与人口密集的东亚农耕族群隔离开来，但滋养绿洲的泉水正从高山之巅汩汩而下。正是在这样的地方，仿佛与世隔绝的地方，才可以感触到外来文明的波及；在这里可以找到一桩伟大事件正在孕育的见证，在这里可以听到沿着大陆移动的纷纷脚步，那就是丝绸之路所了解和见证的精彩的文明互动，那些矗立在亚欧大陆之巅的不同的伟大文化因丝路的召唤而来到这里，它们共同行动，推动着人类文明的进程。

但是，想让这一切变成事实，人们还需要一点等待的耐心，要等到中国的汉朝派出他们的军队和外交使臣来"剪彩"。这一切要从他们远征荡寇、卓有成效的部队开始，从他们为游牧部落头领押送的满满当当的漂亮礼物开始，从一个强大的中央集权开始。除了在中国境内大部分距离较短的路途，我们并不能因为大汉朝浩浩荡荡的车队横跨了大陆，就将他们车辙轧到的地方简单地定义为字面含义中的"路"，实质上，它们更多是按照不同的便利程度和倾向性所选择的种种走法而已。这些"路段"在沙漠的一个绿洲和另一个绿洲之间辗转，因为在当时的中国和波斯之间，盘踞着无数小王国，它们今天追随某位大帝立藩，明天又变成另一个大国的附庸。人，难以一路向前；货物则在一趟又一趟的大篷车之间上上下下、交替前行。沙漠商旅有着这样的模式，每支商队只做短途的旅行，总会在下一站把货物交给守着同样规矩的队伍。于是，能够一路勇往直前的，真的是货物而不是人了。

陆地与海洋

丝路史上的早期线路，从中国长安向西北出发，经兰州，穿过南面以山为限、北面以戈壁大漠为界的"河西走廊"，沿着南山［祁连山和阿尔金山］北边，穿过绿洲之城凉州［今武威］、甘州［今张掖］和肃州［今酒泉］，通往安西［今瓜州］。从安西伸出两条线路，它们都绕开了被人们称作"有去无回"的塔里木盆地的塔克拉玛干沙漠，那是地球上自然环境最恶劣的地方之一，沙漠风暴的涌动随时发生，凶险无比。两条道路中的一条直接走青藏高原北面的柴达木盆地，另一条是公元 5 世纪开辟的，紧挨着天山南麓边缘穿越沙漠，把吐鲁番和喀喇沙尔［今焉耆］丢在身后。这第二条线路的末端又生出两个方向：一条沿途相对草丰水美，但更多暴露在穿梭于天山南麓的北方游牧民族随时可能发动的袭击中，它经过库车和阿克苏绿洲，去往位于塔里木盆地最西边的喀什噶尔［今喀什］；另一条线路则从罗布泊沿着昆仑山北缘前进，旅程明显更加艰难，但它经过于阗绿洲［今和田］和叶尔羌绿洲［也叫莎车］，前者盛产玉石，后者则是南疆连接克什米尔河谷、青藏高原乃至印度次大陆的贸易交通枢纽点。所有这些道路最后都汇合到了喀什噶尔。说到喀什噶尔，它离公元 2 世纪伟大的亚历山大地理学家克罗狄斯·托勒密（Claudius Ptolemaeus）称作"石塔"（Lithinos Pyrgos）［今新疆塔什库尔干］的丝绸大集市，已经不远了。对印度人来说，

"石塔"也是个挺方便的地方。那时的中国把印度叫作"大象之国",大象国度的人民可以背着自己的胡椒、丁香、沉香和象牙,抬起腿走到托勒密口中的"石塔"去。而所有汇向喀什噶尔的路,都沿着中国朝廷开辟的真正的军用道路,沿着一路驻有中国驿站和要塞堡垒的绿洲。公元前60年,汉朝还为这片疆域专门设立了一个叫西域都护府的机构以保障军事安全,并且在沿途提供驻扎、给养、翻译等后勤资源。(图2.1,见彩插)

从喀什噶尔启程继续往西有不同的走法:北边可以越过特勒克达坂(Terek-Davan)山口[今吉尔吉斯坦境内]进入位于锡尔河谷地(Sir Darya)的费尔干纳[今乌兹别克斯坦境内],经撒马尔罕[今乌兹别克斯坦境内]抵达第一个可以放心存放货物的安全地——安息帕提亚王国的马尔吉亚纳地区,即中国古称"木鹿"的梅尔夫(Merv)[今土库曼斯坦马雷附近];南向则穿越帕米尔、阿富汗和乌许斯河[妫水,今称阿姆河]上游峡谷,并在跨过这条河流后穿过巴克特里亚王国的河谷[1],然后沿着至今尚不确凿的某段路程,很有可能是翻越"屯木伦"山口[Taun-Murun,今吉尔吉斯斯坦境内],之后继续奔向梅尔夫。从梅尔夫向前进,道路开始显得特别顺畅:经由赫卡东比鲁(Hecatompylus)[帕提亚王国早期的首都,今伊朗塞姆南附近]和埃克巴塔纳(Ecbatana)[今伊朗哈马丹]穿越今天的伊朗,抵达底格里斯河的塞琉西亚(Seleucia)和泰西封(Ctesifonte),也就是今天巴格达往南的位置[今伊拉克境内],从这里就有太多的道路向西方伸展而去了,那些主干道又分岔出无数支线,各种货物跟随它们来到最后的买家手中。只可惜根据至今取得的考证,我们很难精准还原所有线路的所有细节,在古往今来的东西方记载中,同一个地方按照不同的信息来源会悬挂不同的名牌,这些地名不但随着世纪更替变化,即便在同一时代,四处流传的叫法也因为语言的不同而五花八门。

让我们从西向东换个方向来看看吧。西方商人迈开大步向东走的时髦风尚早在公元前就流行起来了。亚历山大大帝向着东方打天下,一直打到中亚和印度,希腊商人立刻尾随而来,他们成功挺进并越过了马六甲海峡,

---

1　一般认为即中国史书中所称的大夏,地理位置在今天阿姆河以南、兴都库什山以北、帕米尔以西的阿富汗北部、塔吉克斯坦南部和乌兹别克斯坦东南部境内。译注。(全书脚注除特殊注明者均为译注。)

沿着越南东南沿海（Cocinchina）前进，甚至抵达北部湾［旧称东京湾，Tonchino］。事实上，他们风餐露宿，沿着不同的线路穿越与世隔绝的沙漠，翻过崇山峻岭，开启了东地中海和遥远丝都长安之间的漫漫征程，在他们走过的地方和土地上，熙来攘往的人群传递着纷纭的消息。此时，地理学家托勒密正在亚历山大城里专心画着他的地图，从东方传回的消息有不少正符合他画图的需要，这些信息被托勒密清晰地标注在指引亚洲商旅的路线图上。如果说前面叙述的陆上丝路曾是人们广为选择的路径，现实中则还存在着同样指向东方却较少被当时的人们所了解或采用的路线，比如斯基泰人之路[1]，它的位置在更北面，从黑海出发越过南乌拉尔，然后指向阿尔泰山脉，直到罗布泊，从那里抵达北方中国就方便得很了。商人们在这条路线上主要瞄准的是黄金，另外还有生姜、姜黄、大黄等香料。

穿越这些路途的交通工具根据地貌各有不同。当商人们行进在多水的农耕地区，沿着拥有水井、绿洲和村庄铺开的线路一般比较安全，可以赶着骡、驴、马、牛等；而在沙漠和半干旱地区就需要依靠双峰或单峰骆驼，因为只有它们能够胜任干旱环境下的长距离重货运输，一头骆驼背得了重达四百五十斤的货物，是通常马匹负荷力的五倍，在长距离行进中平均速度可达每天五十公里。在经由突厥斯坦（Turkestan）通往印度的路上，除了水牛、黄牛，通常还需要使用牦牛，包括在德干平原地区，牦牛也是常见的货物运输工具。

由亚历山大帝国解体而分裂出去的塞琉古王国，随着时间推移将版图从残存的亚洲东部逐渐扩张到美索不达米亚、叙利亚北部、中亚直至印度边界，然后又持续扩张到奇里乞亚[2]和大部分的小亚细亚地区。公元前64年，这些地区沦为罗马帝国的省份，时势为罗马帝国益发欣赏并大量需求奢侈商品提供了大好的温床，而独占奢侈品鳌头的，正是丝绸。公元前1世纪至公元3世纪，丝绸成为罗马帝国趋之若鹜的商品，甚至供不应求。

有一位生活在罗马帝国奥古斯都时代的亚历山大港的商人和航海家，名叫希帕洛斯（Hippalus），他发现了季风的规律：夏季的印度洋上盛行

1　Sciti / Scythians，中国史书中称"塞"或"塞种"，也称尖帽塞人或萨迦人。
2　Cilicia，也称小亚美尼亚，在今土耳其东南部。

西南季风，海水向东或东北流动，冬季则相反。受益于这一大发现，希腊和罗马的商人们纷纷踏着浪花走上了他们收获颇丰的海洋之路。那时候，乘风破浪在印度洋海面的大船都是为大量进口胡椒而特制的，胡椒的出口则完全垄断在印度的超级货商手里。从公元 1 世纪到 3 世纪，船籍号称罗马帝国实则来自希腊或埃及地区的西方船舶停满了大大小小的印度港口，到了后期，部分船只甚至到达了马来半岛上买卖最红火的卡蒂加拉[1]。与此同时，为了收罗印度尼西亚、中南半岛和中国的商品，印度和锡兰 [Ceylon，今斯里兰卡] 的船舶也航行在了部分相同的航线上。

关于这些航线，多亏一部佚名作者的《厄立特里亚航海记》，我们得以掌握了大量相当关键的资讯。《厄立特里亚航海记》称得上是一本真正的航海指南，我们推测它编写于公元 1 世纪至 3 世纪之间。那是驻扎在红海（当时也称厄立特里亚海）西岸埃及贝伦尼斯（Berenice）港的一位埃及的希腊航海家和商人，他依据丰富的个人经历撰写了这本包罗万象且具体翔实的航行手册。埃及的亚历山大港当年是云集了四方百货的地中海大码头，满载货物的亚历山大港货船扬帆起航，在信风的推送下沿尼罗河徐徐前行，直到卢克索（Luxor）附近的卡普托斯 [Coptos，今 Qift，吉夫特]，在这里，货物不得不卸下来，之后十二天左右，就是商人们各显神通的时候：人拽、马拉、骆驼驮，目标是穿过沙漠，把货贩到红海岸边去。为我们写出航海指南的作者就是在红海沿岸采办了各式货物，他一边蚂蚁搬家似的把它们统统集中到自己的大本营贝伦尼斯，一边等待着夏天。夏天不会爽约，从贝伦尼斯港出发的海船也装满了，它们驶出红海，乘着西南吹来的好风往东北漂流，直到印度的西海岸，那里是来自中亚、南亚和中国的商队的目的地，也是这些商队返程出发的地方。这条海路沿着印度西岸继续向南，绕过印度半岛的最南端，先在锡兰经停，然后往东海岸，北上直至恒河口，在那里可以遇到另一支来自中国的大篷车的交通大动脉，这条大动脉还可以通过一条经枢纽城市马图拉（Mathura）的陆路与印度西部阿拉伯海岸上的巴里加扎[2]相连接。这些来自红海的远征船，一部分还抵达了泰国和马来

1　Cattigara，一说在扶南国境内，今泰国东南或柬埔寨南部；也有人认为是在越南的 Oce Eo。
2　Barygaza，位于坎贝湾（Cambay），现称肯帕德湾。

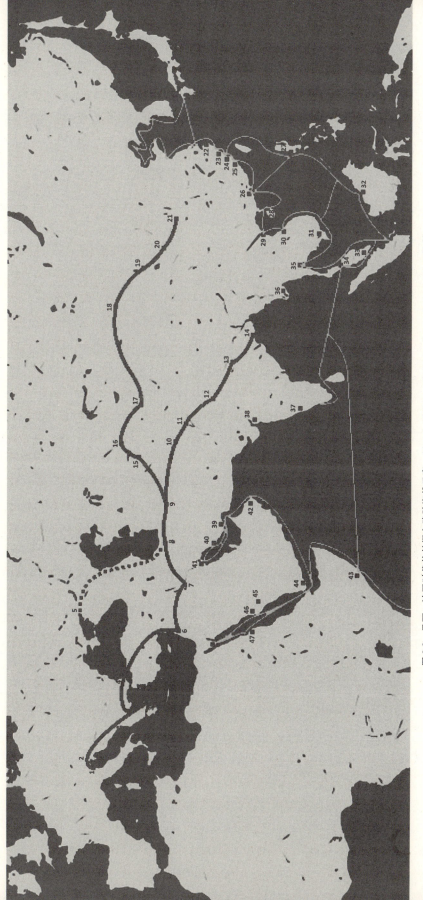

图 2.2　马可·波罗时代的丝绸之路陆海线示意，Alessio Schiavo & Laura Lupo Stanghellini 绘制

图 2.2 注释

	地名	今日地理位置参考	今属国家或区域
1	热那亚 Genova		意大利
2	威尼斯 Venezia		意大利
3	雅典 Atene		希腊
4	君士坦丁堡 Constantinopolis	伊斯坦布尔 Istanbul	土耳其
5	塔纳 Tana	亚速市 Azov 附近	俄罗斯
6	大马士革 Damascus		叙利亚
7	巴格达 Baghdad		伊拉克
8	德黑兰 Teheran		伊朗
9	马什哈德 Mashhad		伊朗
10	喀布尔 Kabul		阿富汗
11	白沙瓦 Peshawar		巴基斯坦
12	德里 Delhi		印度
13	贝拿勒斯 Benares	瓦拉纳西 Varanasi	印度
14	加尔各答 Calcutta		印度
15	撒马尔罕 Samarcanda	撒马尔罕 Samarkand	乌兹别克斯坦
16	塔什干 Taskent		乌兹别克斯坦
17	喀什噶尔 Kashgar	喀什 Kashi	中国
18	吐鲁番 Turfan		中国
19	安西 Anxi	瓜州 Guazhou	中国
20	兰州 Lanzhou		中国
21	西安 Xi'an		中国
22	扬州 Yangzhou		中国
23	明州 Mingzhou	宁波 Ningbo	中国
24	福州 Fuzhou		中国
25	刺桐 Zaitun	泉州 Quanzhou	中国
26	广州 Guangzhou		中国
27	麻逸 Mait	马尼拉 Maynila	菲律宾
28	崖州 Yazhou		中国
29	交趾 Cochin	越南北部红河三角洲地区	越南
30	占城 Champa Kingdom	越南中南部	越南
31	卡蒂加拉（扶南国）Cattigara	一说今泰国东南部或柬埔寨南部	
32	勃泥 Brunei		文莱
33	马六甲 Malacca		马来西亚
34	甲米（箇罗国）Krabi		泰国
35	暹粒（真腊国）Kmir Chenla	暹粒 Siem Reap	柬埔寨
36	勃固（白古）Pegu	仰光 Yangon 东北	缅甸
37	古里（卡利卡特）Calicut	科泽科德 Kozhikode	印度
38	坎贝湾 Gulf of Cambay	肯帕德湾 Gulf of Khambhat	印度
39	霍尔木兹 Hormuz		伊朗
40	尸罗夫（撒那威）Siraf	布什尔省 Bushehr province	伊朗
41	巴斯拉 Bassora	巴士拉 Basrah	伊拉克
42	马斯喀特（麻实吉）Muscat		阿曼
43	摩加迪沙（木骨都束）Xamar / Hamar	摩加迪沙 Mogadishu	索马里
44	亚丁 Aden		也门
45	麦加 Mecca		沙特阿拉伯
46	吉达 Jeddah		沙特阿拉伯
47	贝伦尼斯 Berenice	Benerice Troglodytica（Medinet el Haras）	埃及

西亚的岛屿，于是，它们距离中国的南方海岸更近了，因为风平浪静的马六甲海峡就躺在那里。

中国人的远洋航行则要等到公元3世纪以后，这要归功于他们在造船技术上的新发明，尤为突出的是能够使船舶在航行中减少停靠、提高时间效率等方向和航行上的优势技术，代表了当时世界上绝对的行业顶尖技术。只可惜，在公元13世纪以前，中国的远洋航行并没有获得更加充分的发展。中国的风帆船于公元370年左右抵达马六甲的槟城，于公元4世纪末到达锡兰。公元5世纪中国的帆船很可能抵达了伊拉克的幼发拉底河河口，经停亚丁湾。

一边是肩负陆路贸易悠久历史的亚洲游牧骑士，一边是谙识水性乐于海上交易的东地中海商人，毫无疑问，正是他们在草原牧民巡逻的陆上丝路和靠大力水手补充给养的地中海之间，成功地系上了一根直接相连的红绳，而地中海必将火速成长为那个时代最大的丝绸消费市场之一。也正是从那时起，贵霜帝国，一边摇着后来传遍中国、日本、朝鲜、越南、印度尼西亚的大乘佛教的摇篮，一边一跃而起成为中国丝绸的主要经销商。中国的丝绸，不仅被输送到了伊朗的帕提亚人手中，也必然被传递到早年就活跃在印度的罗马帝国的买卖人手里。（图2.2）

追路赶海

罗马帝国的衰落与解体恰逢中国汉朝崩溃，从此，被中国人叫作"拂菻"的拜占庭帝国（东罗马帝国）与亚洲地区的往来成为该帝国全部贸易活动的根本组成部分。与拜占庭人比肩甚至更加坚持不懈地推动生丝和丝线在地中海东部广泛流传的是阿拉伯人。自从公元762年建立巴格达，随着阿巴斯王朝的发展，阿拉伯人一直往返在陆地与海洋的贸易路线上，尤其往返在把中东与印度、印度尼西亚乃至中国连接在一起的海面上，在整个中世纪，阿拉伯人生生把自己镶嵌为东西方之间闪闪发光的一道金色拉链。从这个意义上讲，阿拉伯人替代了帕提亚人，成为当时人们所认识的东西方世界的首席中间人。每年的11月和12月，阿拉伯人的帆船乘着西北季风从阿曼（Oman）穿越印度洋到达马拉巴尔[1]，从这里再借着南风继续漂向中国海，推进到印度尼西亚、菲律宾、中国的广州和刺桐城（泉州）。之后要趁东北风返回马六甲海峡，再借东南风把自己推回到波斯湾去。

至于西方的欧洲，只有当蒙古王的战马开拓出最辽阔的疆域，用他们的大旗和营帐保障了多年的和平，稳固了他们对俄罗斯地区和整个亚洲大陆的主宰之后，陆上的丝绸之路才再次恢复。陆上丝路的"满血复活"极大地方便了一些地中海海洋城邦的商人，在供应欧洲市场的一个又一个的世纪里，他们一直屈居人后，只能在东方和阿拉伯同行面前充当"纳税人"的角色，此时终于有可能化被动为主动，此刻不争更待何时。自公元13世纪后半叶，来自地中海海洋共和国的商人们越来越多地向亚洲的心脏地带挺进，走过草原，去追寻他们心驰神往的直接交易，再也不必忍受太多中间环节的折磨，让那一道又一道的边境关卡堆成的高昂关税、保护费统统见鬼去吧。（图2.3，见彩插）

值得一提的是，根据克雷莫纳的留特普朗多（Liutprando）主教在他的历史奇闻录《反攻倒算》（Antapodosis）中的记载，威尼斯商人走私出口紫红面料和丝绸的船队早在10世纪末就频繁出入君士坦丁堡，尤其在公元992年，为了嘉奖威尼斯人在平衡地中海东岸势力中立下的汗马功劳，拜占庭皇帝、马其顿王朝的巴希尔二世（Basilio II il Macedone）颁布了一道特赦令，对威尼斯人执行税收和关税优惠。1082年，拜占庭科穆宁王朝的阿莱克修斯一世（Alessio I Comneno）发布了另一条敕令，再次确认并扩大了对威尼斯人的优惠政策，之后又以同样的论调给予了更多的优待，从而使威尼斯人在拜占庭帝国境内的商业活动拥有了最全面的海关豁免和几乎无限的行政和司法自主权，相较其他竞争对手，威尼斯人显然占据了得天独厚的优势。在君士坦丁堡，威尼斯人甚至拥有属于自己的独立社区、教堂、货栈、面包坊、屠宰场、公共浴池、商铺、码头，一应俱全。威尼斯人的这种布局后来还推广到整个拜占庭帝国和地中海东岸的许多其他贸易枢纽，在几乎所有重要的拜占庭城市里都出现了这一模式的威尼斯商业

1　Malabar，马拉巴尔海岸，印度次大陆西南部。

殖民地，威尼斯商人在这些地方等候、采购并存放商队从阿拉伯、波斯、印度和中国运回的商品。不少威尼斯人在各地仅稍事停留，处理完手头业务就返回，有些人则长年驻扎，把生意的重心全部放在了这些"处女地"。第一次十字军东征前夕，仅君士坦丁堡就有大约一万名威尼斯人在册，这座城市俨然成为威尼斯人的商业大本营，他们常常出动自己的船队，从博斯普鲁斯海峡出发，沿着爱琴海、爱奥尼亚海和地中海东海岸悠悠西行，不久又轻车熟路地折返拜占庭的首都君士坦丁堡。

第四次十字军东征加速了威尼斯人对中东的商业渗透。这次东征最初的矛头指向达尔马提亚所谓的叛乱城市萨拉[1]，实际后来却攻打了孱弱的君士坦丁堡，导致阿列克谢小皇帝退位，东方拉丁帝国上位，威尼斯由此控制了"拉丁拜占庭"最好的地盘，并使一代又一代的威尼斯总督直至1356年还头顶"东罗马帝国八分之三主权人"的光荣称号。就这样，威尼斯共和国在中东地区成功跃上霸主地位，以至于威尼斯总督一度想把自己的住所也搬到君士坦丁堡去，好离威尼斯人的核心利益区更近一些。实现对拜占庭首都的大部分控制确实对威尼斯最终夺取并掌管第一次向西方开放的黑海贸易的金钥匙很有帮助，但他们还是需要等到蒙古人横扫一切的快马自东向西破门而入的那一刻，这片海水的意义只有到那时才会金光四射，因为随着那惊心动魄的一刻的到来，西方的土地才会与远东的大陆蓦然碰撞在一起。（图2.4A、图2.4B，见彩插）

在此之前，为了制造足够的交换机会，黑海沿岸的国家，特别是俄罗斯南部，经常会举办一些琳琅满目的热闹市集，驻扎在君士坦丁堡的威尼斯商人自然是当仁不让，风风火火地跑到这里来赶集。12世纪，只有少数威尼斯商人和热那亚商人会冒着风险进入小亚细亚腹地，他们往往常驻叙利亚和小亚美尼亚，习惯从丝路航线上一个叫拉亚佐[2]的地中海出海口踏上小亚细亚的土地，他们当中的个别人甚至跑到了里海地区。到了13世纪，威尼斯人在克里米亚南部海岸的索耳得亚[3]创建了他们的第一个大本营，直

1　Zara，今扎达尔（Zadar），克罗地亚。
2　Laiazzo，也名阿亚斯（Ayas），小亚细亚南部地中海港口，今土耳其尤穆尔塔勒克（Yumurtalik）。
3　Soldaia，今苏达克（Sudak），克里米亚南部黑海沿岸。

通粮食满仓的南俄，同时也与一条前往中亚的主要贸易交通线路相连接；他们还在科穆宁王朝后来的首都特拉布松[1]建立了一个相当繁荣且至关重要的殖民地。科穆宁的特拉布松帝国沿着黑海东南海岸自巴统[2]一直延绵到锡诺佩[3]，首府特拉布松被尼西亚的大主教慨叹为"全世界的货栈和商馆"。特拉布松地处进入亚美尼亚、里海和丝绸产地波斯以及继续奔向突厥斯坦和中国的道路要冲，它的南面朝向底格里斯河与幼发拉底河流域，正对着波斯湾和印度。

好景不长，刚到 13 世纪中叶，威尼斯人费了九牛二虎之力才弄到手的贸易路线控制权已经不得不面对热那亚人的强劲竞争。自从十字军第一次东征，热那亚商人就长期驻扎在圣地，因为有约在先：十字军东征中凡因热那亚人鼎力相助而攻克的城市，热那亚共和国就拥有那座城市三分之一的所有权，热那亚人在那里享受全额税收豁免权以及司法行政自治。自从 1261 年 3 月 13 日与拜占庭巴列奥略王朝的米海尔八世皇帝（Michael VIII Palaiologos, 1225—1282）签署的《南菲宏条约》（*The Treaty of Nymphaeum*）生效，新生拜占庭帝国统治下的所有地区，包括后续征服的地方，都将对热那亚人开放并允许其渗透。在埃德雷米特[4]、哈尼亚[5]、希俄斯 [Chios, 希腊希俄斯岛] 和莱斯沃斯 [Lesvos, 希腊莱斯沃斯岛] 等地，热那亚人获得了总督官邸、大厦、教堂、公共浴室、面包坊各一座，并得到了足够数量的房屋配给。而一旦拜占庭帝国全面光复，君士坦丁堡、萨洛尼卡[6]、克里特和内格罗蓬特公国 [Negroponte, 今 Euboea, 希腊优卑亚岛] 也将对热那亚人的商品出入完全开放，同时对热那亚的敌人关闭帝国的所有港口并禁止他们进入黑海。这必然导致热那亚人在黑海流域和小亚细亚的集中扩张，促进他们与亚洲腹地的贸易。事实上，热那亚商人和冒险家很早就开始寻找新出路，比如方济会修士乔万尼·皮安德尔卡皮内

1　Trebizond，今特拉布宗，在黑海南岸，土耳其北部。
2　Batumi，今格鲁吉亚共和国西南部。
3　Sinope，今锡诺普（Sinop），土耳其北部黑海沿岸。
4　Adramitto，今埃德雷米特（Edremit），土耳其西南港口。
5　Ania，今干尼亚（Khania），希腊克里特岛西北岸港口。
6　Salonicco，今塞萨洛尼基（Thessaloniki），希腊北部大港。

（Giovanni da Pian del Carpine），1247 年他在基辅偶遇热那亚商人米开勒（Michele Genovese）；又比如同属方济会修士的威廉·卢布鲁克（Guglielmo da Rubruck），1255 年在安纳托利亚的以哥念［Iconium，今 Konya，土耳其科尼亚］恰巧碰上一位名叫尼科洛·达·圣西罗（Niccolò da San Siro）的热那亚人，此人与他的威尼斯合伙人在小亚细亚矿区成功地垄断了明矾生意。

不消几年，那里的沿海已经布满热那亚人的定居点，它们逐渐具备了商业殖民地的全部特征，一个蓬勃的有机体从此诞生了，它从地中海东岸经过爱琴海、马尔马拉海、黑海和亚速海，一直伸展到顿河河口。而不可忽视的天时地利是：在整个地中海东部和欧洲东部，以希腊帝国及其公国、摩尔达维亚保加利亚王国、土耳其酋长国和鞑靼诸汗国为代表的各股势力，在相望的海岸上对峙了数世纪却没有任何一股或几股力量能够压倒性地成为地区统领，它造就了 13、14 世纪横跨这一地理范围的沉重的"政治空白"，也为热那亚人创造了施展拳脚的好机会。（图 2.5，见彩插）

热那亚人在君士坦丁堡郊区加拉太（Galata）镇的佩拉（Pera）殖民地，就是在这样的兵荒马乱中出人意料地繁荣起来的。它被宣布为罗马帝国及其海洋范围内的热那亚副主教区所在地，在黑海和小亚细亚地区统辖除卡法（Caffa）以外的所有领事权，与此同时，它也完成了自己作为一线商业重镇的华丽转身。凡是到过佩拉殖民地的各地商人，没有不对那里生意火爆的商铺交口称赞的。人头攒动的集市里，但凡叫得出名字的地方的买卖人，全都赶来了！来自巴尔干、希腊、爱琴海岛屿、克里米亚、俄罗斯、小亚细亚、波斯、美索不达米亚、意大利、西班牙的各色人等中，翻滚着不下十数国的语言，占领绝对上风的当然是混杂着威尼斯语、热那亚语和加泰罗尼亚语的"普通话"，它裹挟着浓烈的希腊、土耳其和阿拉伯风，也有不少词汇来自普罗旺斯方言或法语。太阳神的车轮东起西没，追赶着穆安津向穆斯林们发出的高声宣礼，追赶着东正教和亚美尼亚牧师的连祷，方济各与多明我修道院里报时的大钟也敲响了，竞相召唤前来参加仪式的信徒。（图 2.6，见彩插）

在东西交往的这一段新时期里，东方商品通过三条商旅路线辗转抵达地中海，它们扩充了早期的古丝绸之路，把传说中阿拉伯的"沉香之路"也纳入进来，即通过海路把印度或中国的珍贵香料从阿拉伯半岛的尽头运到地中海。三条线路之中线由充当中介角色的波斯人和阿拉伯人操控，它在波斯和叙利亚之间形成沟通，避开了幼发拉底河；南线取道阿拉伯港口、红海和尼罗河，早在法蒂玛时代它们就已经替代了伊拉克和波斯湾路径，成为印度与地中海之间的主要通道；剩下的就是地中海商人的"北方之路"了，它走向黑海和高加索地区，不如其他线路便捷，却使拜占庭拥有了与俄罗斯草原部落和远方中国来往的直接通道。后来，威尼斯人和热那亚人组建了舰队，采用固定时间、固定航线的航运模式，候鸟一样从各自的地中海港口出发，将东方货物运抵英格兰、佛兰德斯等地，于是，那些曾经一直被排除在贸易交通洪流外的国家，经济活动也从此活跃起来，并日益受惠。

自从拜占庭帝国终于重新占领保加利亚海岸和多布罗加的沿海地区[1]，包括诸多关键地方，如多瑙河下游南岸的维奇那［Vicina，今已消失］、黑海沿岸的内塞巴尔［时称 Mesembro，今 Nessebar，保加利亚］、蒙卡斯特罗[2]、里克斯托默[3]、基利亚［Chilia，多瑙河三角洲，今乌克兰境内］、伊利切[4]，热那亚商人从这些地方出口小麦、皮革、蜂蜡、蜂蜜，同时进口意大利的布匹面料和东方的香料，这些地方俨然成为热那亚人的关键贸易口岸和基地。也正是那些年里；热那亚人开始与库班河口[5]的科帕[6]和皮聪达［Ptzunda，今格鲁吉亚境内］愉快地做起生意来，也与顿河附近的一个丝绸之路的重要站点塔纳[7]开始做交易。据记载，1304 年热那亚在塔纳设有领事馆。其实热那亚人在各地都设立了领事机构。在黑海北岸，热那亚人选择了卡法作为另一个开拓深耕的贸易据点。卡法，古时候的特奥多西亚之

1　Dobrugia，多瑙河下游和黑海之间地区，北中部今属罗马尼亚，南部今属保加利亚。
2　Moncastro，今比尔戈罗德-德斯特罗夫西基（Belgorod-dnestrovsky），乌克兰敖德萨州。
3　Licostomo，多瑙河三角洲河口要塞，位于今基利亚（Kiliya 或 Chilia），乌克兰敖德萨州。
4　Illice，位于古第聂伯河口，今乌克兰境内。
5　Kuban，今库班河（Kouban），注入亚速海的俄罗斯河流。
6　Kopa，今库班河畔斯拉维扬斯克（Slavjank na Kubani），俄罗斯。
7　Tana，遗址位于今俄罗斯亚速市附近。

地[1]，是克里米亚或可萨汗国［Khazaria，也称哈扎尔汗国］的首府，为了纪念起源于中亚草原古老的半游牧突厥部落的可萨人[2]，热那亚人曾经把这片地方叫作加沙利亚（Gazaria）。

据说卡法城是成吉思汗的孙子孛儿只斤·蒙哥大汗赠送给热那亚人的，正因为这座城市的存在才有了后来拉丁文中传颂的 Ianuensium civitas in extremo Europae——热那亚，欧洲尽头的城市！热那亚人的卡法城，当年有一个大大的半月形港湾，库房、堆场、货栈等码头设施应有尽有，卡法城的使命就是要成为热那亚在海外殖民的前沿哨所。为了管理海外贸易与航行，卡法城于1316年专门成立了加沙利亚管理署，启动了一项根据精准的城市规划来建造新的人口定居点的方案，即有名的"卡法规划"。

在这一体系基础上，至少再加上爱琴海的希俄斯、米蒂利尼[3]和福恰［Focea，今土耳其 Foca］，热那亚人不仅在加强黑海的两岸关系中发挥了决定性的作用，更重要的是把该流域与地中海的其他地区直接关联起来，确保了黑海流域在当时的国际战略地位。为此，当年热那亚驻卡法总领事的绝大部分外交活动都专注在怎样维护好与加沙利亚的良好关系上。当时的加沙利亚处于蒙古金帐汗国（钦察汗国）的控制之下，热那亚人十分看重与蒙古可汗的交好。而这时候，威尼斯人则目不转睛地盯着索耳得亚，1287年威尼斯人在那里建立了自己的领事机构。14世纪初威尼斯人的兴趣也开始转向位于古塔奈河［Tanai，即后来的 Don，顿河］沿岸的塔纳，这是个举足轻重的商港，顿河就在它的脚下注入亚速海，而它离伏尔加河是如此之近。广阔的草原和蒙古金帐汗国近在咫尺，伸展在草原上的那些道路直通匍匐在伏尔加河下游的城镇，热那亚和威尼斯商人们正是从那些城镇迈开步伐，走向前往中亚和东亚的漫漫征程。从此，金帐汗国的大本营萨莱城（Sarai）、伏尔加河口的阿斯特拉罕（Astrakhan）、因为庞大的面料市场而被很多意大利商人当作目的地的老乌尔根奇[4]，还有印度的德里、

1　Teodosia，也称费奥多西亚（Feodosiia）。
2　Khazars，也称卡扎人，北匈奴与西迁至欧洲的一支回纥人。
3　Mitilene，即 Mytilene 所在的希腊莱斯沃斯岛。
4　Organdi，即 Kunya-Urgench，库尼亚—乌尔根奇，中国古称玉龙杰赤、花剌子模城、玉里健、乌尔达赤、乌尔坚奇等，是向南通向印度和向东通向中国的分岔道路的起点，位于今土库曼斯坦西北部。

波斯的伊尔汗首府大不里士、中国的刺桐城（今泉州）等地名，都将频繁地出现在热那亚人的商业合同里，也会越来越多地出现在威尼斯人的法律文书中。在来自威尼斯和热那亚两个海洋共和国的西方商人的眼睛与耳朵里，这一串串风尘仆仆的地名与过去几十年里的亚历山大港和圣地的阿克城［Acri，今 Acre 或 Akko，以色列阿卡］一样，犹如水边闪闪发亮的珍珠，犹如日落月升中的海涛声，耳熟能详。（图 2.7，见彩插）

13 世纪末 14 世纪初，热那亚和威尼斯作为砥砺奋进的商业使者，在世界贸易的伟大洪流中劈波斩浪已成为不争的事实。他们主导了海上航线的西进，形成了完整的货物分销系统，向法国、西班牙、葡萄牙、佛兰德斯和英格兰源源不断地输送商品。分属这两个强悍的海洋共和国的商人们无时无刻不在激烈地竞争着，他们在角逐中竞相把各国原本由本地商人控制的长途贸易管理权锁定到自己的股掌之间。而威尼斯商人更是作为南北欧洲的媒介取代了布鲁日的商贩，也正因为有了威尼斯商人，佛兰芒织造的布料终于传遍全世界，要知道，原来的佛兰芒商贩，除了跑去法国的香槟镇（Champagne）赶集，从没找到过任何"越集"的好办法。

热那亚和威尼斯分别于 1277 年和 1314 年开辟了在意大利和英国、意大利和佛兰德斯之间通勤的商船队，沿途停靠葡萄牙、西班牙、法国的各个港口，为振兴原来被排除在世界贸易流通体系之外的许多地区的经济起到了极大的帮助。当意大利半岛成为欧洲纺织品的主要制造中心，通过这些"班轮"，热那亚和威尼斯商人把东方原材料加工后的成品输送到被阿尔卑斯山脉阻隔的其他欧洲市场，又从那里换取呢绒面料转运并销往东方，或者换取原毛运回意大利北方城镇的作坊进行再加工。一代又一代的航海者积累起来的宝贵经验以及随之而来的"航海革命"，带来了一系列海上航行线路，它们所辐射的范围，构成了一套综合而完整的物流系统，使地中海的每一个角落都纳入了三百六十度的沟通连接中。

以威尼斯人为例，他们把来自欧洲腹地的原材料，诸如奥地利和德国矿山的白银、阿尔卑斯山的木材，以及城镇作坊加工的武器、纺织品或其他商品，一起装进他们的桨帆船并运往地中海东岸，在那里，威尼斯商人靠这些"土特产"交换香料、丝绸、棉花等经由丝绸之路或者香料之路远

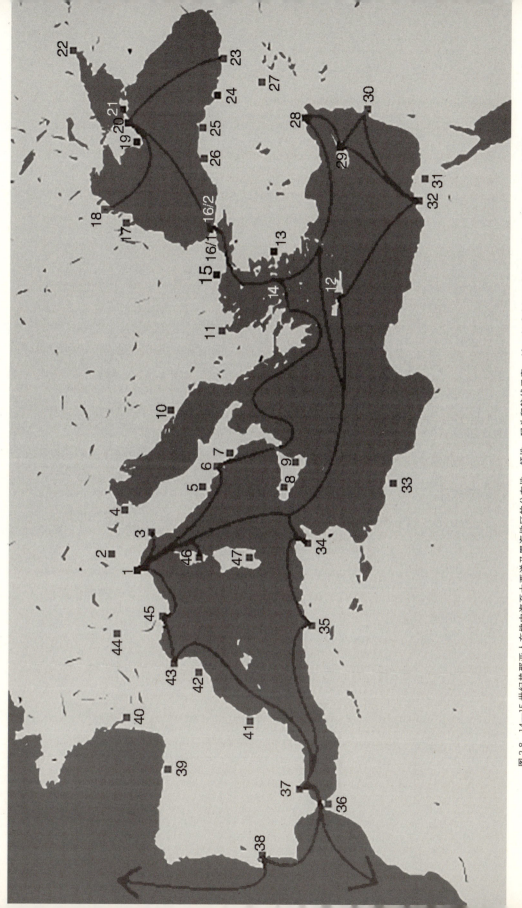

图 2.8　14—15 世纪热那亚人在地中海至大西洋及黑海地区的分布地、领地、码头和航线示意。Alessio Schiavo & Laura Lupo Stanghellini 绘制

图 2.8 注释

	地名	今日地理位置参考	今属国家或区域
1	热那亚 Genova		意大利
2	米兰 Milano		意大利
3	比萨 Pisa		意大利
4	威尼斯 Venezia		意大利
5	罗马 Roma		意大利
6	那不勒斯 Napoli		意大利
7	阿马尔菲 Amalfi		意大利
8	巴勒莫 Palermo		意大利
9	锡拉库萨 Siracusa		意大利
10	拉古萨 Ragusa	杜布罗夫尼克 Dubrovnik	克罗地亚
11	萨洛尼卡 Salonicco	塞萨洛尼基 Thessaloniki	希腊
12	克里特岛 Creta	克里特岛 Crete	希腊
13	福恰 Focea	福恰 Foca	土耳其
14	希俄斯岛 Chio	希俄斯岛 Chios	希腊
15	埃诺斯 Enos	埃内兹 Enez	土耳其
16 / 1	君士坦丁堡 Costantinopoli	伊斯坦布尔 Istanbul	土耳其
16 / 2	佩拉 Pera		土耳其
17	维奇那 Vicina 或 Bitzina	不确切	罗马尼亚
18	基利亚 Chilia		乌克兰
19	塞瓦堡 Cembalo	巴拉克拉瓦(塞瓦斯托波尔)Balaklava Sevastopol	克里米亚
20	索耳得亚 Soldaia	苏达克 Sudak	克里米亚
21	卡法 Caffa	费奥多西亚 Feodosiia	克里米亚
22	塔纳 Tana	亚速市附近 Azov	俄罗斯
23	特拉布松 Trebisonda	特拉布宗 Trabzon	土耳其
24	史米索 Smisso	萨姆松 Samsun	土耳其
25	锡诺佩 Sinope	锡诺普 Sinop	土耳其
26	沙马斯特里 Samastri	阿玛斯腊 Amasra	土耳其
27	锡瓦斯 Sivas	塞巴斯蒂 Sebastea	土耳其
28	拉亚佐(阿亚斯港)Laiazzo(Ayas)	尤穆尔塔勒克 Yumurtalik	土耳其
29	法马古斯塔 Famagosta	法马古斯塔 Famagusta	塞浦路斯
30	贝鲁特 Beirut		黎巴嫩
31	开罗 Cairo		埃及
32	亚历山大 Alessandria		埃及
33	的黎波里 Tripoli		利比亚
34	突尼斯 Tunisi	突尼斯 Tunis	突尼斯
35	布日伊 Bugia	贝贾亚 Bejaia	阿尔及利亚
36	休达港 Ceuta		西班牙
37	马拉加 Malaga		西班牙
38	里斯本 Lisbona		葡萄牙
39	毕尔巴鄂 Bilbao		西班牙
40	波尔多 Bordeaux		法国
41	瓦伦西亚 Valencia		西班牙
42	巴塞罗那 Barcellona		西班牙
43	纳博讷 Narbona	纳博讷 Narbonne	法国
44	里昂 Lione	里昂 Lyon	法国
45	马赛 Marsiglia	马赛 Marseille	法国
46	博尼法乔 Bonifacio	科西嘉岛上	法国
47	卡利亚里 Cagliari	撒丁岛上	意大利

道而来的亚洲货品。在地中海东岸集市上换得的商品又被威尼斯人装上桨帆船，沿着海岸一路回到家乡，商船回到威尼斯，满船的"舶来品"转眼卸空，很快它们就会出现在阿尔卑斯山北去的山口，出现在德国等北方国家的集市里，或者登上威尼斯人的其他帆船漂向环行欧洲的航线。

这一切的根本前提是有较高安全系数的商用护航舰队的出现，威尼斯人称之为"慕得"（mude）。其中最重要的线路有：几乎专门为了棉花交易开辟的经停塞浦路斯、贝鲁特开往叙利亚的舰队，为贩运香料前往埃及亚历山大港和贝鲁特的舰队，为来自突厥斯坦和中国的生丝而前往君士坦丁堡和罗马帝国势力范围直至亚速海流域塔纳港的舰队（至少至1450年），以布鲁日、伦敦和南安普敦为主要目的地的佛兰德斯航向舰队。装有排桨与风帆的威尼斯商船舰队具有装备精良、行动迅速、不受制于风向、能够逃脱或抵抗敌人攻击等优势。为满足欧洲富裕阶层的需要，船队在一边的航向上摆渡亚洲的农产品和珍稀工艺品，同时在另一边招揽由汉萨同盟的柯克（圆）船带到交易港口的北方欧洲的原材料和手工艺品。从此，一个长期拥抱几乎整个欧亚大陆的商人财富共同体就这样诞生了。（图2.8）

结　语

陆地与海洋道路上长长的故事，像阿拉伯人的天方夜谭，说上一千零一夜也说不完。这份美丽的起头，还是那条沙漠中丝绸之路的绿洲路。当来自草原的蒙古帝国从马背上落下，当1368年遥远的中央帝国竖起大明朝的牌匾，当奥斯曼土耳其人阔步前进，这条穿越风沙奔向碧波的丝绸之路仿佛隐匿了，但它一次又一次地回到我们中间，一次又一次地摇摆在曾经穿越它也塑造了它的商品、人物、思想和文化之中，穿越在一代又一代探索并重建丝路及其意义的人们所生存其间的陆地与海洋上。

作者简介

弗兰西斯科·苏尔迪（Francesco Surdich），历史地理学家。1970—2016 年任教于热那亚大学（Università degli Studi di Genova）人文学院地理探险史专业，并开设历史和旅行文学课程。2008—2012 年任热那亚大学人文学院院长。出版著作、发表论文近三百部 / 篇。创办并主办学术杂志《地理探索》（1975 年至今）。

著作：《地理探索历史的时刻和问题》（*Momenti e problemi di storia delle esplorazioni*，1975）；《关于欧洲渗透亚洲的资料》（*Fonti sulla penetrazione europea in Asia*，1976）；《走向新世界：欧洲的想象与发现美洲》（*L'immaginario europeo e la scoperta dell'America*，2002）；《Giuseppe Sapeto 的政治外交与科学的传教活动》（*L'attività missionaria, politico-diplomatica e scientifica di Giuseppe Sapeto*，2005）；《丝绸之路：中世纪行走亚洲的欧洲商人和旅行家》（*La via della seta. Missionari, mercanti e viaggiatori europei in Asia nel Medioevo*，2008）；《香料之路：来自中国和葡属印度的商队》（*La via delle spezie. La Carreira da India portoghese e la Cina*，2009）；《走向南方的海洋：自 Magellano 至 Malaspina 的中南太平洋探索》（*Verso i mari del Sud. L'esplorazione del Pacifico centrale e meridionale da Magellano a Malaspina*，2015）。

参考书目

1. F. 苏尔迪（F. Surdich）：《中世纪时期的热那亚探险者》（Gli esploratori genovesi del periodo medievale），《探险史杂集》（*Miscellanea di Storia delle esplorazioni*）I，第 9—117 页，1975 年。

2. L. 巴莱托（L.Balletto）：《13—15 世纪：热那亚、地中海、黑海》（*Genova, Mediterraneo, Mar Nero*）（sec. XIII–XV），热那亚，1976 年。

3. M. 巴拉尔德（M. Balard）：《12—15 世纪：热那亚的东罗马帝国》（*La Romanie Genoise*）（XIIè–début du XVé siècle），罗马–热那亚，1978 年。

4. J.P. 德雷格（J. P. Drége）：《沿着丝绸之路的旅行》（*Viaggio lungo la Via della Seta*），米兰，1988 年。

5. G. 比斯达里诺（G. Pistarino）：《东方的热那亚人》（*Genovesi d'Oriente*），1990 年。

6. H. 乌利格（H. Uhlig）：《丝绸之路》（*La Via della Seta*），米兰，1991 年。

7. G. 比斯达里诺（G. Pistarino）：《海洋的领主》（*I Signori del Mare*），热那亚，1992 年。

8. M. T. 卢契迪（M. T. Lucidi）编：《丝绸和它的路》（*La seta e la sua via*），罗马，1994 年。

9. J. 卡瑟威尔（J. Carsewell）：《青花瓷：环行世界的中国瓷器》（*Blue and White. Chinese Porcelain around the World*），伦敦，2000 年。

10. S. 贝尔菲奥来（S. Belfiore）：《无名氏于公元 1 世纪环厄立特里亚海航行以及其他相关罗马与东方及丝绸之路贸易的文字》（*Il periplo del Mare Eritreo di anonimo del I sec. d. C. e altri testi sul commercio tra Roma e l' Oriente e la Via della Seta*），罗马，2004 年。

11. L. 博尔诺伊斯（L. Boulnois）：《丝绸之路：神、战士和商人》（*La via della seta. Dèi, guerrieri, mercanti*），米兰，2005 年。

12. F. 苏尔迪（F. Surdich）：《丝绸之路：中世纪的欧洲传教士、商人和旅行者在亚洲》（*La Via della Seta. Missionari, mercanti e viaggiatori europei in Asia nel Medioevo*），特伦托–热那亚，2007 年。

13. X. 刘（X.Liu）和 L.N. 谢佛（L.N. Shafer）：《丝绸之路》，博洛尼亚，2009 年。

14. T. 马诺尼（T. Mannoni）：《中世纪的商人革命》（*La rivoluzione mercantile nel Medioevo*）；《地中海里的人、货物和贸易设施》（*Uomini, merci e strutture degli scambi nel Mediterraneo*），热那亚，2009 年。

追逐亚细亚

卢卡·莫拉（Luca Molà）
英国华威大学

同道与角逐

在见证意大利商人行走古丝绸之路的原始文书中，最早的一份出自
1263 年，属于一位名叫彼得罗·维利奥尼（Pietro Viglioni）的威尼斯商人，
那是他在波斯的大不里士城留下的临终遗言。（图 3.1）这份遗嘱的证人是
来自比萨的几位商贾，外加彼得罗的两名仆人。他们跟马可·波罗的父亲
尼科洛和叔叔马菲欧一样，是最早走向丝路的西方人。那时候，马可的父
亲和叔叔正第一次跋涉在通往大都［今北京］忽必烈朝廷的征途上，而来
自热那亚、威尼斯、比萨等海洋共和国的商人们纷纷赶到大不里士城做买卖，
因为这里是沙漠商旅的一个主要入口，奔向大漠的商队在这里集结，在牲
口喷嚏的鼻息和铃铛声中启程，穿过中亚走向印度、走向中国。在人们通
常称作"蒙古和平"的时期，他们行走的这些线路还是比较安全的。

大不里士城幸免于鞑靼马蹄的毁灭性践踏，还被定为地区首府。13 世
纪中叶以后，蒙古帝国分成四个汗国，在伊尔汗国治下，大不里士的商业
和丝绸织造业发展繁荣。马可·波罗曾经一边描绘这座城市交织着的多民

图 3.1　威尼斯商人彼得罗·维利奥尼的遗
嘱。波斯伊尔汗国的大不里士城，1263 年。
意大利威尼斯，马尔奇亚那国家图书馆。

族多文化的绮丽景象，一边赞叹环绕该城的花园果园和该城的富饶。马
可说，在他停留的这座城市的街区，有二十四家供商队歇脚的客店，还有
一千五百座经营珍贵香料和首饰的商铺，在那里，波斯、蒙古、犹太、亚
美尼亚、格鲁吉亚和意大利的商人，与来自巴格达、摩苏尔［伊拉克北部
底格里斯河上游］、霍尔木兹、印度以及亚洲许多其他地区的商人，相互
展示并交换着各自的珍宝。

彼得罗·维利奥尼是从基督教徒在巴勒斯坦最后的前哨阿克城［Acre，
今以色列的阿卡］动身来到波斯的。彼得罗立下遗嘱的时候，威尼斯刚刚
失去自 1204 年与十字军一起攻占君士坦丁堡而获得的在那里的"最惠国待
遇"，因为从 1261 年起，靠着热那亚人的军事支持，拜占庭帝国的统治者
成功重返君士坦丁堡。13 世纪 60 年代末，威尼斯人很快又回到博斯普鲁
斯海峡做生意，可他们再也回避不了已经牢牢驻扎在黑海流域的激进又庞
大的热那亚人群体。热那亚奋力拓宽了他们的海洋帝国，把自己的活动范
围从位于克里米亚半岛的大本营卡法、索耳得亚以及亚速海的塔纳直接推
进到亚洲腹地。从此，威尼斯和热那亚，两个地理位置均属今日意大利的
古老的海上城邦共和国，在狭路相逢中双双没入互为劲敌的旋涡，无数场
战争在它们之间爆发，逾百年的激烈竞争和无情对抗涂抹了浓墨重彩的历

史篇章。

热那亚人出现在大不里士城的时间很早，至少可以追溯到 1280 年。他们将这座城市当作自己与东方贸易的一大据点。因为蒙古人在其帝国境内大力扶持商贸，大不里士的热那亚人社团与波斯汗国的朝廷过从甚密，而在外交上，尽管最后并没有获得实质性的成果，波斯的伊尔汗国和西方政权之间一直谋求达成军事联盟，以共同对抗埃及的马穆鲁克王朝，热那亚商人也就理所当然地被任用为这一类斡旋中的译员或正牌的外交代理人。早在 1287 年，伊尔汗国的可汗阿鲁浑（Arghun）就曾派遣热那亚银行家托马索·安福西（Tommaso Anfossi）带队，陪同以景教神父列班·巴·扫马（Rabban Bar Sauma）为首的外交使团前往觐见教皇，并游说西方的几位主要统治者。使团经停热那亚。稍后的 1289 年至 1293 年间，热那亚商人布斯卡莱罗·德·吉索尔菲（Buscarello de Ghisolfi）陪同使臣以可汗的名义拜见了教皇、法国国王和英国国王，布斯卡莱罗路过老家热那亚时也没耽误一丁点工夫，顺道就跟乡党们募集了一大笔用于跨国买卖的资本金。布斯卡莱罗再次为外交使团提供服务发生在 1300 年到 1303 年之间，这一次他效力的是伊尔汗国的新可汗哈赞（Ghazan）。布斯卡莱罗与波斯的蒙古统治者关系如此亲密，以至于他的儿子被指定使用"阿鲁浑"的名字。

那些年里，威尼斯人从来没有能够跟伊尔汗国朝野达成如此牢固默契的友谊，这跟热那亚人当道恐怕是密不可分的。直到 1320 年，威尼斯政府才成功派出一个使团抵达大不里士，终于替威尼斯的商人们争取到了在大不里士的关税豁免、祈祷自由、商队牲口和财产保障、司法优惠等种种权利，威尼斯也终于可以在大不里士派驻一位领事了，他将与四名参赞一起对那里的威尼斯侨民担负起行为指导的责任。直至 14 世纪 30 年代，跟热那亚人和威尼斯人一样守着波斯大不里士城做生意的，还有来自今天意大利地理范围的比萨、皮亚琴察、阿斯蒂的商人。

1338 年 5 月，一位名叫乔万尼·洛雷丹（Giovanni Loredan）的年轻威尼斯贵族刚刚结束他的中国之行回到家乡，他已经在筹划再次出发奔赴印度德里苏丹国的行程。在一次家族聚会中，乔万尼不得不面对母亲卡特琳娜、族中老前辈以及全家人的好朋友教区长的轮番"轰炸"，众人对乔万尼的劝阻攻势几个月以前就开始了，都希望他不要再次踏上那条漫长而前途未卜的道路。乔万尼有妻子和三名年幼的孩子，刚刚完成的中国之行让他收获了相当数量的香料，这一切似乎足以断掉他再次冒险的念头。可是，乔万尼心意已决，他告诉教区长，他非常清楚自己正在做什么并坚信上帝会保佑他成为真正的大富翁衣锦还乡。亲戚们只能串通起来，希望阻止乔万尼的母亲再次为儿子筹措盘缠。上一次，为了帮助儿子远赴中国，这位母亲在"闺蜜群"里募集了大量的现金。事实上，这正是那个时代的意大利商人筹措资本的主要方法之一，除了自有资金，他们会在启程前跟家庭成员、朋友以及信任他们的任何人签上一堆借贷合同。那些"信托人"将大小不等的金额交给即将出发的商人，盼望着自己的投资产生回报，他们同意远行的商人自由选购有潜力的货品，同意承担亏损的风险。一旦生意成功，返乡的商人首先会偿还出发时募集的资本金，利润部分则四分之三归出资人、四分之一留给商人自己。这样的"国际贸易"往往把包括妇女在内的相当一部分人群也卷了进来，正是因为他（她）们的共同参与，整座城市的现金资本在逐利的过程中流动起来了。

单枪匹马奔东方的情况极为罕见。旅途艰险，万一客死他乡，财产会因无人认领和照管遭遇全数充公的下场，为此，远走东方的商人们往往结伴而行。1338 年 7 月，朝着印度出发的乔万尼也是约了自家的一个兄弟以及另外几户显赫人家的四名威尼斯商人一起上路的，其中有几位早在上次的中国之行就做过乔万尼的伙伴。这趟一行六人，募集到的资本金也相当可观，共计一万两千六百威尼斯杜卡特（Ducato）金币（相当于超过四十四公斤的黄金），作为现金资本投入合伙公司，其中一部分被换成准备带到亚洲出手的货物。他们在威尼斯上船，首先航行到君士坦丁堡，然后来到亚速海，在这里他们弃舟登岸，走陆路到阿斯特拉罕、萨莱[1]和突厥斯坦的乌尔根奇，之后他们就来到帕米尔高原跟前了，风尘仆仆地跨入阿富汗斯坦的加兹尼城门[2]。可惜我们的乔万尼·洛雷丹恰恰就是在加兹尼一命呜呼，后来，他们中的另一位合伙人死在从德里返回的路途上，总之，

---

1 Sarai，拔都，金帐汗国首都，亦作"钦察汗国"，今俄罗斯阿斯特拉罕以北一百二十公里处。
2 Ghazni，中国宋朝《诸番志》作"吉慈尼"。

这家"跨国公司"最终以三分之一的成员再也回不到故乡威尼斯为结局而解散。（图3.2，见彩插）

欧洲与印度之间看上去如此山高水远，路途更是千难万险，但从14世纪30年代起，印度之旅开始吸引人们的目光，并且在商人们中间流行起来，有时候印度成为中国之外的B选项。威尼斯人乔万尼·洛雷丹召集的"跨国公司"，那次也选择了这条路线，所以他们来到老乌尔根奇歇脚。他们从当地商人那里打探消息，权衡时局之后才决定是否停留，是否往南到德里去，或者继续往东走到大汗的地面上去。1336年，另一位热那亚人伊尼哥·詹迪莱（Inigo Gentile）给利古里亚海边的乡亲们留下了字据，称自己出发去"契丹[1]与印度之地"，说走就走了。1343年，有个名叫莱昂纳多·乌特拉马里诺（Leonardo Ultramarino）的热那亚人，他带着另一个年轻人告诉大家说他们要去中国、印度或者世界上任何一个地方做买卖了！在跟自己的两位兄弟签署"投资"协议时，他备注了条件：如果生意局限在中亚地区，同意按惯例截留四分之一的盈利，但如果商旅推进到"契丹之地或德里或印度"（ad partes Catay vel Deli vel Indie），鉴于高难度与高风险之成本，必须分得全部利润之三分之一。

多梅尼科·德·伊利奥尼斯（Domenico de Ilionis）的女儿卡特琳娜，热那亚人，1342年6月在中国（江苏）的扬州去世。我们已经考证出，她是第一位也是至今唯一被确证生活在远东的中世纪意大利女性。我们不知道她离世时的年龄，但可以肯定当时她已经成年。由于她所属的家族有不少成员经常往来于塞浦路斯、君士坦丁堡和卡法三地，在热那亚14世纪前半叶的档案里时常出现这个家族的事件记录。1333年以后，卡特琳娜的父亲多梅尼科身处"契丹等地"经商。能够为纪念卡特琳娜而花钱立碑，德·伊利奥尼斯家族的经济境况想来应该不错。（图3.3A）卡特琳娜的墓碑因为一项挖掘工程，在它刻成六个世纪以后非常偶然地出土了，碑文为拉丁文，采用14世纪的哥特字体，连带着那个年代惯常的缩写形式。墓志铭是这样的："以上帝的名义，阿门。已故多梅尼科·德·伊利奥尼斯之女卡特琳

1　契丹的起源有多种说法，如源于鲜卑说。契丹人后多融入中国其他北方民族如汉、蒙、满等。13—15世纪蒙古帝国横跨欧亚，称中国北方为契丹，在欧洲，"契丹"则为中国的别称。

娜长眠于此。西元一三四二年六月。"刻在墓碑上的字母的线条非常精准，不能不让人联想并且相信在当时的扬州城里应该生活着一位西方石匠。扬州是马可·波罗自称管理过三年的城市（也许并不可信），马可说自己亲眼见证了这座城市在元朝统治时期的文化与经济发展。扬州的南门外有过一个专门留给外国商人居住的街区，附近还建有一座圣方济各修道院，确实有可能吸引意大利的工匠来到这里。如果这一事件的基本内容属实，那么我们还可以肯定的是，墓碑的边框装饰，尤其是描绘圣女卡特琳娜殉教的图案，是由一位中国石匠绘刻的。根据宗教故事的情节，画面表现了加害圣女的刑具突然自裂，刑具上的齿轮飞出来，行刑的刽子手当场毙命在神奇的飞轮下，然后是殉教的圣女被天使们安葬。无论从人物的外貌还是从透视法看，这些图案都清晰地告诉我们，它们是一位东方匠人的作品。

卡特琳娜的墓碑，散发着中西合璧的神秘气息。无独有偶，在扬州的同一个发掘现场，人们后来又找到了另一块墓碑，墓主是卡特琳娜的兄弟安东尼奥，逝于 1344 年 11 月。（图 3.3B）这块墓碑上的图案是《圣经》中《最后的审判》的场景，构图和处理方式都与卡特琳娜的那块相似，边框几乎一模一样；碑文写道："以上帝的名义，阿门。已故多梅尼科·德·伊利奥尼斯之子安东尼奥长眠于此。西元一三四四年十一月。"正是刻在石碑上的这些文字透露了一个真相：它们的线条看上去是那么犹豫，那么不果断，明显不够准确，它们很可能来自一位中国石匠的刀斧，而这位石匠可想而知是费了多大的力气模仿，好不容易才刻下这一个一个西方的字母。至于卡特琳娜和安东尼奥，究竟是跟着父亲来到中国，还是他们的母亲跟着父亲来到中国后有了他们，我们就不得而知了。

自从波罗家族于 13 世纪"打通"了中国之路，虽然中国仍是殊方绝域，道阻且长，但对于有些意大利商人来说，契丹这个神话般的地名似乎正在变得触手可及。商人是东西通途上的先行者，他们中的一些达人还同时扮演起传教士的"护花使者"，为传教士提供各种帮助和支持。大商人彼得罗·德·卢卡龙戈（Pietro de Luca Longo，原籍热那亚或威尼斯）就是功臣之一，1291 年教皇任命乔万尼·达·蒙特格尔维诺（Giovanni da Montecorvino）为第一任远驻北京的大主教，正是这位商人执行了护送任务，

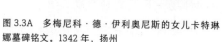

图 3.3A 多梅尼科·德·伊利奥尼斯的女儿卡特琳娜墓碑铭文。1342 年，扬州　图 3.3B 多梅尼科·德·伊利奥尼斯的儿子安东尼奥墓碑铭文。1344 年，扬州

他陪同主教一起走完了从大不里士到元朝大都的漫漫路途。1305 年，还是这位商人，在北京购置了一块地皮并把它捐给了主教，不久，那块地上建起了一座基督教堂。

佛罗伦萨出了一位名叫弗朗西斯科·裴哥罗梯（Francesco Pegolotti）的资深商业人士，1330 年到 1340 年间，他编写了一本中世纪最有名的贸易手册《通商指南》。这本手册对欧洲和地中海地区每一个重要市场的商品、关税、度量衡与货币都做了详尽的描述，而它开门见山首先推出的内容就是"契丹商旅参考"。根据裴哥罗梯的建议，旅行应该从塔纳出发，沿着我们前面已经描写过的路线到达乌尔根奇，之后赴阿力麻里城 [1]、甘州 [今张掖]、大都 [今北京] 和行在 [今杭州]，全程耗时约三百天不到，理想状况下，一趟来回可在两年内完成。关于到中国的整条线路，除了刚开始的一段路程，裴哥罗梯是这样描述的："据商人曾至契丹者言，由塔纳至契丹，全途皆平安无危险，日间与夜间相同。"即便是旅行开始的那

1　Almalik，即察合台汗国的苹果城，今新疆伊犁地区。

一段，裴哥罗梯介绍说，只要合在至少六十人组成的商队里，安全保障是可靠的，"那就跟在自己家里一样"。他建议商人们在出发前把胡子蓄长了，还要找好翻译，至少带上两个仆人，条件允许的话再带个女人同行则更佳，因为"带女人的比不带女人的体面"。作为干粮，随身只要携带面粉和咸鱼即可，其他东西尤其肉类大可在路上自行补给，不必累赘。这本商旅指南没有提到是否还存在其他可替代的路线通往中国。还有那条去往印度的海路，由于不受蒙古帝国的管控，这条海路更长也更不安全，但还是有商人选择它，尤其是热那亚商人。比如1344年，热那亚人托马西诺·詹迪莱（Tommasino Gentile）曾与同伴们一起在波斯湾上船，想从那儿出发去远东，可到达霍尔木兹的时候他病倒了，不得不当年就转回热那亚，可他很坚决，没过几个星期就又在筹集第二次远行所需要的盘缠和资本了，这回他决定去往"契丹的地方"。（图3.4，见彩插）

毫无疑问，14世纪初的几十年里，在中国风景里常领风骚的是热那亚人。在刺桐，今天的泉州，那时候中国南方的主要港口之一，曾经生活着非常活跃的热那亚商人社群。同时期，还有许多热那亚人来回穿梭在意大利和北京之间。这些人当中，留下最多痕迹的是一个叫作安达洛·达·萨维尼翁（Andalò da Savignone）的热那亚人，此人堪称奇才，他身兼数职，既是商人又是外交家，也是冒险家。有记录可查的是：1330年，他在中国的大都（北京）跟自己的老乡们讨价还价、交换货物；1333年，他在热那亚；而1334年，他又从热那亚动身去了中国。在北京，他与大汗妥懽帖睦尔（Toghon Temur）即元朝末代皇帝元顺帝的朝廷来往甚密。1336年，元顺帝派遣他作为大使回欧洲，托给他一封书信并要求他带回马匹和西方的贵重商品。当时，由信奉基督的阿兰人［即奄蔡人］组成的朝廷侍卫队求他恳请教皇再派一位新主教来北京，因为自从第一任主教乔万尼·达·蒙特格尔维诺去世，主教一职已经虚位多年。于是，1337年12月，前呼后拥之下的安达洛又出现在热那亚的市面上，1338年5月他来到当时驻扎法国阿维尼翁的教皇本笃十二世跟前，6月他在巴黎觐见法王菲利普六世，12月他出现在威尼斯，并从威尼斯共和国参议院获得了准备带回北京朝廷的十来匹骏马和其他贵重商品。他从自己的故乡热那亚上船，经停那不勒斯，在那里他接上了去北京赴任的新主教，佛罗伦萨人乔万尼·德·马瑞尼奥利（Giovanni de Marignolli）。1339年的春天他们一起到达了黑海边的卡法，随后结成马帮商队，过草原越沙漠走向中国。在献给北京朝廷的礼物当中有一匹骏马尤为引人注目，它唤起了北京观众的巨大热情，以至于元顺帝专门请了自己的宫廷诗人和画家为它赋诗歌咏并作画像。

眼看一个热那亚人十年里连着跑了三趟中国，与蒙古权力巅峰者的交往如此密切，同时期的威尼斯人与中国的亲密程度就显得相当有限了。当然，威尼斯人在中国同样留下了不少事迹，他们可以仗着大名鼎鼎的马可·波罗而自豪，但相比热那亚人，要在跟远东打交道的过程中获得稳定、规律的经济效益，威尼斯人顿时相形见绌了。在威尼斯人的头脑里，远东的土地或许更像是一个他们愿意为之倾其所有、豪赌一场的地方。在洛雷丹家族的另一位年轻人身上就发生过类似的事情。年轻人名叫小弗朗切斯戈，1339年，祖父彼得罗把一大笔钱托付给这位即将远行的年轻人，让他把这笔钱当作发家致富的本金带到中国去。这位祖父给他常驻黑海的一位商业经理人写了一封信，一边介绍和托付即将路过黑海的孙子，一边坦率地跟老友唏嘘慨叹，如果小弗朗切斯戈此行成功，那么自己就大发了，但说不好也会落个倾家荡产啊！年轻人后来大功告成，从中国回到威尼斯，没让他的祖父赔上老本儿。从此以后，这位"小哥儿"非常体面地被大家叫作"契丹来的小弗朗切斯戈·洛雷丹"。马可·波罗的事迹在马可过世不久的几年里传遍了威尼斯的运河水巷，向马可·波罗学习并凯旋的后辈们也被推崇备至，光芒万丈。（图3.5，见彩插）

礼物与交换

走向漫漫东方征途的商人们会背上怎样的货物上路呢？想探个究竟，我们还得回头端详一下彼得罗·维利奥尼和他的遗嘱。彼得罗在为将来发愁，但凡自己有个闪失，那些"待字闺中"的珍宝该怎么办啊？于是，这个威尼斯商人为他所有的"宝贝"准备了一份极为详细的清单，甚至为每一样货物备注了对应的托管人姓名，对一些贵重商品他还特意标明了出手时应该遵循的价格。他在清单里首先列出了经过切面加工并镶了银饰的水晶玻璃、碧玉、宝石和珍珠，其中还有两个带棋子的棋盘、一块雕刻好的水晶石、一个节庆游行时用的漂亮马鞍，一些容器、花瓶和烛台。这些东西很可能来自威尼斯的水晶玻璃作坊，那个时代正值水晶玻璃工艺的扩张期，1284年的威尼斯已经成立了专门的行会，出台了制造的相关法规。那些玻璃作坊在金匠工坊的配合下，共同为欧洲的教堂和世俗社会制造了大量市场需求的工艺品和日用品。所以，并非偶然，1286年威尼斯人西蒙内·阿文图拉朵（Simone Aventurado）和劳伦佐·威亚德罗（Lorenzo Viadro）为伊尔汗国送去的礼物正是水晶以及用它制成的装饰品，其中有一件饰品可能因为采用了一处要塞的贵重水晶岩原料而被命名为"堡垒"（图3.6）。同样绝非偶然，1338年，热那亚商人安达洛·达·萨维尼翁向威尼斯参议院提出：为北京城的大汗采办威尼斯水晶吧！

除了共计逾四千拜占庭帝国金币的高价值货品，维利奥尼随身还带了几张海狸皮，这显然是黑海附近得来的俄罗斯土特产；还有白糖，一部分可能是动身前在威尼斯买的，一部分也许是旅途中添的；另外还有一百零六匹相当于3.25公里长的伦巴第、威尼斯、德国生产的布匹，估计是亚麻布。在横穿亚洲的旅行中，这些是最好携带且便于沿途出手的货物，目的是在过了大不里士城到达乌尔根奇时已经积攒了可以换取银子的现钱。银子在远东的身价远远高于在西方。那些最终到达中国的商人，可以在行在（杭州）把银子正式换成纸币，而拿着换得的纸币他们就可以采购所有自己需要的当地特产了。纸币这东西，没在老家见过，它也成为马可·波罗一边讲故事一边赞叹不已的东方奇迹。

图3.6　银丝镶嵌的"堡垒"水晶杯。10世纪，意大利威尼斯，圣马可大教堂珍宝馆。

维利奥尼的清单还记有羊毛面料，那是八匹半的米兰精纺呢绒。1338年出发去印度之前，威尼斯人乔万尼·洛雷丹在威尼斯除了采办巴尔干的琥珀和惯常的水晶装饰品，还买了二十多匹佛罗伦萨和低地国家生产的羊毛面料，浅蓝、叶绿、朱红、紫罗兰、橙黄、金黄，颜色应有尽有，这些货物会在沿途的君士坦丁堡、阿斯特拉罕、拔都萨莱渐渐卖完。前面说到乔万尼·洛雷丹不幸客死在阿富汗的加兹尼，但他的五个伙伴最终还是到达了德里，被他们当作礼物献给苏丹穆罕默德·伊本·图格鲁克（Muhamad ibn Tughluq）的是他们百宝箱里最厉害的货色，这是离开威尼斯之前六个合伙人共同出资订制的压箱之宝：一座自鸣钟和一座小喷泉。考虑到馈赠对象是一位需要迎合的很重要的亚洲王公，他们自然就选中了一座机械钟和一台机械喷泉，它们成为正在诞生的西方技术向东方传播的最早见证之一。这座喷泉也让人联想到一棵银树，上有缠蛇，四头狮子守护座基，四股造型各异的水流喷涌而出。这棵银树是法国金匠纪尧姆·布歇（Guillaume Boucher）在蒙古帝国故都哈拉和林（Karakhorum）的王宫内铸造的，1254年方济各会修士法国人卢布鲁克（Rubruck）在哈拉和林城遇到过这位金匠，卢布鲁克在自己的《东游记》里叙述了这位被蒙古人从匈牙利掳去的法国手艺人。（图 3.7，见彩插）

不幸的乔万尼·洛雷丹和他万幸的伙伴们的礼物获得了巨大成功。德里的苏丹因为这份精美的礼物回赠了他们二十万印度银币，数字大大超过了他们离开家乡时的投入。在德里，五位威尼斯商人将一半多的收入用在收购珍珠上，珍珠因货值高体积小的特点成为应对远距离运输的首选商品，也是当时商人们在印度次大陆的最佳投资目标之一。返程途中，威尼斯商人分割了货物，解散了公司。五个合伙人中有个叫马可·索朗卓（Marco Soranzo）的商人，他于1342年回到威尼斯，一到家乡他就把珍珠发往了法国，谁都知道这回他是真发了大财，百分之一百六十的毛利！实在太对得起那三年的长途跋涉了。

根据最后的财务状况，合伙人们很有可能沿着返回的路途又买了各色丝绸。确实，13 世纪下半叶至 14 世纪上半叶，生丝和丝绸是从东往西商路上的主要货物之一。在那个世纪里，昂贵的丝线成为意大利新兴丝绸织造业的重要原料，卢卡城是其中声望最高的织造中心。这座云集了富商和银行家的托斯卡纳城市，作为亚平宁半岛唯一的丝绸织造中心，从12世纪后半叶就开始生产上乘的丝绸面料，13世纪它成为欧洲高档奢侈面料的主要织造地，卢卡织品被广泛地出口到欧洲各地以满足教会和贵族等上等阶层的需求。13世纪，尽管生产水平较低，水城威尼斯对传统织机的需求数量还是在增长。在意大利的其他城市如热那亚和波伦亚，由于产量有限，有关它们的丝绸织造数据不多。

　　生机勃勃成长中的丝织行业对原材料的进口需求变得越来越大。在意大利的南方，尤其是卡拉布里亚和西西里岛，丝绸织造业其实早就存在了几个世纪，品质低下也好，数量匮乏也好，其产品几乎统统被当地需求所消化，以至于在卢卡的商业卷宗或者其他丝绸织造中心的历史卷宗里都找不到太多相关的信息。伊比利亚半岛养蚕业的信息也非常有限，相关丝绸方面的消息，更是鲜有所闻。而意大利日渐风生水起的蚕丝纱线，大部分来自拜占庭帝国（东罗马帝国）势力下的希腊、巴尔干地区，还有来自叙利亚的所谓中东丝，其余就是由热那亚人和威尼斯人通过沙漠商队直接从波斯、中亚和中国运回来的。

　　在所有的丝绸原料中，由于原产地和消费地之间的遥远距离，由于它出现在意大利市场的事实为"蒙古和平"开启的商机提供了最好的见证，中国丝毫无悬念地成为最吸引公众眼球的货源。至今我们能够追溯到的最早提及"契丹丝"的资料是一份1257年的档案，从此以后"契丹丝"频繁地出现在商业和公证文书中，为了满足用于装饰或其他用途的小幅丝绸面料的生产需求，"契丹丝"常常被再次出口到法国和英国等地，这样的情况一直持续到14世纪中叶。那时的进口商几乎只有热那亚人，他们的货物主要卖给卢卡城的商家。从13世纪末的几十年起，如我们所见，跳过阿拉伯商人高昂的中间商成本，意大利人径直跑去中国的可能性已成事实，机不可失。果然，意大利商人裴哥罗梯在其《通商指南》的"契丹商旅参考"章节中精确地列举了生丝和各种丝绸面料在中国的市场价格，看上去它们才是值得万里迢迢从东方搬回家的好东西啊。

　　然而，还是这位裴哥罗梯，他提醒采购中国丝绸的商人：记住！跨越近万公里的运输，从大车到骆驼等各色牲口，从陆路到水路，无数次的转运避免不了损毁包装、暴露货品，你家买去的货物可能折损甚至彻底遭殃，别怪我没提醒啊！由于他的这一告示，印象中的损坏和破相使中国丝绸在热那亚和卢卡市场上的标价总要比波斯货、突厥斯坦货来得低，从不少标明了单价和数量的买卖合同看，还真一目了然，就是那么回事儿。不过，只要换算一下在中国花银子采购的原始成本，同时比对在意大利的销售价格，我们马上可以发现，两者之间依然有着三倍的差价，这足以保障经营中国丝绸的利润空间，即使运输成本高一些，运输时间长一些，这宗生意依然划得来，尤其是在大批量采购的情况下。对于意大利的织造业来说，拥有丝线的品质和规格的跨度越大，越容易采选到不同支数的经纬线，越有利于不同厚度和质量特点的面料织造。14世纪中期以后，困于直接连通中国的道路受阻，契丹丝在意大利市场上消失了，而精致的波斯丝在相当长的时间里继续是意大利丝绸工业的原材料。

东方的香料跟丝绸一样受到欧洲人的热烈追捧。13世纪前半叶，意大利商人从地中海港口的阿拉伯中间商手里获得来自印度、印度尼西亚群岛的香料，也从马穆鲁克人[1]手里买回经波斯湾或红海来到地中海的香料。只有当马可·波罗和其他西方旅行者亲历亚洲，欧洲人才开始了解香料的真实来源和生产方式。裴哥罗梯在他的《通商指南》里罗列了一份差不多190类加上分支品种共计288种贸易香料的清单，其中还纳入了不少地中海的本地特产，如明矾、蜡、糖和藏红花。在真正来自异域的香精、芳香植物或香木中，有很多既可熏香又能入药。

最名贵的熏香和药用香料有源自动物的灰琥珀、麝香和木乃伊香脂。风靡那个时代的草本药用香料更是应有尽有，如芦荟木、檀香木、没药和乳香。另外还有绘画需要的高品质颜料、贵重丝织品的染色料等。

14世纪，以绝对优势进入西方的东方香料，兼备药用价值，但主要还是用来辅佐食物。与人们印象中正好相反的是，食用香料的风靡并非因为那个年代没有高效的冷冻设备而需求助香料来遮掩食物的异味，也不是为

---

1 埃及马穆鲁克苏丹王朝，1250—1517年。

了延长肉类的储藏时间。富裕阶层有条件保障自己顿顿吃上新鲜宰杀的动物制品，而一旦需要延长食用肉的保质期，有的是更加经济有效的种种办法，如盐腌、烟熏、风干等。在食物中使用香料其实是身份的标志，只有贵族才用得着来自奇迹之地、洋溢着异域浪漫的东方物品。按照当时的医学理论，使用香料可以起到平衡情绪安抚身心的作用。

黑色圆胡椒，是成就了威尼斯连续几个世纪经济奇迹的香料王子。旺盛的需求促成了黑色圆胡椒的大量进口。普通的城市有产者、下层平民甚至农村人口，他们的消费量虽然相对有限，但他们同样需要黑胡椒。几乎专属贵族阶层的奢侈食用香料有生姜、肉桂、丁香、肉豆蔻、豆蔻果、爪哇高良姜、中国高良姜、玉米、长胡椒和天堂谷。这些香料在欧洲14、15世纪的烹饪书籍中曝光率极高。从那个时代流传下来的菜谱中，有四分之三需要使用多种香料，而且总是数种香料混合在一起：切细、斩碎、放在研钵里捣成粉末，或直接往刚出锅的菜肴里慷慨地撒上一把，或继续加工调制成浓稠的酱汁，这些亚洲的芳香物质忠诚地、自始至终地陪伴着每一次宴席，甚至成为某些饮料中不可或缺的配方。

马可的宝贝

当我们浏览马可·波罗的遗嘱，如果不是原来就知道他非凡的生平和经历，很难想象这个男人曾经将生命的大部分时光留在了遥远的东方。在马可的遗嘱里，唯一似乎与亚洲沾边的内容是解放他的奴仆彼得罗，一名鞑靼人。彼得罗也许是马可回到威尼斯以后才出现的吧，看上去马可对他感情颇深。贵族家庭拥有一名来自东方的奴仆，这在14世纪并不稀罕，到了14世纪后半期则更加普遍起来，并不需要跑到那遥远的地方去获得这样的所有权，因为想买个奴隶只要去趟威尼斯里亚托桥旁的集市就可以了。中世纪晚期，威尼斯人和他们的劲敌热那亚人一样，主导着中亚的奴隶贩卖业务，为地中海的所有市场输送奴隶资源。在黑海流域，特别是在亚速海的塔纳港，云集了不同民族和信仰的各国商人，包括亚美尼亚人、犹太人、希腊人、俄罗斯人、鞑靼人。有记载说，威尼斯的船队一趟可以装回一百"头"。

是的，"头"，这就是作为商品类别的奴隶在那时候贸易清单上的计量单位。（图3.8，见彩插）

那么，马可·波罗从中国，从亚洲带回威尼斯的是些什么东西呢？马可·波罗离世前不久的1324年初，有一份为重新装修后的楼房整理出来的布置清单，确切地说这儿涉及的只是那份清单中的一部分，因为它们是传给马可三个女儿之一的芳蒂娜的那部分遗产。这部分清单遭到曝光的原因是多年后的1366年，为了收回父亲留给自己的财产，芳蒂娜把丈夫告上公堂打了一场官司。占文书绝大部分篇幅的，首先是多匹绸缎，种类和颜色丰富得很，合计价值逾一千三百威尼斯杜卡特金币；也有一些是普通生活用品，如毯子、床幔等；还有一些是宗教活动时穿着的法衣。这份清单总体上以布匹面料为主，几乎可以肯定，它们原本是马可的一部分"库存"。那些轻薄的披肩、锦缎和不少金丝面料，属于当地制造，估计不是用于出口就是供应本地市场。

13世纪中叶，威尼斯也开始适量织造高档丝绸。1248年威尼斯大议会的一项法令提到pannos ad auros（金丝面料）和cendatos（威尼斯披肩）的生产，没隔几年，威尼斯丝织行会的早期章程面世，它编写于1265年，文中涉及的行业规范明显效仿了拜占庭模式。1314年，威尼斯政府还接纳了因遭受政治迫害从当时欧洲境内最发达的丝绸之都卢卡城逃离的工艺师和绸缎商，共约60户。卢卡人的织造工场连同他们的住家和铺子都被安置在威尼斯的一个中心区域，即圣乔万尼·格瑞索斯托莫（S. Giovanni Grisostomo）教区及周边，那并非一个随意择定的街区，因为在当时以及后续的几十年里，凡是跟着马可·波罗的脚步把生意做到波斯和中国的威尼斯商人，几乎统统聚居在那里，波罗家的房屋距离政府分配给卢卡移民的社区只有几步之遥。我们似乎可以从中看到，威尼斯人正在有计划地进入生丝和奢侈面料的洲际贸易活动，并企图以此获得行业和技术更新的机遇。

在马可的物资清单里当然少不了亚洲面料，货品名称通常带着修饰语"鞑靼的"，这样的组词方式很容易让人联想到"鞑靼布"这个词汇。这种布匹产自13、14世纪蒙古帝国统治下的亚洲各地，进口到欧洲后格外流行。1331年在伦敦举办的一场赛事上，十六名骑手统一穿着鞑靼布缝制的服装，戴着鞑靼人脸型的面具，游行穿过伦敦城。那时候，在宗教机构出具的货物清单和海关税率表上，经常会出现类似的名词，描述方式具体到面料的各种细节，例如"鞑靼闪光（变色）"，"精美植物花纹"（具体到花朵、叶片、树木等），"鸟、鱼、哺乳动物"或者"龙、格里芬（鹰头狮身兽）"等。

马可·波罗的丝绸清单也有相似的罗列，如"丝绸面料一块：类似变色系"，有带玫瑰图案的，特别还有"丝绸面料一匹：怪兽图案"，后者可以确定来自中国。值得注意的是马可对巴格达的叙述，颇有意思："巴格达多金丝面料，那里出产大马士革金锦和天鹅绒，有各式各样的动物图案。"稍后说起与波斯交界的孚勒莽尼阿[1]，马可记得那里的妇女和少女"在金锦和富贵人家的毯子、床幔和枕头上，刺绣五彩的鸟雀、斑斓的动物以及很多其他形象，绣得那么好，技巧那么精湛，如此赏心悦目"。还有无法确定产地的"金色纳石矢（nasicci）一匹"，nasicci 在意大利文中也作nacchi 或者 nacchetti，是一种从波斯到中亚再到远东的辽阔范围里的许多地方都出产的金丝装饰的织锦面料，价值较高。马可藏有三块黄色或白色的"契丹"薄纱头巾，原产地确凿无疑，它们是马可对中国岁月的怀念。

在马可·波罗保存到生命最后的亚洲"纪念品"中，有两样东西足以证明他与中国和其他鞑靼王国有过最直接的接触和认识。首先是"孛黑塔一件，金锦缀珍珠宝石"。孛黑塔（boghta）即罟罟冠，也称顾姑冠，是古代蒙古贵族妇女特有的头饰，配饰的头巾材质为金丝浮花锦缎，并以珍珠宝石点缀，长度可达一米。第二件东西就显得格外重要了，那是一块估价 200 威尼斯杜卡特金币的"金令牌"，这种令牌一般根据派遣任务的重要程度分别用金、银或铁铸造，是可汗授予使臣、使者的护身符，确保他们在可汗的疆域一路畅通无阻，并能够及时补充食物和马匹。马可的叔叔马菲欧·波罗在他 1310 年的遗嘱中陈述道，为了抵消一笔债务，他已经把三块蒙古大可汗的金令牌给了侄子马可。我们可以这样推测，马可去世时还拥有这三块金牌，作为遗产，三个女儿各执一块，它们被分别记录在三人各自的遗产清单里。我们注意到，在《马可·波罗游记》中确实多次出

1　Caramania，安纳托利亚南部沿海地区。

现过 paiza（牌子）这样东西。尼科洛和马菲欧首次从中国返回时，大汗忽必烈委托他们护送一位大使去觐见教皇，就授予了他们一块通行牌；另一块或者两块（根据《马可·波罗游记》的不同版本）是 1292 年授予波罗们的，当时他们因思乡心切希望回家，说服了忽必烈派遣他们护送前往波斯和亲的皇家公主一行；到达和亲目的地，波斯可汗接待了这些威尼斯人，又给了他们另外四块牌子。在马菲欧和马可拥有的牌子中，在《马可·波罗游记》中提到的六七块牌子里，我们已经无法确定究竟哪一块是大汗忽必烈赠予的，但它们被波罗家族悉心呵护并成为传家之宝，那么，谁都会愿意想象，那些被马可珍藏到生命终点的牌子里必定有大汗忽必烈授予的那一块。无论如何，波罗们拥有用金子打造的"护照"，这个事实足以说明波罗父子叔侄在蒙古帝国确实担任过高级别的职务，或至少执行过高级别的任务。

马可·波罗的家产清单里还有一样东西，很是神秘。就在那个收藏着几件最珍贵的东方纪念品的镶铁皮的箱子里，我们找到了一个袋子，里面保存着一些没有注明属于哪种牲口的毛发状的东西，马可的三个女儿和那位整理了清单的芳蒂娜的丈夫好像全都心知肚明，只草草备注了几个字："装牲口毛的袋子一个"。史上仔细分析过这份清单的学者屈指可数，可关于这件稀奇古怪的东西，他们通常摆出避而不谈的架势，估计是那句备注实在让人摸不着头脑吧。为了一探原委，我们需要重读被编入一部合集的乔万尼·巴蒂斯塔·拉姆西奥（Giovanni Battista Ramusio）版本的《马可·波罗游记》，它于 16 世纪中期成稿，收集在《航海与旅行》（*Navigazioni e viaggi*）第三册的开卷，在编者去世后的 1559 年才与读者见面。拉姆西奥，威尼斯政府的一位秘书，属于文人雅士，痴迷于收集旅行小说，他对照 14 世纪的版本重新整理了马可·波罗的旅行纪事，并根据当时还在威尼斯坊间口口相传的说法增加了旁注。相较中世纪晚期的各种抄本和最初的印刷本，这一版本在许多细节上有了较多丰富的补充，但因为它的成书时间在行者马可去世两个世纪之后，采用的佐证来源又似乎欠正宗，所以，它在历史学家的眼睛里总是显得不怎么靠谱，尤其是关于马可·波罗回到威尼斯后的某些生活逸事。

然而，就让我们抛开成见，试着阅读拉姆西奥版《马可·波罗游记》

中的一段挺出名的文字吧，它讲述了一种生活在中国西北、位于唐古特地区［党项人所在的今青藏高原地区］的东方动物：

> 那里生活着许多野牛，身体大小跟大象差不多，外形俊美，颜色有白有黑。它们的毛发细长，覆盖肩背直至身体两侧下腹部，有三个手掌那么长；这些毛发，又白又细，世上真没有比它更细的东西了，比丝线都细。马可先生把这奇妙的东西带回了威尼斯，于是所有人都认识了它，大家异口同声惊叹它的神奇。

让威尼斯人马可感到如此不可思议的野牛实际上是野牦牛，正如拉姆西奥紧接着做出的解释，让它们与驯养的奶牛交配可以繁殖出"极为强壮充满活力"的动物，当地人用它们耕种土地或运输重物。而牦牛背上的密集绒毛激发了马可的想象，那就是引起意大利商人对遥远东方莫大兴趣的、盛行中华大地的丝绸。拉姆西奥的最后备注也使我们禁不住遐想，想象当年坐落在威尼斯圣乔万尼·格瑞索斯托莫街区的马可·波罗之家，络绎不绝的好奇者在那里进进出出，而自豪的主人，正在家里不厌其烦地为大家一遍又一遍地掏出袋子里的牦牛毛——他的东方历险的明证。1324 年物资清单中的怪异记录，就此豁然明朗：正是这件以率性的"牲口"指称并被马可终身收藏的东方珍宝，才是人们纷至沓来并陶醉在马可客厅的缘故。

所以，可以这么认为，拉姆西奥的《马可·波罗游记》有着前所未有的可靠信息。而紧接着牦牛，马可·波罗还对生活在同一地区的另一种动物也做了细致入微的叙述，那就是原麝。对马可的读者来说，这种奇异的动物确实非同小可，因为从它肚子一侧的腺体里居然可以提取"世界上最高贵的……麝香"！几个世纪以来，麝香一直是中东穆斯林的精英们最为推崇的香料。按马可·波罗的说法，这种动物个头有如山羊，皮毛似鹿，蹄、尾似羚羊，头上无角，齿白如象牙，简而言之，它是一种肉质鲜美、"极具观赏价值的美丽的动物"。《马克·波罗游记》的其他章节也数次提到，这种动物在中国很常见，在大都的皇家园林里，它常常与梅花鹿和马鹿饲养在一起，在西藏更是随处可见，以至于"整个街区都可以闻到（麝香的）

气味"。拉姆西奥还补充道:"马可先生把这种动物风干后的首与足带回了威尼斯。"这又是一件必须陈列的东方战利品,马可不会遗漏了它,我们也不会排除这份原麝标本被记录在那份清单的某一章节的可能,只可惜它没能传到我们的手里罢了。

其他旁证还有叔叔马菲欧在1310年的遗嘱中提到的事件,作为合伙人,他和马可曾经从一位居住在君士坦丁堡并得到他们投资的威尼斯商人那里收到过350克麝香。在马菲欧立下遗嘱的同一年,马可把将近半公斤的贵重芳香材料交给了两名准备出发的商人,委托他们在经商途中贩卖。如此看来,麝香贸易似乎是马可回到威尼斯以后的重心业务。这就解释了为什么人们能够在马可的家里发现数量可观的麝香清单,比如有三份单独的记录提到了四个尺寸不同的容器,它们装有大约25公斤(约83威尼斯细磅)的麝香,价值合计217个威尼斯杜卡特金币。相比之下,清单中马可堆存在家里的另外两样东方香料就显得微不足道了,它们是一皮袋的沉香木和一袋大黄,典型的中国特产,加一块儿才合计六个半威尼斯杜卡特金币。而清单的末尾备注着:"与商业投资相关的合同文件两袋"。很有可能,"文件袋"里述说的内容,就是尚未在当时的西方世界得到普及的中国麝香贸易的故事。

拉姆西奥版《马可·波罗游记》的最后一段,让我们再次感受到马可·波罗对东方之行中的独特见闻怀抱多么强烈的热情与好奇。说到苏门答腊岛,马可·波罗先叙述了岛上有一种可以从中获得红色染料的植物,当地人让这种树木生长三年,然后连根拔起抽取染料。之后,马可还描述了另一种更加神奇的树木,这回,人们抽取的"树汁"不再是染料,而是面粉!用来做成"千层面和其他各种面食"的面粉!马可信誓旦旦,声称自己都吃过好几回了!拉姆西奥的备注如下:马可回到威尼斯的时候带回了"颜料树"的种子,可惜故乡不够炎热,这颗"热带的种子"最终没能发出芽来;马可也带回了印度尼西亚面包树上长出来的面粉,"味道跟大麦做的面包差不多"[1]。

---

1 马可·波罗所指面粉应该是印尼的棕榈类西米,又名莎谷,一般提取自西谷椰树。

如果说招待父老乡亲的一顿东方千层面足以让愚拙的同乡文人把发明意大利面的功劳记在威尼斯旅行者的头上，那么将植物物种从一个大陆搬到另一个大陆并投入产业加工，当然也是一个道理，马可的头上又多出了一顶桂冠。（图3.9）

图3.9　马可·波罗遗嘱。1324年，意大利威尼斯，马尔奇亚那国家图书馆。

作者简介

卢卡·莫拉（Luca Molà），威尼斯人，1989年毕业于意大利威尼斯大学，1990年至1996年在美国巴尔的摩的约翰斯·霍普金斯大学学习并获得硕士与博士学位。1998年至1999年为哈佛大学意大利文艺复兴研究中心研究员。2006年应邀成为法国社会科学高等研究院（École des Hautes Études en Sciences Sociales）研究主任。自2008年起，在英国维多利亚和阿尔伯特博物馆—皇家艺术学院（Victoria and Albert Museum-Royal College of Art MA）教授"文艺复兴的技术与文化""设计历史"课程。曾任英国华威大学创造与创新史研究中心（Centre for the History of Innovation and Creativity，简称CHIC）主任，欧洲大学研究所（佛罗伦萨Fiesole）欧洲早期现代史中心主任。自1999年执教于英国华威大学（University of Warwick）历史系至今。

国际学术研究项目：意大利文艺复兴时期（1350—1650）的成本和消费（The Material Renaissance: Costs and Consumption in Italy, 1350—1650）；艺术和工业（Art and Industry Project, 1550—1850）；意大利的限制奢侈法（Le leggi suntuarie in Italia, 1200—1600）；历史中的专利（Patents in History）。

著作：《威尼斯的卢卡社团：中世纪晚期的丝绸工业迁徙》（*La comunità dei lucchesi a Venezia: immigrazione e industria della seta nel tardo Medioevo*），威尼斯，1994年；《威尼斯文艺复兴时期的丝绸工业》（*The Silk Industry of Renaissance Venice*），巴尔的摩—伦敦（Baltimore-London），2000年；《自中世纪至17世纪的意大利丝绸》（*La seta in Italia dal Medioevo al Seicento*）R.C. Mueller & C. Zanier 合作编著，威尼斯，2000 年。

参考书目

1. 有关中世纪晚期意大利商人在亚洲的存在和活动：

弗朗西斯科·裴哥罗梯（Francesco Balducci Pegolotti）：《通商指南》（*La pratica della mercatura*），A. Evans 编，剑桥（麻省），1936 年。

R. H. 鲍蒂尔（R. H. Bautier）：《中世纪西方经济与东方国家的关系：观点与文件》（Les relations économiques des occidentaux avec les pays d'Orient，au Moyen Age-Points de vue et documents），见《在东方和印度洋的商业公司》（*Sociétés et compagnies de commerce en Orient et dans l'Océan Indien*）。

巴黎 M. Mollat 编：《第八届国际海洋史学术研讨会论文集》（*Actes du Huitième Colloque International d'Histoire Maritime*），1966 年 9 月 5 日至 10 日，贝鲁特，1970 年，第 263—331 页。

N. 迪·科斯莫（N. Di Cosmo）：《13、14 世纪黑海前沿的蒙古人和商人：融合与冲突》（Mongols and Merchants on the Black Sea Frontier in the Thirteenth and Fourteenth Centuries-Convergences and Conflicts），R. Amitai 和 M.Biran 编：《蒙古人、土耳其人以及其他民族：欧亚游牧民族和定居民族的世界》（*Mongols, Turks, and Others: Eurasian Nomads and the Sedentary World*），第 391—419 页。莱顿、波士顿（Leiden–Boston），BRILL，2005 年。

N. 迪·科斯莫（N. Di Cosmo）：《黑海货栈和蒙古帝国：对蒙古和平的重新评估》（Black Sea Emporia and the Mongol Empire. A Reassessment of the Pax Mongolica），《东方经济和社会历史杂志》（*Journal of the Economic and Social History of the Orient*），第 53 期，第 83—108 页，2010 年。

W. 埃德（W. Heyd）：《中世纪的黎凡特贸易史》（*Histoire du commerce de Levant au Moyen Age*）第 2 卷，莱比锡，1886 年。

R. S. 洛佩兹（R. S. Lopez）：《在中世纪印度的欧洲商人：商业文件的证据》（European Merchants in the Medieval Indies. The Evidence of Commercial Documents），《经济史杂志》（*The Journal of Economic History*），第 3 期，第 164—184 页，1943 年。

R. S. 洛佩兹（R. S. Lopez）：《关于在哥伦布航行之前抵达远东的意大利人的新发现》（Nuove luci sugli italiani in Estremo Oriente prima di Colombo），《历史上的热那亚》（*Su e giù per la storia di Genova*），第 83—135 页，热那亚，1975 年。

R. S. 洛佩兹（R. S. Lopez）：《中世纪欧洲的最前沿贸易》（L'extreme frontière du commerce de l'Europe médiévale），《历史上的热那亚》（*Su e giù per la storia di Genova*），第 161—170 页。

L. 莫拉（L.Molà）：《威尼斯、热那亚和东方：13 世纪至 14 世纪丝绸之路上的意大利商人》（Venezia，Genova e l'Oriente：i mercanti italiani sulle Vie della Seta tra XIII e XIV secolo），见 M. A. Norello、L. Mola、M. L. Rosati 和 A. Weztel 编《在丝绸之路上：东西方的古老通路》（*Sulla via* della seta：Antichi sentieri tra Oriente e Occidente），第 127—166 页，都灵（Torino），2012 年。

J. 帕维奥（J. Paviot）：《意大利商人在蒙古人的伊朗》（Les marchands italiens dans l'Iran Mongol），见 D. Aigle 编《面对蒙古统治的伊朗》（L'Iran face à la domination mongole），第 71—86 页，德黑兰，1997 年。

L. 伯戴克（L. Petech）：《在蒙古帝国的意大利商人》（Les marchands italiens dans l'Empire Mongol），见《亚洲学报》（Journal Asiatique），1962 年，第 250 期，第 549—574 页。

2. 关于热那亚商人，特别是安达洛·达·萨维尼翁（Andalò da Savignone）这个人物：

《一个往返在 14 世纪的丝绸之路上的热那亚人》（Un genovese del'300 sulla Via della seta），见 G. Airaldi 和 G. Meriana 编 2008 年 3 月 14 日热那亚学术研讨会记录（Atti del Convegno, Genova, 14 marzo 2008），热那亚，2008 年。

巴拉德（M. Balard）：《克里斯托弗·哥伦布的先驱：14 世纪在远东的热那亚人》（Precursori di Cristoforo Colombo: i genovesi in Estremo Oriente nel XIV secolo），《黑海和热那亚人的东罗马：13 至 15 世纪》（La Mer Noire et la Romanie génoise, XIIIe–XVe siècles），Variorum Reprints，第 14 卷，第 148—164 页，伦敦，1989 年。

R. S. 洛佩兹（R. S. Lopez）：《前赴后继契丹路：14 世纪在中国的另一些热那亚人》（Trafegando in partibus catagii: altri genovesi in Cina nel Trecento），见《历史上的热那亚》（Su e giù per la storia di Genova），第 171—186 页。

R. S. 洛佩兹（R. S. Lopez），《在世界的任何地方》（In quibuscumque mondi partibus），见杂文集《Nino Lamboglia 的意大利和地中海历史》（Miscellanea di storia italiana e mediterranea per Nino Lamboglia），第 347—354 页，热那亚，1978 年。

P. M. V. 卡法雷利（P. Mortari Vergara Caffarelli）：《扬州伊利奥尼斯的两块墓碑，14 世纪热那亚共和国与蒙古帝国形象融合的见证》（Le due lapidi degli Illioni di Yang–chou, testimonianza di un sincretismo figurativo tra la Repubblica di Genova e l'Impero Mongolo di Cina nel Trecento），见《艺术史学》（Studi di Storia delle Arti），7 期，第 363—393 页，1991—1994 年。

J. 帕维奥（J. Paviot）：《热那亚商人布斯卡莱罗·德·吉索尔菲：13、14 世纪蒙古波斯和拉丁基督教的居间人》（Buscarello de' Ghisolfi marchand génois intermé diaire entre la Perse mongole et la Chrétinenté latine（fin du XIIIe–début du XIVe siècles）），见《热那亚人的历史》（La storia dei genovesi），第 11 卷，第 107—117 页，1991 年。

G. 比斯达里诺（G. Pistarino），《东方的热那亚人》（Genovesi d'Oriente），热那亚，1990 年。

3. 关于威尼斯商人：

洛佩兹（R. S. Lopez）：《14 世纪从威尼斯到德里》（Da Venezia a Dehli nel Trecento），同上已引用，《历史上的热那亚》（Su e giù cit.），第 137—159 页。

R. 莫罗佐·德拉·罗卡（R. Morozzo della Rocca）：《追随波罗的脚步》（Sulle orme di Polo），《书写的意大利》（L'Italia che scrive），37，n.10，第 120—122 页，1954 年 10 月。

R. 莫罗佐·德拉·罗卡（R.Morozzo della Rocca）：《契丹》（Catay），见《纪念罗伯特·切西文集》（Miscellanea in onore di Roberto Cessi），第 1 卷，第 299—303 页，罗马，1958 年。

A. 史杜西（A. Stussi）：《1263 年写于波斯的一份白话文遗书》（Un testamento in volgare scritto in Persia nel 1263），见《方言意大利》（*L' Italia dialettale*），第 25 期，第 23—37 页，1962 年。

U. 杜奇（U. Tucci）：《在东方追寻马可·波罗路线的威尼斯商人》（Mercanti veneziani in Asia lungo l' itinerario poliano），见 L. Lanciotti 编《威尼斯和东方》（*Venezia e l' Oriente*），第 307—321 页，佛罗伦萨，1987 年。

4. 关于意大利丝绸织造业的发展和东方生丝贸易：

I. 德尔·蓬达（I. Del Punta）：《13 世纪的卢卡商人和银行家》（*Mercanti e banchieri lucchesi nel Duecento*），比萨，2005 年。

R. S. 洛佩兹（R. S. Lopez）：《出现在元代同期欧洲的中国丝绸》（China Silk in Europe in the Yuan Period），《美国东方学会杂志》（*Journal of the American Oriental Society*），1952 年 72 期，第 72—76 页，总体上也包括引用洛佩兹其他论文中的相关内容。

P. 马伊诺力（P. Mainoni）：《12 世纪至 13 世纪的意大利丝绸：工匠迁徙和丝绸种类》（La seta in Italia fra XII e XIII secolo: migrazioni artigiane e tipologie seriche），见 L. Molà、R. C. Mueller、C. Zanier 编《中世纪至 17 世纪的意大利丝绸：从桑蚕到布匹》（*La seta in Italia dal Medioevo al Seicento. Dal baco al drappo*），第 365—399 页，威尼斯，2000 年。

P. 拉齐内（P. Racine）：《1288 年的热那亚丝绸市场》（Le marché genois de la soie en 1288），见《东南欧研究学报》（*Revue des Etudes Sud-Est Européennes*）第 8 期，第 403—417 页，1970 年。

M. L. 罗萨迪（M. L. Rosati）：《技术迁徙与文化互动：东方纺织品在 13 和 14 世纪欧洲的传播》（Migrazioni tecnologiche e interazioni culturali. La diffusione dei tessuti orientali nell' Europa del XIII e del XIV secolo），见《意大利装饰艺术观察》（*即 OADI, Rivista dell' Osservatorio per le Arti Decorative in Italia*）2010 年 1 期，第 58—88 页。

M.L. 罗萨迪（M. L. Rosati）：《纳石矢锦、巴格达锦、卡姆卡锦：穿梭东西方的丝绸》（Nasicci, baldacchini e camocati: il viaggio della seta tra Oriente e Occidente），见 M. A. Norell、L. Molà、M. L. Rosati 和 A.Wetzel 编《在丝绸之路上：东西方的古老通路》（*Sulla via della seta. Antichi sentieri tra Oriente e Occidente*），第 233—270 页，都灵，2012 年。

5. 关于香料在意大利和欧洲的种类、贸易和消费：

J. L. 佛拉德林（J. L. Flandrin）和 O. 雷登（O. Redon）：《14 世纪和 15 世纪的意大利食谱》（Les livres de cuisine italiens des XIV et XV siècles），见《中世纪考古学》（*Archeologia Medievale*），1981 年第 8 期，第 393—408 页。

P. 费里德曼（P. Freedman）：《走出东方》（Out of the East），见《香料和中世纪的想象力》（*Spices and Medieval Imagination*），纽黑文（New Haven），2008 年；意译本《中世纪香料的味道》（*Il gusto delle spezie nel Medioevo*），博洛尼亚（Bologna），2009 年。

B. 拉里奥（B. Larioux）：《当香料走入中世纪的饮食》（De l' usage des épices dans l' alimentation médiévale），见《中世纪》（*Médiévales*），1983 年第 5 期，第 15—31 页。

6. 关于《百万行记》的文字和波罗家族的文献：

《威尼斯绅士马可·波罗的旅行》（I viaggi di Marco Polo, gentiluomo veneziano）：见

Marica Milanesi 编，乔瓦尼·巴蒂斯塔·拉穆西奥（Giovanni Battista Ramusio）的《航海与旅行》（*Navigazioni e viaggi*）第三卷，第 9—297 页。都灵，1980 年。

马可·波罗（Marco Polo）：《百万行记》（*Milione*）即《马可·波罗游记》，Ettore Mazzali 编，米兰，1982 年。

朱塞佩·奥兰迪尼（Giuseppe Orlandini）：《马可·波罗和他的家人》（*Marco Polo e la sua famiglia*），*Archivio Veneto Tridentino*，第 9 卷，第 1—68 页，1926 年。

7. 对马可·波罗家的存货分析起到重要作用的：

阿尔维斯·佐尔齐（Alvise Zorzi）：《威尼斯人马可·波罗生平》（*Vita di Marco Polo veneziano*），米兰，1982 年。

戴维·雅各比（David Jacoby）：《关于马可·波罗、其近亲属以及旅行记述的新观点》（Marco Polo, His Close Relatives and His Travel Accounts: Some New Insights），见《地中海史评》（*Mediterranean Historical Review*），2006 年第 21 期，第 193—218 页。

让我们描绘东方
西方地图中的远东

米凯莱·卡斯特尔诺维（Michele Castelnovi）
热那亚大学

中世纪：远东信念

在曾经的历史苍茫中，尽管那些间接了解总是隐约而模糊，中国，一直是欧洲人头脑里挥之不去的形象。当美洲、大洋洲或撒哈拉以南的非洲地区还是认知中的空白，中国，早已坐落在欧洲人想象的地理坐标里。

究其原因，首先是那些璀璨夺目的商品：丝绸、香料、玲珑别致的玉器……它们勾起了欧洲人对中国的各种梦想。在一些欧洲人的笔下，那里生活着一群智慧、长寿、富裕、无忧无虑、不知疲倦、靠着热茶甚至只要有水蒸气就能获得滋养的人们，他们名叫"中国人"。

其次是"中央帝国"的力量。它的人口数量与税收总额，它的宏伟工程诸如长城、大运河以及数不清的桥梁和道路，总之它所拥有的一切，让那些疆域最广阔的欧洲帝国黯然失色，让中世纪的封建小王国更是显得微不足道并滑稽可笑。于是，在各式各样耸人听闻的讯息中，西方的空气里长出"噩梦"来：中国人拥有一支训练有素的庞大军队，所向披靡，战无不胜，随时都有可能进犯中亚的穆斯林国度或者欧洲的基督教王国。

第三个原因倒是纯地理的。亚欧大陆的形状自古以来为货物和人员由东向西的不断流动提供了可能，许多个世纪以前，早在一系列陆地与海洋的平行线路构成的"丝绸之路"的名称诞生之前，骆驼商队就把人员、物品、思想和发明从大陆的一头运送到另一头。虽然这样的旅行者免不了夹带道听途说的资讯，但他们确实也带来了真实的信息，这些信息既不是美梦也不是噩梦，而是比较具体和可靠的数据。

欧洲史上涉及中国的地图绘制恰恰表现了这三大要素：美梦、噩梦和切实数据。随着时间的推移，拥有切实依据的信息渐渐占有越来越重大的比例，但即使到了今天，欧洲对中国和中国人进行的地理描绘偶尔还会露出数世纪前的马脚——不是做过的美梦就是闹过的梦魇。不管从古典学者的著作入手还是查找宗教文本，引经据典、追本溯源是中世纪欧洲的治学传统，所以，我们有必要来总结一下更早期的古代欧洲对中国的地理信息有过怎样的了解。

除了无与伦比的丝绸，古希腊和罗马人对中国并不了解，也没有留下任何描绘中国的地图。关于"印度尽头"的那部分亚洲大陆，即"印度本土"东边、喜马拉雅山脉的另一头，公元2世纪有名的亚历山大地理学家克劳迪斯·托勒密（Claudius Ptolemaeus，90—168）也只就个别地方留下了三言两语。由于缺乏关于养蚕的可靠信息，人们都以为中国人是"从树上采集丝绸"，类似采棉花一样。

根据《圣经·旧约》的《以西结书》中一个段落的字面解释，那时的犹太教徒和基督教徒都深信耶路撒冷地处"世界"的中心。而所谓"世界"，是指人类能够居住的那部分地表，因为古代人认为地球表面的某些部分是不适合人类居住的，比如过于寒冷的北方和过于炎热的南方。为此，那时候还有一个得到了亚里士多德的支持的按照气候理论划分出来的"世界"。至于纬度与欧洲差不多的中国，从来没有人怀疑过它的宜居性，有些学者甚至想当然地说，中国差不多就挨着伊甸园，位于耶路撒冷的同一纬线上。这种定位正好将圣经《创世记》代表的时间原点与空间原点契合到了一起：欧亚大陆的最东端，那是太阳升起的地方，也是新的一年和每个新时代开始的地方（Scafi，2007）。

有一位无名作者在公元 4 世纪著有一本题为《描述世界和它的人民》的书籍，他根据太阳的起落轨迹，从远东一直讲到欧洲的最西端（不列颠群岛），而叙述的起首正是中国人。他对这个民族的描述是，"非常的虔诚和诚实，无论在身体上还是精神上，他们完美无缺"。在他的笔下，中国人不吃饭、不生病，他们不播种也不收割，他们很长寿，总能活过一百岁；他们的王国如此辽阔，没有七十天夜以继日的行军绝对走不完他们脚下的土地；在他们的西边，是婆罗门的家乡（或称印度）。在这些描述中，梦想元素占据了数据资料的绝对上风。《坡廷格尔古地图》（*Tabula Peutingeriana*）类似一幅古罗马时代的"道路图"，但无原图传世，流传到今天的是一份 16 世纪的复制品，这张图上标示着一些通往并可以抵达面朝东边大海的中国城市的陆地线路。这也许可以说明，古罗马人对大海环绕着整个欧亚大陆的事实是早有认识的。（图 4.1、图 4.2，见彩插）

如梦令：东亚地理

在中世纪早期制作的地图中，远东就是那样一个千奇百怪的地方，一个飘着美梦的天堂，抑或一个充满噩梦的深渊。在地图上这个距离欧洲最远的部分，神学家和哲学家们都觉得自己有权在那里堆放所有的奇思妙想。尽管圣人奥古斯丁早就给出了庄严而权威的诠释：天堂和地狱，那是藏于"每个人内心"的隐喻。但在一个又一个世纪的地图里，远东的位置上描绘着人间天堂伊甸园，一个被认为真实存在于地球上的地方。还有不少地图，把中国东北方向的位置标识为"高格"（Gog）和"玛格"（Magog）所在的恐怖之乡，那是两个非常可怕的民族，《圣约翰福音传教士启示录》和《古兰经》都对他们有过描述。据说还是马其顿国王亚历山大大帝亲手建造了无法逾越的高墙和铁栅，才把他们关在了外面。基督教说，当人类面临末日，基督徒的敌人会把"高格"和"玛格"放出来，他们将侵犯和践踏所有的自由王国。《古兰经》则说，这些族群整夜都在月黑风高中挖山，当他们把大山挖到只剩下一层蛋壳厚的时候，几乎就可以冲出来了，但就因为他们没有喊出一声"Inshallah——按照真主的意志"，每个夜晚大山都会长回原样，于是他们不得不夜夜从头挖起，通宵达旦却周而复始。

这个噩梦其实很有意思，可见作为西方人的基督徒或穆斯林分享着相同的信息，包括分享着相同的恐惧。在穆斯林和基督教编年史作者的叙述中，史上的一些入侵事件，比如匈奴和后来蒙古人的扫荡，正像世界末日被放出来的"高格"和"玛格"，张牙舞爪，来势汹汹。在这部中世纪创作的地图神话中，长城可能是起到了作用，因为中国人确实是为了把"蛮族"阻挡在"文明"之外才建造了长城，于是，某位路过的旅行家突然来了灵感，随手把目睹的长城跟风闻的神话扯在了一起。（图4.3，见彩插）

除了关于亚历山大大帝的传说，剩下的童话或神话也纷纷在中世纪早期极富想象力的地图中找到了各自的位置。人们幻想那个地方到处蕴藏着奇珍异宝，也许只因为偶然捡到一块恐龙的化石，就诞生了想象中的巨龙和狮鹰兽格里芬，进而让它们成为那遍地的珍珠玛瑙和翡翠宝石的守护神。在那些地图上，画着五花八门的生物，可谓奇形怪状：巨人、矮人［俾格米人，源自中非的一个部落］、穿着人类衣服的犬首人、脸面长在胸口的无头人、巨足的独脚人、大耳朵人、大象般的蝎子、似马非马的独角兽、人头狮身蝎尾的妖兽曼提柯尔［原型为印度虎］、鳄鱼、蛇、巨蜥……后面三种动物倒是确实存在，还常常被制作成标本从神话一样的东方不远万里运抵欧洲，销量相当不错；甚至有经营标本买卖的，为了招摇撞骗，把蝙蝠的翅膀贴在小蛇身上，批量生产出小龙来。

还有一个令人流连忘返的梦想安乐王国，它具体代表的是某种食物特别充足的"黄金时代"，那里的人们谁也不用干活，躺在永远也吃不完的粮食上，那里的河道淌着美酒佳酿，绿树结出奶酪和香肠。马可·波罗等旅行家们所讲述的中国正是为读者点燃了这种痴心妄想的地方。

绘图：从梦想到现实

对欧洲来说，那是数世纪的穷困潦倒，而伊斯兰世界却因为贸易赚得盆满钵满，他们的贸易活动将西至摩洛哥和安达卢西亚的港口与东至马来西亚、印度尼西亚的岛屿联系在了一起。穆斯林水手的身影出现在中国许多港口，穆斯林的商人们穿梭在大漠商队的路途中成为撒马尔罕和喀什噶尔的常客，货物在朝贡制度的框架内得到交换。基督教世界则完全被隔绝在这些利润丰厚的交流之外，欧洲人的生活日复一日地遭受着饥饿、严寒、疾病和无休止战争的威胁。

只有到了公元一千年之后，随着气候的明显改善，欧洲重新开始尝到贸易的甜头。热那亚、比萨、威尼斯这些富有进取精神的城市开始在地中海航行，而在欧洲的北方，也形成了以商业港口（汉萨同盟）为代表的自治地区。

水手们需要航海技术，最简单的方法就是向前辈伊斯兰商人学习。《古兰经》中有两条相当重要的戒律：一为 Qibla——朝拜，祈祷时必须面朝麦加的方向；二为 Haji——哈吉，即人在一生中至少要去麦加朝圣一次。由于这两条规矩，伊斯兰文化推崇地理学研究和地图绘制，并从欧洲人已经读不懂的古希腊著作中汲取了营养。尤其是伊斯兰学者借鉴了托勒密搭配经纬线的方式，不仅开发出平面球体图的一般制图法，还衍生出在一个圆圈内表现世界概况的示意图和结合了海岸描述等类似的港口指南的航海图（Castelnovi，2016）。阿拉伯水手从中国带回了指南针和风向玫瑰图，它们对港口指南和航海图的编制与使用起到了至关重要的作用。

马略卡岛和比萨的地图师，特别是热那亚的地图师，他们谙熟伊斯兰的制图技术，尤其在制图的具体细节和材料方面。海上航行需要面对种种可能发生的危险，包括丧生海洋的风险，而船舶和货物本身就是最大的忧患之源，因此，航海图和港口指南通常是最纯粹、最实际的，不能给幻想留下任何空间。

出于想象与切实考量的两种地图制作在欧洲并存。正当热那亚商人披星戴月地前进在通往黑海和契丹的道路上，不少关于詹尼牧师王国的故事在民间广为流传。据说那是一个强大而富有的基督教王国，地处亚洲中部，而事实上它很可能是一个来自丝绸之路沿线的景教徒生活群落的微弱回声；也有的说这个王国位于埃塞俄比亚，那实际上可能就是科普特［古埃及信仰基督教的民族］基督教徒分布的地方。总之，按照"客户"的需求或者根据马可·波罗那样的旅行家所提供的少得可怜的信息，制图师们将这位牧师国王的领地放在了他们的地图和地球仪上。

多少个世纪以来，商品和思想一直通过固定往返在各自路段上的大漠商队的商人们心手相传，这种接力棒式的商旅模式有着极大的优越性，因为每一位买卖人都在自己最了解并熟悉的区域内活动，只有在相距最远的装货和卸货的两头才会出现需要翻译的问题。到后来，西起北非马格里布（Maghreb），无论陆路还是海路，穆斯林的旅行者们可以在他们打造的所谓"环伊斯兰世界"里行走在东西通途上了，例如14世纪前半叶的摩洛哥人伊本·白图泰就是很好的例子。蒙古人掌权的元朝时期，有一些基督教商人和传教士直接来到了中国。但是依靠他们的旅行信息并不足以汇编出真正意义上的地图，尤其是马可·波罗的《百万》[即《马可·波罗游记》]，因为缺乏确切的信息要素而无法成为一份真正的道路指引（Castelnovi，2016）。

然而，欧洲公众对中国是如此好奇，以至于波罗的游记迅速成为深受商人和市民喜爱的读物，它讲述的那个世界与神学家和教授们描述的完全不同。马可·波罗的《百万》为欧洲人对远东地理的想象带来了巨大的冲击，以至于尽管时间流逝了二百五十多年，直到1570年，制图师亚伯拉罕·奥特柳斯[1]仍然将《百万》作为自己绘制地图时的最重要的参考信息。

马可·波罗对契丹的描述极尽夸张，过多的渲染也有适得其反的时候，比如，不管当地有多么美丽富饶，当后世的西方旅行者终于身临其境，直面亲眼所见，心底有时会升起几分失望。诚然，梦想永远美过真实。在很长的一段时间里，来到北京的欧洲旅行者甚至会一本正经地怀疑：中国难道真的就只有眼前这一些了？是不是在别的什么地方还藏着一个更加辉煌的"契丹"呢？1602年，一位名叫鄂本笃（Bento de Gois）的葡萄牙传教士甚至整装待发去探险了，他奔着一个非常明确的目标：到别的地方去，去找到那个真正的契丹！而利玛窦和其他耶稣会教士则直接在北京做了天文观测，布列着日月星辰的天空告诉他们：好也罢，坏也罢，唯一真正的

1　Abraham Ortelius，佛兰芒地图学家和地理学家。

契丹，就是那个他们每天生活其中的中国。

马可·波罗的号召力不只限于中国地理范畴。在当年欧洲人的头脑里，日本也远比它实际中的更加富裕。马可·波罗曾经写道，在日本，贵金属巨多，以至于那里的街道和屋顶都是纯金打造的。这真做的是哪门子白日梦呢！有必要在此提示的是：马可·波罗根本就没有到过日本。或许，波罗的本意只是想说那里的有些屋顶被涂成了金黄色，但无论如何，他是在道听途说中写了一个日本童话吧。然而，就是《百万》中那一笔匆匆带过的黄金屋顶和街道，足够鬼使神差地让欧洲的制图师们想出一座"黄金岛"来，也就是古希腊文中的"Chryse"，紧挨着一座"白银岛"，希腊文称作"Argyra"。面对传承古典传统的中世纪概念，这一次我们还是在亚伯拉罕·奥特柳斯身上发现了他的"叛逆"："Chryse"和"Argyra"，这一对金银之岛原是古希腊罗马地理学家对假想岛屿的梦幻式命名，它们原本被安置在越过不列颠群岛的汪洋里，但在自己的地图上，奥特柳斯把那座"金岛"搬到了东方的海水里。（Quaini-Castelnovi，2007，p.39）（图4.4）（图4.5，见彩插）

16 世纪

在葡萄牙人达·伽马（Vasco de Gama）完成了环非洲航行，以及1492年意大利热那亚人哥伦布（Cristoforo Colombo）为西班牙王室航行并发现美洲之后，16世纪的欧洲人跨入了地理大探险的时代。1513年，第一艘葡萄牙船抵达中国广州港，这并不是第一艘停靠广州港的"西方"船舶，几个世纪以来，黄海以南的中国港口早已看惯了穆斯林商人蜂拥来去的风景，但是，除了个把中途雇佣的穆斯林船员，这样一艘满载基督徒水手的船舶出现在广州港，在历史上无疑是开天辟地的。

在美洲、非洲和亚洲，出于航行的需要和有效的经济军事干预目的，西班牙和葡萄牙的制图师们迅速绘制了具体实用的航海图。虽然这些地图还是为幻想和象征留下了装饰空间，但就像地中海的港口指南那样，它们也变得越来越具体，越来越接近真实。在没有岛屿的地方假说有岛屿，把

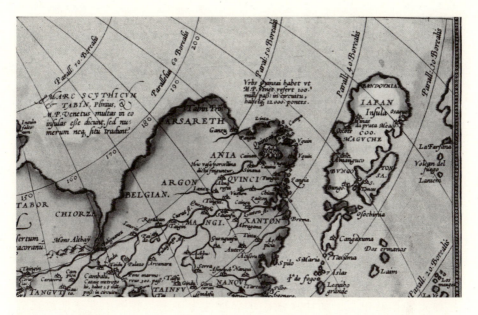

图 4.4 《世界概貌》（*Theatrum Orbis Terrarum*，也称《寰宇全图》）中的亚洲地图（局部）。亚伯拉罕·奥特柳斯（Abraham Ortelius，比利时，1527—1598）绘制。在关于日本群岛的备注中，奥特柳斯将日本称为 Chryse，即"金岛"。《亚伯拉罕·奥特柳斯地图集》，Van Dienst 地图公司，安特卫普，1570 年。

没有航道的地方说成可通航，太危险了。

　　根据《托尔德西里亚斯条约》[1]，教皇把认为需要传播基督福音的世界一剖为二，分派西班牙王室负责哥伦比亚到菲律宾之间地区的传教与殖民，而葡萄牙王室需要担负起从巴西到日本的任务。西班牙人多势众，迅速渗透了阿兹台克和玛雅人的土地，而一直势单力薄的葡萄牙人正相反，无论在非洲还是亚洲，陆上帝国的存在使葡萄牙在执行渗透任务的过程中举步维艰。所以几个世纪下来，葡萄牙绘制的地图内容大多局限在沿海，从来没有对内陆地理进行过深入的探究。

　　从某种意义上说，葡萄牙的绘图师延续了地中海港口指南的制作传统。两个非常著名的葡式地图案例是印度的果阿和中国广州珠江口的小岛澳门。葡萄牙制图师们对果阿和澳门了如指掌，但他们并不熟悉内陆地区。他们的使命仅限于商贸，也就没有任何兴致去了解内地了。在巴西也是同样的

1　西班牙和葡萄牙两国于 1494 年 6 月 7 日在西班牙卡斯蒂利亚的托尔德西里亚斯（Tordesillas）签订的一份旨在瓜分新世界的协议。

情况，在很长时间里，葡萄牙人的殖民据点一直聚集在沿海地区。

至于在发现美洲和抵达亚洲这两个事实之间，真正的差异在哪里，我们还需要从不同文明的文化发展水平层面去寻求答案。美洲大陆上的原住民没有航海图，也没有他们视野之外的任何其他概念。与美洲原住民形成鲜明对比的是，无论在印度还是在中国，有识之士都非常清楚制图学的实用价值，他们非常重视地图学，中国春秋时期著名的军事家孙武在《孙子兵法》里就曾强调，打仗首先要有一张战场地形图。至于每一位国家公职人员，特别是文官，懂得绘制所在地区的地图是他必须拥有的诸多业务能力之一。他们采用同样的模式来编制这些地图，即以统一的四方格为基础，方向均以南面朝上，便于局部图片的拼接。九格见方绘制村庄一级，同理可汇集出纵横九九八十一格组成的九宫格地图［中国传统的计里制图法，也称九宫格制图］，如此逐渐添加，延伸为区图、省图，直至汇成那幅1137年的伟大的中国地图[1]。

这种方法也称为"鳞式制图"（Castelnovi，2016，p.301），因为它形如鱼鳞，具体为自下而上的形制，这种制图方法首先取决于观测土地的经验，而非依靠托勒密自上而下的天文学坐标方式。当然，这种方法长于绘制陆地，并不适合测量海中的岛屿，而且它也仅仅适用于已经属于帝国的领土。自从元代登陆日本列岛的行动失败，中华帝国的注意力已经完全转移到防守现有疆域上，即便未来有意扩张也仅限于拓展陆上疆界。从管理体系着眼，这样的地图制作方式就再恰当不过了。1405至1433年间，郑和大将军率领宝船舰队下西洋，蜚声印度洋沿岸。凭借三百艘大型船舶和超过二万八千名的士兵，中国在海上的力量无疑得到了证明，在外交上也取得了极高的声誉，但指挥船队的海军军官都是穆斯林（郑和本人祖籍云南昆阳），他们使用的港口指南和航海图均与伊斯兰水手常用的相似。可是，等到永乐皇帝驾崩，那些朝廷命官经过一番掂量后，居然觉得还是放弃海上航行为妙，甚至下令销毁包括港口指南与航海图在内的几乎所有文件。在这些朝廷官员看来，最重要的是中国，住在山高皇帝远的地方的

1　《禹迹图》，1137年南宋人根据唐代贾耽的地图缩小石刻而成。它是中国现存最早的全国地图，原石现存西安碑林。

蛮族以及未开化的民族，实在犯不着去关注，更别说建立一支舰队去征服他们，恐怕连在地图上标出他们的存在都没有必要吧。而《孙子兵法》也推崇防御战，因为对自己领土的了如指掌足以保障战略战术上的优势。于是，中国的文人们往往对中国地图上的一切烂熟于心，却对帝国之外的事物抱以极大的漠然。

罗明坚、利玛窦、艾儒略和卫匡国

根据一些学者的观点，利玛窦（Matteo Ricci，1552—1610）的盖世之功是他为中国人带去了第一张世界地图，因此，同样是他间接地把世界地图带给了韩国人和日本人（Mignini，2016）。完全来源于自身的信息很难不夹杂一丁点自夸，包括对个人高超记忆力的炫耀，都是利玛窦的自我认知，而西方学界的认识已经不再停留于此（Spence，2010，28；Castelnovi，2015，93）。确实，从制图史的角度看，中国的地图制作在短时间内并没有发生太多的变化，官员们继续丈量着各自省份的土地，对于"南蛮"荒凉而贫瘠的地区依然没有多大的兴趣。数年后的 1623 年，利玛窦的学生，即来自布雷西亚的传教士艾儒略（Aleni），交付并印刷了一份中文版地图册，内容中增加了关于西方各民族的介绍文字，其中也不乏一些粉饰太平的假话，例如欧洲社会和平、人民忠于教皇等。参与评估的中国官员将这份地图册归入"猎奇"类读物（De Troia，2009），原因之一可能是觉得在这里读到的远离帝国疆界的战乱地区的情况与那些操突厥语的对话者所描述的不太一样吧。确实，当刚刚抵埠的天主教传教士尚且痛苦地挣扎在中文词汇、语法以及代表中国文化的各种符号的混乱中时，无论在中国的东南沿海口岸，还是沿着从撒马尔罕通往喀什噶尔以及有着清真寺与尖塔的维吾尔人传统住地的陆上丝路，基础扎实的穆斯林商人正一如既往不慌不忙地操持着他们数世纪以来从未间断过的老买卖。

另一些学者则认为，利玛窦的那份地图算不上"革命"，真正具有革命性的是卫匡国（Martino Martini，1614—1661）的那幅。特伦托耶稣会的教士卫匡国于 1655 年交付出版了一部大型的中国地图册，由十六幅大地图和八千多个地点坐标组成。从中华帝国官方机构的资料里不难发现，在卫匡国之前还有其他人也收集了类似的数据，例如耶稣会教士罗明坚（Michele Ruggeri，1543—1607），但他们的资料都只是一些手稿，尘封在无人问津的寂寞档案里（Lo Sardo，1993）。

卫匡国把自己的地图册交给了阿姆斯特丹最重要的出版商同时也是荷兰东印度公司的御用制图师琼·布劳（Joan Blaeu），委托他印刷出版。一位新教徒接了一单来自天主教徒的业务！而文本的语言选择也颇有用意，卫匡国的原版采用拉丁文，但同年即发行了荷兰语本，很快又出了法文版、德文版和英文版。

卫匡国之后，中国不再是盛产美梦或噩梦的地方，它成为一个具体的现实。这不仅给欧洲的地图业带来了巨大的变化，也揭示了不同国家治理层面的经验。卫匡国的地图册清晰反映出投资道路、桥梁、运河等基础建设是多么有利可图，基础建设除了能起到铲除地方封建领主特权的作用，本身还需要一国之君从国家整体利益出发去做出相应的决策。在这本地图册里，人们看到了一个可作为效率典范的国家官僚机构，在那里，一个人的职业生涯始于公开竞争，而不靠出身或引荐，升迁或贬谪以任职表现为依据，而不取决于朝中的裙带。卫匡国的新地图还配了不少图案，出现的形象不再是恐怖的怪兽或神奇的财富，而是男耕女织的正常劳动画面。从某种意义上说，这些图案正是下一个世纪被启蒙主义者推崇的工艺百科全书出现的前奏。卫匡国希望通过这些图像传达的是，中国的财富来自纯粹的勤劳和努力，没有神仙法宝。

此外，卫匡国以非欧洲的制图师和地理学家的肖像装饰自己的地图，这是西方制图史上的第一例。我们因此看到了手持星盘、天文测量仪和捧着厚厚书本的中国人形象。卫匡国所要表达的，也是欧洲史上此类观点的第一次发声，即在与中国的对话中，在地图制作行业，有太多的东西值得向中国人学习与借鉴。卫匡国亲自到过的只是当时中国十五个省份中的七个，更没有去过朝鲜和日本，所以他不可能亲自找到那八千个地点的坐标。借着地图册上的人物肖像，卫匡国向几个世纪中收集并更新数据的所有中国地理学家和制图师致以谦虚、衷心的感谢。（图 4.6、图 4.7、图 4.8、图

4.9、图 4.10，见彩插）

反证：约翰·纽荷夫的旅行

卫匡国的地图集给欧洲知识界带来了巨大震动。有史以来，关于中华帝国的确切幅员与体量，西方第一次获得了具体而量化的信息。卫匡国提供的数据涵盖家畜存栏、粮食年产以及城镇、地区和军事要塞的统计。最令人惊讶的还是人口数据，它让所有人都惊叹这个帝国如何能够养活这么多的臣民。欧洲自古寻求从海上贸易中获取利润，不惜冒着航行中沉船、遭遇海盗、货物损毁等风险。而中国的皇帝守在他的都城，把贸易只管丢给外国人，他的所有臣民，无论属于哪个阶层，都只把农业当作命根子。

这些消息为欧洲带来了前所未有的知识革命。经济哲学家的群体里开始流行起所谓的"重农"理论，目的在于通过加强基础设施建设（如中国的道路、桥梁、运河）使一个王国的农业生产变得更加高效和具备更好的盈利能力。这种新思路与前一个世纪基于海上贸易（暴露于海盗的危险）以及通过暴力剥削美洲殖民地获取利润的方式形成了强烈的反差。

卫匡国之前的其他旅行者也叙述过有关中国的情况，但始终没能提供直接源自中国的信息，没有统计数据的支持，表述落入语焉不详的夸张：某个城市非常大，某个地区土地非常肥沃等，信息的具体性和确切度则无从说起。

为此，尤其是追随新教的荷兰人，忍不住要生出一万个理由怀疑天主教传教士的报道内容是否属实。卫匡国的地图志出版发行后，出于同样的疑问，荷兰的东印度公司急不可耐地组织了一个中国远征队，出使觐见远在北京的中国皇帝。远征队队长的人选定为约翰·纽荷夫（Johann Nieuhoff，1618—1672），因为他在类似的外交任务中已经为东印度公司做出过成功服务的先例，而这次的出使目的重在打破葡萄牙的东方贸易垄断权。

纽荷夫同时肩负绘图任务，他必须逐日逐段地验证卫匡国提供的数据是否切实可信，重新核实卫匡国对所有河流、渠道、山口、村庄和城市的描述以及所有地理坐标。纽荷夫抵达珠江口，前往广州，经大庾岭要塞越

图 4.11　约翰·纽荷夫 1657 年赴中国对卫匡国《中国新图志》进行了路径的考证旅行。约翰·纽荷夫去世后，这幅地图出现在由他的兄弟出版的地图集中。

过南岭，重走了卫匡国勘测旅行时的路径。越过山脉后纽荷夫请了向导，沿水路直到杭州，再从那里经平原到达北京。

纽荷夫所到之处，对每一个地方的测量和观察结果都证明卫匡国地图集所描述的一切完全符合实际。梦幻与梦魇的时代真的结束了，真相的时代已经开启。（图 4.11）

不仅限于法国地图师

康熙皇帝可谓法国国王路易十四的偶像。路易十四千方百计地模仿康熙皇帝，专门请了王室卡西尼家族成员为法兰西王国特制了一部新的三角函数地图。客观数据似乎给国王带来了一个始料未及的坏消息，王国的土地面积居然比他一直以为的要小得多！据传说，路易十四听到这个消息直接惊呼："这些地图师掳走的土地比我打了一仗输掉的还要多！"对中国的兴趣使所有来自中国的东西都变成了时髦，chinoiserie 就是那个时代的造词，专门指代中国风的东西。不少绘图师为了取悦公众，模仿印制卫匡国地图集式样的书籍和地图，但在接下来至少八十年的时间里，谁也无法超越卫匡国的作品。

与此同时，康熙皇帝在北部疆界发动了重要的军事征服行动，之后，康熙委托一些法国传教士整理中国文武官员在当地测量的数据，以便更新地图。西方史学界通常将这一活动标榜为欧洲科学优越性的神奇明证，但事实上，这不过是在中国人自己收集的数据上做点加工而已（Witek，1988；Castelnovi，2015，p.93）。

1734年，法国国王的御用制图师、地图学家让-巴蒂斯特·布吉尼翁·德安维尔（Jean-Baptiste Bourguignon d'Anville）的《中国新地图集》印刷发行了。其中既包含了卫匡国的所有地理信息（由后来的旅行者确证），也增加了法国耶稣会数学家为康熙收集的新数据。这张新地图在商业上获得了巨大成功，那时的欧洲确实正处于"中国风尚"（chinoiserie）的巅峰期，所有人都用无比好奇的目光注视着与远东相关的任何消息。（图4.12，见彩插）

在近八十年的时间里，卫匡国的地图被一再复制，没有出现超越它的地图或对其进行重大更新的地图。虽然在卫匡国地图册的个别页面中还留有某些传说中的象征物的痕迹，比如牧师詹尼的王国等，但卫匡国一直声明自己从不认为它们是真实的。八十年后，德安维尔的新地图再次展现了中央帝国的具体面貌，德安维尔的制图采用与卫匡国相同的手法，再没有为怪物或传说留下任何余地。自此，地图中没有美梦也没有噩梦，只有具体的真实，供全世界欣赏、模仿，或者嫉妒、艳羡。

众所周知，来自中国的消息也改变了欧洲哲学家的思维方式，并反映在经济、道德、政治等许多领域。卫匡国和德安维尔为人们展示的是一个无教皇、无任何官方宗教信仰的民族的良好治国案例。而美洲发生的一切与之相比较就显得相当"刺耳"了，西班牙和葡萄牙的知识分子一直认为入侵美洲的成功是基督教徒特别是天主教徒蒙受上帝恩宠的结果，比如阿兹台克或印加大帝国毫无还手之力地"倒毙"于小股"征服者"手中的事实，神学家和评论家们总是宣称那是一个奇迹，一个因为上帝的干预和支持而胜利的专属西班牙王室的奇迹。然而，来自中国地理中的新闻给所有这些曾被深信不疑的事实打上了问号。传教士们的报告说：那里人口众多但营养充足（与欧洲相比），他们拥有行之有效的医药科学，有自己的地图学传统，还有超级精良的技术与生产能力，那里的军事情形远比西方正在发生的平和与从容。哲学家们开始提问：难道中国模式不是政治经济体系中的一种"可选项"？难道它比欧洲基督教的模式还要"好"上一点点？

作者简介

米凯莱·卡斯特尔诺维（Michele Castelnovi），热那亚大学（Università di Genova）历史地理学博士，特伦托大学卫匡国研究中心会员及创办人之一，意大利地理公司会员，历史地理研究学会会员，学术杂志《契丹之路》(Sulla via del Catai)编委协调人。用意文、英文撰写一系列地理和历史地理的学术论文并发表于各大学术刊物。

著作：《天朝的景象：西方地图中的中国》(Visioni del Celeste Impero. L'immagine della Cina nella cartografia occidentale)，2007 年与 M.Quaini 教授合著；《中央帝国的第一部地图册》(Il primo atlante dell'Impero di Mezzo.Il contributo di Martino Martini alla conoscenza geografica della Cina)，2012；《从奇迹之书到中国新图志，一次认识论的革命：卫匡国换下了马可·波罗》(Da il Libro delle Meraviglie al Novus Atlas Sinensis, una rivoluzione epistemologica: Martino Martini sostituisce Marco Polo)，2016；《从波罗的奇迹到纽荷夫的证伪》(From the Polo's Marvels to the Nieuhof's Falsiability)，2016。

参考书目

1. 米凯莱·卡斯特尔诺维（Michele Castelnovi）：《从奇迹之书到中国新图志，一次认识论的革命：卫匡国换下了马可·波罗》，见 L. M. 帕特尔尼克（Paternicò L. M.）编《对话者卫匡国 1614—1661》(Martino Martini 1614—1661, Man of Dialogue)，第 299—336 页，2016 年。

2. 米凯莱·卡斯特尔诺维（Michele Castelnovi）：《从波罗的奇迹到纽荷夫的证伪》，见《地理文献》(Documenti Geografici)，第 1 卷，第 55—101 页，罗马，2016 年。

3. 米凯莱·卡斯特尔诺维（Michele Castelnovi）：《第一部关于中央帝国的地图集：卫匡国为中国地理知识做出的贡献》(Il primo atlante dell'Impero di Mezzo. Il contributo di Martino Martini alla conoscenza geografica della Cina)，特伦托大学卫匡国研究中心（Centro Studi Martino Martini），特伦托（Trento），2012 年。

4. 米凯莱·卡斯特尔诺维（Michele Castelnovi）：《超越地图集：卫匡国"其他"作品的历史地理之关切》（Ultra Atlantem: l'interesse storicogeografico delle "altre" opere di Martino Martini），见埃莱娜·达伊普拉（Elena Dai Prà）编《制图学历史与卫匡国》（*La storia della cartografia e Martino Martini*），第91—140页，Franco Angeli 出版社，米兰，2015年。

5. 保罗·德特罗亚（Paolo De Troia）编：《艾儒略的职方外纪：中国之外的异国地理》（*Geografia dei paesi stranieri alla Cina. Zhifang waiji di Giulio Aleni*），布雷西亚文化基金会（Fondazione Civiltà Bresciana），布雷西亚（Brescia）。

6. 尤金尼奥·罗萨尔多（Lo sardo, Eugenio）编：《罗明坚的中国地图集》（*Atlante della Cina di Michele Ruggeri*），意大利政府印刷局（Istituto Poligrafico e Zecca dello Stato），罗马，1993年。

7. 菲利波·米涅尼（Mignini, Filippo）编：《利玛窦的制图学》（*La cartografia di Matteo Ricci*），意大利政府印刷局（Istituto Poligrafico e Zecca dello Stato），罗马，2013年。

8. 马西莫·奎易尼（Quaini, Massimo）和米凯莱·卡斯特尔诺维（CASTELNOVI, Michele）：《天朝大国的景象：西方地图中的中国》（*Visioni del Celeste Impero. L'immagine della Cina nella cartografia occidentale*），Il Portolano 出版社，热那亚，2007年。

9. 亚历山德罗·斯卡菲（Alessandro Scafi）：《绘制天堂：人间天堂的历史》（*Mapping Paradise: A History of Heaven on Earth*），芝加哥大学出版社（University of Chicago Press），伦敦，2006年。

10. 史景迁（Jonathan D.Spence）：《利玛窦的记忆殿堂》（*Il Palazzo della Memoria di Matteo Ricci*），Adelphi 出版社，米兰，2010年。

11. 托马斯·苏亚雷斯（Thomas Suárez）：《早期东南亚制图》（*Early Mapping of Southeast Asia*），Periplus 出版社，新加坡（Singapore），1999年。

12. 魏若望（John W.Witek）：《了解中国人：利玛窦与法国路易十四派遣的耶稣会数学家传教士的比较》（Understanding the Chinese-A comparison of Matteo Ricci and the French Jesuit mathematicians sent by Louis XIV），见 Charles E. Ronan 和 Bonnie B. C. Oh 编《东方相遇西方：1582—1773 年在中国的耶稣会士》（*East meets West: The Jesuits in China, 1582—1773*），第62—102页，芝加哥，1988年。

图 5.3　鞑靼士兵的装束，《塔纳的方济各教徒殉难图》壁画局部。安布罗吉奥·洛伦泽蒂（Ambrogio Lorenzetti，意大利，1290—1348）绘，1335—1340 年。意大利锡耶纳，圣方济各教堂（Church of St. Francis, Siena）。

图 5.1　中亚或中国制造的印花丝绸织物残片。8—10 世纪，瑞士瓦莱州，圣莫里斯修道院（Saint Maurice Abbey, Valais）。

图 5.2　《耶稣被钉十字架》，壁画局部：十字架脚下的士兵用骰子打赌基督的衣袍。锡耶纳佚名画家，14 世纪。罗马附近的苏比亚科，圣本笃修道院（St.Benedict Monastery, Subiaco），公元 4 世纪建造。

图5.4　用"鞑靼布"缝制而成的教皇本尼狄克十一世的法衣（局部）。金银丝线织造，13世纪。意大利佩鲁贾，圣多梅尼科教堂（Church of St. Dominic, Perugia）。

图5.5　"鞑靼布"残片，豹纹图案。金银丝线织造，伊尔汗国出产，14世纪。意大利佛罗伦萨，巴尔杰洛博物馆（Museo Nazionale del Bargello, Firenze），M.L.罗萨迪在巴尔杰洛博物馆许可下提供本照片。

图 5.6 "鞑靼布"残片，图案为豹和八思巴字。金银丝线织造，中国北方出产，原产地可能是时称"大都"的北京，13 世纪。意大利佛罗伦萨，巴尔杰洛博物馆，M.L. 罗萨迪在巴尔杰洛博物馆许可下提供本照片。

图 5.8 浮花细锦残片：豹、犬、鸟和花草枝叶纹饰。金银丝线织造，意大利出产，14 世纪。意大利佛罗伦萨，巴尔杰洛博物馆，M.L. 罗萨迪在巴尔杰洛博物馆许可下提供本照片。

图 5.9　金锦织物：天使队列的图案（局部）。金银丝线织造，意大利出产，14 世纪。意大利佛罗伦萨，巴尔杰洛博物馆，M.L. 罗萨迪在巴尔杰洛博物馆许可下提供本照片。

图 5.10　《哀悼基督》，壁画局部。乔托（Giotto di Bondone，意大利，1266—1337），创作年代 1303—1305 年。意大利帕多瓦，斯克罗维尼礼拜堂（Scrovegni Chapel, Padova）。

图 6.4 杭州城，《马可·波罗游记》插图。细密画，法国手抄插图本，1410—1412 年，巴黎，法国国家图书馆。

图 6.2 《马可·波罗游记》插图。场景一（上左）：耶路撒冷国王鲍德温接见尼科洛、老马可兄弟。场景二（上右）：波罗兄弟拜见主教大人。场景三（下）：波罗兄弟驶向黑海。细密画，法国手抄插图本，约 1333—1340 年，伦敦，大英图书馆。

图 6.3　汗八里大汗的欢庆，《马可·波罗游记》插图。细密画，法国手抄插图本，1410—1412 年，巴黎，法国国家图书馆藏。

图 6.5　庇护波罗兄弟返乡：大汗颁发金牌通行证，《马可·波罗游记》插图。细密画，法国手抄插图本，1410—1412 年，巴黎，法国国家图书馆。

图 8.1 《卫匡国神父肖像》。佚名意大利画家，肖像中卫匡国身穿中国士人服，手执更新后的中国地图。布上油画，1661 年。意大利特伦托，波孔斯廖古堡（Castello del Buonconsiglio）。

图 9.5 错视图。菲利普·阿比亚蒂（Filippo Abbiati，意大利，1640—1715）。布面油画，17 世纪末。意大利米兰，斯福尔扎城堡画廊（Pinacoteca del Castello Sforzesco）。

图 9.3 《乾隆皇帝大阅图》。郎世宁。绢本设色画，约 1739—1758 年。北京故宫博物院。

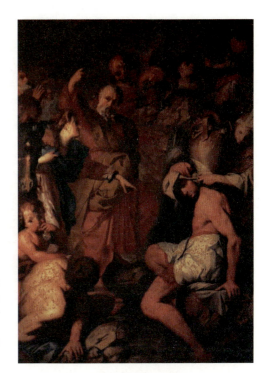

图 9.1 《马萨和米利巴》(*Massa e Meriba*)。郎世宁(Giuseppe Castiglione, 意 大 利, 1688—1766)。布上油画,约 1708 年。意大利热那亚,马丁内斯慈善院(Pio Ricovero Martinez)。

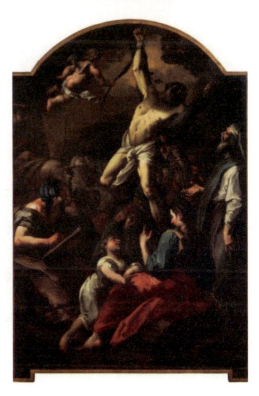

图 9.2 《圣安德雷的殉难》(*Martirio di Sant'Andrea*)。菲利普·阿比亚蒂(Filippo Abbiati, 意大利, 1640—1715)。布上油画(不早于 1686 年)。意大利韦尔切利,勃艮第博物馆(Museo Borgogna, Vercelli)。

图 9.8 《百骏图》。郎世宁。绢本设色，纵 94.5 厘米，横 776.2 厘米。台北故宫博物院。

图 9.6 "贴落"画。王幼学（清朝宫廷画家，生卒年不详），姚文翰（清朝宫廷画家，生卒年不详）。宁寿宫花园玉粹轩明间西壁通景画，绢本设色，317 厘米 ×366.5 厘米，1775 年。北京故宫博物院。

图 10.1　15 世纪航海图。阿尔比诺 · 德 · 卡内巴绘制（Albino De Canepa，热那亚人，15 世纪生人，生卒年不详）。意大利地理学会。

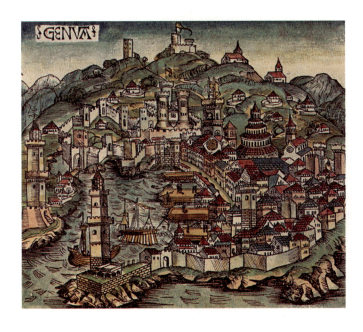

图 10.3　《热那亚城》。木刻版画，1483 年，《谢德尔世界年鉴》（*Liber Chronicarum Schedel Hartmann*）插图，作者 Michael Wohlgemuth。

图 10.11A　圣乔治宫（现貌）。热那亚，建于 1260 年。

图 10.11B　圣乔治宫（现貌）

图 10.15A　《塞瑟岛的维纳斯》。扬 · 马西斯（Jan Matsys，佛兰德斯画家，约 1510—1575）绘，油画，1561年。作品描绘港城热那亚风景，并以维纳斯象征美丽与富饶。斯德哥尔摩，瑞典国家博物馆。

图 10.15B　热那亚城，《塞瑟岛的维纳斯》局部。

图 10.14 《1481 年的热那亚港》。克里斯多弗 · 格拉斯（Cristoforo Grassi）绘，布上胶画，1597 年。意大利热那亚，加拉太海洋博物馆。

图 11.1 蒙古人的宫廷场景。《科卡莱利之书》（Codice Cocharelli），原热那亚古代商人、贵族科卡莱利世家的细密画集。热那亚，14 世纪，伦敦，大英图书馆。

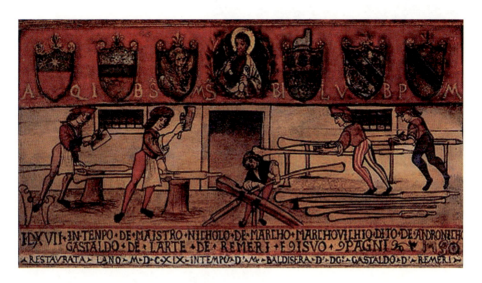

图 12.9 《造桨工》。威尼斯古船厂专业制造加莱船划桨的工人，板上油画，16 世纪，意大利佚名画家。

图 12.3 《攻占君士坦丁堡》。油画，作者雅各布·内格雷迪，别名小帕尔马（Jacopo Negretti-Palma il Giovane，意大利，约 1548—1628）。威尼斯总督宫（大议会厅）。

图 12.10 威尼斯古船厂的世纪演绎图。Alessio Schiavo、Laura Lupo Stanghellini 绘图。1.火炮厂，2.缆绳厂，3.卡强德勒船坞，4.伊索洛托船坞（小岛船坞），5.诺威西莫船坞（崭新船坞），6.加莱赛船坞，7.总督仪仗船库，8.诺威船坞（新船坞）。A.老船厂（13至14世纪），B.新船厂（14至15世纪），C.崭新船厂（15至16世纪），D.加莱赛船厂（16世纪）。

图 12.11 威尼斯古船厂鸟瞰

图 12.12 威尼斯鸟瞰（卫星图）。威尼斯古船厂与威尼斯国际艺术双年展。A.威尼斯国际艺术双年展之古船厂展区（红色），B.威尼斯国际艺术双年展之花园展区（红色）。Alessio Schiavo、Laura Lupo Stanghellini 绘图。

图 13.1　单桅方帆（横帆）船与海洋之火（东罗马帝国的希腊液体火药，多用于海战）。马德里的胡安·西里兹编年史（Matritensis Ioannis Skyllitzes），《希腊书》手抄本插图，13 世纪。

图 13.2　拉丁三角帆（纵帆）船与亚历山大航行，《圣马可的亚历山大航行和治愈阿尼亚诺》（局部），镶嵌画。威尼斯圣马可大教堂 ZEN 家族祭台小堂。

图 13.3 佛兰德斯航线的加莱商船。版画，1434 年。作者米盖莱·达·罗迪（Michele da Rodi，生卒年不详，15 世纪）。

图 13.5 扬帆航行中的威尼斯加莱排桨帆船，三桅三纵帆（拉丁三角帆）。版画，17 世纪。作者亨利·斯庞斯基·德·帕莎庞（Henri Sbonski de Passabon，法国，1637—1705）。

图 13.6　乔治 · 布劳恩（Georg Braun，德国，1541—1622）主编，弗朗茨 · 霍根伯格（Franz. Hogenberg，德国，1535—1590）制版的《威尼斯地图》。收于布劳恩-霍根伯格的世界城市地图集《世界城市风貌》（*Civitates orbis terrarum*）。科隆，1572 年。

图 13.7　乔治 · 布劳恩主编，弗朗茨 · 霍根伯格制版的《君士坦丁堡地图》。收于布劳恩-霍根伯格的世界城市地图集《世界城市风貌》。科隆，1572 年。

图 13.8 《萨尔沃莱海战》（*Battle of Salvore*，1177）。雅各布 · 罗布斯蒂，绰号丁托列托（"小染匠"）
（Jacopo Robusti-Tintoretto，意大利，1518—1594），油画，16 世纪。威尼斯总督宫。

图 13.10 塞巴斯蒂安诺·维涅罗
肖像（Sebastiano Venier，1496—
1578）。勒庞托海战中威尼斯舰
队总司令，威尼斯总督。丁托列托
绘，油画，16 世纪。维也纳，艺
术历史博物馆（Kunsthistoriches
Museum）。

图 13.9 《勒庞托海战场景之一》（*Battle of Lepanto*，1571）。安东尼奥·布鲁加达（Antonio
Brugada，意大利，1804—1863），油画，19 世纪。

图 13.11 《朝圣者的加莱船》。版画,《从康斯坦茨到耶路撒冷之旅》插图,1487 年,康拉德·冯·哥伦伯格（Konrad von Grünenberg，德国，1442—1494），康斯坦茨。

图 13.13 "威尼斯与海洋的婚礼"：《仪仗船归来总督宫》。安东尼奥·卡纳尔，别名卡纳莱托（Antonio Canal-Canaletto，意大利，1697—1768），布上油画，1727—1729 年。莫斯科，普希金国家艺术博物馆（The Pushkin State Museum of Fine Arts）。

图 14.1 陶瓷深盘。胎体覆盖白色稀释黏土（化妆土），釉下饰以钴蓝彩。河南巩义窑出品，826—850 年。印尼勿里洞岛（Belitung）海域失事船舶打捞出水物，1999 年，新加坡文物局亚洲文明博物馆（Heritage Board, Singapore, Asian Civilization museum）。

图 14.2 唐青花塔形罐。瓷胎覆盖白色稀释黏土（化妆土），釉下饰以钴蓝彩。河南巩义窑出品，9 世纪。郑州墓葬出土，2006 年。郑州，河南博物院，现藏郑州市文物考古研究院。

图 14.3 长沙瓷，细珠链纹陶瓷罐。瓷胎表面采用富含金属（铜和铁）氧化物的釉彩绘饰。湖南长沙窑（铜官窑）出品，9 世纪中期。扬州出土。

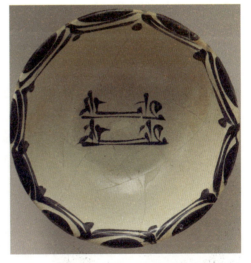

图 14.4 阿拔斯碗。表面覆以白色锡釉的钴蓝彩绘陶碗，高 6.0 厘米，碗口直径 24.6 厘米。伊拉克巴士拉窑出品，9 世纪或 10 世纪初。浅浅的圈足，碗边外翻，碗底中央阿拉伯词语 ghibta（"幸福"）采用钴蓝彩绘书写了两遍。在 8 世纪后期、9 世纪的伊拉克，亚光白色非透明釉面陶器的生产开启了一种陶瓷制作传统的广泛传播，它传遍了伊斯兰世界，并不知不觉地来到欧洲，在许多个世纪里，这种亚光白色非透明釉面陶器的制作一直占据着欧洲优质陶瓷生产的主导位置。美国纽约，大都会艺术博物馆。© Metropolitan Museum, New York

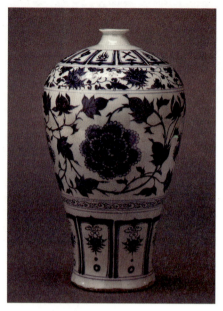

图 14.5A 梅瓶。表面覆盖两层化妆土（白色与黄褐色稀释黏土）后，采用剔花装饰工艺中留花刻底的技法，再施透明釉。中国北方磁州窑出品，12 世纪（金代）。美国纽约，大都会艺术博物馆。© Metropolitan Museum, New York

图 14.5B 梅瓶。釉下钴蓝彩装饰，江西景德镇窑出品，元代。美国圣路易斯艺术博物馆。© Saint Louis Art Museum

图 14.6A 釉下蓝彩装饰。硅质黏土瓷，叙利亚拉卡（Raqqa）窑出品，1200—1230 年。英国伦敦，维多利亚和阿尔伯特博物馆。© Victoria & Albert Museum, London

图 14.6B 釉下蓝彩后再施釉上拉斯塔金属幻彩装饰。硅质黏土瓷，叙利亚拉卡（Raqqa）窑出品，1200—1230 年。美国纽约，大都会艺术博物馆。© Metropolitan Museum, New York

图 14.7A 龙纹瓷砖。青金装饰工艺，伊朗卡尚（Kashan）窑出品，13 世纪末至 14 世纪初。意大利罗马，国立朱塞佩·杜奇东方艺术博物馆（Museo Nazionale d'Arte Orientale Giuseppe Tucci）。

图 14.7B 龙纹梅瓶。元霁蓝釉白龙纹梅瓶，施釉中采取留白工艺，即先在已经刻画好的龙纹云纹上施白釉，遮盖纹饰后其余部分施钴蓝釉。生坯施釉，高温一次烧成。中国景德镇窑出品，13 世纪末 14 世纪初。法国巴黎，吉美国立亚洲艺术博物馆（Musée Guimet）。

图 14.8 蓝釉描金匜。钴蓝彩釉加金粉绘饰，江西景德镇窑出品，元代（13 世纪末或 14 世纪上半叶），1964 年中国河北保定出土。北京故宫博物院。

图 14.9 高足杯。釉下钴蓝装饰，器上刻有波斯文字。江西景德镇窑出品，元代，2009 年中国景德镇红卫影院出土。江西景德镇，省立景德镇博物馆。

图 14.10A 银瓶玉壶春。鎏金银瓶，中国南方地区
出品，元代。江西德兴市博物馆。

图 14.10B 瓷瓶玉壶春。青花瓷瓶，中国南方
地区出品，元代。意大利阿雷佐，国立博物馆。
© Museo Statale，Arezzo（Italia）

图 14.11 苏丹纳巴德陶瓷碗。以似鹿非鹿的
djeiran 兽纹和凤凰图案装饰硅质黏土烧结，并以
"蓝底白花"为装饰风格，伊朗伊尔汗国出品，14
世纪。© Metropolitan Museum，New York

图 14.12 深底陶瓷盘。硅质黏土烧结，釉下钴蓝装
饰。叙利亚哈马城堡出土，14 世纪。叙利亚，大马
士革博物馆（Damascus Museum）。© Discover
Islamic Art（MVNF）

图 14.13 "小树桩"陶瓷容器。竹筒器型,佛罗伦萨标志的"百合花"纹样,硅质胎土烧结,覆以白色稀释黏土(化妆土)并用黑色和钴蓝彩装饰。叙利亚(可能是大马士革窑)出品,14 世纪。法国巴黎,卢浮宫博物馆。© Musée du Louvre, Paris(France)

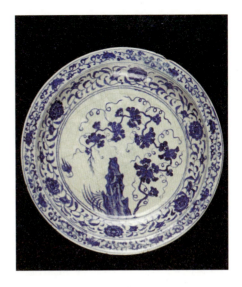

图 14.14 仿中国装饰风格的盘子。硅质土烧结,覆以白色稀释黏土(化妆土),施釉下钴蓝彩。中亚撒马尔罕出品,帖木儿帝国,15 世纪初。英国伦敦,维多利亚和阿尔伯特博物馆。© Victoria & Albert Museum, London

图 14.15 陶瓷坛。硅质黏土烧结,钴蓝釉饰。土耳其伊兹尼克窑出品,苏丹穆罕默德二世(Mehmet II)王国,1481 年之前。英国伦敦,维多利亚和阿尔伯特博物馆。© Victoria & Albert Museum, London

图 14.16 深底陶盘。西班牙—摩尔人的"青花",马约利卡釉陶,钴蓝彩绘。西班牙的阿尔罕布拉出品,纳斯尔(Nasrid)王朝,14 世纪。西班牙格拉纳达,阿尔罕布拉博物馆。© Alhambra Museum, Granada

图 14.17 陶碗。瓦伦西亚的蓝彩，马约利卡釉陶，釉下钴蓝彩绘。西班牙马尼塞斯（Manises）或帕特尔纳（Paterna）出品，瓦伦西亚王国，14 世纪下半叶至 15 世纪上半叶。西班牙，瓦伦西亚国家陶瓷艺术博物馆。© Museo Nacional de Cerámica y Artes Suntuarias González Martí, Valencia

图 14.18 装饰陶盘。白色锡釉钴蓝彩装饰，钟楼墙面装饰盆。比萨圣米盖莱·德伊·斯卡尔基教堂钟楼（Chiesa di S. Michele degli Scalzi a Pisa），建于 12 世纪末。艾非奇亚（Ifriqiyya 今突尼斯）出品，12 世纪末至 13 世纪上半叶。意大利比萨，国立圣马太博物馆。© Museo Nazionale di San Matteo, Pisa（Italia）

图 14.19 双耳酒（油）陶坛。浮雕式钴蓝及锰棕彩饰，马约利卡锡釉陶。意大利托斯卡纳佛罗伦萨（Giunta di Tugio）出品，1430 年。意大利法恩莎国际陶瓷博物馆。© Museo Internazionale delle Ceramiche, Faenza（Italia）

图 14.20 "如瓷"纹饰陶碗。马约利卡锡釉陶，钴蓝彩釉装饰，高 5.1 厘米，直径 14.3 厘米，圈足直径 6.1 厘米。意大利艾米利亚—罗马涅大区法恩莎出品，16 世纪初（1500—1510）。意大利，Renzi di San Giovanni in Galilea 博物馆。© Museo Renzi di San Giovanni in Galilea

图 14.21 意大利式的摩尔风格水罐。马约利卡釉陶，石榴纹钴蓝彩釉装饰。意大利托斯卡纳大区蒙特卢波出品，15 世纪上半叶。意大利，法恩莎国际陶瓷博物馆。© Museo Internazionale delle Ceramiche, Faenza（Italia）

图 15.20　《富岳三十六景》之《甲州犬目岭》，葛饰北斋（Katsushika Hokusai，1760—1849）绘。套色木版浮世绘，19 世纪（1831 年初版发行）。东京国立博物馆（Tokyo National Museum）。

图 15.21　《富岳三十六景》之《神奈川冲浪里》。葛饰北斋，套色木版浮世绘，19 世纪（1831 年初版发行）。东京国立博物馆。

图15.18 《美人图》。菱川师宣（Hishikawa Moronobu，日本，1618—1694），套色木版浮世绘，江户时代（17世纪）。东京国立博物馆藏。

图15.19 《役者绘》，东洲斋写乐（Tōshūsai Sharaku，活跃于1794—1795），套色木版浮世绘，18世纪。东京国立博物馆藏。

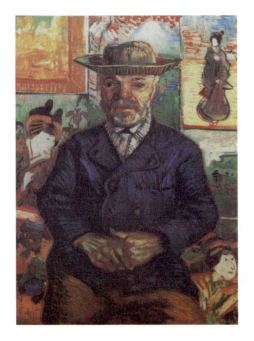

图15.22 《唐吉老爹》。文森特·凡·高（Vincent van Gogh，1853—1890），布上油画，1888年。法国巴黎，Stavros S. Niarchos 基金会收藏。

图 15.29　《模子 3》。多梅尼加 · 雷加佐尼（Domenica Regazzoni，意大利），当代艺术家。综合材料，2014 年。

图 15.30　《感伤之六》（Pathos VI）。柳泽纪子（Noriko Yanacisawa，日本），当代艺术家。凹版综合技法，2012 年。

图15.32 《12+LUCKY》，洛齐（中国，当代艺术家），装置，2016年。意大利米兰，翁贝托 · 薄丘尼美术学校。

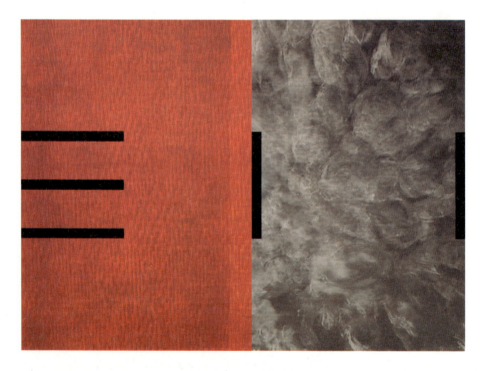

图15.28 《旋》(*In a Whirl*)。英格丽特 · 勒登特（Ingrid Ledent，比利时），当代艺术家。平版与数码，2015年。

丝绸之旅

马丽亚·路德维嘉·罗萨迪
（Maria Ludovica Rosati）

13 世纪末，著名的威尼斯旅行家马可·波罗曾经这样描述泰宁府
［Tadinfu, 也许是今天中国山东省省会济南］："这里有把持着大宗交易
的鸿商巨贾，应有尽有的绫罗绸缎，太神奇了！"

这种把当地丝绸生产规模大到无法估量的情状，与目睹者深受震撼而
发出饱含热情的惊叹捆绑在一起的表达方式，正是欧洲中世纪的典型修辞
手段。最后表示赞叹的形容词，无论是意大利文的 meraviglioso，还是英文
的 marvellous，都源自拉丁文 mirabilis——惊奇的、惊人的，因为惊讶于自
己眼睛看到的奇迹（圣迹）而心怀崇敬。我们分明能够感觉到，受托撰写
《马可·波罗游记》的比萨文人鲁思梯谦（Rustichello）手中的笔，在那
一刻，正有意唤起读者去联想教会文学中那些拉丁文书写的"奇迹故事"
（Mirabilia）。这种文学流派创始于 12 世纪，原本的目的是向朝圣者介绍
一座圣城，尤其是罗马，以及拜占庭的古城和耶路撒冷城中重要的历史遗
迹和值得关注的朝圣景点。此类的叙述手段在马可·波罗的故事里比比皆是，
比如说到蒙古君主的宫殿、营地和货物："它太巨大、太富丽、太豪华了，

简直难以描述或形容！”这种程式化的夸张甚至也出现在行走于亚洲和远东路线上的同时代的其他欧洲旅行家的叙述中。面对不可思议的美丽与宏伟，面对天壤之别令人费解的文化习俗，那些商人、传教士和使节们每每张口结舌，或为求助遁于描述俗套，或指望着那个时代的“百科全书”来给自己解围。

尽管我也引用了老套的开场白，但它涉及的内容绝不是那些仅仅留在了神秘亚洲土地上、难以定义又难以验证的无数传奇式的遐想之一。我们的讨论对象丝绸，它代表着一个有形的存在，并且最终得到承认。在欧洲人心目中涌动了多少个世纪的所有东方神话，其第一源泉正是这根珍贵的令人向往的“丝线”。事实上，丝绸作为奢侈商品自古已经由遥远的东方来到欧洲，它也是古代西方人实实在在能够借以了解远东的唯一物品，以至于在西方的曾经印象中，传说中的赛里斯人，即中国人，似乎只跟丝绸材料有关联。难怪 7 世纪初的塞维利亚总主教圣依西多禄（Isidore of Seville）曾发出类似的慨叹：“没见过赛里斯人长啥样，但见过他们穿啥样啊！”

在成为旅行家之前，马可·波罗的第一身份是商人，跨国贸易中的热点奢侈商品指引着他的方向。所以，山东的城市泰宁府在《马可·波罗游记》中被记下一笔，绝非作者信手拈来，那是纯粹而精确的丝绸地理的一部分，它被马可·波罗绝对务实的目光跟踪追击。这个威尼斯人罗列了自 1271 年至 1295 年自己从威尼斯到大汗忽必烈的中国朝廷一路上所访问过的地方，他记录了许多亚洲的丝绸织造中心与贸易集散地，有时他还特别注明哪些地方有外国商人，也不会忘了介绍那些地方的特产。

《马可·波罗游记》中有关丝绸的描述还可以通过同时代另一位旅行家的叙述得到比较和补充，那就是 1325 年至 1355 年穿越欧亚大陆的摩洛哥跨国探险家伊本·白图泰[1]的报告。当两本书页面交错，在字里行间多棱镜般的光芒折射下，浮现出来的是众多丝绸生产地的汇集点。从西往东前进的征途上，且不说拜占庭帝国，第一处邂逅并让伊本·白图泰赞不绝口

1　拉丁文名 Ibn Baṭūṭah，意文 Ibn Battuta，1304—1377，伊斯兰学者和大旅行家，著作《伊本·白图泰游记》。

的丝绸出产地是埃及和叙利亚，而马可·波罗也正在盛赞格鲁吉亚和黑海、里海间南部地区的金色丝绸面料。在马可·波罗的故事里，波斯地区因为聚集了众多纺织品织造商而值得骄傲，这里的城市有摩苏尔、大不里士、亚兹德（Yadz）、克尔曼（Kerman 或 Kuwashir）和霍尔木兹，这些地方出产的面料通常织有金色的鸟兽图案，漂亮极了。马可·波罗人在旅途的时候，巴格达因为蒙古人 1258 年的屠城尚沦陷在废墟之中，但因为同样的丝绸面料，巴格达也颇得波罗的青睐和溢美。巴格达惨不忍睹的状况持续了很长时间，直到 14 世纪伊本·白图泰还在为此叹息。与波罗推崇的不同，这位穆斯林旅行家更为津津乐道的是那时候极为流行的尼沙普尔纳克[1]和卡姆卡金丝锦[2]，这两种面料上都点缀了大量的金线装饰。在中亚，重要的丝绸生产和贸易集散地首推撒马尔罕和布哈拉。中国境内的突厥斯坦地区则在许多枢纽点汇聚了跨国交易的市集，如在绿洲城市喀什噶尔（喀什）的集市。最后，两位旅行家都在各自的故事里罗列了长长的中国丝绸城市名录，囊括了散布在马可称作契丹的中国北方以及他在游记里直呼"蛮子"的中国南方的广袤疆土上共计二十多个产地，每个地方又都拥有一到多种享誉四方的面料。为了说明品种之多，马可·波罗举了一些例子，比如可能属于今天的内蒙古呼和浩特地区而当时叫天德州（Tenduc）的地方，出产名为"纳石矢"（nasich）和"纳克"（naques）的金锦；又比如那时的汗八里地区（今天的北京）织造的面料；还有距北京约六十四公里，距离著名的卢沟桥约四十八公里的幽州，又名涿州，那里出产森丹绸[3]。伊本·白图泰还历数了上乘的天鹅绒、大马士革锦缎和福建刺桐缎。刺桐，今天中国福建泉州，是穿越印度洋的海上商路之重港。

　　在这些故事发生的年代，不少与丝绸相关的地理坐标上已经延续着悠久的纺织传统，有些地方的行业发展历史尚短，但另一些地方，比如经历了阿拔斯王朝（750—1258）繁荣期之后的巴格达，已经逐渐失去在奢侈纺

1　Nishapur nakh，尼沙普尔是伊朗东北部呼罗珊地区古城，现名内沙布尔；纳克是金丝和蚕丝混合织成的金锦。
2　kamkhā'，一种中国或仿中国工艺的金银丝浮花锦缎。
3　sendal，源自中世纪西方对薄绸的叫法。

织品行业的优越地位。自从丝绸工艺的秘密越过中国边界在中亚和中东的土地上流传，并最终于 5 到 6 世纪抵达拜占庭帝国的地中海沿岸，一切都被这数世纪形成的广泛互动与交换体系裹挟着匍匐前行。这个跨越欧亚的交通体系拥有一个广为人知的名字，叫作"丝绸之路"，它源自 1877 年费迪南德·冯·里希霍芬的倡议，突出反映了在现代史展开之前人们以丝绸为媒介实现过的旺盛的流动性。在这段历史长河里，丝绸既为商品，也是技术实施的载体，同时还代表了不同文化间的接触。

古代丝路曾在古希腊罗马时期有过沟通东西的黄金岁月，之后，欧亚大陆的最西端，即现实中的欧洲，只能边缘地参与这一交通体系，因为但凡涉及丝绸，拜占庭和地中海伊斯兰世界的中间商们才是欧洲人的一级"代购"。但不管怎样，个别远东纺织品还是在中世纪早期就来到了基督教的欧洲，比如保存在罗马"至圣小堂"（Sancta Sanctorum）的 8—10 世纪后的萨珊王朝的中亚纺织品；又如荷兰马斯特里赫特（Maastricht）的圣瑟法斯教堂（St. Servatius）和瑞士贝罗明斯特（Beromünster）的圣迈克尔学院教堂（the collegiate Church of St. Michael）里包裹着一些遗物的 7—10 世纪的中国唐代丝绸碎片；还有瑞士圣莫里斯修道院（Saint-Maurice Abbey）收藏的 8—10 世纪的印花丝绸织物，它与在日本奈良正仓院（Shoso-in Temple）和中国甘肃敦煌石窟中发现的中亚或中国纺织品如出一辙。（图 5.1，见彩插）

假如珍贵的东方丝绸来到欧洲已经算不上新生事物，那么马可·波罗和伊本·白图泰用来旅行的 13 世纪下半叶到 14 世纪中期则在各方面都代表了一个新意层出不穷的时代。站在丝路沿线欧亚关系发展史的角度看，亚洲纺织品正以前人无法想象的体量源源不断地涌入欧洲，成为那个时代最为突出的新特征。而在这一现象的背后，存在着诸多历史原因，是它们把国际交换推进到一个早熟的全球化规模。这其中有一个关键的动因，发生在离欧洲万里之遥的地方，那就是蒙古征服后的亚洲版图呈现出新的政治格局。所谓的"蒙古和平"在事实上改变了欧亚大陆的原有平衡，因为它开创并且控制了一个从中国到欧洲东部边界以及到马穆鲁克叙利亚边界的巨大的超国家领土实体，从此，它为欧亚大陆的远距离交流开启了新纪元。

1206 年，铁木真在欢呼声中成为所有蒙古部落的最高统帅，尊号"拥有海洋四方"的成吉思汗。从此，蒙古人在中国的北方通过镇压唐古特党项人（1209—1227）和西北女真人（1211—1234）灭了西夏与金；在中亚，他们征服了花剌子模帝国（Khwarazmian Empire，1219—1221），并继续横扫一切地在俄罗斯扩张（1237—1240）；他们侵入波兰和匈牙利（1239—1242），收服中东（1256—1260）。1279 年，元世祖忽必烈终结了中国南宋。就这样，蒙古人在不到一个世纪的时间里建立起一个全新的统一政权。虽然蒙古帝国最初的政治统一很快被四个基本各自为政的帝国的形成所打破（俄罗斯地区的金帐汗国、波斯境内的伊尔汗国、地处中亚的察合台汗国、中蒙大汗国即中国元朝），但蒙古君王们都热衷于增扩基础建设以提高安全保障，支持外国商人并促进境内的货物和人员流通，他们中的每一位都为加强古老的欧亚通道而不遗余力。

当然，1340 年左右完成了《通商手册》编写工作的佛罗伦萨人裴哥罗梯或许还是过于乐观了，他在该书的开篇里声称，对商人们来说从当时黑海附近的塔纳通往契丹的旅途昼夜平安。此外，他似乎也没把汗国之间或者蒙古人与邻国之间正在发生的冲突太当回事儿，甚至连该世纪 40 年代位于塔纳的商业殖民地被蒙古人洗劫捣毁的事实都没有引起他的重视。话说回来，在"蒙古和平"时期，无论什么情形下，国际贸易交通不会遭受阻碍倒是一个不争的事实，哪怕面临军事和政治冲突，奢侈商品尤其是贵重纺织品仍然可以在基本不受干扰的状态下流通，正如在各大汗国与马穆鲁克地区之间所发生的，活跃而持续不断的商业往来一直没有中断过。

丰富多彩的亚洲新面料大量涌现在欧洲市场，原因之二与欧洲在蒙古的开放机制中孕育了利于自身发展的沃土有着紧密的关系。从 11 世纪到 12 世纪，一些意大利城邦正在逐步建设贸易经济，他们通过对商业工具、社会结构和海事技术的投入谋求拓展更加广泛的国际业务。

比萨、热那亚和威尼斯等城邦把包括西班牙、拜占庭帝国、北非以及近东沿海所有延伸区域的整个地中海都纳入了自己首块"试验田"的范围。与此同时，意大利的商业公司还占据了最重要的欧洲市场，例如位于法国香槟和普罗旺斯的贸易集市。亚历山大、阿勒颇、阿卡和大马士革是丝绸之路的西方支线终点站，十字军东征为意大利人成为那些市场上东方商品的新晋中间商颁发了准入证。意大利把持着这些商品在欧洲的垄断经销地位，而热那亚人和威尼斯人更是借着东罗马帝国式微、地区政局飘摇的可乘之机在黑海沿岸的港口拓建了一连串有效的商业殖民地，为他们的商业垄断地位夯实了基础。特别是拥有穆斯林信仰的马穆鲁克人于1291年占领阿卡之后，基督教势力占上风的国家在黎凡特地区全军覆没，热那亚人在克里米亚半岛卡法的定居点和威尼斯人在亚速海边塔纳的定居点，成为意大利渗入亚洲贸易的重要桥头堡。

除了这些商业根据地，蒙古帝国广阔的亚洲土地也为他们提供了新的商机和致富希望。得益于蒙古人包容并且有意吸纳异域人士的信息，意大利商人朝着为欧洲直供"热门货"的目标，毫不犹豫地踏上了传奇的"契丹"之路。

当年集中了最多意大利人的地方也许非大不里士莫属。已经得到证实的是，热那亚人和威尼斯人至少从13世纪60年代起就在那里经商。这里是伊尔汗国的心脏，从地中海的拉亚佐港和黑海南岸的特拉布松都可以轻松抵达。商人们在这里既能买到当地的纺织品，也能够买到来自更东边的汗国的面料。在这里，商人们可以通过丝绸之路陆路，或转道从霍尔木兹出发的海上丝路，继续走向亚洲的更远方。事实上，我们并不缺乏意大利人抵达远东的证据，比如14世纪初的中国刺桐就存在着一个热那亚人、佛罗伦萨人和威尼斯人的定居点。史料显示，同时期还有一位名叫彼得鲁斯（Petrus de Lucalongo）的意大利商人，为了帮助教会建造天主教堂，在汗八里购置了一块土地。

由于蒙古人的西行扩张和意大利人趋向渗透亚洲商业的双向动态进程，欧洲市场终于被完全带入欧亚奢侈品交易的贸易体系。

西方记载中通常把来到欧洲的珍贵丝绸面料称为"鞑靼布"。因为对成吉思汗部落中一个叫"鞑靼"族群的误会，蒙古人在欧洲更为人熟知的名字成了"鞑靼人"。13世纪40年代，当蒙古人凶悍西征的消息第一次传到欧洲，欧洲人认定这些入侵者就是来自传说中的位于远东的地狱王国，即鞑靼人的怪兽部落，他们正是踏着世界末日的步伐来摧毁一切的。

虽然预言中的这一"恶性事件"从未真正发生，但这个名字终究是在西方的知识体系里落了户，于是，来自蒙古帝国的面料，包括亚洲其他地方的纺织品，都成了"鞑靼人的布"。这一命名显然遵循了按照地理来源定义工艺产品的典型的中世纪分类法，这种分类结构的名词在纺织品术语清单中尤为明显。比如在西方的伊斯兰领地出产的面料，被命名为"pannus hispanicus"——"西班牙布"；又如"opus anglicanum"——"盎格鲁制作"，它不仅指英国的刺绣，也包括法国的；还比如"pannus de Romania"——"罗马布"，指的是东罗马拜占庭的丝绸面料。甚至某些指代特定品种丝绸的西方名词也表现出类似的倾向，例如历史上作为某些锦缎面料名称的拉丁术语"bagadellus"或"baldachinus"，源自以出产这类织物闻名的巴格达，但是到后来，"巴格达布"逐渐被用来称呼所有相似工艺织造的产品，不再追究原产地的问题。

随着亚洲纺织品被定义为"鞑靼布"，欧洲民众便认真地把所有东方丝绸都跟大汗的帝国挂起钩来，并忠实地将这样的认知还原到他们的视觉表达中。也就是说蒙古人身上穿的就应该是那些西方市场上有迹可循的东方面料，一如我们在锡耶纳圣方济各教堂看到画家安布罗吉奥·洛伦泽蒂（Ambrogio Lorenzetti, 1290—1348）在他的壁画《塔纳的方济各教徒殉难图》（1335—1340 年）中所描绘的鞑靼士兵装束（图 5.3，见第 80 页）；又如 14 世纪锡耶纳城的一位匿名画家在罗马附近的苏比亚科（Subiaco）圣本笃修道院上层教堂中创作的《耶稣被钉十字架》中的蒙古人形象（图 5.2，见彩插）。

欧洲人的这种联想恰巧反映了蒙古人在征服亚洲过程中的另一个值得人们注意的特点：蒙古人在他们的扩张初期并不是那些贵重织物的制造者，说到"鞑靼布"，他们更多是消费者而不是织布工。半游牧部落族群的蒙古人没有发达的纺织品产业，为了满足自身对此类商品的需求，他们只能考虑与定居文明做交换。

在蒙古人的第一轮征服讨伐中，掠夺战利品和要求朝贡奢侈商品是他们获得纺织品的惯常手段。不久，蒙古人开始从新征服的城市驱逐工匠，包括驱逐成批的纺织工，目的就是把他们赶到自己的地盘上建立新的生产性殖民地。别失八里[1]和大都［即汗八里，现北京］有了帝国的新生制造业，来自伊斯兰世界、中国的汉族地区和中亚不同国家的织工们聚集一堂，分享并融合了当时亚欧丝绸传统中最先进的技术知识。

在这样的融合中诞生了一种独特的纺织品样式，它包含了蒙古君主所崇尚的风格，因为他们需要通过织物来体现自己的威仪，并在视觉上确立他们与各卫星汗国关系中至高无上的地位，例如他们会把珍贵的纺织品作为外交礼物和订立盟约的奖赏。随后，这种鞑靼新风尚从蒙古人的东方作坊传遍整个亚洲，并被意欲标新立异的民间织工广为效仿和采用，这种情形不仅发生在西方诸汗国和亚美尼亚那样的附庸盟友的土地上，同样也发生在诸如马穆鲁克王国那样的敌对领地里。因此，蒙古人创造的亚洲统一体不仅仅代表了一场政治事件，更是一种强烈冲击了亚欧丝绸历史的文化现象。

那么，13、14世纪之间织造于亚洲各大中心地区的既融合东方风情又充满国际风范的，在今天来说已经很难被划归为某一个特定亚洲地区的"鞑靼人的布料"，究竟长什么样儿呢？"鞑靼布"的特征首先是表面覆盖大量金属丝线，生生把面料化成了一匹金子布（图5.4，见彩插）。我们在那些中世纪旅行家的记录中已经遇到过一些商品名称，例如"纳石矢"和"纳克"，说的正是这个特征，它们来源于波斯语 nasij，是 nasīj al-dhahab al-harīr 的缩写形式，字面意思是"用金银丝线织布"。

蒙古面料，主要为浮花细锦缎，也有平纹、纱罗、刺绣和印花丝绸，闪烁的金线从柔和的丝质背景中脱颖而出，色泽生动而鲜明，常见底色有纯白、亮红、鲜绿或深蓝，尤其是深蓝，经常出现在伊尔汗国的织造中。这些面料的装饰图案多种多样，混合了不同的传统渊源，时而偏向伊斯兰风格，时而侧重中亚或者中国的纺织文化，最后总能达到完美的和谐（图5.5，见彩插）。与伊斯兰世界的圆形格、竖条纹、抽象交叉等几何结构相得益彰的，是中国面料上经常出现的不对称、斜角装饰的枝叶图案；与鹦鹉、狮鹫、狮子、苍鹰等伊朗古老的纹章学动物相映成趣的，有蒙古人围猎中的脱兔、羚羊、天鹅、亚洲豹等鲜活野物，有中国神话中优雅的龙与凤，

1　Besh Baliq，新疆西北部古都，元朝也称北庭，现乌鲁木齐一带。

也有中亚传说中凶险的妖怪和猛兽。根据创作灵感的来源，这些动物的形态表达可静可动，也可以将一种动物的表情特征和属性借用到另一种动物身上。此外，诸如牡丹花和叶子等中国自然主义风格的花卉图案、伊斯兰风格的棕榈叶、佛教符号、真伪伊斯兰书法，甚至蒙古人规定国家官僚机构统一使用的新创八思巴字（Phagspa，即蒙古方体字的字符）（图5.7），统统为丰富鞑靼布的装饰图案做出了不朽的贡献（图5.6，见彩插）。

这些奢华的鞑靼面料一到欧洲就征服了整个西方社会。它们因珍贵美丽迅速成为奢侈品中的焦点及地位的象征。正如13、14世纪的一些物品清单中显示和证明的，在几十年的

图 5.7 蒙古"护照"：PAIZI（牌子）。银镶铁，高18.1厘米，宽11.4厘米。13世纪（中国元代），美国纽约，大都会艺术博物馆（Metropolitan Museum of Art, New York）。这面圆形牌子上的铭文用银镶嵌而成，因此，字符在牌子的两侧表面突起，但背面的字样正好是反的。这种早期的蒙古文字之所以被称为八思巴字（蒙古方字），是源于其发明者的名字Phakpa（1235—1280），他是藏传僧侣和学者，于忽必烈汗（1215—1294）统治期间担任过朝廷御史。牌符上文字写道："以长生天的永恒之力，通告本大汗令，不从者为不赦之罪。"该通行牌上部以兽面装饰，与藏族人用于照妖的镜子含义相通。

时间里，没有一位君主、王子或教皇的衣橱不收藏这贵重的蒙古面料。例如，1295年根据教皇卜尼法斯八世的年度库存清单，教皇的国库收有一百多匹鞑靼面料，直到14世纪，他的继任者们根本就没有停止过在追加库存数量上的努力。"皇家保管库"即英国宫廷财务账簿里曾经收有许多关于鞑靼金锦"纳克"和来自亚美尼亚城市塔苏斯（Tarsus）的塔苏斯面料的收据，这些都是从热那亚商人和佛罗伦萨商人那里采购的，并拟用于爱德华三世1327年2月1日在威斯敏斯特教堂举行的加冕典礼。其他欧洲王室的财务簿记同样昭示了这些执政家族对亚洲纺织品的熟悉与亲近。1276年底至

1277 年 6 月之间，牧师纪尧姆（Guillaume）为佛兰德斯伯爵采购的清单中出现了"鞑靼布"，1299 年为埃诺郡（Hainaut）的勋爵们购置"鞑靼布"，三年后又为"阿图瓦之家"（House of Artois）的游行马匹的马鞍盖布采购了从黎凡特进货的一种红色"鞑靼布"（tartare d' outremer vermel）。我们还知道，佛罗伦萨的乔万尼大师于 1323 年 10 月 1 日在巴黎为埃诺郡伯爵的女儿买了两块蒙古面料。最后，法国国王衣柜里的纳克金锦和鞑靼织物数量激增到不得不开辟专门存放这些面料的"金锦橱"，1317 年一次，1342 年又有一次。

由此可见，蒙古面料被用于西方社会的最上层阶级和最重要的宗教场合，这一现象也为欧洲至今幸存的大量"鞑靼布"所证实。事实上，很多"鞑靼布"或与当时最杰出的人物有关，或被保存在代表最高精神和政治权力中心的国库里：从现存佩鲁贾的教皇本笃十一世的典礼服，到藏于维也纳的巴伐利亚路德维希皇帝的加冕服；从布拉格波希米亚的鲁道夫可能用于大婚的礼服，到西班牙布尔戈斯的卡斯蒂利亚王室的葬礼服。所以，就跟"鞑靼布"在欧亚大陆其他地方已经做到的一样，它们对欧洲的服饰礼仪规范和所谓的西方品味做出了无可辩驳的重新定义。

亚洲纺织品对欧洲的冲击不仅影响了社会习惯和习俗，也影响了西方艺术的发展。当我们追溯这一过程的起点时也需要回到那个让无数演绎者相交汇的特殊的历史结点。

奢侈的"鞑靼布"抵埠时，恰逢欧洲，尤其是今天意大利境内，个别拥有较为成熟的本地丝绸织造经验的地区史上的第一次崛起。12 世纪，诺曼王室在西西里开辟的丝绸工场曾经日复一日地上演着伊斯兰织工和拜占庭织工携手忙碌的情景。继西西里的丝绸"工业"实践之后，至少从 13 世纪起，卢卡和威尼斯成为最早具备完善的丝绸工业基础的意大利城市。

由于蒙古面料代表着西方市场的最爱，意大利的织工们在仔细研究了亚洲面料工艺和装饰图案后开始模仿生产"鞑靼布"，并期望能在这种奢侈品行业里占据一席之地。卢卡和威尼斯的织造商们很快就能够举一反三地复制这些金锦工艺，他们对蒙古织物上的图案也是手到擒来。后来，一般人通常已经很难区分原产亚洲的面料和意大利的本地织造，难怪 1311 年教皇的国库清单里竟然记录了这样一款产品："鞑靼或卢卡金锦"。

　　根据公众的需求仿制最受追捧的商品样式是典型的市场经济机制。在丝绸史上，这种竞争逻辑成为丝绸在亚欧大陆传播过程中的有力催化剂。在亚洲我们目睹了蒙古的服饰时尚催生出"国际风"的锦缎面料，而13、14世纪意大利织造业的响应意味着它在全球传播的滚滚潮流中再次向前行进了一程。

　　在这块亚洲面料跟前，意大利的织工们并没有拘泥于扮演依样画葫芦的被动角色，相反，经过他们的主动再创作，蒙古图案成为自由的灵感之源，启发并催生了令人耳目一新的欧洲哥特版纹样。事实上，"鞑靼布"上活泼优雅的动物和花卉设计非常适合移植到一些原创图案中，它们能够满足14世纪西方关于自然界和多方位呈现人类生活的新喜好。

　　有些亚洲图案几乎原封不动地被14世纪的意大利工艺完全吸收和保留，比如充满异域风情的鸟类和伊斯兰纺织品纹饰中已被移花接木的佛教万字结，它们在欧洲人的感性认识中也许至今还带着异乡出生的烙印。更多的图案则逐渐转向西方较为熟悉的元素，或者被完全颠覆以适应欧洲人的欣赏要求。

　　例如佛罗伦萨巴尔杰洛博物馆（Bargello Museum）收藏的一件意大利织造的浮花细锦缎的局部（图5.8，见彩插），图案展现的同样是凶猛的亚洲草原豹，不同的是，这里的它们统统"金链子加身"，它们是欧洲宫廷狩猎的异兽，被圈在赏心悦目的哥特花园里当成一道风景。不仅如此，跟它们一起出双入对的居然还有人畜无害的可爱小狗，近似一出西方滑稽剧了。

　　巴尔杰洛博物馆藏有另一块14世纪末的丝绸织物，典型的基督教主题图案，人物形象是一些在空中飞翔或跪着的天使，他们捧着香炉、指甲、长矛、荆冠等基督受难的象征物（图5.9，见彩插）。非常有趣并值得留意的是飞行天使身体的下半段在图案设计中的处理。在意大利艺术史上，对于天使那样的非物质的实体存在，从大师乔托的作品开始出现了一种新的形象处理手段。为了暗示天使没有体重的拖累以及他们不可言说的行动，天使的形象仅以部分人体来表达，乔托在意大利帕多瓦斯克罗维尼礼拜堂（Scrovegni Chapel）的壁画《哀悼基督》（Lamentation，1303—1305）中对这一形象就有典型的表达（图 5.10，见彩插）。在乔托的画笔下，悲悼的天使无腿无足，他们的身体被终结在一个没有实质的柔软的缓冲当中。在巴尔杰洛博物馆收藏的织物中，为了同样的效果，织造者为天使的长袍点缀了恰似远东祥云纹似的卷曲裙边，这一灵感确实可能来自亚洲的丝绸纹饰，闲云出岫般优雅的运动感就这样融入了意大利式的图案。

不管怎样，异域风情或东方风范的痕迹在这块布料上已经荡然无存，从图像学到艺术意图，一切都已经回归西方文化之畛域。只是，在那几乎不可捉摸的微妙意蕴间，在现代历史的前夜，透视意大利丝绸工业的新现实，暗香浮动的仍然是东方丝绸的传奇。

作者简介

马丽亚·路德维嘉·罗萨迪（Maria Ludovica Rosati），古代纺织品学专家，毕业于比萨大学文化资产保护专业，获比萨高等师范学校艺术史博士学位。在比萨高等师范学院、的里雅斯特大学和苏黎世大学博士后科研工作站进行研究工作，研究课题为佛罗伦萨巴尔杰洛博物馆的纺织品藏品的开发、意大利中世纪绘画中的亚洲丝绸。曾经为佛罗伦萨巴尔杰洛博物馆和普拉多纺织品博物馆（Museo del Tessuto di Prato）工作，分别为两间博物馆的纺织品藏品建立了图文档案。自 2014 年至今，为布鲁斯凯蒂尼的伊斯兰与亚洲艺术基金会（Bruschettini Foundation for Islamic and Asian Art）（热那亚）支持的课题做研究工作，担任位于佩鲁贾的"教皇本笃十一世的中世纪服饰"项目的负责人。博士论文《异国情调与中国风：意大利中世纪纺织品中的远东影响》（*Exoticism and Chinoiserie. Far-Eastern Influences on the Italian Middle Ages textiles*）。

著作：《丝绸之城卢卡》（*Lucca una città di seta*），Maria Pacini Fazzi 出版社，卢卡，2017 年。

策展："14 世纪佛罗伦萨的财富与纺织品"（Textiles and Wealth in the 14th century Florence），佛罗伦萨美术学院画廊，2017—2018 年。

Marco
the Stranger

02

辑
二

The Silk Road Past
and Present between

Italy and China

图 6.1 年轻的马可·波罗，《百万》即《马可·波罗游记》插图。版画，纽伦堡，1477 年，伦敦，大英图书馆。

陌生人马可

玛丽娜·蒙特萨诺（Marina Montesano）

墨西拿大学

出发的理由

马可·波罗的名声与一本游记连在一起，这本书刚刚问世时叫《寰宇记》
（*Devisament dou monde*，"描绘世界"的意思），也叫《百万》（*Milione*），
马可·波罗把他在亚洲二十五年间经历的故事都收在了这本书里，其中不
乏关于中亚、东南亚和印度的描述，而占据最大篇幅的是他在中国的岁月。
游记的第一版由马可口述、比萨人鲁思梯谦（Rustichello da Pisa）记录整理，
完成于 13 世纪末。鲁思梯谦是一位用所谓法式意大利语编写史诗的作者，
他采用的书面语是一种北方意大利语和法语的神奇混合，后来被译成多种
文字，包括拉丁文。《寰宇记》是马可·波罗游记第一版的名称，《百万》
则在意大利用得最多，《百万》这个书名可以指这本书的内容丰富，也可
能源自波罗家族的一个姓氏（Emilioni），但究其确切指向，学界至今没有
定论。这是史上欧洲旅行者首次如此详细地描述亚洲大陆，尤其是中国。
马可踏上这块土地的时候，手执缰绳的忽必烈已经占领了中国北方并继续
征讨南方，蒙古人和元朝成了马可·波罗的"北斗星"，但在这颗星星的

指引下，陌生人马可叙述并见证的却是传统中国辽阔土地上的美丽与富饶。（图 6.1）

由于缺乏可以追溯的细节资料，后人对马可·波罗的生平和他的家庭情况了解非常有限。比如对波罗家族的起源，人们就知之甚少。有人提出他们于 11 世纪来自达尔马提亚［今克罗地亚］，那正是威尼斯在亚得里亚海扩张统治势力的时期。人们知道这个家族有两个分支，一支定居在圣乔万尼·格瑞索斯托莫–圣费利切（S. Giovanni Grisostomo-San Felice）教区，另一支定居在圣杰瑞米亚（San Geremia）教区，二者均位于威尼斯的卡那雷焦（Cannaregio）。通过调查威尼斯 10 世纪以来的人口原始公证信息，在以保罗斯（拉丁文 Paulus）为姓氏的人群中梳理，最终也没能追溯到波罗一家与他们之间的血缘或传承关系。关于马可·波罗家族，我们获得的可靠信息最早只到其祖父安德雷阿，属于圣乔万尼·格瑞索斯托莫–圣费利切分支，他有三个儿子，长子马可（我们称之为"老马可"）、次子尼科洛和最小的儿子马菲欧；后两位（分别是马可·波罗的父亲和叔叔）与年轻的马可一样是亚洲之行的主角。按照当时威尼斯人的谋生习惯，马可的父辈三兄弟与驻扎在黑海流域和君士坦丁堡的商行及商行分号有着生意上的伙伴关系，他们经营着与大部分同乡人没啥两样的买卖。1260 年，马可的父亲尼科洛和叔叔马菲欧离开君士坦丁堡前往东方，直到 1269 年才回到威尼斯，那时马可十五岁了，而他的母亲已经去世。又过了两年，其间马可的父亲与一位叫菲欧德丽萨·特雷维桑（Fiordelise Trevisan）的女子再婚并生了第二个儿子，也就是马可同父异母的弟弟，他跟叔叔一样取名马菲欧。1271 年的秋天，父亲尼科洛和叔叔马菲欧再次动身去往东方，当时马可十七岁。

波罗家族的两兄弟究竟对什么感兴趣？是什么推动他们两次去往可汗的土地？早在他们之前的二十多年，欧洲就开始向各蒙古汗国派遣使臣，但从事这些活动的主要是宗教人士。威尼斯的波罗兄弟关注商业利益。那么，波罗家族都做些什么生意呢？老规矩，意大利商人对他们在海外的营生向来是守口如瓶的。凡商业，均机密。一部《百万》洋洋洒洒，偏偏就是没有提过这一茬儿。近来有一种假设，说麝香是波罗家族的核心利益。香水工业需要用到的这种材料在《百万》中还真没少提及，尤其是在波罗家族的一些文件中，例如在马菲欧和马可本人的遗嘱里。当然，这并不排除波罗家族也对其他商品感兴趣，毕竟商品贸易不存在太高的专业门槛限制，何况曾在东方流连忘返的经历为他们打开的肯定不止一扇大门，而尤其珍贵的是，他们赶在了通商往来风起云涌之前的丝路上。（图 6.2，见彩插）

可汗的朝廷

也许是 1275 年，有些研究说是更早一年，总之，经过漫长的旅行，波罗父子叔侄来到了可汗的夏季驻地。他们沿着戈壁滩的北缘，经过甘肃，到达蒙古人的旧都哈拉和林城，然后直到上都，这里是忽必烈的夏宫，马可就是在这里第一次见到了忽必烈。在元朝廷，马可学习了不同的语言，为忽必烈服务，颇得忽必烈的喜爱。至少，这是《百万》叙述的情况。在蒙古人掌权的元朝廷，启用异邦人士任职颇为常见。在中国二十多年的时光里，马可游历了许多地方，足迹远至东南亚和印度，但要想罗列他确切的旅行日期几乎是不可能的了。《百万》在这方面能够给予我们的帮助微乎其微，书中没有设年表，时间信息极度匮乏，但在马可·波罗记述其云游四海所到的各处之前，总会铺陈相当的笔墨先对元朝廷的事情描绘一番，包括可汗的政治军事活动。

《百万》描述的是一个已经牢固控制了中国北方并正在征服南方的忽必烈，而马可第一次见到忽必烈的地方正是被他称为 Ciandu 的上都。上都由一位名叫刘秉中的中国建筑师于 1252 年至 1256 年设计并建造完成，中式建筑风格。最初它被命名为开平，到了 1264 年更名上都。这是忽必烈消夏的地方，相较整个皇城，真正供他居住的建筑物只占到一半或一半不到，即便如此，宫墙之内已够容纳约十万人。当这个地区遭受叛乱时，元朝的末代皇帝妥懽帖睦尔［元顺帝］曾忍痛弃城。1369 年明朝军队占领了上都，并因为它是蒙古权力的象征而将之付之一炬。关于这座宫殿马可说得并不多，这也许是因为后来的中国南方让他领教了更多绚丽夺目的楼宇吧。在上都，最让马可意犹未尽的是那座专门为可汗狩猎保留的巨大无比的"园林"。

元代在汗八里（北京）的宫殿至今也已经消失得无影无踪，它们同样是毁灭在推翻元朝严酷统治的明朝手里。汗八里，意为"可汗之城"，即蒙古征服者的城市，但对女真族等源自大草原的部落而言，汗八里早在它被叫作大都即"大首都"的时候就已经意义非凡。蒙古人起初沿用这个名字，后来才把它改成了汗八里，这一更改应该是代表了忽必烈要把这座城池真正变为自己首都的雄心壮志吧。马可到过的汗八里皇宫，建造工程始于13世纪70年代。逗留中国的威尼斯人马可·波罗恰好看着它建造起来，而它正式竣工的时间又适逢波罗们离开中国回欧洲。这是拥有鲜明中国特色的建筑群，宫墙绵延、楼宇叠翠，堡垒式的设计理念使其在美轮美奂的同时又武装到了牙齿，它固若金汤并且可以在必要时完全实现自给自足。作为忽必烈的住所，宫墙和楼宇构成了整个建筑群的核心，可一切并非仅限于此，皇城墙内还有占地广袤的林苑，里面出没着各种野生动物。马可还描述了一个曾经被叫作"太液"的皇家池苑，一座至今荡漾在北京紫禁城西面的人工湖。最后，这个建筑群里还堆起了一座树木葱茏的小山，名为"青山"〔原为元大内后苑，清初改名"景山"〕，山顶上设有同样翠绿的小亭子。

马可·波罗把宫墙之外定义为"新"的城市，其中的许多工程显然归功于可汗忽必烈。站在建筑学的角度看，这是一座规划严谨的城市，高楼重阁临道，街道从一扇城门通向另一扇城门。按照威尼斯人马可·波罗的话来形容，这座城市布控严密，不是出于防御外敌入侵的目的，而是为了确保公共秩序。事实上，常驻居民加上外来商贩等各色人流使这里的人口高度密集，仅城门外就足足布有十二个乡镇。世界上最昂贵的商品，比如印度的宝石，如潮水般涌进来，而密密麻麻守在汗八里的王公贵族们家家人丁兴旺，他们是不计其数的奢侈品的最佳消费者。从当时的地理空间看，汗八里算不上占据帝国的中心位置，但蒙古人建立了发达的邮政和交通系统，距离早已不是问题。马可曾非常用心地描述过元朝设立的常备数百骏马的驿站网络，在这张交通大网中，你的马匹尽可以一骑绝尘，当它疲惫不堪地抵达驿站，不用担心，在那里你随时可以换到另一匹养精蓄锐、活力四射的新坐骑，然后继续上路。对此，威尼斯人马可佩服得五体投地。（图6.3，见彩插）

走遍中国

就像前面已经说过的，要重建马可·波罗在东方近二十年间游历中国、印度和东南亚的时间表几乎是不可能的了，通过《百万》我们能够得到的帮助也是微乎其微。例如，马可说他曾经在唐古特［青藏高原地区］待了一年，但确切是什么时候，为了什么，为忽必烈委托的使命还是本家族的商务，我们一无所知。我们唯一知道的是，他赶了很多路，走了很多地方。

马可首次奉公出行去的是云南，时长六个月。但与这个首访地相左，马可描述的第一个省份是黄河流域的山西，更确切地说，可能是黄河的支流汾水，过了此界，道路岔出两个方向，往西是契丹，往东南为"蛮子"，也就是马可·波罗以及当时其他欧洲旅行者异口同声认为的中国北方和南方。马可叙述的"太原府王国"，对应山西，首府为太原。之后，马可一行越过了黄河上一个特别开阔的地方，马可称呼它时用的是蒙古人起的名字 Kara-Muran——"黑河"。被这条河流分隔在另一边的是现在的陕西省，首府为西安，这里的标志是一座辉煌的宫殿，它是忽必烈的儿子之一孛儿只斤·忙哥剌的驻地，他于 1272 年受忽必烈调遣统管此域。离开陕西，马可进入四川，故事也随即迈出了跨越地区的关键一步：入川，意味着从"契丹"跨入"蛮子"之地。从此，北国不再，马可的脚印落在了中国南方。

青藏高原最东边的横断山脉，入目皆是川北特有的崇山峻岭，走了整整二十天崎岖的山路，马可终于来到了四川首府成都。以此为原点向西，马可跨过扬子江进入西藏，这是一片在蒙哥汗 [1] 马蹄和刀剑治下满目疮痍的土地。马可对这个地方的描述还真不详细，估计他也只是见到了它极小的一部分吧。他确定自己是向西而去，到达了一个叫 Caindu 或者 Gaindu 的地方［云南永宁府］，而实际上，他是从西藏向东或东南进入了中国的另一个地区，正如《百万》文中所说，那里是一片"独立"的地方。它位于今天四川和云南的交界地，是古代大理王国的所在地，蒙古人占领它的时

1　元世祖忽必烈之兄，在位时间 1251 年至 1259 年。

间是 1253 年。马可去了西昌，说澜沧江在这里分割开了两个省份，越过它就进入了被蒙古人称作 Karajang 的地方，即今天的云南。马可说得一点没错。在这里，马可游览了"雅歧"［也称"鸭池"］和它所在的省份。我们说，这应该是马可奉了元朝廷之命去执行的第一趟"外勤"任务，当然我们也不能排除他可能多次去过那里，因此，这段文字记录下来的内容并不一定完全就是他那次的旅途记忆。

后来，马可把 Vocham 这个地方当作云南西部地区的范例做了描写，我们可以确定马可叙述的 Vocham［拼写也作 Vociam］就是永昌；这个地区当时也被叫作"匝儿丹丹"（Zardandan），波斯语中意为"金齿"，代指生活在该地区的一些少数民族［傣族、景颇族、傈僳族、阿昌族和德昂族］，他们至今仍然生活在那里。这片地区的西边与今天的缅甸接壤，当时称缅（Mien）。马可提及忽必烈为征服这个地区发动的多次战役，并对这里做了简要的描述，但他是否真的走到了那么遥远的地方，我们暂且存疑，因为蒙古人对蒲甘王国［今缅甸］的战争断断续续打了很长时间，蒲甘王朝的君主们与元朝缠斗到 1297 年才屈服，而那时马可已经回到了威尼斯。但是，我们也不能完全排除马可笔下的蒲甘王国可能早在 1287 年就已经弄丢了自己的首府，王国因此解体或形成各种割据势力，直至最后彻底缴械。所以，马可还是有可能乘势到访，虽说是蜻蜓点水难做较长逗留，却也符合逻辑。至于紧接着的下一站孟加拉，他直言从来没有去过，倒也干脆。

马可接着谈到了靠东边的 Caugigu 大省或 Cangigu［交趾国］，我们推测是老挝北部。让他印象尤为深刻的是当地的纹身术，为此他做了极为详细的描述。继续向东，他叙述的下一站叫安南 [1]，这是古中国在其南方前沿的最后一个岗哨，位于云南和越南之间。同一区域内有个叫 Toloman [2] 的地方，确切位置不详，可能是云南西北部的一个地区，与中国西藏、孟加拉和缅甸北部交界；也可能像马可记录下的行程路线那样，它属于云南南部的一个地方，与老挝和越南相交。就在这时，马可的故事又将我们带回中国腹地："当我们离开土老蛮，我们沿着一条大河走了十二天，这条河流一路滋养

1　Annam，也称 Aniu 或 Amu，今越南的一部分。
2　土老蛮，大约介于云南东、贵州西之间。

着许多城市和无数的烽火要塞。沿着河流走完这十二天，就来到了上面说过的城市叙州［四川宜宾］。"这段文字并没有说明马可一行究竟是朝着哪个方向重新出发，但那条河流应该是扬子江（长江），这一路就又把他们带回到已经说起过的四川。同样，这段记录很可能参考的是马可记忆中某次旅行的某段返程，但我们仍然无法知晓，它究竟是威尼斯人马可·波罗在什么时间所做的哪一次旅行。

运河与水城

在马可的叙述中，说得有条有理、逻辑最为清晰的是坐落在纵贯南北的京杭大运河沿岸的城市。这条运河是世界上最长的人工河，绵延共约1794 公里。

马可把长江当作契丹和"蛮子"的分界线，即中国北方和中国南方的界限，说它是世界上最大的河流，他一边讲述长江一边又回过头来谈论南方，焦点聚集在毗邻长江的那一部分区域，但此处也生出不少混乱。马可突出描述了雄踞长江一岸的重镇苏州，它距离今天的上海和常州不远，在此他又插入一段忽必烈征服蛮子地的叙述，包括罗列忽必烈大军在征服过程中的斩获。接下去故事说到福建，讲述了当时声名显赫的国际大港刺桐［今泉州］。

关于中国，且不论对欧洲人来说完全陌生的、全新的地理信息，光是那些拥有川流不息人群和堆金积玉光芒的城池，马可对它们的描述已经语惊四座，摄人心魄。在那个城市化再次觉醒的时代，现意大利境内、当年堪称繁华的欧洲城市，其规模和等级在那时的阿拉伯世界或中国的城市面前陡然失色，完全无法同日而语。13 世纪晚期威尼斯的居民大约超过十万，而马可·波罗长篇大论中的杭州，当时的人口超过一百万，甚至更多。尤其吸引马可视线的，是中国南方的中心都会，那里人口稠密、经济繁荣、城市化程度高，比如四川的首府成都，在《百万》中称为 Sindufu，作者很细致地叙述了成都的生活。他说，那里围绕着长长的城墙，水流从四周的群山发源，汩汩而下，形成无数江河水渠，它们潺潺经过这座城市，河面可以通航。对一个威尼斯人来说，这实在是件不容小觑的事情。横跨在水面上的还有无数座覆盖着廊檐的石桥，这些石桥关卡给忽必烈的元朝廷带去了巨大利益，要明白这一点实在不难，因为沿河航行带来了密集的货物交换。当然，也正是因为这些经济活动，成都才与其他城市连接在一起。关于成都的话音刚落，马可就动身去了西藏和其他偏远的地方，与城市渐行渐远。所以，要寻找与商品和贸易相关的城市的故事，我们不得不仍然折返到中国的南方去。

那就来说一说盐的故事吧。对于商人旅行家马可来说，采盐和贩盐，太有趣了！这在威尼斯共和国的账本里，向来也是至关重要的一笔。马可后来曾经居住于扬州，因盐务可能还在那里领了元朝廷三年的俸禄。尽管没有专门描述，据说当年的扬州城内商业一派繁荣，也是驻守着大批精兵强将的重镇。马可对中国富饶的河流文明的赞颂，着重体现在对一条主要河流扬子江（长江）的描述中，《百万》为这条河流极尽笔墨之能事，当属合情合理，因为长江和黄河都是中华文明的摇篮。关于长江上的经济活动，除了盐务，《百万》还提到有关铁、木材、煤炭、麻等众多其他商品的运输活动。这条大河滋养着两百多个城市，横跨十六个省份，河面上百舸争流，马可惊叹那些船只的数量比基督徒放到所有河流和海洋中的船舶总数还要多得多，它们保证了粮食能够日夜兼程地运往北京。"注意了，我的读者客官，他们走的不是大海哦，是湖泊和河流啊！"马可的这句话分明指的是中国的那条人工大运河了，它所构成的巨大水脉体系令他瞠目结舌。全靠了它的存在，一年四季的皇室御用才得以准时无误地送达大汗建造在北京的宫殿。除了普通船舶，大型货物需要驳船运输。对于运输船舶，马可集中介绍了适合装运笨重材料的带甲板的舱式单桅货船。中国人的船舶也采用桅杆和风帆，但中国人的桅杆不用麻绳制作的左右支索。他们用来拖船的纤绳是竹子做的，中间劈开，加工后再合在一起变成很长的"绳索"，这比麻绳结实多了。沿河每一艘这样的货船少说也要八到十二匹马才拉得动。马可在这些节点上的评论显然是睁着行家的眼睛、操着行家的口吻。当谈到"Sugiu"（苏州）的桥梁，马可说，那桥下可以并排通过两艘双桅的桨帆船呢！呵，也只有地中海人才会采用这样的目测标准了。

有两座位于长江口的城市让马可最为着迷。他告诉大家说，它们的名字一个意思是"人间"，一个意思是"天堂"，马可对这两座城市名字含义的误解可能来自中文、蒙文、波斯文转换间的混淆，也可能来自转述或翻译的误差。但是，被称为"地"与"天"或者说"人间"和"天堂"的两座水上都市，它们的形象代表着宇宙的完美，人在旅途的马可正是因此而获得了安全感吧。马可笔下的苏州遍地商人、医生、哲学家、魔术师、占卜者。据马可所言，这座城市大量出产丝绸，四周的山野长满了大黄和生姜，你可以用一块威尼斯格罗索银币（约 2.13 克银子）买到六十磅新鲜生姜，生姜可是西方市场上尽人皆知深受追捧的东西，谁能想象它在马可的苏州居然这么便宜，这不是开玩笑嘛！马可说苏州有六千座桥梁，有点夸张，然而目之所及，无所不在的水、水上的桥、桥边的街巷，让这座被西方人叫作"东方威尼斯"的城市实至名归。

行在，这才是马可在他的《百万》里最舍得泼墨的城市。行在，今天的杭州，宋朝最后的皇城。1276 年，马可刚到中国不久，这座瑰丽的城池就被忽必烈收入囊中。有关行在城的细节内容，马可声称自己是从一本供大汗阅读的参考信息册里摘取的。学者们普遍认为，除了按惯例在数量上做了一些夸大处理（那个时代文学作品的典型特征），马可描述的基本内容是属实的，因为人们从其他的信息来源中也找到了同样的依据。马可描写杭州的文字很丰富。他说那是一座位于一片湖水和一条大河河口之间的水上城市，从没见过世上竟然有如此灵动的水城，水路之便捷无异于陆路！他说杭州城里有大大小小一万两千座桥梁，又夸张了！不过，估计那时候架在杭州城里的石桥，三四百座还是有的。跟苏州的石桥一样，最高的桥洞下可以通行船只；甚至更高，因为还可以通过张着风帆的船！桥上跑着大车和骏马。杭州城里铺着结实光亮的道路，马车尽可以在上面奔跑。对于那个时代的欧洲人来说，这些都是史无前例、闻所未闻的事情。那时候，欧洲人的街道还只有夯实的土路，出行的人们，不是徒步就是得骑在牲口背上。那时的杭州城里，有一条"阔绰"的水路，是货船进城的必经之路，这些货船坚实庞大，满载着谷物等沉甸甸的货物。有记载显示，13 世纪杭州城里的运河确实要比如今尚存的河面宽阔得多。

杭州城里有一条主干道，"从城市的一头笔直地通到另一头"，它就是所谓的"大路"或者称"御街"，沿着这条大路集市林立、商业闹猛[1]。在马可的这段描述中，虽然出现的相关数字也是大得离谱，但内容框架属实。《百万》记述了整整十个广场，触目所及，高堂广厦，碧瓦朱檐，鳞次栉比。在罗列珍奇商品之前，马可首先着迷的是那些卖吃食的集市：有卖野味的，如狍子、马鹿、梅花鹿；旁边正在出售的是家养小动物，如母鸡、兔子、鹅；而另一边吆喝着售卖大家畜，如牛犊、公牛、山羊、羊羔。本地的梨树特别高大，结出的果子特别好吃；这里不种葡萄，但有从其他地方贩运过来的葡萄，尽管当地人更喜欢喝米酒或加过香料的米酒，却也见得到葡萄酒。渔民们每天运来的海鲜卸下来堆成小山，来自河湖的水产就更不在话下。胡椒在日常调味和食物储存中使用得非常普遍，消耗量大到令人咋舌。马可精心描述了这座城市舒适富裕的生活方式。

让马可叹为观止的还有南宋君主"最美丽的宫殿"，它分成三个部分，严严实实地被遮蔽在高耸的宫墙内。宫殿正门庄严宏伟，城楼正反两面都修建了装饰华丽的廊房，交相辉映的是金与蓝的色彩旋律，连续的廊柱肃然而立。宫中正殿，重重金饰之下绘有"先帝们的事迹"，这里是皇帝举行朝会或庆典的地方，马可说来到这里的都是穿金戴银浑身绫罗绸缎的达官贵人。除了这个公共场所，还有皇家的私密空间，那些后宫宫殿前排着同样的廊柱，好比修道院环形柱廊围绕下的庭院。皇宫后苑与西湖连在一起，那里有壮丽的花园、幽深的树林、驯养动物和宠物的园囿。当马可来到这里的时候，不少建筑已经跟专为后妃们准备的寝宫一样，是一片残垣断壁。

就在描述这荣华与富贵争辉的南方心脏和温柔之乡的长篇累牍中，有过那么几次，也许并非不经意，夹了几句威尼斯人马可就汉人何以败在蒙古人手里的评语。马可说，他们败在沉溺于后宫之欢的宋帝的软弱上，也败在人民平和温良的性格上。马可为忽必烈效力，却禁不住为眼前这个富裕、有序、勤劳又和平的汉人社会献上赞美之词：从来听不到他们相互争吵，他们诚信经营童叟无欺，他们的家园有人守卫，他们的妇女受到尊重并时

1　吴语词汇，意为繁忙热闹。编者注。

刻安全；他们甚至喜欢纯粹因买卖而邂逅的陌生人，非常乐意向他们敞开家门，表达友好和重视。相较同时代意大利城市中正在发生的睚眦必报、无休无止的敌意和争夺，真是天壤之别啊！至于其他方面，中国的城市文化对马可来说总体上并不陌生，因为接下来令他大吃一惊的，不再是"质量"的不同，而是"数量"的不同。从结构、人口、经营组织、贸易交换、商品资源到其他种种，在中国落入马可眼帘的每一样他所认识的东西都连带着一个令他错愕无比的现实，那就是大到无法估算的规模和数量！好比每次都要他把威尼斯乘上十遍还不够。（图6.4，见彩插）

归 途

1291年2月，马可一行在刺桐港登船。要回家了，这次走的是海路。为什么要离开呢？也许是觉得挣够了，可以不枉此行。也许是因为反元的形势越来越严峻，就像马可说到的1287年和1289年两起那颜贵族的反蒙事件，威尼斯人开始担心会碰上让世道大变的战事。忽必烈已经老迈自不必说，连父亲尼科洛和叔叔马菲欧也上了年纪，他们想要叶落归根了吧。在《百万》述说的故事里，马可和他的两位长辈把接受可汗托付的最后一项任务作为这次启程的契机，将与名字依次为兀鲁（Oulatai）、阿卜失哈（Apusca）、火者（Coja）的三位蒙古使节一道护送阿鲁浑未来的妻子到波斯的伊尔汗国。根据最早的法式意语手稿，忽必烈同时还委托他们出使教皇、法国国王和头顶不止一枚王冠的西班牙国王，马可的这一说法听上去比较传奇，可惜没有更多具体的内容。至于中心事件即阿鲁浑的新娘的出发，我们找到了旁证，那是1941年发现的一份签署日期为1290年4月至5月的中国文件，记录着当时有三位名为兀鲁、阿卜失哈和火者的使臣被派遣经马八儿国（Ma'abar）即印度科罗曼德尔海岸［Coromandel Coast，印度东南沿海］前往伊尔汗国，但这份源自中国的文件并没有提及那位我们知道名叫阔阔真的需要护送的新娘。还需指出的是，无论从中国还是从同时代的波斯，我们再没能获得同时载有这三位蒙古使臣名字的其他佐证。波斯历史学家拉希德·阿尔丁（Rashid al-Din）对此虽然留下过一些文字，但那已经是 1310 年至 1311 年左右的事，即马可·波罗回到威尼斯的多年以后。所以，来自中国的这一发现尤为重要，它与《百万》中的情节彼此吻合，我们终于为威尼斯人马可找到了他离开中国的一个较为可靠的时间。

那是一次蔚为壮观的出征。他们应该是乘着冬季风于 5 月到达爪哇岛，并在岛上等待了五个月，马可在另外一个章节里提到过这五个月的停留。滞留爪哇与夏季风有关，西南季风不利于他们的航行，所以无法立即动身。1291 年 11 月，他们重拾海路，驶向印度，并于次年初停泊在了印度海岸。《百万》中有不少篇幅是描写印度的，此行之前马可很有可能已经游历过印度并返回了中国。这次他们从印度海岸开始沿海航行，可能于 1293 年春天到达霍尔木兹；有观点认为马可一行到达霍尔木兹的时间应该更晚，推测在 1293 年底或次年初。所以，马可草草描述的非洲海岸和西南地区情况，很可能来自旅途听闻而非亲自到访的结果。

马可一行终于到达了出使目的地，但等待他们的却是阿鲁浑过世的消息。阿鲁浑事实上早在 1291 年 3 月就已经去世了，差不多正是他们伴着新娘子离开中国的时候。远道而来的新娘被交给了接替为王的阿鲁浑的弟弟乞合都（Gaykhatu），但这名女子最后成了阿鲁浑的儿子哈赞（Ghazan）的新娘，而哈赞登基则要等到 1295 年。当时的伊尔汗王乞合都派出人员护送波罗们西行，临行授予他们四块金子打造的牌子，那是可汗签发的通行证，保护他们返乡一路平安。四块保障通行的令牌，两块上面刻着隼（苍鹰），一块上面刻着雄狮，还有一块可能光滑无图案。马可一行不得不在伊尔汗国又耽搁了一段时间，直到 1295 年初或同年春天才重新上路。他们经过特拉布松［今土耳其特拉布宗］、君士坦丁堡［今土耳其伊斯坦布尔］和内格罗蓬特公国［今希腊优卑亚岛］，终于回到威尼斯。时间的脚步已经踏在了 1295 年岁末的阳光里。

在故乡

马可回到家乡四十一岁，已经将此前的一大半岁月留在了亚洲的他并没有就此结束历险的生涯。我们不知道他回家后马上做了什么，比如是否立刻结婚生子，但我们确定无误的是，回到老家没几年，马可一头栽进了热那亚人的大牢，就是在那里，他和一位狱友——一个名叫鲁思梯谦的比萨人，合作写下了《百万》游记。同样确定无误的是，马可是因为参加1298年9月8日威尼斯与热那亚在科尔丘拉岛（Curzola）［亚得里亚海岛屿，今属克罗地亚］附近的海战才被抓了俘虏，而两个交战国于1299年夏天签署和平条约，之后双方释放了所有俘虏。如此算来，马可和难友口述笔录的合作仅仅持续了不到一年的时间。《百万》的内容缺乏连贯性，有时候甚至重复已经说过的，好像匆忙的书写，落笔未及展开，接着是仓促中的补遗。这不能不让人联想，马可的创作估计是借助了他断断续续的旅途笔记。

　　《百万》的问世是轰动性的，批判和质疑也如影随形地蜂拥而上。马可·波罗真的到过中国吗？ 1995年，英国汉学家弗朗西斯·伍德（Francis Wood）的一本小册子引起了广泛的反响，否认马可·波罗游记真实性的沉渣再次泛起：为什么没有说起中国长城？为什么没有小脚女人？为什么连茶叶都没提到？为什么内容如此混乱？这些观点遭遇了来自不同角度的驳斥，其中相当奇妙的一个事实是：凡马可没有说到的种种，所有13世纪的其他旅行家也都没有提到过一个字。难道对那个时代的叙述者来说，这些东西一律算不上啥？反言之，假如马可没有亲身经历过在中国和印度的生活，《百万》讲述和传递的大量精准的信息又如何解释？

　　1299年，当马可从热那亚的监狱回到威尼斯，当他的《百万》开始四处流传，马可本人已经该干啥干啥去了——开始重新打理家族的生意。马可在威尼斯的生活留下了少之又少的痕迹和传闻。他与一位好像来自洛雷丹（Loredan）家族的名叫唐娜达（Donata）的女子结了婚，育有三个女儿：芳蒂娜（Fantina）、贝蕾拉（Bellela）和莫蕾塔（Moreta）。至于其他亲属，我们不清楚马可出狱后是否还见到过自己的父亲，因为从马可同父异母弟弟马菲欧的一份公证声明中我们得知马可的父亲尼科洛于1300年8月31日去世。这位弟弟有一次前往希腊克里特岛，出发前在公证人那里立了一份万一死亡等同遗嘱效力的意愿书，他在这份文件中声明，如果自己最后没有子嗣，那么，父亲传给他的那份遗产将转由马可继承。在同一份文件中，我们还了解到，与马可及其父亲一起旅行的马菲欧叔叔当时尚在世。但到了 1310 年，马菲欧叔叔也立遗嘱了，他在自己的遗嘱文件中提到"三块金牌，原本是鞑靼人伟大的可汗所授予"，显然就是指那些黄金通行证中的三个，也就是波罗父子叔侄三人从忽必烈和波斯阿鲁浑的继任者那里相继收到的"牌子"。人们推测马菲欧此后不久就去世了。根据 1323 年的一份文件显示，有可能是因为马可上了年纪，或许健康状况也不乐观，为了安排相关家事，妻子唐娜达向马可转移了位于波罗家族其他产业所在地的一份财产。其实，次年签署的另一份文件显得更加重要，那是一份时间为 1324 年 1 月的遗嘱，马可很可能在签完这份文件不久就撒手人寰了，因为 1325 年是马可的妻子和三个女儿执行遗嘱的时间。在遗嘱中，马可给唐娜达留下了一份终身年金并宣布全部财产归芳蒂娜、贝蕾拉和莫蕾塔继承；最后那个女儿显然是三人中唯一尚未出嫁的，因为马可声明她有权拥有和其他二人同等的嫁妆，因此这笔数额不会记在遗产内。除了价值两千里拉的威尼斯银币，马可还将遗产的十分之一赠予了圣洛伦佐修道院，因为他希望自己葬在那里。马可的棺木最后应该是埋在了这家修道院的圣塞巴斯蒂亚诺小教堂的祭坛下，然而，光阴荏苒，斗转星移，这个地方遭遇了巨变，修道院原址后来沦为"工业之家"，马可的墓穴也就没有了踪影。

马可归还了尚存的债务，有还给一位嫂子的，还给圣乔凡尼和圣保罗修道院的，还有还给两位修士的。两位修士，一位叫拉涅罗（Raniero），一位叫班维努督（Benvenuto）。除了偿还借款，马可还分别赠予两人十个里拉和五个里拉。马可支付了遗嘱公证费用，还解放了自己的奴隶，他的名字叫"鞑靼人彼得罗"（Petro il Tartaro），谁也不知道"鞑靼人彼得罗"是马可在威尼斯的集市上买回来的，还是当年从亚洲一路跟随来的，马可离世前支付了他工钱外加一笔赠款。有一份 1328 年的公文证明，就在那一年，彼得罗获得了威尼斯公民的身份。

除了装有生意文件的包袋和原产西方或至少无法鉴定产地的家具（如床、桌布、餐巾、箱子、皮带和其他贵重物品），马可的遗嘱还提到各种来自中国或亚洲的货物和纪念品：蚕茧、绢丝、麝香、大黄、芦荟木；各色名贵纺织面料，包括变色闪光、方格、金锦等不同品种；三条带鞑靼装饰图案的盖毯；白色和黄色的契丹薄纱披巾；鞑靼衣袍；奇珍异兽图案的丝绸；一件蒙古贵族女性的头饰——罟罟冠，一米长的金丝浮花丝巾上装饰着宝石和羽毛；另外还有一个装着牦牛毛的口袋！而最后，是大汗递给他们的"牌子"，那些通行令牌中的最后一块！是的，可汗的令牌。我们只能说，相隔三十多年的时光，在生命的最后，马可从未忘记他的中国。（图6.5，见彩插）

作者简介

　　玛丽娜·蒙特萨诺（Marina Montesano），意大利墨西拿大学（Università di Messina）中世纪历史专业教授。佛罗伦萨大学博士学位以及 Villa I Tatti（哈佛）Berenson 基金 Crusca 学院奖学金获得者。从事文化历史、欧洲传统风俗史和东西方关系的研究。除了教学和参与国内国际学术会议、学术研究，还在意大利文化研究所（Istituti italiani di cultura）设在开罗（2007 年）、汉堡（2013 年）、里约热内卢（2013 年）、布宜诺斯艾利斯（2013 年）、伊斯坦布尔（2015 年）的机构以及在利马的天主教大学（2010 年）讲学。

　　著作：《马可·波罗传》（*Marco Polo*），Salerno 出版社，罗马，2014 年。

西泰利玛窦

菲利波·米涅尼（Filippo Mignini）
意大利马切拉塔大学

　　1578 年 3 月 24 日黎明时分，葡萄牙的一艘名为"圣路易斯号"的四桅大帆船和另外两艘船结队离开里斯本港前往东印度群岛。它们的第一个目的地是果阿，运气好的话，五六个月之后就可以到达。从那里，"圣路易斯号"或其他帆船还将沿着由葡萄牙人开辟和控制的新海上丝路继续向远东航行直到澳门和日本。"圣路易斯号"上的旅客中有十四位耶稣会教士，其中的五名被耶稣会派往东方，二十六岁的利玛窦就是五人之一，他被派往印度学习神学并将在果阿和科钦（Cochin）的神学院里任教。

　　在高高的船尾甲板上，年轻的利玛窦默默地望着铺展在面前的辽阔大西洋，他的思绪回到自己出生的城市马切拉塔（Macerata），想到故乡的父亲乔瓦尼·巴蒂斯塔（Giovanni Battista）。他是一位药剂师，曾经的梦想是儿子能在教皇的法庭谋个法学家的职位，然而这个梦想破碎在七年前儿子加入耶稣会的那一刻。利玛窦九岁至十四岁或十五岁就读于耶稣会开设在马切拉塔的寄宿学校，等待注册入校的时候，他遇见了创办那所学校的神父们。1568 年，利玛窦来到罗马大学法学院办理入学登记，等待的时候再次遇见了这些神父。于是，1571 年 8 月的一天，完成了三年法学专业学习的利玛窦敲响了罗马奎琳岗圣安德雷教堂（Sant'Andrea al Quirinale）见习生院的大门。不知是否机缘巧合，负责接待见习修士的老师因病缺席，利玛窦碰上的面试官范礼安（Alessandro Valignano，1539—1606，那不勒斯人）恰巧在几年以后又成为他履行中国使命的导师和庇护人。

利玛窦的脑海里浮现出罗马学院辅导过自己的老师们的身影，记忆最深刻的是教授了自己数学、几何学、天文学和制图学的伟大数学家克里斯多佛·克拉维奥（Cristoforo Clavio），利玛窦毕生称他为"我的老师"。他的眼前也浮现出教皇格雷戈里十三世的面庞，在罗马他接见了包括利玛窦在内的所有前往东方的耶稣会士，而在这样的回忆中，当然也少不了几天前自己刚刚宣誓效忠的葡萄牙国王唐·塞巴斯蒂安（Don Sebastián），那是一张年轻又不安的面孔。

身处汪洋大海时有这样片刻的追想——究竟是什么把二十六岁的自己带上了这条帆船去往那些陌生的地方，这种场景不是纯粹的臆想，因为它完全可能真实地发生。任何人在这样的海路上，即便熬过航行的艰难，即便在船上随时爆发的瘟疫中大难不死，要想最终活着到达目的地，终究只有五成的可能。

尽管经历了难以想象的风浪和艰险，利玛窦的这次航行算得上非常走运。圣路易斯号在莫桑比克岛做了短暂的停留，在那里的港口完成了船舶的远航检修，加载了黑奴并补充了给养，之后，于同年9月13日抵达印度果阿港，同时到港的还有在莫桑比克港口相遇的"圣格雷戈里奥号"，稍早几天到达的是"好耶稣号"。在保存着东方耶稣会的伟大使徒弗朗西斯·泽维尔（Francesco Saverio）遗体的圣保罗大教堂，抵达果阿的十四位耶稣会士汇合了，随后他们被送往神学院并派遣到各自的目的地。利玛窦在罗马只完成了哲学课程，他在果阿大学开始研修神学并教授拉丁语，还为果阿大学引进了希腊语教学。利玛窦埋头学习和工作，直到一场突如其来的疟疾打断了他繁忙的大学生活。疟疾的急性期一过，利玛窦就被送往科钦去做康复，在那里他恢复了神学院的教学工作。1580年，利玛窦正式成为天主教教士，他回到果阿继续研修神学，并不知道澳门正在静悄悄中为他以后的命运做出一个决定。

1579 年的春天，耶稣会东方传教团巡视员范礼安来到果阿。范礼安在自己的研究过程中认识到中华帝国的独特性，认为在那里传播福音需要采用新的方式，他决定专门派遣一到两名人员去完成这项任务，他们首先需要学习古汉语以及主要的传统著作。背负这个使命的人选必须彻底适应中国的文化与风俗，换言之，他必须变成一个中国人才能与这个古老而高贵的文明进行发自内心的交流，因为在那个特殊的历史时期，这个文明古国对外国人心存戒备。

范礼安为此调遣的人员是正在印度的罗明坚（Michele Ruggeri）。罗明坚是那不勒斯的一位律师，加入耶稣会之前他曾为西班牙服务，他和利玛窦同船来到果阿。罗明坚于 1579 年 7 月抵达澳门，他开始学习中文并多次申请前往广东居住，均无功而返。罗明坚立刻意识到任务的艰巨性，他在头几个月就向范礼安提出需要利玛窦配合工作。利玛窦比罗明坚小十岁，有良好的数学天赋、扎实的科学知识基础和惊人的记忆力。但是，他们的上级还是希望利玛窦首先完成神学课程。直到 1582 年 4 月，利玛窦才与另外六个前往日本的同伴一起从印度起航驶向澳门。利玛窦于同年 8 月 7 日抵达中国港口，除了书籍和一些科学仪器，他还随身携带了一座机械挂钟，这在当时的中国还是一件闻所未闻的新鲜玩意儿。

有一位从菲律宾经澳门的耶稣会士曾在书信中提到，利玛窦到达澳门六个月后就可以不求助翻译直接用汉语与当地的官员交谈了。他与罗明坚合作编写了历史上第一部葡汉词典［《葡华辞典》］，翻译了部分祈祷词，收集了一些中国的古籍文本和地图。然而，进入内地的再三努力均告失败，两位神父不得不滞留澳门。出乎意料的是，1583 年 8 月，驻扎肇庆的总督派出侍卫，给他们送去了赴肇庆的通行证，他们被叫去询问申请居留之事。同年 9 月 10 日，罗明坚和利玛窦正式入境中国，开启了东西方文明之间一场不同寻常的新相遇，并对未来的世界历史产生了深远的影响。

两位耶稣会士被允许以外籍宗教人士的身份居住肇庆，身着佛教的僧服。他们费了九牛二虎之力在西江上建造了一幢两层楼的欧式房屋，离肇庆官府正在建造的崇禧塔不远。外国"和尚"的房子，外观看上去两样，里面的布置也新奇，有欧洲的书籍、各种稀奇的东西，还有科学仪器，很快成为肇庆官员和来往行人的好奇的去处。两个"和尚"最头疼的是如何招架当地人对"洋鬼子"的不信任以及出于本能的恐惧甚至仇恨。他们在那几年里连着吃了三场官司，最后都被无罪释放；他们不得不学会忍受来自市井俚俗无知的谩骂和侮辱，就如利玛窦在一封信中写道的，极度的羞辱使他觉得自己好像就是一团"狼狈不堪的垃圾"。身为西方世界所公认的最先进文明的代表，他们被一个陌生世界的陌生文明视作愚昧和野蛮，从来没有遭遇过如此难堪的外国僧人明白，想要面对并通过这样的考验，唯一的办法是用事实来证明他们所代表的文明无论在知识领域还是在道德规范上都绝不逊色。

当然，由吊锤推动着可以报时报刻的机械挂钟让肇庆的王泮总督感到惊讶而印象深刻，于是，两位神父把关于这种西方技术的说明书送给了他。参照随身携带的欧洲地图样式，利玛窦还制作了一份中文版的世界地图，王泮总督审视这份地图的时候应该是感到了某种震惊。正是继 1584 年的这第一张利氏地图，才有了后来五六次制版和印刷传播的成千上万份中国版的世界地图，就像一位朝廷官员在利玛窦去世后说的一番话所肯定的，通过它们，"利博士让中国开始睁开眼睛看世界"。在后期回顾那些年的工作时，利玛窦自述道："利玛窦神父除了世界地图还制作了许多黄铜或铁质的浑天仪，其中不少是地球仪，也有天体仪，还有很多日晷，一些被陈列在住处，有一些被当作礼物送给包括总督在内的官府要员。因为这些在中国闻所未闻的东西，因为向众人讲解恒星、行星和地球在宇宙中的运行轨迹的活动，两位神父赢得了人们的好感，虽然他们对这些学问的了解有限，但他们是世界大数学家的名声已经四下传开了。"

他们还尝试在肇庆以外的其他地方开辟新驻地，但均未成功。经历了在绍兴和桂林的失利之后，鉴于迁出广东困难重重，耶稣会开始考虑请求教皇派遣大使觐见中国皇帝，若能成行，利玛窦就可协同其他一两名教士跟随大使直接进京。1588 年罗明坚离开肇庆前往罗马，名义上是为了这项计划的组织工作，实则因为耶稣会认为罗明坚已经不再适合派驻中国。罗明坚一去不返，而教皇向中国皇帝派遣的大使要一百多年后才得以启程。利玛窦孤军奋战在中国。

次年，肇庆有新总督上任，他无情地打破了耶稣会士们逐渐融入中国的美好希望。新总督刘杰斋迷上了外国"和尚"的欧式房子，决定把它变成一座供奉自家佛像的庙宇，并把合法的主人遣送回澳门。经过一场艰难而勇敢的谈判，利玛窦接受对方支付仅具象征意义的微薄房款，但是作为交换条件，新总督允许利玛窦往北迁居韶州。

1589 年至 1595 年春季，利玛窦居住在韶州，地方上对他还是一切按外国人处理。这期间有疟疾爆发，相继夺去了两名被派到他身边协助传教的年轻伙伴的生命；另一位帮助他的中国合作者则淹死在沉船事故中；住宅又遭地痞流氓的袭击，为此还再次惹上官司。利玛窦的一只脚在这场冲突中受伤，落下了残疾。但是，寓居韶州的多事之秋极具纪念意义，也在后来发生的事情中起到了关键作用，因为正是在这里利玛窦做出了三个决定。第一个决定是把儒家的《四书》翻译成拉丁文并做简要注释，它可以帮助刚刚抵埠的欧洲新人对即将面临的文化氛围获得一些思想准备。这是一项艰巨、细致又微妙的工作，它也帮助利玛窦形成了自己对中国古典作品的独特解读，即努力找到它们与基督教基本精神相契合的诠释。利玛窦，就像圣保罗站在雅典人为"未知之神"竖立的祭坛前那样，试图向中国人证明，尽管秦始皇在公元前 212 年历时 30 天的"焚书"烧掉了太多的经典，尽管不知道有多少典籍因为后世评论家的篡改而走了样，也无论世纪的流逝是否让真知渐为迷失，在中国人自己的古代经典里，与基督教相似的拟人、形而上、统治和审判等神性概念处处有迹可循。对于这样的解读，在利玛窦生命最后几年的耶稣会内部就出现了公开的质疑和争议，而在利氏去世后的几十年里，这种质疑和争议愈演愈烈甚至蔓延得更加广泛，再加上所谓的中国礼仪之争，都为基督教事业本身以及中欧关系带来了诸多极具破坏力的后果。

利玛窦在韶州的第二个决定是培养自己用中文书写的能力。他留意到，书籍在"中央之国"的文化里占据着根本的优势地位。利玛窦曾经这么说："在中国，读书比说教管用多了。"这一决定也被他使用在进行文化融合的策略中，即尝试完全吸收中国文化并用它的标准去表达自己。

最后是他与范礼安约好的"入乡随俗"的生活方针，即决定改变衣着等显性文化差异。从瞿太素（瞿汝夔）开始，与利玛窦最为交好的中国朋友们都提醒过他，要得到中国文人雅士的充分认可，外国僧人的打扮会引起误会甚至反感，而中国的士大夫恰恰是利玛窦认定需要优先对话的人。鉴于利玛窦的身份应该被定位为西方学者，或者如中国人称呼他的"西泰"（西方大师），利玛窦决定采用儒家学者的装束和礼仪。于是，他蓄起了胡子和头发，戴上有尖顶的帽子，穿上丝质长袍，雇了跟班和仆人，出门坐轿子，见客施秀才礼。

离开韶州的机会似乎终于来了，明朝皇帝为了阻止日本丰臣秀吉（Toyotomi Hideyoshi, 1537—1598）的扩张，决定屯兵朝鲜边境应对战事，兵部尚书石星应朝廷召唤正赶往京城待命，途经韶州时这位将军特意打听了利玛窦，欲将儿子拜托给他。石将军的儿子科举未中，一蹶不振。这么一个有可能进京的机会来得既意外也太难得，西泰利玛窦当即自荐随将军远行，便于有足够的时间照顾他的儿子。大将军应允了利玛窦，还派了一条随从船只供利玛窦和他的数位中国助理使用。可惜这趟水路并不顺利，接连出了几起事故，石大人决定换旱路前进。然而，陆路沿途引来太多路人，都是好奇外国面孔的，里三层外三层地冲散了利玛窦跟他的随从。万不得已，利玛窦被送上了装运行李的船只向南京驶去。

在南京，有一位利玛窦结识于肇庆的朝廷官员，利玛窦原本寄希望于这位朋友帮他获得在南京的居住许可，可能迫于打仗的形势，这位高官不但没有同意他的要求还粗暴地将他赶出南京并逼他返回澳门。刚刚熬过了十二年难以形容的艰难困苦，眼看前功尽弃，心急如焚的利玛窦一病不起，持续数周的高烧让他身心俱疲、格外沮丧。根据利氏自述，他在返回的船上，快到南昌时昏睡了过去，他梦见自己走在中国的一条道路上，迎面过来一个陌生人，问他道："您来到这个国度是为了熄灭它古老的信仰取而代之吗？"利玛窦反问："要知道这个干什么？难道您是上帝？还是魔鬼？"陌生人回答说："我不是魔鬼，我是上帝。"利玛窦泪雨滂沱，顿时俯倒在他脚边："主啊，既然知道我的愿望，为什么不帮帮我？"上帝开始安慰他并答应在中国的朝廷保护他。话音刚落，利玛窦恍惚跨入一扇宏伟的大门，好像身处帝国的一座都城。

在梦境的鼓舞下，利玛窦决定在附近的南昌城稍事休息。在这里他意外地受到了友好的款待，还应邀撰写并发表了他的第一部中文著作。那是好奇的明朝宗室建安王，他想知道欧洲人怎么看待友谊，利玛窦为此闭关沉思了三天，他根据记忆记录、润色了来自古希腊罗马和拉丁名人著作中关于友谊的七十六则文字片段，即1595年成集的《交友论》。在《交友论》第二版中，这些西方名言被增补到百则，利玛窦的好友瞿太素还专门作了序言，他对利玛窦的著作给予了高度评价，大意为："我们高贵的客人利玛窦先生，天赋异禀才华盖世，他不但投身于我们古老的圣贤文明，还把自己国家的先贤所传授的知识译成我们的文字供大家了解，充分展示了东西方思想模式和学说的协同性，犹如一份契约的两半契据。"不管是用什么材料制作的"契据"，它是约定的双方在约定内容的见证下共同分享的东西，各执一半。"契据"这个形象的比喻极为有效地表达了历来相互无视的两种文明在那一刻的彼此认可，而利玛窦成功传递的同为一个整体的两部分之一的感受，其基础正是双方对"友谊"这份思想遗产的观念共享。友爱，于儒家中国来说，是能够将社会各色人物全部连接起来的天然纽带，因此它也构成了儒家社会其他四种人际关系［君臣、父子、夫妻、兄弟］的基础，代表了一个能够表达全体人类文明的主题。

利玛窦通过他的第一部中文著作验证了他与"另一个世界的中国"沟通时的一大直觉，即欧洲和中国分享着同样的人性观和人文主义。利玛窦勇于承认中国的儒家和欧洲古希腊罗马思想家，尤其与斯多葛学派之间，有着相当大的共鸣。为此，他大胆地从儒教这一古老传统中汲取养分，并把孔夫子当作"另一位塞内加[1]"介绍给欧洲。既然把"沟通"和"相遇"择定为优先实现的财富，在《交友论》以及后续的《西琴曲意》《二十五言》《畸人十篇》等其他作品中，西泰利玛窦所有的努力都不外乎把两种人文主义放在一起进行比较和对话。可以这么说，利玛窦和他的中国对话者在16世纪末、17世纪初之间的三十年里进行了普适人文主义模式的首次尝试。也正因此，他在《四元行论》中毫不犹豫地称自己为"西儒"，并把古典

---

1 塞内加（Seneca，公元前4—65），古罗马政治家、斯多葛派哲学家、悲剧作家、雄辩家。

时期的希腊和罗马文化先人称作"我们的古代儒家大师"。就这样，他在儒家的人文中既找到了普适性也找到了独特性。

当然，利玛窦并没有忘记他驻足中国的终极目的：传播基督教并推动中国皇帝以至整个中国皈依基督教。1598 年 6 月，机会来了。有一位朝廷官员受命即将前往南京赴任礼部尚书，但他首先要赶往京城述职和叩谢皇上。三年前，这位名叫王忠铭的官员在前往海南岛途中于韶州结识了利玛窦，并答应等他回北京的时候会带上利玛窦参加中国历法的改革。同年 9 月，利玛窦继这位礼部尚书之后抵达北京，然而一到北京却发现形势很不乐观，由于正值日本侵入朝鲜，整座京城笼罩在备战和戒备森严的紧张气氛中，谁也不愿在这个时候跟洋人打交道，免得惹出麻烦来。四处碰壁的利玛窦明白自己这一趟来得不是时候，他决定赶在河道冰封之前返回南方，可船到临清，皇家大运河已经冻住了。利玛窦把同伴们和行李都留在了船上，自己带着两名仆人骑马前往苏州，希望能在那里找到朋友瞿太素。这趟旅行一路险象环生，很是凄惨，1598 年年底终于找到瞿太素的时候，利玛窦已经奄奄一息。据说，瞿太素把自己的卧床腾给了病人，整整一个月利玛窦才捡回一条命来。

进京的努力虽然失败了，但这次的旅行经历使利玛窦意识到，来中国的头几年里仔细查看中国地图时，当时自己的一个印象是正确的：中国，就是马可·波罗在《百万》里津津乐道的"契丹"。这个判断从初期单纯的猜测和怀疑很快变得确凿无疑，而在那个时代的所有欧洲地图上，契丹一直都被标注成位于中国东北部的另外一个国家。利玛窦立刻向印度和罗马报告了这一发现，要求纠正欧洲的世界地图，可来自罗马的回复不冷不热，表示不可思议。

1599 年农历新年前不久，利玛窦和瞿太素前往南京拜见尚书王忠铭，请他支持利玛窦在苏州开设新驻地。就在那些日子里，传来了丰臣秀吉去世的消息，日本也放弃了朝鲜，这让中国方面也松了一大口气。而更令人喜出望外的是，礼部尚书建议利玛窦把新馆直接开到南京。在瞿太素的帮助和支持下，同时也凭着自己的学识和美德，西泰利玛窦在南京赢得了相当高的声誉。在此期间，他还结交了众多名士，如哲学家李贽和医学家、自然科学家王肯堂。在南京天文台，利玛窦帮助校准了那些原本是阿拉伯人为元朝一个不同纬度的北方城市所制作的观测仪器。利玛窦与明朝的数学院也建立了良好的关系，并与佛教大师展开过公开辩论。原 1584 年在肇庆绘制的世界地图，经过版面扩大和数据更新，第二版于 1600 年面世。这时，再次尝试进京的时机成熟了，督察朱士林亲自为利玛窦签署了向万历皇帝呈送礼物的通行证。

利玛窦为这第二次进京选了一个黄道吉日，1600 年 5 月 18 日出发。可是，利玛窦和他随从的船队刚到皇家运河的临清关就被把守在那里的宦官马堂拦了下来。马堂自以为更得皇帝宠信，向朝廷发了份报告，除了陈述洋人利玛窦的情况，还特别罗列了来自欧洲的稀罕礼单。借着等候朝廷回复命令的理由，他先把船队堵在临清关，眼看天气入冬，又把这支外国人的队伍一股脑关进了天津要塞，而从这里到首都北京原本只差三天步行的路程。对于马堂的蓄意讹诈和阻挠，利玛窦早已做好赔上性命的最坏的打算。1601 年 1 月初的一天，皇上的圣旨终于在关键时刻到了：洋人利玛窦被宣为欧洲大使进京献礼。

有意思的是，在不得不向中国人正式陈述自己身为何方神圣的时候，利玛窦搬出来的是欧洲，一个在最高精神领袖教皇指引下由不同君主分治不同王国但共同构成统一体的欧洲，利玛窦为欧洲这个抽象的概念赋予了具体的政治的"疆域"。就像他在《交友论》的最后签字中所宣称的，他是"欧洲人"利玛窦。确实，无论从幅员的辽阔程度、历史的古老程度还是从权力的规模程度来讲，利玛窦必须拥有一个与中国旗鼓相当的背景才行，正是在这样的信念激励下，利玛窦才会如此先锋地推出一个统一政治实体下的"欧洲"概念。

1601 年 1 月 24 日，利玛窦以大使的身份在官方护送下抵达北京。三天后，礼物被后宫的太监送到了皇帝面前。从这一刻起，利玛窦再未停止过面见中国皇帝本人的各种努力，希望每每仿佛已经触手可及却转瞬落入渺茫。明神宗万历皇帝很欣赏利玛窦带去的那些礼物，也被利玛窦的人格和德行所打动，他希望利玛窦留在北京城，利玛窦和他的四位同伴都获得了朝廷俸禄的支持，并被要求不得离开。但是，对利玛窦希望觐见皇帝所做的各种努力，和沉默的苍天一样，天子没有回应。对于利玛窦来说，这真正是一份终身的遗憾，这种怅然若失萦绕着他直到生命的最后一刻。

利玛窦的大部分作品都是在北京度过的九年里发表的。1602年，兴之所至，利玛窦与他的朋友、地理学家李之藻合作，第三版也是最后一版的《坤舆万国全图》以六幅条屏的形式面世。第二年，又出了八幅条屏的新版。但保留下来并在后续版本中继续得到使用的还是1602年的图本。

1603年，在文人朋友冯应京的提议下，利玛窦发表了《天主实义》，这本书的创作始于韶州时期，介绍了基督教的哲学原理，因此也是为未来传播福音所做的准备工作。这本书颇受争议，其中有一些针对佛教的激烈言辞在社会各界，包括在接近朝廷的阶层中都招致了不悦。

1605年，利玛窦发表了《二十五言》，内容为摘自希腊斯多葛派哲学家爱比克泰德[1]《道德手册》中有关伦理道德的精彩语录。同时，应另一位中国好友及合作者徐光启的邀请，利玛窦决定按克里斯多弗·克拉维奥编辑的版本着手翻译欧几里得的《几何原本》，其中的前六本于1607年面世。同年出版了由利玛窦和李之藻共同编译的克拉维奥《论星盘》的中文本，题为《浑盖通宪图说》。

同样在1607年，有一支远征部队经过长途跋涉抵达长城脚下，终于完成了他们于1602年底从印度出发的任务，这趟远征同时回应了利玛窦坚持多年的一个要求，即欧洲必须纠正世界地图，接受契丹国就是中国的事实。在与诸如马拉巴尔国王那样的印度当地统治者达成一致的基础上，特别是在西班牙政府的支持下，印度的耶稣会士组织了一次远征，他们从阿克拉（Accra）出发，穿过今天的巴基斯坦和阿富汗，汇入"古丝绸之路"，目的是为了验证从这里是否可以走到汗八里，即走到利玛窦坚持认为的当时的北京，一个名称不同但实际就是马可·波罗描述的同一座古都。这趟探险的另一个目的是考证确有生活在亚洲境内的基督教社团，因为穆斯林商人曾经声称他们分不清那些人究竟是基督徒还是佛教徒。再有一个目的就是，西班牙希望考证出另一条从印度出发的丝绸之路，即丝绸之路是否存在变化路

1　爱比克泰德（Epictetus，约55—约135年），古罗马最著名的斯多葛学派哲学家之一，后终其一生于希腊教书。

径的可能。西班牙希冀找到一条来自南方的通道，以回应英格兰人与荷兰人在北方寻找新路径的尝试。这支探险队花了整整五年时间才到达长城脚下，远征队队长鄂本笃（Bento de Gois）死在长城脚下，唯一的幸存者艾萨克·亚美诺（Isaac Armeno）因利玛窦派出迎接人员而获救。利玛窦的人员从亚美诺那里得到了不少关于这次探险的信息和笔记，均被利玛窦收入后续三年中编写的历史著作《耶稣会与天主教进入中国史》（*Della entrata della Compagnia di Giesù e Christianità nella Cina*）的三章文字中。

为这三年时间写下备注的，有利玛窦生命中最后一部作品《畸人十篇》，一部关于中欧两大文明本着各自的人文精神相遇在一起并至今未被超越的作品；有利玛窦用意大利文书写的中国传教历史《耶稣会与天主教进入中国史》，一部直到他临终才基本完成的手稿；还有在朝廷的荫庇下，于韶州、南昌和南京（肇庆再未开放）三个驻地举行的密集的社会活动。

持续将近二十八年的超负荷工作耗尽了利玛窦的生命，他于1610年5月11日在北京离世。同伴们在一些朝臣的支持下向大明皇帝递交了一份请愿书，请求在中国千年历史中首次破例，为利玛窦豁免外国人遗体必须送返原住国的规矩。万历皇帝听取了礼部的意见，在请愿书上亲笔批注准许。利玛窦的遗体安葬在从一名太监手里没收的宅院里，耶稣会士从此在北京有了自己的墓园。这是第一位彻底变成了中国人的西方人的坟冢，它至今仍在中国首都，被人们纪念和瞻仰。

徐光启用小楷在《二十五言》的跋中细细勾勒了也许是利玛窦一生中最清晰的一幅肖像：

> 呜呼！在昔，帝世有凤、有皇巢阁仪庭，世世珍之。今兹盛际，乃有博大真人，览我德辉，至止于庭，为我羽仪。其为世珍，不亦弘乎。提扶归昌，音声激扬以赞，赞我文明之休，日可俟哉，日可俟哉。
>
> （啊！在我们古代的帝王之世，凤凰筑巢于庭，是生生不息的无价之宝。在繁荣昌盛的今天，有一位渊博真实的伟人，目睹我们美德的光辉，驻足我们的家园，遵循赞美我们的礼仪，这难

道不弥足珍贵？难道不应该弘扬？让凤凰的音律激扬，赞颂我们的文明吉祥安康，这一天指日可待，这一天必将到来。）

　　徐光启，是数百名曾经与利玛窦们共同工作、共同实现了东西方文明之间一次历史性相遇的中国知识分子的代表。徐光启，最后也因此惹祸上身，在去世后的几十年乃至后来的数个世纪里一直是"被抹杀者"的代表人物。今天，包括最近的几十年，不同文明因相遇焕发了新的生机，不同文明的相遇已经成为全人类无可逃避的命运。2018 年 2 月 2 日，中国首颗电磁监测实验卫星发射成功，与这颗卫星一起升空的还有一台意大利制造的用于研究强地震造成高层大气电磁变化的科学仪器。这颗卫星用一位中国古代科学家和诗人的名字——"张衡"命名。张衡（78—139），地动仪的发明者，而那台意大利仪器的名称恰巧是"利玛窦"。在四个世纪以前的中国，曾经奇迹般地发生了文明的相遇，我们把它归功于欧洲和中国学者的智慧

图 7.1 《利玛窦像》。游文辉（Manuel Pereira Yeou，澳门，1575—1633），由中国画家明确署款的存世最早的油画作品。布上油画，1610 年。罗马耶稣教堂藏。

图 7.2 《利玛窦与徐光启》，身穿中国士人服装的利玛窦与徐光启。见基歇尔著《中国图说》，基歇尔（Atanasius Kircher，德国，1601—1680），耶稣会士，学者。铜版画，1667 年。

与友谊。我们同样可以相信，这一共同的记忆会成为人类新一轮发展的榜样与动力。（图 7.1、图 7.2）

作者简介

菲利波·米涅尼（Filippo Mignini），马切拉塔大学（Università di Macerata）哲学系名誉教授。1969 年获得罗马拉特兰诺教皇大学神学系教师资格证书，1972 年毕业于罗马大学哲学系。1976—1986 年任拉奎拉大学哲学史教师并从事研究工作，1987 年起为马切拉塔大学哲学史教授，1995—1999 年任马切拉塔省文化议员，2001—2011 年任利玛窦研究院院长，2012 年起任马切拉塔大学人文学院院长。米涅尼是一位研究近现代哲学思想的学者，研究对象包括库萨诺（Cusano）和莱布尼兹（Leibniz），尤其为斯宾诺莎（Spinoza）的思想理论贡献了一百多部专著。至今逾二十年，米涅尼还致力于利玛窦的研究工作，宣传并推广利玛窦及其作品，目前正与 Quodlibet 出版社合作，负责利玛窦作品集的主编工作。关于利玛窦，米涅尼主持策划了多次大型文化展览并出版了相关的图文书籍，其中有 2003 年的马切拉塔展，2005 年的罗马展与柏林展，2010 年的北京、上海、南京和澳门展。曾对中国进行正式访问的意大利共和国总统纳波利塔诺（G.Napolitano）专门参观过 2010 年的中国展。

著作：《斯宾诺莎入门》（*Introduzione a Spinoza*），罗马—巴里，Laterza 出版社，1983、2012 年（13 版）；《斯宾诺莎作品》（*Spinoza, Opere*），米兰，Mondadori（I Meridiani）出版社，2007、2015 年（2 版）；《斯宾诺莎作品》第 1 卷（*Spinoza, Oeuvres, 1, Premiers Ecrits*），巴黎，Vrin，2009 年；《利玛窦的地图》（*Cartografia di Ricci*），意大利政府印刷局，2013 年。

参考书目

《利玛窦：凤凰阁》（*Matteo Ricci, Il chiosco delle fenici*），Il lavoro Editoriale 出版社，安科纳（Ancona），2004 年初版，2009 年再版。

卫匡国与《中国新图志》

亚历山德罗·理奇（Alessandro Ricci）

罗马第二大学

卫匡国（Martino Martini，1614—1661）是一位旅行家、地理学家和地图学家，由于他的旅行和出色的描绘能力，他为 17 世纪以及这个世纪以后的欧洲了解中国的相关情况做出了重要贡献。（图 8.2）他的作品之所以能够在欧洲获得巨大成功，不仅是因为他个人的能力，也与当时制图工业发达的荷兰有着密不可分的关系。

卫匡国来自意大利的东北部城市特伦托（Trento），是基督教天主教会的高级教士，耶稣会成员。清楚这一身份对于我们理解他本人和那部为其一生做了注脚的作品至关重要。必须提到的还有他的故乡特伦托，那里曾经是欧洲 16 世纪末和 17 世纪反宗教改革思想和反改革运动的核心阵地。

特伦托的旅行家卫匡国与荷兰的一些著名制图师建立了富有成效的联络，这些伟大的地图学家在发展和传播那个时代的地理知识，以及在为欧洲全面深入地获取对亚洲等其他大陆的认识中起到了关键的作用。

卫匡国编写过一部颇有分量的作品，题为《中国上古历史》（*De Bello Tartarico Historia*），又通过荷兰出版商琼·布劳（Joan Blaeu）出版了《中国新图志》（*Novus Atlas sinensis*）。《中国新图志》成为展示中国地理的基本典范，是中国地理制图历史上的一座里程碑，引起了欧洲公众的极大兴趣。正如特鲁谢·戈丁斯（Truusje Goedings）所说，卫匡国的地图志不仅使它的首版发行地荷兰，更使整个欧洲都为中国着迷："17世纪末和18世纪，中国风尚……席卷欧洲。"（Goedings，2011，p.124）

《中国新图志》首先涉及的是那个时代的地理文化，它不仅有助于欧洲人了解外部世界，也有助于这一历史时期内的欧洲列强为了各自所关切的政治和殖民目标把目光投向海外。

卫匡国的故事非同寻常，他的作品的发表不仅涉及领土知识，还卷入了外交、国家关系以及一些在当时具有重要国际影响的政治事件。因此，当年这位意大利耶稣会教士被荷兰东印度公司舰队绑架，其中既有商业的原因，更有广泛的政治原因。

卫匡国跟着东印度公司的船舶一直航行到1653年8月31日，那天他到达阿姆斯特丹，他在那里下船并为出版地图志的事情与出版商琼·布

图8.2 《卫匡国肖像》。麦凯丽娜·瓦提尔（Michaelina Wautier，女画家，佛兰芒，1604—1689），1654年。英国伦敦，维斯画廊（Weiss Gallery）。

劳会面。（Baldacci，1983，p.61）荷兰人分明是别有用心的，他们在巴达维亚[1]截获了卫匡国并和他谈判达成了交换条件，后续将近两年半的航行也证明了卫匡国在那块甲板上的重要性，因为在"羁押"航行的过程中，卫匡国为荷兰人提供了大量信息，这些信息为荷兰东印度公司的东方贸易立下了汗马功劳（Boxer，1988）。

当时的荷兰东印度公司迫切需要有关中国沿海地区的准确信息和地图，为此他们通过公司在阿姆斯特丹的商会以一百

1　Batavia，荷属东印度公司总部所在地，今印度尼西亚雅加达。

银塔勒（rijksdaalder）［相当于二百五十荷兰金盾］的报酬（Quaini 和 Castelnovi，2007，pp.136-7）答谢这位传教士。由于卫匡国提供的信息，他们得以在次年派遣了赴北京的"首个官方大使代表团"（Longo，2010，p.100）。

广义上说，"抓捕"卫匡国的事件本身显示了荷兰人擅于抓住最佳或最具价值的商业机会的能力，同时也说明卫匡国作为一名中国通在那个年代的举足轻重。

我们还可以认为，国家之间的政治、宗教、商业等竞争因素成为"卫匡国事件"的特别推手，当年的商业强国尼德兰联省共和国通过他们的东印度公司卷入了这一事件。（Carioti，2012）从宗教忏悔的角度看，天主教的卫匡国决定在新教徒占主导的荷兰，特别是在加尔文主义者琼·布劳的制图工厂印刷并出版他的《中国新图志》，显然不是心血来潮的决定。

《中国新图志》之新

卫匡国于 1640 年从葡萄牙出发开始了他的中国探险。在中国的长期逗留使他对中国文化及其政治现实有了深刻的了解，使他能够在视觉和地图上真实客观地去表现这个国家，他返回欧洲时首先途经荷兰，并于 1655 年抵达罗马，之后又返回中国。1661 年，这位旅行家在中国去世。正是在荷兰逗留期间，他得到了传播自己作品的机会，1654 年安特卫普的天主教出版商巴尔达萨·莫雷图斯（Baldassarre Moretus）印刷出版了他的第一部作品《中国上古历史》。

正如学者埃莱娜·戴普拉所言（Elena Dai Prà，2015），卫匡国的这部作品论述了中华文明在它的几个重要历史阶段的演变历程，是组成广阔的中国历史地理拼图中第一片真正的马赛克，引起了欧洲人的巨大好奇与关注，成为欧亚大陆政治外交关系中的焦点。虽说马可·波罗和利玛窦那样的前辈功不可没，但在卫匡国之前，欧洲人对中国的了解事实上仍然极为有限，因为前辈们的贡献未能完全填补一个重要的空白，即终究还没有出现一部真正翔实的地图集，它不仅应该包含亚洲大陆具体的地理边界，还需要具备中国国内政治现实的信息。卫匡国知道应该看得更远，当他把陈述的能力结合到绘图当中，地理和历史的二维被完美地集成在同一个视野中，而卫匡国的地理作品之所以能够在图解部分取得成功，根本原因在于作者拥有扎实的中国历史知识，他编写的第一部作品《中国上古历史》就是最好的佐证。

《中国新图志》的重要性在于汇集了可靠的地理和政治信息，它们源自作者将中国数世纪重叠交错的各种视图出神入化地结合在一起的能力，也归功于中国地图学家早先完成的大量基础工作。系统收集中国主要地区的风貌并将它们以地图集的形式进行集中展示，这在当时是绝无仅有的第一例，其重要性和权威意义在欧洲保持了至少一个世纪。面对这样一个距离遥远、文化迥异的国度，中国的神秘和难以企及更令欧洲公众增添了好奇，而所有这一切都导致卫匡国的《中国新图志》以不可思议的速度在整个欧洲迅速传播开来。

卫匡国以历史和地理的经纬叙述中国，在中国的文化氛围中成功地植入了欧洲的叙述方式并努力使二者完美交融，这或许就是他的前辈、伟大的旅行家马可·波罗和利玛窦未曾做到的事情吧。

卫匡国一回到欧洲就在荷兰各省及其他地方四处旅行，一边讲学一边会见各地的文化精英。在阿姆斯特丹，他与琼·布劳为著作共事了一年，终于落实了《中国新图志》的出版设想。

某些基本事实突显了卫匡国地图集对于当时形势的重要性，它们使出版商意识到，相较1654年出版计划中的一些大项目，卫匡国的地图集更是当务之急。1655年，卫匡国的"研究成果"《中国新图志》以多种语言出版，首先是拉丁文版，一年内再版了两次，法语、荷兰语、德语和西班牙语版本紧随其后相继问世（Van der Krogt, 2000, pp.295-315）。欧洲迫切需要了解中国，这部作品在欧洲文化领域的重要性和必要性，不言而喻。

卫匡国愿意通过琼·布劳这位非天主教徒的制图师和出版商发表自己的作品，其用意不容小觑。事实上，身为天主教徒和高级教士，这位来自意大利特伦托的传教士要与一个拥抱欧洲宗教改革的新教背景的出版社对话，特别是出于工作目的的对话，这在那个年代绝不是一件轻而易举的事情。

而正是在这样的历史背景下，在权衡了合作者所处图书市场的地位以及经营能力之后，卫匡国最终做出了这个别有深意的选择。它传递出一个极为清晰的信号，即在最大范围内传播作品的强烈愿望。正如学者隆格（Longo）强调的："卫匡国的目的在于面向最广泛的读者……通过琼·布劳的图书发行网络，卫匡国能够确保自己的作品不会落入利玛窦作品遭遇的某些下场，即被弃置在无人知晓的档案中。"（Longo，2010，p.100）

　　卫匡国竭尽全力要为他的地图志获得最广泛的市场，这与他的个人遭遇相关，它们决定了卫匡国的中国知识在何去何从的问题上与众不同。卫匡国在从中国返回欧洲的旅程中被"绑定"在一艘属于荷兰东印度公司的船舶上，而琼·布劳是东印度公司的御用制图师，所以他们两个人的接触也算得上是环境使然，顺势而为。

　　东印度公司当时所涉足的地区，是他们瞄准的市场扩张目标，不仅仅出于商业方面的目的，更包括政治的图谋。所以，特伦托的旅行家想要寻求恰当且最负盛名的途径出版自己的地图集并不困难，为这项出版活动谋取最广泛的曝光度明显符合双方相互的利益，一边涉及作者个人的关切，另一边紧系的是低地国家集体的利益。

　　对于出版方来说，出版《中国新图志》可以满足他们的两个根本需求：第一，为了商业和经济，世界地图必须在真实的原则下以详尽准确的方式完成编制，其中的关键就是如何呈现东方地理；第二点也非同小可，那就是制图行业出于商业本质的剧烈竞争，在北欧城市阿姆斯特丹，数家地图公司之间白热化的角逐已经旷日持久，布劳和杨松（Jasson）正是战斗在最前沿的两大家族。

　　除了制图师的职业能力，琼·布劳和他的兄弟康纳利斯（Cornelis Blaeu）拥有无可置疑的企业家魄力，在印刷最新世界地图的竞赛中，他们比对手们棋高一着，迅速抓住了卫匡国途经阿姆斯特丹的机会，也因此而摘得荷兰各大地图出版公司中的第一块招牌。

卫匡国作品的传播和意义

如前所述，《中国新图志》的问世对个人和国家都具有重大意义，印刷出版的进度也因此而神速。事实上，《中国新图志》于 1654 年 3 月通过审核，1655 年 1 月 7 日即获得皇家特许（Baldacci，1983，p.61）。无论是《中国新图志》本身，还是把它作为琼·布劳名下的其他地图集的增补内容，即《寰宇全图或新地图集》（*Theatrum Orbis Terrarum sive Atlas Novus*）和后续的《大地图集》（*Atlas Maior*），一经发表它们都引起了轰动并获得了巨大的成功。对荷兰乃至欧洲来说，后面的这两部作品是地理和地图文化史上的扛鼎之作，而关于亚洲的信息正是它们原先的空白。这就是卫匡国在荷兰制图师与编辑协助下完成创作的重要意义。

那个时代的地理学家们习惯把地图集叫作"世界的舞台"，它代表了学者们为展示地球的真实模样而尝试把当代地理知识呈现到纸上的努力，也起到了唤醒公众去了解并参与欧洲殖民扩张的作用。世界，应该作为某种一体化的现实来进行构想和表现，它的真实地域延展以及尚未明了的内在或外联的动态，都需要得到体现。

琼·布劳制作发行的《寰宇全图或新地图集》是因卫匡国的《中国新图志》而得到订正完善的两部世界地图集中的第一部，这部作品由两卷构成，于 1635 年首次编辑出版，之后经过多次增补。二十年后的 1655 年，借助卫匡国的《中国新图志》又完成了涉及中国部分的第六次增补出版工作（Van der Krogt，2000，p.107）。《寰宇全图或新地图集》是当时非常重要的一部世界地图集，卫匡国作品的加入使这部地图集声名鹊起、身价倍增。不久后的 1662 年，它被琼·布劳编撰得更加有机和完整的第二部作品《大地图集》所超越（Koeman，1970；Van der Krogt，2000，pp.7-316）。《大地图集》采用了数位地图学大师在琼·布劳或其他地图社名下出版物中多年积累的重要信息精华，其中关于亚洲的那一卷，涉及中国的描述仍然取自卫匡国的《中国新图志》（出处同上，p.406）。琼·布劳的《大地图集》是 17 世纪世界地图制作中的典范，也是欧洲在航海和认识世界过程中不可或缺的参考，荷兰商人乃至欧洲商人，谁都不会无视《大地图集》中的信息，而琼·布劳《大地图集》的成功显然也需要归功于卫匡国作品的划时代的意义。正如学者库阿以尼所言（Quaini，2006，p.103），《大地图集》不仅仅是布劳家族的巨作，也不仅仅是那个世纪最昂贵的地图集，它是那个时代最雄心勃勃的一部地理作品，它的巨大成功被1663年至1672年间连续不断的再版所见证。

卫匡国的《中国新图志》意义深刻而重大，这一事实在其他荷兰出版商旗下发表的作品中也得到了充分的体现。1667年，阿塔纳修斯·基歇尔[Athanasius Kircher，德国，1602—1680]发表了轰动一时的作品《图说中国》，他在书中声明自己的作品需要归功于卫匡国，他这样写道："马尔蒂诺·马尔蒂尼神父，特伦托人，著名的《中国新图志》的作者，我曾经教授的数学学科的学生，他为我提供了一个非常了不起的'工具包'……"（Quaini & Castelnovi，2007，p.115）

值得一提的还有布劳家族的竞争对手杨松家族[或用拉丁名称Janssonius Heirs，杰森努斯家族]。杨松（杰森努斯）地图社于1658年出版德文版的《最新世界地图集》（Novus Atlas Absolutissimus），其中第十一卷关于中国的地图集与卫匡国制作的地图集基本如出一辙（Van der Krogt，1997，p.404）。而在此之前，从1638年到1658年，凡制图师约翰内斯·杨松（Jan Jansson）签署的较早期的不称"最"只冠以"新"的世界地图集里，根本就没有出现过中国和亚洲部分（出处同上），以分层图纸为特征的杨松世界地图曾经轰动了整个欧洲。

《中国新图志》之所以在那个时代成为所有地图册呈现东方的模板，关键在于它传递了最新鲜的信息以及它精心的高质量的诠释方式。在卫匡国的中国地图集出现之前，当然也有关于中国的文字和地图，但它们往往"沦陷"在权力的殿堂或学究与爱好者们的狭小圈子里，而这恰恰是耶稣会士卫匡国最不愿意看到的。在荷兰人优先启动的大规模传播地理知识的快速通道上，或者说正是在这地理知识的"民主化"洪流中，卫匡国的忧虑被冲了个烟消云散（Ricci，2013）。

卫匡国《中国新图志》的另一个创新点是，《中国新图志》不仅新在包含了前所未有的地理知识和科学性，也不仅仅因为它在叙述地理的脉络中穿插了论述历史的《鞑靼战纪》，更在于作者为了确保信息面向整个欧洲市场而坚持联袂荷兰的决定，敢冒东方中国与传统欧洲之间的信息渠道之大不韪，也是卫匡国的首创。

当年的荷兰是唯一能够充分重视卫匡国报道的信息并发挥其作用的地方，如果不是荷兰将《中国新图志》公之于众，一切都将令人无从了解。试想，在很长时间里，琼·布劳的父亲威廉·扬兹·布劳为了在制图中仅仅表现中国南海一段，除了拷贝葡萄牙人辗转而来的信息，就只有求证于 1635 年在该海域航行过的荷兰人马丁船长（Maarten Gerritsz de Vries）或者康纳利斯·西蒙兹（Cornelis Sijmonsz）（Schilder，1990，p.302）。因此，我们不难明白《中国新图志》的创新性，也不难明白为什么它对出版界与商业界具有如此重大的意义。

在《中国新图志》之前，布劳地图公司其实经常复制杨松公司的地图，对于中国部分只做海岸线的略微改动，所以，在卫匡国出现以前，这些地图始终存在着相当大的不确凿性。卫匡国的到来部分解决了布劳出版社在地图表达上的问题，进而也部分解决了荷兰的东印度公司在推进尼德兰联省共和国海外贸易扩张与控制过程中遭遇的阻碍。学者帕特里齐亚·卡里奥迪（Patrizia Carioti）在这方面有过如此评论："由于东印度公司的成立，尼德兰联省共和国得以在渗透东方市场的过程中采取统一的经济策略。"（Carioti，2012，p.50）就像东印度公司的成立章程所明确的，它赋予了东印度公司在远东地区以尼德兰联省共和国的名义代表该共和国行使权力。总之，东印度公司获得了在远东海域贸易的绝对垄断权，并被授予签署条约、交易、合同的权力，包括建立基地、任命总督和治安法官、招募士兵的权力。换言之，尼德兰联省共和国通过新生的特权私营公司在东印度群岛展开活动，该公司成为荷兰政府的执行机器（Carioti，2012，pp.49-50）。

为了强调中国信息的重要性，1625 年荷兰东印度公司董事会十七绅士曾致函巴达维亚总督，要求"须第一时间获得中国海岸信息，可望有利之图谋，相信资料不难采集，可趁东亚季风在北方盛行时调遣位于台湾之舰船，不会有损失且成本也低廉；请做好记录、描述、图表等全套并发送我们"。

（Schilder，1990，p.304）

耶稣会士卫匡国初期带给荷兰各省地图产业的影响逐渐进一步辐射到欧洲其他地区和那里的大型地图社，它们都视阿姆斯特丹为同时代最重要的制图中心。

在卫匡国地图集问世的 1655 年，对于欧洲的文化、科学、经济和宗教传统，尼德兰联省共和国所代表的是推动、创新，甚至可谓引领了革命的巅峰（Huizinga，2008 或 1933）。卫匡国中国地图集的出版并不仅仅涉及个人（Keuning，1973），它镶嵌于一幅广阔的、正在体验深刻文化变革的社会图卷中，并且被强劲的扩张脉动推到了世界经济和文化的制高点（Schama，1993）。

如果说确实有那么一部分来自欧洲其他地方的人口，对荷兰的经济和商业发展，对阿姆斯特丹在世界城市之林的崛起发挥了决定性的作用，那么从地理制图的繁荣中，我们不难发现，17 世纪的阿姆斯特丹拥有大都会的气度，它为来自欧洲各地的地理学家、旅行家和文化人士营造了相聚的便利，这里意味着百花齐放的思想表达，也意味着相对巨大的财富以及号召力。

结论：卫匡国的意大利、欧洲和中国

卫匡国《中国新图志》的典型性在于它浓缩了三种文化以及三种领会与表现世界的方式。

首先是意大利式，根据艺术史学家斯维特兰娜·阿尔珀斯（Svetlana Alpers）的诠释，意大利的表现方式可以定义为"叙述性"，即"一幅带框的平面或画板，置于离注视者一定距离的地方，注视的人通过它看到另一个世界或者一个世界的替身"（Alpers，2006，p.5，或 1983）。

其二是荷兰式，更恰当地说是某种"描写性"，即"许多我们通常定义为现实主义的作品所采用的方式，它们拥抱的是……照片的形象模式"（出处同上，p.7）。

最后是中国式，它代表的更多是"象征性"，它是帝国的，它所关联的总而言之是一种从根本上与欧洲截然不同的视野和文化。

《中国新图志》的财富，也可能存在或者尤其存在于这种以向心的方式汇聚不同源泉之精华并丰富它们的特征中，而不论在生产制作范畴还是在表现力范畴，不论是荷兰的还是不仅仅荷兰的，同样的情况也发生在了那个时代的地理文化和制图文化中。

就像奥斯瓦尔多·巴尔达奇（Osvaldo Baldacci）指出的，卫匡国作品的重大意义在于发现了一个真正的中国，无论从地理角度（对风景、城市等现实的描述）还是从制图学的角度（地域形态和轮廓显著接近现实，对许多重要地点的准确定位等）（Baldacci，1983，p.53）。

卫匡国《中国新图志》的扉页上印有一帧富于象征意味的图案，那是在长城上打开的一个"缺口"，关联着开放的寓意，犹如通过地理知识打开了一扇城门，意大利特伦托的旅行家和传教士卫匡国将从这里开始，让来自中国的知识在整个欧洲流动起来。

17世纪末，耶稣会士卫匡国传播的信息已经被所有的欧洲制图师接受，并成为地理制图和世界地图生产中稳定的参考标准，这样的情况至少持续到18世纪上半叶，直到一支法国探险队完成了新的远征以后，才有一些资料在重要程度和技术细节上超越了卫匡国的报道。而有趣的是，1737年这份新地图的印刷地被安排在海牙完成（Baldacci，1983，p.72），仿佛是要为来自中国的信息确立其确实与荷兰关联的渊源。就像所有后来的中国远征，这一次的法国人也是根据特伦托人卫匡国的研究结果完成了自己的行动。

总之，《中国新图志》的出现使人们不能不正视它在勾勒东方世界和中国的有机形象时所带来的创新，因为卫匡国已经为认识中华帝国建立起一个不可逆的转折点。这就是卫匡国对欧洲和世界地理制图的非凡意义。

17世纪，卫匡国为发展地理制图业和为欧洲人认识中国做出了巨大贡献。他的《中国新图志》是引导那个时代的世界地图走向完整的关键部分，而卫匡国本人正是成全了那个时代的一块基石。（图8.1，见彩插）

作者简介

亚历山德罗·理奇（Alessadro Ricci），获罗马第二大学（Università degli Studi di Roma Tor Vergata）和阿姆斯特丹大学联合博士学位，分别在阿姆斯特丹大学和特伦托大学进行专题研究，发表了有关全球化、政治地图学、政治地理学和 17 世纪的低地国等课题的论文和著作。目前在罗马第二大学从事教学研究，研究课题为地理、地图和权力动态之间的关系。担任意大利地理公司总秘书，为政治地理学会（Geopolitica）的推广者之一，继续研究协会（Ricerca Continua）的创办人之一并任该协会主任职务。

著作：《不确定的地理：一种模式危机和它的现代表征》（*La Geografia dell'incertezza. Crisi di un modello e della sua rappresentazione in età moderna*），罗马，2017 年。

参考书目

1. Adams J.：《贸易国、贸易地：世袭制在荷兰近代早期发展史上的作用》（Trading States，Trading Places. The Role of Patrimonialism in Early Modern Dutch Development），见《社会与历史比较学》（*Comparative Studies in Society and History*）第 36 卷，N.2，第 319—355 页，1994 年。

2. Adams J.：《委托人和代理人，殖民者及其忠诚者：荷属东印度群岛殖民地控制权的衰落》（Principals and Agents，Colonialists and Company Men. The Decay of Colonial Control in the Dutch East Indies），见《美国社会学评论》（*American Sociological Review*）第 61 卷，N.1，第 12—28 页，1996 年。

3. lpers S.：《描述的艺术：荷兰 17 世纪的科学与绘画》（*Arte del descrivere. Scienza e pittura nel Seicento olandese*），Bollati Boringhieri 出版社，都灵，2004 年（初版 1983 年）。

4. Baldacci O.：《卫匡国中国新图志的制图价值与时运》（Validità cartografica e fortuna dell'Atlas Sinensis di Martino Martino），见 Giorgio Melis 编《地理学家、制图师、历史学家和神学家的卫匡国》（*Martino Martini. Geografo，cartografo，storico，teologo*），特伦托，特伦蒂诺自然科学博物馆，1983 年。

5. Barbour V.：《17 世纪阿姆斯特丹的资本主义》（*Capitalism in Amsterdam in the 17th Century*），安娜堡（Ann Arbor），密歇根大学出版社（The University of Michigan Press），1950 年。

6. Boxer C.R.：《荷兰的海上帝国：1600—1800》（*The Dutch Seaborne Empire：1600—1800*），企鹅出版社（Penguin Books），伦敦，1965 年。

7. Boxer C.R.：《在亚洲的荷兰商人与水手：1602—1795》（*Dutch Merchants and Mariners in Asia，1602—1795*），Variorum Collected Studies 出版社，伦敦，1988 年。

8. Brook T.（卜正民）：《维米尔的帽子：17 世纪和全球化世界的诞生》，（*Il cappello di*

Vermeer. Il Seicento e la nascita del mondo globalizzato），Einaudi 出版社，都灵，2015 年。

9. Castelnovi M.：《第一部关于中央帝国的地图集：卫匡国对中国地理知识所做的贡献》（*Il primo atlante dell'Impero di Mezzo. Il contributo di Martino Martini alla conoscenza geografica della Cina*），特伦托大学卫匡国研究中心（Centro Studi Martino Martini）出版，2012 年。

10. Braudel F.：《物质文明、经济学和资本主义：15 至 18 世纪》（*Civiltà materiale, economia e capitalismo-secoli XV—XVIII*），第二部分，《交换的游戏》（I giochi dello scambio），Einaudi 出版社，都灵，1981 年。

11. Braudel F.：《物质文明、经济学和资本主义：15 至 18 世纪》（*Civiltà materiale, economia e capitalismo-secoli XV—XVIII*），第三部分，《世界的时代》（I tempi del mondo），Einaudi 出版社，都灵，1981 年。

12. DaiPrà E. 编：《制图学历史与卫匡国》（*La storia della cartografia e Martino Martini*），Franco Angeli 出版社，米兰，2015 年。

13. Prà E. 编：《卫匡国的所作所为：西方文化转折的时刻与因素》（*Le opere di Martino Martini: momento e fattore di svolta nella cultura occidentale*），Franco Angeli 出版社，米兰，2015 年。

14. J. 和 P. De La Court：《关于国家或政治平衡的思考》（*Considérations sur l'État ou La Balance Politique*），Jean Cyprien van der Gracht 出版社，阿姆斯特丹，1662 年。

15. de la Court P.：《荷兰的利益》（*Interest van Hollandt*），阿姆斯特丹，1662 年。

16. de Vries J. 和 Van der Woude A.：《第一现代经济：1500—1815 年荷兰经济的成功、失败和坚守》（*The First Modern Economy. Success, Failure, and Perseverance of the Dutch economy 1500—1815*），剑桥大学出版社（Cambridge University Press），剑桥，1997 年。

17. Farinelli F.：《世界的迹象：现代地图形象与地理论述》（*I segni del mondo. Immagine cartografico e discorso geografico in età moderna*），La Nuova Italia 出版社，佛罗伦萨，1992 年。

18. Farinelli F.：《地理：世界模式入门》（*Geografia. Un'introduzione ai modelli del mondo*），Einaudi 出版社，都灵，2003 年。

19. Farinelli F.：《制图危机》（*La crisi della ragione cartografica*），Einaudi 出版社，都灵，2009 年。

20. Federzoni L. 编：《佛兰德斯人与欧洲：空间及其代表》（*I Fiamminghi e l'Europa. Lo spazio e la sua rappresentazione*），Pàtron editore 出版社，博洛尼亚（Bologna），2001 年。

21. Goedings T.：《德克詹斯·范桑滕与劳伦斯·范德汉姆地图集的着色》（Dirk Jansz. Van Santen and the colouring of the Atlas of Laurens van der Hem），见 Van der Horst K. 编奥地利国家图书馆的《布鲁斯·范德赫姆地图集》（*The Atlas Blaeu-van der Hem of the Austrian National Library*）之《地图集与摹本制作的历史》（*History of the Atlas and the Making of the Facsimile*），Hes & De Graaf 出版社，荷兰 Houten，2011 年。

22. Hollstein F.W.H.：《荷兰和佛兰芒的蚀刻、版画和木刻：约 1450—1700 年》（*Dutch and Flemish Etchings, Engravings and Woodcuts ca. 1450—1700*），Menno Hertzberger 出版社，阿姆斯特丹，1949 年。

23. Huizinga J.：《17 世纪的荷兰文明》（*La civiltà olandese del Seicento*），Einaudi 出版社，

都灵，2008 年（初版 1933 年）。

24. Israel J.I.：《荷兰共和国：1477—1806 年的兴衰成败》（*The Dutch Republic, Its Rise, Greatness, and Fall, 1477—1806*），牛津大学出版社（Oxford University Press），牛津，1995 年。

25. Israel J.I.：《1647—1674 年英国对荷兰世界贸易优先权的重商主义回应》（*England's Mercantilist Response to Dutch World Trade Primacy, 1647—1674*），见《帝国的冲突：1585—1713 年的西班牙、低地国以及世界霸权的争夺》（*Conflicts of Empires: Spain, the Low Countries and the Struggle for World Supremacy, 1585—1713*）（作者同上），第 305—318 页，汉布尔顿出版社（Hambledon Press），伦敦／里奥格兰德（London／Rio Grande），1997 年。

26. Keuning J.：《威廉·詹斯·布劳：一位制图师和出版商的工作史与传记》（*Willem Jansz. Blaeu, A Biography and History of His Work as A Cartograogher and Publisher*），《寰宇全图》（*Theatrum Orbis Terrarum*），阿姆斯特丹，1973 年。

27. Koeman C.：《荷兰的地图和地图集收藏：它们的历史与现状》（*Collection of Maps and Atlases in the Netherlands: Their History and Present State*），博睿学术出版社（Brill），荷兰莱顿，1961 年。

28. Koeman C.：《琼·布劳和他的"大地图集"》（*Joan Blaeu and his "Grand Atlas"*），《寰宇全图》（*Theatrum Orbis Terrarum*），阿姆斯特丹，1970 年。

29. Longo G.O.：《绘制中国的耶稣会士：卫匡国的生平和作品》（*Il gesuita che disegnò la Cina. La vita e le opere di Martino Martini*），Springer 出版社，米兰，2010 年。

30. Melis G. 编：《地理学家、制图师、历史学家和神学家的卫匡国》（*Martino Martini. Geografo, cartografo, storico, teologo*），特伦蒂诺自然科学博物馆，特伦托，1983 年。

31. Prak M.：《17 世纪的荷兰共和国》（*The Dutch Republic in the Seventeenth Century*），剑桥大学出版社（Cambridge University Press），纽约，2009 年。

32. Quaini M.：《阿特拉斯的神话：近代西方制图学史》（*Il mito di Atlante. Storia della cartografia occidentale in età moderna*），Il Portolano 出版社，热那亚。

33. Quaini M. 和 Castelnovi M.：《天朝之国的景象：西方地图中的中国》（*Visioni del Celeste Impero: L'immagine della Cina nella cartografia occidentale*），Il Portolano 出版社，热那亚。

34. Ricci A.：《不确定的地理源头：17 世纪的荷兰商业资本主义》（Alle origini della geografia dell'incertezza: Il capitalismo mercantile nell'Olanda del Seicento），见《地理档案》（*Documenti Geografici*），15 期，第 27—52 页，2010 年。

35. Ricci A.：《地理表达的艺术：荷兰黄金时代制的地图与绘画比较》（L'arte del rappresentare geografico. Un confronto tra cartografia e pittura nel Secolo d'oro dei Paesi Bassi），见《意大利地理学会公报》（*Bollettino della Società Geografica Italiana*），第 XIII 系列，第 IV 卷，第 655—677 页，罗马，2013 年。

36. Ricci A.：《"道德地理"和对自然风险的集体理解：艾米利亚地震造成的地域后果》（"Geografie morali" e percezioni collettive dei rischi naturali. Conseguenze territoriali del terremoto in Emilia），见 *Geografica*，6。

37. Ricci A.：《全球地理、政治和贸易：卫匡国与黄金时代的荷兰制图学》（Geografia,

politica e commerci globali：Martino Martini e la cartografia olandese del Secolo d'Oro），见 Dai Prà E 编，著作名已引用，同第 12 条注释。

38. Ricci A.：《不确定的地理：一种模式危机和它的现代表征》（*La Geografia dell'incertezza：Crisi di un modello e della sua rappresentazione in età moderna*），Exòrma 出版社，罗马，2017 年。

39. Schama S.：《丰盈的不适：黄金时代的荷兰文化》（*Il disagio dell'abbondanza：La cultura olandese dell'epoca d'oro*），Mondadori 出版社，米兰，1993 年（初版 1987 年）。

40. Schilder G.：《荷兰地图丰碑》（*Monumenta Cartographica Neerlandica*）第 1 卷，Canaletto 出版社，莱茵河畔的阿尔芬（Alphen aan den Rijn，荷兰），1986 年。

41. Schilder G.：《荷兰地图丰碑》（*Monumenta Cartographica Neerlandica*）第 3 卷，Canaletto 出版社，莱茵河畔的阿尔芬（Alphen aan den Rijn，荷兰），1990 年。

42. Schilder G.：《荷兰地图丰碑》（*Monumenta Cartographica Neerlandica*）第 4 卷，Canaletto 出版社，莱茵河畔的阿尔芬（Alphen aan den Rijn，荷兰），1990 年。

43. Spinoza B.：《神学政治学论文集》（*Trattato teologico-politico*），Bompiani 出版社，米兰，2001 年。

44. Stevenson E.L.：《威廉·詹森·布劳：1571—1638 年》（*Willem Janszoon Blaeu：1571-1638*），美国西班牙博物馆（Hispanic Society of America），85。

45. Sutton E.A.：《荷兰黄金时代的资本主义和制图学》（*Capitalism and Cartography in the Dutch Golden Age*），芝加哥大学出版社（Chicago University Press），芝加哥，2015 年。

46. Van der Krogt P. 编：《科曼的尼德兰地图集》（*Koeman's Atlantes Neerlandici*）第 1 卷，Hes & De Graaf 出版社，荷兰 Houten，1997 年。

47. Van der Krogt P. 编：《科曼的尼德兰地图集》（*Koeman's Atlantes Neerlandici*）第 2 卷，Hes & De Graaf 出版社，荷兰 Houten，2000 年。

48. Tommasini U.：《海洋对现代的影响》（*L'influenza del mare sull'êra moderna*），1904 年 4 月 1 日在罗马职工俱乐部举行的学术会议记录，摘自罗马海军联盟档案 14、15 和 16。

49. Wallerstein I.：《世界现代经济体系》（*Il Sistema Mondiale dell'Economia Moderna*）第 3 卷，Il Mulino 出版社，博洛尼亚，1982 年。

50. Wilson C.：《荷兰共和国》（*La Repubblica olandese*），米兰，Il saggiatore 出版社，1968 年。

51. Scheurleer D.F.：《航行和战斗》第 1 卷：1572—1654 年（*Van varen en van vechten. Deel 1：1572—1654*），New folksounds 出版社，海牙（'S Gravenhage），1914 年。

天朝画师郎世宁

马可·穆思罗（Marco Musillo）

佛罗伦萨艺术史研究所

导　言

　　18 世纪中国清朝的三位皇帝康熙、雍正、乾隆所推崇的绘画，不仅代表了中国传统艺术发展历程中的一个重要阶段，还具备一个鲜为人知的首创性，即在中国传统绘画语言的基础上吸收了一部分形成于 17 世纪到 18 世纪之间的意大利北方的绘画原理与准则。在“全球化”这个词语常常被不恰当地使用的年代，我们需要强调的是，这条至今还没有引起西方美术界充分注意的艺术手法之先河，代表着现代世界中绝无仅有的风景。为清代君主所关切的不同寻常的“艺术加工”提供了最出色服务的画家，无疑是米兰出生、米兰培养的朱塞佩·卡斯蒂廖内（Giuseppe Castiglione，1688—1766），他有个中国名字叫郎世宁。在这段历史现象的参与者中，包括中国人和欧洲人，郎世宁是那位因高产、敬业、成果突出而成功服务了三代清朝皇帝的难能可贵的艺术家。近年来，画家郎世宁在北京的职业生涯受到了尤其来自中国与美国学界的关注，而郎世宁在故乡意大利如何完成了自己的艺术培养及职业训练，包括在那里的早期创作情况，大家都只有非常粗略的了解。为此，我们将在这里对郎世宁的早期艺术和文化身份中的一些关键元素进行追溯和分析，试着把它们与他在中国度过的漫长而非凡的艺术生涯联系在一起。

导言同时需要提醒的是，郎世宁作品研究的独特性在于其与生俱来的"复杂性"，尤其体现在画家和耶稣会的关系上，这种关系曾经并且还在被宗教所宣传利用。虽然郎世宁的世俗身份和使命在过去已经通过耶稣会自己的档案文件得到了广泛证实，但近来，某些耶稣会成员的学者又在重新炒作那个伪信息，宣称郎世宁的艺术才能来自耶稣会的栽培，郎世宁的主要身份是传教士。这种错误的但在布道界尚可理解的圣徒式的颂扬，为历史额外增加了一份歪曲信息，它源自盎格鲁—撒克逊系汉学研究中的帝国主义冲动，在这种情形下，郎世宁又落入了耶稣会的版本，再次被描述为传教士而不是一名自我成就的独立的艺术家。这是一种扭曲，是天主教为了保持传教历史的独立性，为了与 19 世纪典型英国流派的政治经济唯我独尊的种族殖民利益保持距离而造成的扭曲。可是直到今天，当人们对欧洲与中国之间被含糊其词地定义为所谓"文化的"或"全面的"交流进行研究时，它仍然被当作唯一的切入点，具体的艺术交流则完全被排除在外。最近发展起来的郎世宁研究，尤其在北美学术领域，遵循的还是后者的视角，鉴于要强调全球历史，他们回避切入严格意义上的知识或艺术领域，而实际上这些领域所呈现的文化的复杂性恰恰是不适合一刀切地简化了事的。比如，这种导向下的研究把郎世宁的作品错误地评论为"杂交"，认为它是一幅既不属于中国传统也不属于意大利传统的绘画，是一个二合一的怪物。这种诠释下的研究结果，当然也不会承认清朝的皇帝们才是在欧洲之前率先资助并实现了绘画"全球化"的演绎。这种研究在相同的局限里划出了一段艺术史，说的是文化交流，却只强调中国借鉴欧洲的内容，比如中心焦点透视及其相关的几何原理，而这些绘画原理其实早在郎世宁之前几十年就已经进入了中国。在这类研究中，闭口不谈的还有当地艺术家的研究活动，包括他们对绘画的理解。恰恰是因为这些本土艺术家做好了准备，所以对于来自欧洲的理论或技巧，他们能用完全中国式的理解并带着长远的目光和艺术认知欢迎郎世宁的创作活动。最后就是那个被人们忽略了的至关重要的因素：郎世宁的作品之所以得到了中国艺术体系的部分认可，既没有沦为传教界昙花一现的过往，也没有流于一名外国艺术家寻求绘画猎奇的个人冒险，离不开清朝皇帝们的积极赞助和支持。

米兰岁月

　　郎世宁离开故乡远赴中国前的资料，今天能找到的少之又少。郎世宁出生的家庭原在圣马尔切利诺教堂（San Marcellino）管辖下的教区，这个教堂于19世纪废除，原有的教堂文档目前保存在米兰迪奥切萨诺档案馆（Archivio Diocesano di Milano），其中有郎世宁出生洗礼的一套文件，证明这位画家出生于1688年7月19日，洗礼名"朱塞佩·西蒙内·特奥多罗"（Giuseppe Simone Teodoro）；一起归档的还有他一位出生后只活了八个月的妹妹的洗礼记录，以及他1690年12月17日出生的弟弟"乔瓦尼·巴蒂斯塔"的洗礼文件。郎世宁父母的姓名完整显示在同一间教堂的婚礼登记文件上："彼得·卡斯蒂廖内和安娜·玛丽亚·维戈内于1684年5月24日缔结婚姻。"姓氏"卡斯蒂廖内"（Castiglione）或"卡斯蒂廖尼"（Castiglioni）在意大利尤其在伦巴第和米兰地区很普遍，原是一个贵族家庭的姓氏，后来分化出不同支脉。可惜我们至今无法确定郎世宁出生的家庭属于该姓氏的哪条分支。在画家逝世后，有一本北京出版的回忆录证明了他的家庭来自社会的优渥阶层，这本回忆录很可能出自斯洛文尼亚天文学家及耶稣会士刘松龄（Ferdinand Augustin Hallerstein，1703—1774）之笔，他在回忆录中称自己是郎世宁生前好友，称郎世宁来自贵族家庭，幼年在父母家中接受了启蒙教育。

　　这本回忆录还提到少年郎世宁曾经在一位非常出名的米兰画家的指导下学习，我本人在过去的研究中已经得出结论，郎世宁的老师应该是米兰画家菲利普·阿比亚蒂（Filippo Abbiati，1640—1715）。17世纪末至18世纪，菲利普·阿比亚蒂在米兰拥有一间生意兴隆的画馆，订单源源不断，众多学生和助手跟随他为订制作品加班加点。无论从作品风格还是从长幼两位画家的活动年表比较，都有充分的依据证明郎世宁与阿比亚蒂的师生关系。按照当时的习惯，在一位著名画家的画馆里当学徒，学徒期费用要由学生的家长承担，这在一个侧面说明只有一个富裕阶层的家庭才可能允许郎世宁走上职业画家的道路。此外，画馆收徒有年龄要求，介于六岁至十岁之间。我们可以想见，郎世宁于 17 世纪后期已进入画馆当学徒，1707年，当十九岁的郎世宁来到热那亚耶稣会士见习所时，应该早已有作品存世。当年轻的艺术家来到热那亚，耶稣会已经知道他作为一个画家的价值，在他从里斯本登船出发去中国之前，他们要求他为教会画了两幅油画，还为见习生的食堂画了七幅。这两份订单对郎世宁来说实在是不轻的任务，但对耶稣会会士们来说是一个既能获得高质量的画作又无须支付画家费用的难得的好机会。宗教机构承担的唯一费用可能就是画布和颜料，而郎世宁肯定从米兰带来了他随身的画笔，这些画笔将与绘画的纸张、挑选过的颜料和其他绘画工具一起跟随他直到中国。热那亚的这两份订单中，至今仍然存世的作品是年轻的郎世宁为见习生餐厅绘制的那七幅，目前收藏在热那亚的马丁内斯慈善院（Pio Istituto Martinez），其中有两幅借 2015 年中国台北博物馆郎世宁作品展之际首次在意大利境外展出。郎世宁留存热那亚的均为大幅作品，宽 170 厘米，高 270 厘米，充分展示了他师从阿比亚蒂的绘画印记。

如果把郎世宁创作的《马萨和米利巴》（*Massa e Meriba*）（图 9.1，见彩插）与今天收藏在勃艮第博物馆的阿比亚蒂的《圣安德雷的殉难》（*Martirio di Sant'Andrea*）（图 9.2，见彩插）进行比较，我们可以列举出学生郎世宁从老师那里吸收并重新诠释的手法。首先是占据画布第一线空间的大幅形象的构图，它们被分配在两侧幕布之间并通常以一个或两个人物形象作为主要的角色出现在整个场景的中心位置，其他人物则混合在一个较远的空间层次。其次是以非连续线条和几何风格为特征的帷幔设计，选用鲜艳亮丽的色彩并注重笔下人物的面貌特征。这些创作手法，尤其是灵活处理画作空间结构的能力，后来也帮助郎世宁解决了一些北京"订单"中面临的问题。但到了北京，郎世宁并没有采用纯粹的意大利方式使用这些技法，而是对它们进行"翻译"，同时符合了清廷要求的传统绘画原则。当然也有被郎世宁带到北京且不经任何"翻译"处理的阿比亚蒂式绘画手法，主要涉及较为困难的明暗对比技巧，无论是在有阴影的侧射光情景下，还是像在中国绘画中的弥漫光下，它能使诸如皮革、织物、金属、动物毛皮、陶瓷等绘画所要表现的不同质地的物品表面在视觉中拥有良好的质感；还有就是描绘动植物的技巧，这是17世纪晚期米兰画家们特有的看家本领。特别是马，它几乎就是阿比亚蒂的标志性签名。出现在《圣安德雷的殉难》画面左边，背上坐着骑士的马，可以与郎世宁画作中总是出现在左侧的马做个比较。我们在郎世宁作品的马脸中已经可以看到他发挥在这种动物身上的绘画技巧，它将使郎世宁名扬北京城。阿比亚蒂的作品使郎世宁绘画中的米兰传承变得一目了然，也让人们清晰地看到，这位画家接受早期艺术熏陶时所处的环境对于他后来在中国执行绘画的"翻译"起到了多么重要的作用。例如，郎世宁在清廷收到的绘画任务常涉及花鸟、朝廷驯养的戎马忠犬肖像图以及其他野生动物形象，郎世宁没有像其他艺术培训环境出身的欧洲艺术家那样把这些当作一种限制，而是把它们作为一项任务，这本就是伦巴第地区订制绘画的常规。事实上，在郎世宁青少年时代生活的伦巴第大区，以鲜花、水果和活的动物为主题的静物与风俗画正是订制画中的典型，这些动物有时是画面故事叙述的对象，有时是动物肖像。

还需要在这里重申的是，郎世宁在米兰学到的技巧不应被视为与意大利的绘画主题不可分割的固定的二元程式。比如，怎样画一匹马的技巧是不会改变的，它可以出现在诸如《马萨和米利巴》的宗教题材的意大利油画里，也可以出现在一个非宗教的战争题材的意大利绘画作品中，那么在郎世宁那儿，它自然也可以体现在《乾隆皇帝大阅图》这样的一幅中国画里（图9.3，见彩插）。这意味着，除了他的绘画技巧和绘画能力，不能用绘画的主题或者是与之相关的宗教来评判这位米兰艺术家的作品。诚然，艺术家在中国或者在意大利创作的主题可以大相径庭，但这些撼动不了绘画的品质。有必要澄清这一点是因为，过去有许多学者认为，由于清朝皇帝对绘画题材的限制，郎世宁一直处于无法充分发挥自己绘画技巧的境地。这个假设完全站不住脚，因为郎世宁在北京接到的绘画订单数量和在中国获得的成功在事实上否定了这样的观点。因此，在阿比亚蒂工作室学徒的早期经历，对于郎世宁后来成为那位以极佳的专业性和艺术品质成功服务于清朝君主的画家来说至关重要。同样因此，我们不能不就 17 世纪阿比亚蒂一类的画馆提出几个重要的问题：它们是怎么运作的？郎世宁在他艺术家的早年生涯中又是如何学习的？

阿比亚蒂主持的画馆，既接受私人客户的各种单件绘画和住宅壁画订单，也接来自教堂、修道院和公共建筑的布上画或壁画订单。那些要求覆盖大面积的壁画订单一般归入重大项目，例如教堂要求绘饰的礼拜堂、侧壁和拱顶。项目的重要性并不一味取决于订单佣金的高低，能够使一份订单相较另一份显得更重要的，往往在于地方权力机构或下单方可以为作品带来的社会知名度。意大利单词中的 bottega 在这里等同于英文中的 workshop[1]，可是这些称谓都无法完全表述清楚阿比亚蒂"生产"绘画作品的空间究竟是什么样子，里面又有着怎样的劳动分工。事实上，阿比亚蒂画馆并非一间拥有两三个助手和模特的画家工作室，更确切地说，我们需要把它想象成一家小型"工厂"，其"劳动力"构成分为普通工人、学徒（学生）、为画家大师配备的不同水平级别的助手。准备颜料和画布是郎世宁当年作为刚入画馆的年轻学徒（学生）需要做好的功课，除此之外的功课就是不断地练习画画，年轻的学徒们必须反反复复地临摹，既要临摹"厂"里陈列的通常由画家"师傅"创作的素描、绘画、雕塑等各种形式的样板或模特，也要临摹"厂子"或"铺子"外面大街小巷里凡是能看到的被本地的"行业标准"所认可的各种艺术表达形式。随着绘画技术的日渐熟练，像郎世宁那样的年轻人开始从"师傅"那里接到分配给他的作画任务，这些任务通常是画作中的个别细节，而整个作品中最困难、最重要的部分，比如主要人物的面部、手和衣服，还有动物的毛皮、金属或陶瓷器具的效果处理，总是由画家亲自执笔。类似的合作也可以转移到"画馆工厂"的外面，比如当阿比亚蒂接了墙上绘画的订单，这时需要采用的是壁画技术，即以石灰、水和其他矿物质混合而成的新鲜砂浆材料完成绘画任务。中国也有同样类型的绘画，只是所在地方不同，采用的材料成分也会有个别变化。这类绘画通过颜料混入砂浆一起塑形，便于在较长时间跨度里不因氧化而

---

1 以前所谓的"铺子""作坊"，现在也称"工作室"。

变色或磨损。这类订单项目的完成需要众多"劳动力"，他们或为在墙壁上实施的作品准备素描图案，或为建筑物高处作业安装脚手架，或准备石膏，等等。而这种创作通常需要多个画家来共同完成，例如阿比亚蒂就曾经与米兰同行一起带着各自的助理人员（毫无疑问其中也有郎世宁）共同完成类似的项目。由于参加同一幅壁画创作的艺术家常常人数众多，要想在这样的作品中把一位画家的手笔与另一位画家的区分开来，时至今日几乎已经成为不可能。我们只能通过阅读他们当年签订的合同来确定谁参与了那个订单项目的创作。我们必须记住这样的创作模式，因为当我们认为郎世宁在中国创作的大部分作品是与其他画师们共同执笔完成的时候，我们应该意识到的是，并非这种创作模式限制了郎世宁，相反，我们应该把这种努力的合作理解为北京和米兰共有的惯常做法，正是这种"惯常"使画家郎世宁得以表达他师从阿比亚蒂所学会的与"同事们"通力合作的能力。

素描与错视

不断的素描练习和实践使郎世宁拥有了不管遇到任何绘画对象或题材都能够逼真描绘的基本功，这种绘画语言的表达天赋应当是他在中国取得成功的要素之一。诚然，素描学习不排除任何主题的训练，无论是动物、蔬菜还是人类，虽说与中国相比较，我们的注意力或许更多集中在人物形象上，对自然风景的关注少一些，但无论如何，只要是出现在画家眼前的东西，就都可以通过素描来勾勒。还有一个并非无关紧要的细节，郎世宁素描功底的训练有素还表现在他能在不同的绘画技巧间游刃有余，比如他可以将铅笔、墨水以及水粉恰到好处地结合在一起运用，这种表现手法的多样性进一步说明了为什么郎世宁对有着完全不同文化背景的中国传统拥有超强的理解力，因为所有的一切都从绘画的技巧开始。举个例子，有一幅题为《一位圣徒的光荣》的素描作品（图9.4），它是阿比亚蒂为一座今天已经不为人知的教堂的拱顶壁画所做的准备工作，可以说，这幅素描代表了郎世宁从米兰学习生涯中获得的绘画技巧，因为郎世宁的老师在这份作品中把一支红色铅笔、一支鹅毛笔和墨的痕迹结合在了一起。正如我们

图 9.4 《一位圣徒的光荣》(*Gloria di un Santo*)。菲利普·阿比亚蒂(Filippo Abbiati,意大利,1640—1715),素描,高 40.5 厘米,宽 27.2 厘米,意大利贝加莫,卡拉拉博物馆(Museo Carrara Bergamo)。

所看到的,如果拿这种让线条和色块展开对话的方式去比对中国书法和绘画中水墨线条的技巧,二者事实上共享了异曲同工之妙。伦巴第的米兰市对郎世宁素描技巧的训练,最终使他出类拔萃、与众不同。这位画家能够依靠这一技之长随时随地(哪怕在旅途中)为自己的图像档案库增加素材,直到最后同样靠着这一功底学会了他国的绘画技巧。

当郎世宁还只是米兰城里一个学画画的小学徒时,他跟所有的年轻画家一样习惯时时在口袋里揣着纸笔,不管走到哪里,总可以用它们去捕捉任何自己觉得有趣的东西。我们了解到,这位画家在赴中国的旅途中带着一套工具,可以画素描和小幅的绘画。与郎世宁同道前往中国的医生朱塞佩·达科斯塔(Giuseppe da Costa,1679—1747)曾在一封 1715 年 10 月的书信里写到,在一次两广总督接见他们的过程中,画家郎世宁掏出一张底子已经完全涂成一块木板样子的画布,在上面画了一些带有图案和文字的立体感极强的纸张,还有一副眼镜。在广州等待进京许可的那段时间里,郎世宁开始为两广总督画肖像,他先在纸上做素描,画到一半病倒了,就让人去取来总督的衣服,在没有真人临摹的情况下继续他的肖像创作,直到最后才把人物的脸补到肖像画上。刚下船不久的郎世宁因为这幅肖像被广州人赞不绝口,实在应该感谢的还是那套从米兰带来的画具和颜料吧。

在郎世宁向两广总督展示的第一幅画作中，我们终于见识了郎世宁在米兰阿比亚蒂工作室学到的最后一样重要本领，这项本领在画家留存热那亚的画作中并未体现，但就像达科斯塔在信中说的那样，它是郎画家职业行囊中最重要的宝贝。郎世宁在广州出示的那幅小型作品正是所谓的"错视画"，它"欺骗"视觉，让观众以为看到的真是一块木头的表面而不是一块画布，而画在上面的物件的效果也绝对可以以假乱真。达科斯塔在信中还叙述道，许多看到那幅小画的观众忍不住伸手去拿画上的那副眼镜却不得，让围观者忍俊不禁开怀大笑。这个基于特定几何原理的图像处理技巧也源自阿比亚蒂的教学，即被描绘的物体必须正好放在与观众的视线和物体所在的空间平面相一致的位置。事实上，这幅小型"错视画"带来的视错觉原理经常被用在宫殿和教堂的壁画中，尤其是希望作品最终能达到一种真实建筑、真实物体或人物的错视幻觉效果时。这一绘画技巧也解释了为什么郎世宁曾经在一封书信中自称是安德烈·波佐（Andrea Pozzo，1642—1709）最理想的学生，安德烈·波佐是另一位有耶稣会俗家弟子身份的画家，他不仅是"错视画"大师，也是这个流派的重要理论家。事实上一到中国，郎世宁就和年希尧[1]一起着手翻译波佐的专著《建筑与绘画透视》（*Perspectiva Pictorum er architectorum*）（罗马，1693 年），这部作品图文并茂，成为青年画家的实用手册，最后它以《视学》的书名于 1735年在北京出版。值得留意的还有，17 世纪末正是"错视画"在意大利的最后发展阶段，作为伦巴第的特产，它经过克雷莫纳和贝加莫两座城市的培育之后来到米兰。

郎世宁的老师阿比亚蒂也有一幅类似的错视画，收藏于米兰的斯福尔扎城堡（Castello Sforzesco）（图 9.5，见彩插）。我们在这幅作品上看到画布同样被绘成木板，上面放着不同的物品：一根带子把绘有图画的纸张、书信、一支鹅毛水笔和一支画图用的彩笔连在了一起。这种绘画技巧为研究和理解中国清朝的"通景画"也打开了一扇重要的窗户。通景画［也称

1　年希尧（1671—1738），字允恭，清代大臣，历任工部侍郎、内务府总管及左都御史等要职。

"贴落"]的"订单"主要由乾隆皇帝在 18 世纪下半叶签发，由在墙面和顶棚装裱的大幅借以形成建筑和空间错觉的绘画构成。郎世宁正是这一绘画技巧的老师之一，他把从阿比亚蒂老师那里获得的知识传授给了中国学生，其中就有后来成为这方面专家的姚文翰和王幼学，这些中国画家陪伴来自米兰的郎世宁几十年如一日地共同工作，在郎世宁去世之后，他们依然活跃在各自的创作中，直到 18 世纪的 80 年代（图 9.6，见彩插）。完好保存在"倦勤斋"（故宫宁寿宫花园，俗称"乾隆花园"）等地的错视画，可谓见证了通景画的巨大成功，可它们究竟是通过怎样的对话才由郎世宁递交到中国大师们的手中，这个令人感慨的过程，至今仍有待探究。这是一次漫长的对话，从阿比亚蒂错视画中可以乱真的木板，到郎世宁的另一位学生——中国画家伊兰泰（活跃于 1749 年至 1786 年）以《花园门北面》为题创作于 1783 年至 1786 年间的铜版画中所表现的圆明园宫殿前的木桥（图 9.7），横跨这两块"木板"的是米兰画家郎世宁一辈子的职业生涯，一个在米兰当学徒的郎世宁，一个在北京教学相长的郎世宁。

结　论

时至今日我们可以肯定地说，郎世宁的绘画艺术个性来自菲利普·阿比亚蒂，从不同类别的素描到布上画，从壁画到错视画中的形象，正是这种阿比亚蒂式的囊括各种绘画技巧的高品质的教学过程，成就了郎世宁的艺术特征。当年轻的郎世宁从老师那里收到在米兰的作画任务，他同时也获得了实践和验证这些绘画原理与技巧的机会。阿比亚蒂跟他的学生一样，也经常走出米兰向不同流派的大师学习，比如他在威尼斯和罗马都经历过绘画学习和训练，最后回到了故乡米兰。当时意大利的不同地区和城市有着众多的绘画流派，向不同的传统学习，这就是郎世宁在米兰学会的最伟大的一课。然而，与返回故乡的老师唯一不同的是，郎世宁远赴中国学习和创作后，再也没有回到米兰。18 世纪初，耶稣会士们发现了郎世宁，意识到这是一位年轻有为的画家，他才华横溢但在故乡还没来得及攒足名气进入艺术大师的花名册。他仿佛一个幽灵，没有在意大利留下太多的痕迹，但就在为奔赴中国

图 9.7A 《花园门北面》（局部）。伊兰泰（清朝宫廷画家，生卒年不详），圆明园西洋楼透视图铜版画二十幅之一，1783—1786 年。

图 9.7B 《花园门北面》（局部）。伊兰泰（清朝宫廷画家，生卒年不详），木桥板，圆明园西洋楼透视图铜版画二十幅之一，1783—1786 年。

从里斯本码头登船起航的最后一刻，郎世宁收到了来自葡萄牙女王——奥地利的安娜·玛丽亚的"订单"：为她的两个儿子绘制肖像。尽管这对王子的肖像今天早已不知去向，但这位年轻画家的艺术才华在那样的时刻以那样的方式得到了肯定。女王的订单让郎世宁不得不推迟中国行程，也让已经为他安排了整个中国行程的耶稣会士们顿时火冒三丈。

郎世宁生前，无论在欧洲还是在中国，都获得了人们对他绘画才能的肯定，这种肯定超越了文化和宗教的背景。最后我们还是要为这个简单的事实再次做个澄清，在郎世宁出生的时代与地点，宗教信仰是无法选择的，郎世宁跟意大利半岛上的所有居民一样，生为天主教徒；但生活在那个时代的意大利画家们收到的订单是没有界限的，它们的题材往往既有宗教的也有世俗的，换言之，即便在那个时代，艺术创作的需求囊括的是整个文化现实而非仅仅被限制在宗教现实中。所以，对郎世宁那样的艺术家来说，宗教并不是构成其艺术个性的重要组成部分；相反，他的艺术教养与审美激情，他对一种神圣观的探索——在这种神圣观里艺术可以催生自然、人类与美的观念的相互交融，这些才是最重要的，而这种神圣的概念源自文化的定义而非神学定义，为此，它向艺术交流而非宗教交流缓缓地敞开。所以，虽然郎世宁的作品并不属于艺术在中国与欧洲之间展开的一次平衡对等的交流，但它代表了一次独特的对话，在这过程中，米兰画家一边向中国绘画传统学习，一边也用他在母国获得的知识丰富前者。至于把郎世宁的作品判断为既不属于中国传统也不属于意大利传统的"杂交"论调，那是对中国在文明史上率先就对话的愿望达到高度认知的否定，这种愿望恰恰是欧洲从来没有过的，因为它正在为如何建设以传播基督教和盎格鲁—撒克逊贸易模式为基础的殖民地而孜孜不倦地努力。在郎世宁从中国寄回的信件中，我们从来没有读到过关于中国缺少艺术自由的抱怨，他在书信中总是那么积极和充满激情，他在信中描写那些在欧洲不曾见过的东西，述说准备用自己的图画为当时和后来的学生制作绘画教材等。从北京发往意大利的这些信件洋溢着一名成熟的艺术家的心声，他不再挣扎于自我或自己原来从属的文化，而是思考绘画的语言，这种语言永远不可能成为万能的通用语，因为中国画依然将是中国画，西洋画也依然还是西洋画，但它有能力让不同国家的人民之间开始对话。（图 9.8，见彩插）

作者简介

马可·穆思罗（Marco Musillo），曾就读意大利博洛尼亚大学（Università degli Studi di Bologna）、英国东安格利亚大学世界艺术研究与博物馆学院（School of World Art Studies & Museology / University of East Anglia）和洛杉矶盖蒂研究所（Getty Research Institute）。马克斯·普朗克学会（Max-Planck-Institut）佛罗伦萨艺术史研究所（Kunsthistorisches Institut）的研究员。研究主题：现代中欧艺术关系。主要研究方向：

18 世纪的意大利和中国绘画、东西方历史学和美学以及东亚和西方设计史上的艺术技巧的转移。

论文:《关于郎世宁——朱塞佩·卡斯蒂廖内的作品》《关于 16 世纪日本在意大利的使命》《关于欧洲想象中的中国戏剧》。

著作:《闪光的传承:1699 年—1812 年清廷的意大利艺术家们》(*The Shining Inheritance: Italian Artists at the Qing Court, 1699—1812*),美国盖蒂研究所出版,2016 年;《耳语有形》(*Tangible Whispers*);《被忽视的邂逅:东西方艺术对话的历史》(*Neglected Encounters: Histories of East-West Artistic Dialogues*),Mimesis International 出版,2018 年。

《百骏图》（局部）。郎世宁，绢本设色。

Marco
the Stranger

03

辑
三

The Silk Road Past
and Present between

Italy and China

圣洛伦佐大教堂。热那亚，12—13 世纪建造。

热那亚往事·城

伊莎贝拉·克罗齐（Isabella Croce）

热那亚大学

综 述

12世纪上半叶，阿拉伯杰出的地图学家伊德里西[1]正作为宫廷地理学家生活在西西里王国罗吉尔二世位于巴勒莫的诺曼王宫中，在那部著名的《罗吉尔之书》（又称《渴望周游世界者的快乐》）的地理志中，他对热那亚和热那亚人有过这样的描述：

> 热那亚，一座古老的城市，有着优美的环境、令人心旷神怡的步道和宏伟的建筑。它伏卧在比莎纽湍流边，四处开辟了可以播种的田地，屋舍与村庄星罗棋布。这座城市盛产富商，他们也许经营的是普通买卖，也许完成的是不畏艰难的壮举，总之，追随着风险不一的事业，他们不是奔走在陆地的商路上，就是航行在汪洋大海里。热那亚人拥有强大的舰队，既擅长攻城略地，又

1　Al Idrisi，约1099—1164年，生于塞卜泰，今摩洛哥休达。

谙熟执政之道，是所有拉丁人中威望最高的族群。

伊德里西不仅把热那亚描述为一个重要的港口，还把这座城市定义为地中海的真正门户，它是通往伦巴第、罗马、安科纳和拉文纳的所有陆路的起点。Genua［热那亚古称］，这个名字最早可能源自凯尔特语，单词原义为"嘴"，用以纪念比莎纽河右岸的水源地。令这个名字的含义与用途一锤定音的事件发生在 1212 年，Genua 的拼写被拉丁化为 Janua，即拉丁文中的"门"，因为这扇"门"，门神雅努斯为热那亚建城铺下基石的传说就此拥有了渊源。

传说中的雅努斯，脑袋前后各有一副面孔，一张脸凝望着过去，另一张脸注视着未来。双面门神的这一造型深入人心，而热那亚那道笔直插入海洋的陡峻之地，恰似门神的化身，成为掌管出入的门户。西塞罗回忆录中的利古里亚人是"苦涩的山岭之子"[1]，他们靠着吃苦耐劳和坚忍不拔"驯服"了嶙峋的土地，并从这片"窄窄的、舔舐着海水的微薄之地"出发，去征服世界。他们是船东、船长和水手，是绘图师、探索者，也是战士、冒险家和银行家，他们"摆渡"货物、知识、语言、思想、事物与人群，他们成为使者。他们是航海者，大海是他们的生命，上苍（帝）是他们唯一的庇护者，也是他们唯一忠于的主人。他们才华横溢，对世界充满了想象力，他们勇敢、务实、进取、百折不挠并且引以为豪，他们是天生优秀的生意人，以至于"热那亚人"几乎成为"商人"的代名词，12 世纪流传着这么一句话：热那亚人，即商人（Januenses，ergo Mercator）。

皮科洛米尼[2]对热那亚人有过这样的描述："诚实，身材高大，气度不凡……聪明，不逊于任何人的宽宏大量……勤劳，挨得了饿吃得起苦"；"他们在大海上发号施令，令所有人望而生畏"；"关于他们的重重遭遇，关于他们冲破了何等艰难险阻，在海上建立起如何不可一世的辉煌功勋……一切的一切，让世人错愕惊叹，难以置信。然而，期待着赢利带来无与伦

1　Ligurian，拉丁文 Ligus，利古里亚人，指公元前一千年间居住在包含现今热那亚地域的地中海西北岸的古代民族。
2　Enea Silvio Piccolomini，1405—1464，历史学家，曾任枢机主教和教皇。

比的快感，千难万险以及所有的忍无可忍，都变成了心之所向的无往不前……"彼特拉克（Francesco Petrarca, 1304—1374），人文主义的奠基者，与但丁一起被尊为文艺复兴之父的意大利学者和诗人，曾满怀钦佩地将热那亚誉为"王道之城，她坐落在耸立的山丘上，高傲又伟岸的热那亚人就是她的城墙，昭示着她海上之王的风采"。彼特拉克，将热那亚的全体市民比作环抱这座城市的高墙，自此，海洋的领主——热那亚人，这个响亮的声誉赢得了公认，经久不衰。

　　然而，正是这座他们曾无数次离开的城市，热那亚人并不满足于建造它，确切地说，他们一次又一次地把它带到遥远的地方，一个又一个地陈列起来，仿佛一出"保留剧目"，重复着经典的回放。也许，这并非单纯为了营造"家"的快乐，更是出于安营扎寨、延续买卖的优良机制的考虑。这应该是热那亚人专有的空间经营理念。在令人棘手的狭窄空间里，要对艰难陡峭的领土上的不动产执行罗马法的古老惯例和标准，能够从司法和实测边界的重围中杀出一条活路来的，必然不只是某种"态度"，而是根深蒂固的"思维模式"。

　　热那亚自古对其领土拥有自治权。公元952年，意大利王国时期的贝伦加里奥二世（Berengar II）和阿达尔伯特（Adalbert）签署了文件，正式承认热那亚在其地域范围内司法完全独立，保证其领土享有不可侵犯的权利并豁免全体热那亚居民与官员的税赋。这是城邦时代以前的自治先河。而在后来的历史时空里，又出现了一位替热那亚的领土"主权"和"特权"立下汗马功劳的杰出人物，古列尔莫·安布里亚科（Guglielmo Embriaco），绰号"双头木锤"[1]，热那亚大商人。"双头木锤"率领热那亚的物资船队帮助第一次东征的十字军占领了耶路撒冷城（1097—1099），这一丰功伟绩不仅为热那亚争取到税收与领土特权，更为热那亚的贸易打开了前程似锦的崭新局面。而几乎同时期，1098年，热那亚成立了城市公社（Compagna Communis），执政官制的城市共和国就此诞生，六名执政官由公民推选产生，其中一位由地方主教担任，另外五人来自贵

1　Testadimaglio，古代用于屠牛的工具。

族或新兴阶层，每届任期四年。这种自治的政治共同体，旨在调和内部矛盾，对城市与港口的有效管理起到了不可或缺的作用。海内外发生的这两件绝非偶然的事件，成为当年热那亚城邦启动港口与城市的规划性建设的最佳契机。

城市公社，至少在刚开始时并非面向全体热那亚人，那是"一个志愿者参加的临时性的协会"，只要承诺遵守惯例，即一年中至少定居城邦三个月，任何一位"合适有用"的男子都可以加入。对那些航海的人来说，要做到这一点并不容易。至于同时还须保证不对其他市民武器相向，在这座充满派系纷争，动不动就抄家伙办事的城市，就更难了。

1099年起，民法事宜归城邦执政官（consules de communi）管理。他们虽然不具备司法职能，但实际上他们必须协助民事法官（judices civitatis）执行判决，这种状况至少延续到1133年，直到负责监督民事法官的"地方司法行政官"（consules de placitis）出现。后者是司法权力从国家政治管理中明确分离出来的标志。

除了行政与司法体系，正当热那亚着手打造城市结构与外形时，热那亚人开始驰骋海洋、结盟四方。在海外，他们谋取定居点和最惠国待遇，开辟出自己的贸易驿站和商业殖民地；他们编织着纵横交错的关系网络，商业范围逐年扩大，贸易数量成倍增长。贸易和财富的增长鼓励了热那亚的第一轮城市化进程。1130年，起到市政管理作用的城市公社分裂成七个（后续八个）区域性的分公社，作为具有经济、政治和军事性质的自由协会，每个分社被委派装备一艘加莱船。这些分社尽管以街区划分并拥有各自的出海口，更多拥有的是某种司法象征而非（地图上的）城市区划。但恰恰随着这些城市公社分社的出现，热那亚的首轮城市化建设接踵而至。

12世纪初的热那亚，尤其在它的东面，居住人口稀少，鲜有建筑物覆盖。那时候，热那亚城市范围内的22公顷土地，半数以上掌握在教会手里，它们被圈在名为"加洛林"（Carolinge）的城墙内。这道城墙建于9世纪末，围绕着城市的"摇篮"喀斯特鲁姆（Castrum）山岗和圣安德雷（Sant Andrea）山岗矗立，然后贴着952年起作为热那亚主教教堂的圣洛伦佐（San Lorenzo）下行，一直到大海。有人驻扎的地方，被划分为城墙内的"军营"

（castrum）和"市民"（civitas）片区，以及城墙外的"乡镇"（burgum），即原先的主教堂圣西罗周边，包括从西面入城被叫作"大车路"或"直路"（carrubeus major o rectus）的轴心通道（今圣卢卡路［Via San Luca］）两侧。

短短几年内，城市扩张变得刻不容缓，最大的压力来自港口功能及其体系扩容的需要，于是，热那亚掀起了1130年至1180年的第一次城市化进程。为了保护公共和私人权益均不遭受侵犯，热那亚城市公社的执政官们前后通过了一系列密集的法令和公告，及时出台了多项措施，对整个城区加以更加精准的管控。具体表现在对城区范围的整合和扩大，公共利益空间的界定，明确了具体的权益归属和措施，以防止私有财产侵入甚至吞噬公共空间，哪怕是隐形的占用，诸如跨越公共街道的建筑物之类；而涉及港口、码头工程、比莎纽河水域和海岸的国有权益也得到了维护与保障；确定了城市观景台、市集广场和特许屠宰场地的选址；确定了城墙的周长，从而为城市设防规定了必需的范围；甚至还明确了可建造地块，并将它们交给教堂和宣誓效忠城邦政府的封建领主。所有的新建工程都在相应的监管之下进行，以保护毗邻产权者的有关权利不受侵害，例如光照和视野；碉楼的建造高度和用途得到了明确限制与管控，如果有人将碉楼用于攻击和残害生灵，或给城邦同胞带来战争的灾难，他就必须承担巨额赔偿甚至面临更为极端的惩罚。确实，在那个年代，因为类似情况而被全部或部分摧毁的碉楼并不罕见。

事实上，那就是一次真正意义上的城市规划，它揭示了一种独特而成熟的文化现象。就像我们即将看到的，热那亚的历史支持了这样一个论断：作为特殊的城市意识与城市文化，城市规划在热那亚的出现，得益于港口"机器"以及源自这部"机器"的各类综合体对其技术性与功能性要求的激发，也就是说，有一座港口，它早于任何其他生产结构，最先发出了自己的呼声。（图10.2）（图10.1、图10.3，见彩插）

城　墙

中世纪的城市少不了城墙、城堡和教堂。

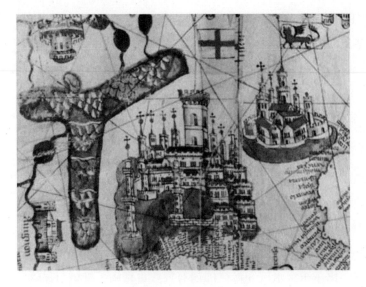

图 10.2 《热那亚城》。15 世纪，阿尔比诺·德·卡内巴航海图局部，图案标识出热那亚与威尼斯一西一东两座海上城邦国共和国。意大利地理学会藏。

　　位于热那亚弧形城墙最高处的，是 1162 年建于蒙特阿尔巴诺山上（Montalbano）俯瞰全城和海港的卡斯特雷托城堡（Castelletto）。这里原本就建有堡垒，作为制高点，备受蓄谋夺取这座城市的外来势力的觊觎，为此，这座城堡总是处在拆毁与重造的轮回中。建有城堡的山脚下，立着一座哥特式的圣方济各大教堂及其附属的"托钵修会"[1]的修道院，建于 1250 年。圣方济各大教堂是当时热那亚最大的教堂之一，在它附属的修道院里，无论庭院、回廊，还是菜园子，都设计得特别开阔，井然有序。自古以来的城墙"红线"长期遏制着热那亚城向背后的山地扩张，导致托钵修会至 13 世纪下半叶已经在城墙内拥有了两座大型修道院，一座就是前面说过的方济各会修道院，另一座是同年略早建造的多明我会（S. Domenico）修道院。到了 1260 年，还在萨尔扎诺街区加盖了奥古斯丁派的大修道院（Santa Tecla）。托钵修会之所以如此在意保有热那亚城墙内的大面积的"存在感"，与别处并无二致的是奔着城市的财富而来，但在热那亚的理由还不止于此。有一个值得注意的现象：阿拉伯语的翻译人员在欧洲其他地方的宫廷里极为罕见，但在那个时代的热那亚，城邦政府的书记员和公证人正洋洋洒洒挥写着阿拉伯字母对外发送公文。托钵修会，特

1　Mendicanti，也称"乞食修会"。

别是自诩为伊斯兰教和基督教文化的首席调解员的多明我派，之所以扎根热那亚，是因为这儿有一片得天独厚的可用武之地。无独有偶，当年陪伴托钵修会的修士们踏上漫漫丝绸之路的同路人，通常不也正是热那亚人吗？

城堡和教堂，都可谓一座中世纪城市的捍卫者。而对于热那亚，更值得一书的保卫者，也许还是它的城墙。城墙，意味着城市的边界。通过城墙，可以追溯城市曾经的外形。事实上，中世纪的城市通常总是一座带着围墙的城市，它是在强烈的对比与二分法下组织并形成的物理空间。从城墙自带的对抗性，产生了内与外、城与乡、敌与友的区别，而这一逻辑对于墙内的一切同样有效。城市的空间形态，是友好、亲近、不睦等社会关系的物质表现，是结盟与冲突、竞争与合作以及所有这些关系之变化的具体描绘。尽管可能因"失焦"而显得模糊，但在实际中，城市，的确就是一幅关于持续交流的集合体的物理图像。

9 世纪末的加洛林墙到了 12 世纪已经无法继续担纲城市守卫的角色。为扩张中的热那亚城邦确立了新的边界的城墙修造于 1155 年至 1163 年间。当时，热那亚已经分别巩固了与拜占庭帝国和西西里王国的关系，它们是热那亚人在东方航线上的中途港和宿营地，1155 年，被人们叫作"红胡子巴巴罗萨"（Barbarossa）的士瓦本的腓特烈刚刚出兵抵达意大利不久，他在帕维亚接受铁皇冠，加冕成为意大利国王。热那亚人不能允许自己在乱世中失去珍贵的独立，防御腓特烈一世兵马来犯的城墙正是在这样的背景下竖立了起来，这道城墙也因此被命名为"红胡子之墙"。为了火速完工，热那亚城邦的家家户户倾巢而出，全体公民无一不投身于筑墙工程。而红胡子的腓特烈，最终并没有露面。

"红胡子之墙"高逾 11 米，由 1070 个城垛沿着 5520 英尺（约 1682 米）的周长闭合；它拥抱了占地 55 公顷的城市（原古城围墙环抱 22 公顷），蜿蜒在城墙巡逻道下的正是城市的壕堑渡槽。城墙设九座城门，主要的出入口是其中的三座，崇高之门（Porta Soprana）、珍贵之门（Porta Aurea）、信仰之门（Porta di Santa Fede），各辅以一对宏伟的塔楼为标志。

1320 年至 1327 年间和 1347 年至 1350 年间，热那亚又分两次修建了另外一圈城墙，将位于东边的圣斯特凡诺区（S. Stefano）和西边的圣托马索区（S. Tommaso）也纳入了城市范围。这圈城墙高约6至10米，配有城垛、塔楼和带城堞的巡逻道。纳入城墙内的城区面积达到了155公顷。

热那亚的陆上城墙后续又经历了多次重建和加固，海上城墙的拓展工程于1536年启动，以1551年加莱阿佐·阿莱西（Galeazzo Alessi）的作品"码头之门"（Porta del Molo）落成而告终。

然而，能够为热那亚城邦的高墙代言的，当属嵌在"红胡子之墙"的崇高之门上的铭文：

> 以全能的圣父、圣子、圣灵之名义。我拥有壮士成林和万人仰慕的铜墙铁壁，我凭我的力量，拒敌人的干戈于千里之外。如果你带着和平前来，请正大光明地触摸这些门扉吧！如果你想讨伐征战，那就等着大失所望、溃不成军、逃之夭夭！东南西北，谁不知晓，热那亚这坚强之门，驯服过多少纷纭战乱！

崇高之门的碑铭告诫着每一位试图跨越这道门槛的人：Genoa——Janua——门。它让众所周知的热那亚的声名时刻回响，让世界的目光在这座城市面前生出敬畏。这种在别处已经使用过的双重比喻，早已获得了热那亚和非热那亚人的一致认可，它也证明了一个事实，即所有的建筑首先都经历了想象中的虚构，而关于这种想象，建筑本身会保存它的声音和力量。这是中世纪的语言，一种讽喻的修辞，这种语言成了石头、房屋、街道和港口，而石头和城市也在鉴别建造并居住于其中的人群。这种风景是如此讲求永恒和执着于无法剔除的形式、空间和路径，而事实也正是如此发生的。

海滨商廊

1133年的海滨商廊工程（ripa maris）预告并触发了热那亚的城市建造进程。这个天才的创意来自一项真正的城市规划，它是根据城邦执政官的要求，按照一份极为精确的设计方案，在一排现有的楼房外立面附加建造连续的商用拱廊（emboli）的计划。这是一种带石质券柱的构造，拱券高度至少 10 英尺、深 9 英尺（约 3 米 × 2.7 米）。由于建筑物滨水最近处只有 4.5 米的距离，为加强堤岸对海浪的抗击力，在这排建筑物完全可展开的范围内，堤岸的基座被夯实，形成了一道坚固的海岸防护墙。

这项工程的建造成本由外廊建筑物所依附的房屋所有人承担，作为交换，城邦执政官允许这些房产持有者借机扩大个人的不动产面积，前提条件是他们必须保障附属商用拱廊的公有性，并且保证不向在拱廊下做生意的商家提出任何补偿要求，也不得以任何方式阻碍或影响该公共空间的充分使用。另一方面，城邦当局还采用了一项重要的商业管理措施，即对在拱廊内进行经营活动的商铺征收一项"占地"税。11 世纪中期建成的部分城市引水渠也沿着商业拱廊铺设，这部分水渠作为新设施替代了早年为这里的八座喷泉供水的罗马引水渠。海滨商用拱廊从伐卡城门（Porta dei Vacca）一直延伸到码头，长约 903 米，建设资金完全来自私人，但无论从它的商业公共属性考虑，还是从海事基建的角度衡量，这都无疑是一项关乎集体利益的工程。

拱廊下汇聚了各行各业的商铺：木匠铺靠近码头，鱼肆和挨着羊毛行会的兵器铁器铺就在卡塔内伊（Cattanei）家族码头的后面，而对着基亚瓦里（Chiavàri）家族码头的是一家刀剑铺子，卖陶器和玻璃器皿的商家位于斯比诺拉（Spinola）和卡尔维（Calvi）两大家族的码头之间，斯比诺拉家族的码头附近还有石匠在干活。在伐卡门的旁边，酿酒师、鞣皮师和羊毛师傅的铺子一字排开，当然还有织丝匠、药剂师、小百货商等。地下仓库外加天花板上面多出的半层工作空间成了这些商铺的标准配置，铺面正对着川流不息的街道，那里每天都有临时的摊位支起来，展示着形形色色的商品。来往的人声混合在各种手工劳动的嘈杂中，石匠在打石料，敲击声此起彼伏、震耳欲聋；商贩吆喝着各自的生意，声嘶力竭；讨价还价或者缠着公证人喋喋不休的，是操着不同语言、各执一词的买方和卖方；成群结队的航船，仓皇在到达和离开的混乱中，伴随着装卸力夫的大呼小叫；驮货的牲口被赶向伐卡门的水槽边解渴，它们晃荡着口鼻，撒了一路的叫唤声、鼻息声。

于是，滨海商用拱廊成为了彼特拉克吟唱的那道"楼房的大理石之弧"，一种最具城市象征性的建筑，也成为城市建筑行为中最具复制价值的范本，它几乎就是城市有机体的一枚遗传基因。更确切地说，券柱式商用拱廊不仅为城市滨海的正面景观和城市的内在空间赋予了标志性的体征，其工程所践行的公私联合经验也卓有成效地转化为一股尤其旺盛的生命力，从码头建设到外来人口接纳设施的开辟，公私联营的运作模式一直推动着这座城市的发展，无论面对怎样的课题，它总能拿出一份独具创意的"热那亚方案"。

建造滨海商用拱廊的同时，热那亚正在完成一项立法工作，即明文规定航海者和商人有义务向地方行政机构缴纳"靠岸税"，这项税收收入将用于码头和港口的各种工程投入，由于滨海商用拱廊的产权一部分为大主教持有，所以收入的一部分也被用于修造圣洛伦佐大教堂。并非巧合，滨海商廊落成之日恰逢西罗二世（Siro II）晋升大都会区主教。诚然，在当时人们的心目中，一座不具备主教尊严的城市怎能配得上"城市"的称号呢！（图 10.4、图 10.5、图 10.6）

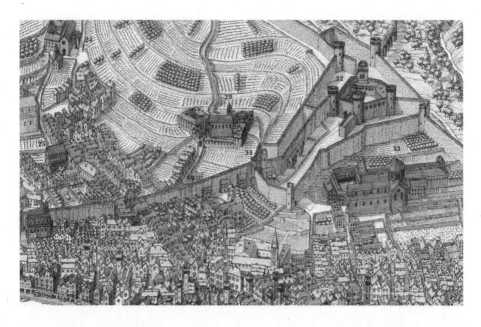

图 10.4 热那亚，卡斯特雷托城堡（Castelletto）和圣方济各教堂并修道院。根据克里斯多弗·格拉斯（Cristoforo Grassi，16 世纪，生卒年不详）的绘画作品，Guido Zibordi Marchesi 做布上钢笔画（Ennio Poleggi、Isabella Croce 重绘）。

图 10.5　热那亚，大教堂、总督宫、费拉里亚（Ferraria）市场、圣多明我教堂、圣安布罗乔教堂。根据克里斯多弗·格拉斯的绘画作品，Guido Zibordi Marchesi 做布上钢笔画（Ennio Poleggi 、Isabella Croce 重绘）

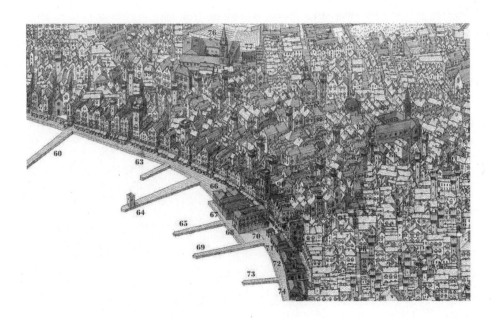

图 10.6　热那亚，海滨商廊和栈桥。根据克里斯多弗·格拉斯的绘画作品，Guido Zibordi Marchesi 做布上钢笔画（Ennio Poleggi、Isabella Croce 重绘）。

码　头

　　作为重要的港口设施，热那亚的执政官们对修造和维护码头投入了极大的关注和精力。

　　最初修建的老码头，位于热那亚弧形港湾的围合之处。最初，它只是从陆地探入海水的一个小小的半岛，面积逾三公顷，上面竖着一座灯塔，长期以来由一位负责维护修缮的地方官员监管。与滨海商廊一样，城邦当局采取了相同的城市系统改造措施，即将它规划为两大块需要规模化开发和建设的地块，投放给私营业主租赁使用。自从 1134 年通过码头工程议案，城邦政府开始征收相关税赋，它们成为早期工程建设的资金来源。1418 年起，城邦政府将税收的高额回报委托给圣乔治银行（Banco di San Giorgio）管理。几个世纪里，老码头历经海水侵蚀或风暴损毁，几经修缮加固或再建，资金来源包括 1248 年起在"爱心慈善工程"名目下募集的热那亚市民临终遗赠的善款。1299 年底，老码头首次延长到 86 米左右，至 1825 年，这片码头的入口至灯塔之间的距离延长到 608 米。堤面以石块夯实，沿堤另筑一长道吸收波浪冲击力的礁石阵，堤身附建方便登陆的台阶，堤上筑有城墙环绕。整座码头高出海平面约 5 米。

　　在老码头"臂弯"的最高处竖着一座以"灯笼"为名的碉楼，1326 年，人们曾经在它上面配置了一座很大的灯塔，被称为"大灯笼"。而在热那亚弧形港湾另一端的海角，遥遥相望地竖立着另外一座灯塔，这个海角也因此得名为"灯塔之角"。这座灯塔从 1128 年就站在那里了，本是一座瞭望塔，在使用中兼作灯塔。1325 年，这座灯塔终于拥有了一盏油灯，在此之前，要向海上来客指示港口的位置，全靠在塔顶燃烧金雀花和石楠花的树枝。今天，在这个位置上，仍然矗立着一座指示热那亚港地标的灯塔，但它已是 1543 年改建在旧塔址上的一盏新"灯笼"了。1637 年，为对抗灾害性的地中海西南风，热那亚在这片海角范围内规划建造了"新码头"，以区别于最初修建在另一头的"老码头"。

　　老码头上，是密集的集市与劳动现场，光顾这里的人群每每来自当时

已知世界的各个角落，一派熙熙攘攘、
人声鼎沸的景象。这里聚集着与航海
业沾边的所有工匠：斧头师、铁匠、
桨匠、钉匠、帆匠、木匠、船舶填缝
师、箍桶匠等。1173年至1177年间，
这里建造了圣马可福音堂，挨着教堂
墓地矗立着港口维护官的官邸，不久，
港口维护与市政维护合二为一，职责
包括监督和防范河流冲刷对原本并不
太深的海港造成更多的淤积。保障疏
浚的同时，需要监管农民在面向海港
的山地上建造和耕种梯田。城邦的盐
务部、盐库和零售盐铺也在这里，还
有城邦冶炼厂、小麦码头、渔业会、
制刀会、希腊人商会和他们的碉楼、
圣巴巴拉医院、酒馆食肆、喷泉浴室，

图 10.8　1320 年的热那亚海港灯塔，《利古里
亚与热那亚历史》插图。作者 M.Dolcino，出
版社 ERGA。

图 10.7　热那亚海港灯塔，《1481 年的热那亚港》局部。克里斯多弗·格拉斯，布上胶画，1597 年。
热那亚，加拉太海洋博物馆藏。

可谓应有尽有。就连城市的两座屠宰场之一，以及一墙之隔关押"赖账人"的监狱，也在这座老码头上。（图 10.7、图 10.8）

船坞与船厂

在老码头内侧堤岸的环抱下，有一汪浅浅的水域，堤坝为它挡住了从撒哈拉吹来的西洛可风，它在古代图纸上标记的名称叫卡佛内（Gavone），离旁边圣马可教堂和水滨之间分别作为希腊人商会和石匠商会的敞廊很近，那里有几座小巧而结实的海滩埠头伸出去，探向清浅的水面。1276年这里建起了第一座系船池，俗称"达森那"船坞（Darsena），长约83米，宽约74米，水深从开始的仅约50厘米直到后来的约3.7米。这座船坞的底部经常得到清洁和疏浚，成为抵达和返航货船的避风港，也为造船提供了场所。1576年扩建时，它被改名为"曼德拉乔"小船坞（Mandraccio），水深达到5.5米。

1180年前，在水边一处芳草萋萋的小山脚下，奔赴耶路撒冷的骑士们为从热那亚往返圣地的朝圣旅客修建了教堂、招待所等一众设施。在这片"香客"出没的青草地（Pré）旁，有个冠名为"圣墓"并供乘客上下船使用的水域，由于原"达森那"船坞的水深有限，1215年，"新达森那"船坞工程在这里启动。最初它只是一座附带塔楼的小型系船池，1306年扩建，一道小堤分开两汪相通的水池：东边停货船，名叫"葡萄酒船坞"；西边专门留给加莱船，或用于停泊和建造战舰。尽管它的全盛期要等到15世纪下半叶，但事实上，随着"新达森那"船坞的扩建，这里不久就出现了军舰修造厂［也称兵工厂或军火库］。普通船坞和军舰修造厂四周都围绕以碉楼构建的防御工事。

栈　桥

"我们从港口的南面进入，然后向东转，抛下锚点。这是个狭窄的港口，进港下锚停靠时需要把船尾和船首都绑定。小船则可以完全进入到最东头并锚定在那里。"土耳其的舰队司令皮里·雷斯（Piri Reis，1521—1526）对在热那亚靠岸的操作方法有过这样的叙述。由于港湾入口宽窄和一向令人担心的吃水深浅问题，在严密监督并不断维护海港水底的同时，皮里·雷斯所说的操作步骤确实成为了靠岸热那亚港的规范。但并非所有的船舶都可以进入港口，大型船舶起初会停泊在较远的海面，货物被转载到较小的船上运入，之后才能在码头卸下。

栈桥，是蔚然于热那亚城邦港口的风景。修建栈桥可以使码头伸出岸壁，获得较高的水深。

在这些栈桥中，有以附近居住的大家族姓氏命名的，如靠近老码头的"波尔戈纽尼栈桥"（Borgognoni，1349），后因附近居住的世家发生变故又改名为"卡塔内伊栈桥"（Cattanei）；有以经营栈桥的家族姓氏命名的，比如几乎位于港湾中心位置的"斯比诺拉栈桥"（Spinola），它曾经由热那亚贵族斯比诺拉家族长期控制；更多的栈桥则以某种货物或用途来命名，如"葡萄酒栈桥""刀具栈桥""木材栈桥""贩鱼栈桥""关税栈桥""石灰栈桥"，等等。

热那亚人一直极为重视并热衷于大理石贸易。围绕这一商品，热那亚人开辟了多重、多种的经营，从大理石的开采，到汇同伦巴第建筑师协助之下的预制建材加工和成品再销售，热那亚人几乎垄断了大理石上下游的所有产业。大理石从一开始就受到热那亚人的追捧，他们从1160年就开始经营卡拉拉（Carrara）出产的白色大理石，外加利古里亚海岬本地特产的拉瓦尼亚黑色石料，一黑一白日后均成为市场尤为青睐的城市建材。显然，彼特拉克和布拉斯哥·伊本纳兹[1]都将热那亚称为"大理石之城"，实非偶然。

在这座12世纪就开始用砖石、大理石取代木材进行建造活动的海港城市，木结构的栈桥却被呵护了相当长的时间。只有到了14世纪末，通过石料重建的栈桥才如小荷尖尖初展头角，与石料栈桥相匹配的登岸石阶和大理石系船墩也才应运而生。（图10.9、图10.10）

---

1 Vincente Blasco Ibanez（1867—1928），西班牙文学家。

图 10.9　码头、圣乔治宫、海滨商廊，《16 世纪的热那亚》（壁画局部）。热那亚，多利亚-斯皮诺拉宫。

图 10.10　热那亚，1760 年的皇家栈桥和圣乔治宫。安东尼奥·乔尔菲（Antonio Giolfi，1721—1806），
铜版画（1760—1769）。

海洋宫殿

热那亚的城邦执政官体制在经历了将近一个世纪的风光后，城市公社的幸福时光消弭殆尽。1191 年，内讧争斗的加剧迫使城邦的多位领事执政制不得不让位于由一名外来"市长"（Podestà）主导并联合一位教士和一个长老会协助管理的新的政府体系，然而，对于调和派系矛盾，这一变革并没有带来任何期望中的积极作用。热那亚人在这个时期没有停止扩张，但种种迹象都在透露危机。1256 年，愤怒的热那亚人用石头砸走了从米兰请来的城邦最高行政官，推举已经是共和国议员的古列尔莫·博卡涅格拉（Guglielmo Boccanegra）为热那亚共和国的第一任"人民队长"。

博卡涅格拉，出身平民，其家族因向共和国提供各种服务而广为人知。这是一位极具才干的商人，拥有公认的军事、政治甚至建筑设计才干，看上去像是有能力为共和国恢复秩序与尊严的不二人选。获得最高权力后的博卡涅格拉不辱使命，在每一城区各四名共计三十二名长老的辅佐下，进行了雷厉风行的改革和城市重组，并创造条件带领热那亚于 1261 年和拜占庭的巴列奥略王朝米海尔八世签署了《南菲宏条约》（*The Treaty of Nymphaeum*），因为这份条约，黑海航线和在"蒙古和平"（1215—1368）期间重新兴盛的丝绸之路贸易向热那亚人（包括比萨人）敞开了大门与便捷的通道，同时置威尼斯人于不利之势。也因此，热那亚人在 13 世纪达到了商业和领土扩张的巅峰，他们的前哨推进到越来越遥远的地方：从香槟集市到克里米亚、北非，他们经手的货物品种，从丝绸、羊毛、明矾、香料到宝石、金银、食糖等，数量品种之多，不胜枚举。由于金融和航海技术的巨大进步，包括冬季航行渐成惯例，从 1214 年到 1274 年，热那亚的贸易量成倍增长，而 1274 年至 1293 年更是翻了两番。因为他们发达的航海技术，手执先进的航海地图驾驶着轮式转向舵的大型、重型船舶，这样的画面早已成为热那亚人的经典形象而深入人心。1291 年，维瓦尔第兄弟（Ugolino Vivaldi 和 Vadino Vivaldi）勇敢穿越直布罗陀海峡，先于威尼斯人打开了佛兰德斯和英格兰的航线和贸易。

热那亚人走得有多远，热那亚城邦的成长就有多快，他们的港口装备也就有多精良。1260年，正是应共和国首任"人民队长"博卡涅格拉的要求，在原码头修建领头人奥利维里奥（Oliverio）修士带领下，码头和卸货码头的扩建工程开始了，同时也启动了"海洋之宫"（palacium magnum maris）的建造，这是第一座象征热那亚城邦政府的建筑物，它位于港口最热闹的地方，将成为活跃非凡的港城中心。修造"海洋之宫"的建材直接来自被拆除了的威尼斯驻东罗马君士坦丁堡的大使馆，拜占庭皇帝米海尔八世用这样的馈赠表达对热那亚人援助自己收复君士坦丁堡的嘉奖，而那对石狮子，威尼斯守护神圣马可的象征，也成为宿敌热那亚共和国装饰门面的最隆重的奖杯。通过一座"市民政治中心"的建筑物，把共和国政府的世俗权力，从神职人员把持的以圣洛伦佐大教堂为核心的宗教势力当中分离出来并且加以弘扬，这就是"海洋之宫"落成的意义。

　　然而，古列尔莫·博卡涅格拉执掌的政权才短短几年就被城市贵族们颠覆了，"海洋之宫"很快改作他用。当"海洋之宫"变为"海关大楼"，原"城邦大楼"属性的政府办公地，不得不经历从一座私宅迁移到另一座私宅的几十年的颠沛流离，直至1294年才终于在大教堂背后的主教住宅附近落定了新的选址。这一通过合并、新建等各种工程最后才落成的热那亚总督宫（也称公爵宫）建筑群，且不说后续又折腾了几个世纪的修补、改建与扩建，仅从选址的"齐头并进"原则看，中世纪的世俗权力与教会实在是脱不了亲密纠缠的干系。

　　港口的"海洋之宫"已经摇身变成"海关大楼"。1408年，它还为一个负责公共债务和城邦税收管理的公共金融机构提供了总部地址，这个机构在历史上有一个非常显赫的名字，叫作Casa delle Compere e Banco di San Giorgio，按照现代的逻辑与措辞，这个名字在今天就是"圣乔治信贷银行"。

　　La compera是热那亚的一种天才发明，它是由城邦政府开发的一种金融工具，至迟从1150年起就在热那亚应用了。La compera具体表现为城邦政府和私人资本财团之间的一份契约，财团提供货币资本以换取部分城邦税务收入，直到公共债务清偿完毕。作为长期支持贸易并资助共和国军事行动的有效战略措施，这一案例中的公私合作模式再次获得了成功。

热那亚人早在 1138 年就拥有了制币权，早期的造币厂设在圣洛伦佐大教堂内。13 世纪，当"海洋之宫"变为"海关大楼"，就在它旁边正对"关税栈桥"的空地上，出现了坐落于此、直到 1811 年都没有挪过窝的热那亚城邦造币厂。意大利境内铸造的第一枚金币，"热那亚小金币"，正是在这座面朝海港的建筑内诞生，难怪热那亚的金匠们都聚居在了它的周围。

1281 年，造币厂的旁边多了一座小麦仓库，库房前面带空地，空地上允许买卖粮食。这座小麦仓库修建之初即采用了石材结构，并于 1480 年得到扩建。为了防范来自海上的风险，人们在仓库面海的前方增加了一堵墙。

古老的"海洋之宫"，今天被称为"圣乔治宫"，当它身为"海关大楼"的年代，正值热那亚人不得不三天两头泡在海水里跟威尼斯人大比武的时期。有一次，大获全胜的热那亚人把所有的俘虏统统投入了设在"海关大楼"的大牢里，在这批俘虏当中，有一个日后名声显赫的威尼斯人，名叫马可·波罗。马可正是在这座"海关大楼"里，一边坐着热那亚人的班房，一边跟他的比萨狱友讲述东方的故事。他的监舍东面是商人们平时最爱打交道的熙熙攘攘的嘈杂集市，那时的热那亚人称之为 raybe，源于阿拉伯语的 rahba。在这片场地上，铺设的是拉瓦尼亚的黑石板，黑石板上堆放着分门别类的货物：谷物、海鲜、果蔬、油料、豆类……（图 10.11A、图 10.11B，见彩插）

集市广场

正对海港有三个集市广场，海滨商廊后面的是铺子广场（Piazza dei Banchi）和圣乔治广场（Piazza San Giorgio），第三处索兹利亚广场（Piazza Soziglia）则在距离海港稍远的山坡上。热那亚是通往内陆的门户，也是来自波河平原、伦巴第、皮埃蒙特和罗马的商队上船出发的码头，它是内外交通的出入口。对于货物、货币、语言、文化等交换对象而言，这座港口恰似生命脉动中关乎血液流动的心脏，而连接海港和各集市广场的道路笔直宽阔，它们是围绕海港出入的双向大动脉，沿着城墙伸展并最终汇合到海滨商廊和铺子广场。

图 10.12　热那亚，铺子广场。原修建于 1415 年的商用
大凉廊，上图为历经修缮改建后的现貌。

铺子广场早先是一个繁荣的小麦市场，斗转星移，这里变成了布满各种交易铺子的商业活动中心。它变得如此拥挤，以至于不得不禁止动物和车辆入内，直达广场的大车路等通道被干脆拦在了铁链之外。几个世纪以来，铺子广场经历了多次扩建和改造，但环立的碉楼和敞廊至今还在悠悠地叙述昔日的盛况。被世代居住于此的贵族宅第环绕凝视，这似乎是那些广场布局的一条逻辑与规则，而碉楼和敞廊更仿佛是某种特殊的记号。在西方的建筑辞典里，敞廊或凉廊，是建造于建筑物内部或正面的一种侧面开放的门廊，通常覆以拱顶，它以拱券的形式构成建筑物的一部分，也可以独立构造自成一体，比如佛罗伦萨领主广场的佣兵凉廊（Loggia dei Lanzi）。热那亚的敞廊，通常就是一排翘首眺望广场或中庭（Curia）的打开的门窗，也是集会与商谈公事的首选之地。贵族的凉廊，是家族成员聚集议事的地方，而公共凉廊，则是商人们洽谈生意的好去处，公证人总是跟着他们的写字台同时出现在那里，为每一份合同敲上律法的印戳。诚然，缺少公证人验明正身的任何说辞，在热那亚城邦，都是废话和废纸。有一些敞廊被分配给专门的商人群体，比如来自罗马、佛罗伦萨、比萨、皮亚琴察和希腊的外国商人。另一些则明确指定给某种行业协会管理和使用，如马达莱娜教堂的敞廊归屠夫行会，码头上的敞廊分给渔民和刀具匠使用，葡萄酒栈桥码头的敞廊归羊毛工人，萨尔扎诺广场的敞廊由织工行会使用，铺子广场附近圣卢卡街上有金匠的拱廊。还有一些，也是依照合并同类项的原则，如"百货商凉廊"（Loggia della

Mercanzia），如区分城邦新旧两大寡头集团的"圣卢卡老贵族凉廊"（San Luca dei Nobili Vecchi）、"圣彼得新贵族凉廊"（San Pietro dei Nobili Nuovi）等。而不远处的海滨拱廊，则是汇集了全体手工业者十八般武艺之大成的地方，可谓一座特殊的超级敞廊。

城邦的广场界定集市的边界，但事实上，城邦之市并无界限可言，因为市场不会放过城市的任何一个角落，城市也不会拒绝任何一种形式的商业考量，更不存在不被接纳的商人，无论他们属于哪一种族、拥有多少财富或者信奉哪一种宗教。在这里，"商业谈判"或"讨价还价"，不是一种实践或操作，而是一种生存和生活的方式。（图 10.12）

贵族据点与贵族集团

如果说港口是热那亚城邦呼吸的肺脏，而集市是它赖以存活的心脏，那么，贵族定居点就是构成城邦有机体的不可或缺的细胞。

这是一座从来就由贵族世家分享的城市，他们被委以控制并运营所在定居点的任务，特别是在城市建设的早期，这种模式对划分并捍卫城市空间的责任起到了非常有效的作用，同时也使贵族这一社会群体在国家和教会面前拥有更为强大的自主权。这种自主意识自始至终铭刻在热那亚人独特的秉性中。热那亚古老而深刻的社会结构决定了她的城市肌理，数目庞大的氏族部落与家族集团顽强地占据着各自的城市物理空间，其根深蒂固的特性在空间和空间的占有群体之间形成了一种认同，这种认同感如此深刻地为双方所分享，以至于存在并延续了多个世纪。

在热那亚，所有贵族都结成了不同的家族部落，称为"Alberghi"［Albergo 的复数形式］。这种贵族集团通常由数个颇有势力且人丁兴旺的家族结合而成，这些家族一般都拥有古老的封建血统，之后，他们会把一部分较为年轻也较为势单力薄的群体吸收进来，后者的来源往往以居住在附近的商人为主；也有人为地将占据城市同一区域的几个团体合并起来再取上一个新名字的做法。总之，相邻而居是实现宗派团结的根本要素。这种"部族联盟"并非单纯由贵族构成，它是一种接纳不同社会阶层人群的

"家族协会",更接近于一个真实意义上的"社会",它不仅揭示了名词Albergo 所定义的贵族集团的混杂性,作为普遍习俗,这种"混杂"也为中世纪的结盟模式留下了不同凡响的标记。

Albergo,首先是一群人协议结成的联合阵营,这些人部分通过血缘关系,部分通过吸收与投靠,认可和接受同一家族身份,使用同样的名称和纹章,就近而居,捍卫与他们相关的财产和地盘。为了保护自己所属的定居点,他们发明了种种机制以防家族和财产的属性异化或流失。比如出让优先购买权,又比如15世纪开始启用的"长子顺位继承权",外加一份约束性的遗嘱等,由于这些规则的确立,不动产所有权的异化风险几乎成为不可能。

中世纪城市的街区(Contrada),是由家族管理的空间,一种倾向于自给自足、封闭、能防宜守的城市构造。那时候,街区与街区的关联并非仅仅出于物理位置的靠近,从中脱胎而来的是一个即将持续存活数世纪的"联合共存体",它们如同相互竞争又相互聚集的细胞,构成了城市和社会的躯体。

而日常的一切都围绕着家族的中庭展开,这是一个带台阶的私家空地,可以很小,配有不高的护墙和凿了阶梯的入口,夜间关闭。面朝中庭的,有家族中的"宗室大屋"(domus magne),此处所谓"大",指家族集团中权威较高者的房屋,并非意味着房子的面积一定大。这些"大屋"中也包括集团领袖的"宗室主屋",在它的底层一般建有券拱柱廊。除此之外,面向中庭的建筑还会有碉楼以及属于同一家族集团的其他房屋。

碉楼是中世纪街区建筑中的基本元素之一。由于高昂的建造成本,早期的碉楼通常不是由单一家族而是几个家族一起建造。通过结成所谓的"碉楼公司"共同修建和使用塔楼,也成为增进"邻里"关系的一个上佳机会。碉楼通常建造在街区入口的要隘位置,除了用于防守和进攻,更多是权威的象征与标志。城邦的派系分裂经常导致街区纷争甚至激烈的战斗,碰到这种时候,在狭街窄巷的房屋之间搭上跳板即可飞檐走壁,放下碉楼的吊桥就可以向敌人的街区发起围攻。就同战船在城邦海域因冲突而交兵那样,街区之间的空中鏖战也能绘制出新的变化了路径的城市地图,它们与道路和建筑物界定的地图叠合在一起,催生出一座蕴藏着多层次现实与形状的城市。

13世纪,热那亚城共有大约六十座碉楼;12至15世纪间,仅矗立在圣乔治宫周边的碉楼就达十五座之多。此外，为街区的自给自足保驾护航的，还有诸如浴池、面包坊和水井等建筑，有时候还可以算上贵族家庭的礼拜堂以及一切被认为有利于贵族部落自主权的设施。就像我们已经看到的，一些家族甚至可以夸口拥有了某座栈桥码头的控制权。

"宗室大屋"一般都有石制的拱券门廊，为了方便堆放物资，券廊的背后通常是带拱顶的仓库，连接仓库的常常是一条双向入口的狭窄通道。有时候，拱券门廊也用作议事的凉廊，家族集团的男人们在那里聚会谈论生意。这些拱柱门廊的基座可沿路面加高，它由专人看守，里面张贴着家族的标记和徽章。

门廊位置的上面是阁层（mezzano），这是底层与主层之间较低矮的夹层空间。阁层上面是作为起居空间的主层，这是一个带着壁炉的标志性空间，是家庭日常生活的地方，也是房屋的心脏部位，但在这里也可以睡觉和用餐。空间功能的混用与多用是中世纪房屋的典型表现。起居层的楼上还会分布数个房间，直到最顶层才是厨房。厨房被安排在顶楼，显然出于风险控制的考量，一旦发生火灾，损失不会太大。

地下一层通常是地窖和一个蓄水池。墙体为石柱拱顶结构，地面层的构造全部采用石材，上层为砖结构，从 12 世纪起木结构仅用于阁楼和屋顶。建筑物高度一般控制在门廊上方三至五层不等。有时候，"宗室大屋"的外墙可以像公共建筑那样饰以黑白双色条纹，即交替使用白色大理石与采自热那亚海角的黑色石材。令人向往的双色装饰代表着特殊的荣誉，只能授予为共和国事业做出过突出贡献的个人或家族，贡献越大被允许采用双色装饰的外墙面积越大。

在中世纪和以后几个世纪的建筑语言里，连拱柱廊的使用越来越流行。在像热那亚这样因为空间狭小而建筑物高度密集的城市，光线的需求和社会阶层混居的习惯导致了一种远非我们所理解的内与外的关系，它揭示了城市内在集体生活的重要性。

热那亚的中世纪住宅建筑一以贯之地反映了人类对房屋最为纯粹简要的需求：一个可以遮风挡雨、睡觉、吃饭、聚会的地方。贵族和平民住宅的根本区别在于房间的宽窄和建造的精美度，在组织功能上，它们通常有

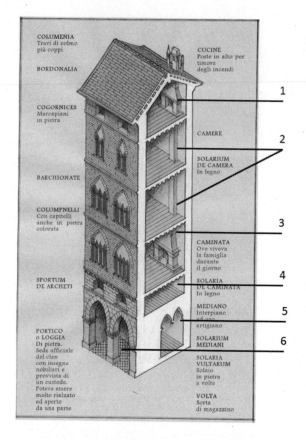

COLUMENIA
Travi di colmo
più coppi

BORDONALIA

COGORNICES
Marcapiani
in pietra

BARCHIONATE

COLUMPNELLI
Con capitelli
anche in pietra
colorata

SPORTUM
DE ARCHETI

PORTICO
o LOGGIA
Di pietra.
Sede ufficiale
del clan
con insegne
nobiliari e
provvista di
un custode.
Poteva essere
molto rialzato
ed aperto
da una parte

CUCINE
Poste in alto per
timore
degli incendi

CAMERE

SOLARIUM
DE CAMERA
In legno

CAMINATA
Ove viveva
la famiglia
durante
il giorno

SOLARIA
DE CAMINATA
In legno

MEDIANO
Interpiano
ad uso
artigiano

SOLARIUM
MEDIANI

SOLARIA
VULTARUM
Solaio
in pietra
a volte

VOLTA
Sorta
di magazzino

1
2
3
4
5
6

图 10.13　15 世纪的宗室主屋。Guido Zibordi Marchesi 制图，
1. 厨房；2. 卧室；3. 起居室；4. 夹层；5. 库房；6. 拱券门廊。

着惊人的相似。平民的房屋一般会在底层面向街道那侧带个商铺，上面是夹层，作为下方铺面的辅助空间；房屋的背后有时会是一个菜园。房屋上层的构造布局与贵族住宅无异，只是单位空间较小。

16 世纪，当热那亚商人华丽转身成为银行家，他的生活方式必将面临彻底的改变，他的房屋即将变成一座宫殿，炫耀着那些已经成为新式交易商品的巨大财富——货币。于是，手工业者的房屋终将彻底脱离贵族的宅第，它们不仅在尺寸和建筑质量上，更在功能、仪式和空间等级上，赫然拉开彼此的距离。（图 10.13）

结　语

在马可·波罗时代，1287 年，景教僧侣列班·巴·扫马奉伊尔汗王阿鲁浑之命出使教皇，途中登陆热那亚，适逢冬季而做停留。他在旅行记录中说道："当他们到达时，他们看到了这个天堂般的花园，不见冬日之严寒，亦无盛夏的酷暑。这里四季常青，树木上永远结着累累的果实。"彼特拉克回忆自己的童年时曾经这样说，当他目击那片海岸，他似乎看到了"一个天堂般的居所，诗人们在伊利西亚的田野中居住，一道道蜿蜒的小路盘桓到山顶，山谷郁郁葱葱环抱着幸福的人们……人类战胜了自然，让崎岖的山丘长满雪松、藤蔓还有橄榄枝，掩映着山脚下大理石的屋宇"。这里描述的是热那亚城墙以外的地方，它远离城市的繁忙与海港的喧嚣，它是战争和瘟疫肆虐时的城市的避难所，它是沉思的空间。然而，正是在这个城市与乡村的交接处，当热那亚人开始企图抹去中世纪狭窄空间里的混乱记忆，当他们在城墙内的宫殿里企图把已经承诺奉献给政治、商业和金融的高傲灵魂与另一同样可贵却向往文化、闲适与愉悦的魂魄合二为一时，城市的物理画面即将开启它缓慢而无情的分崩离析。

背离定居点和集体聚集地，将是贵族集团 Albergo 解体的开始。正是那个强调个体之美的一念之差，将使热那亚人渐渐忘却梦想之所以能够诞生的根据地——城市。（图 10.14、图 10.15A、图 10.15B，见彩插）

作者简介

伊莎贝拉·克罗齐（Isabella Croce），毕业于热那亚大学建筑系。城市历史与建筑历史学者。热那亚大学建筑系 Ennio Poleggi 教授助理，协助 Ennio Poleggi 教授策划并举办了一系列关于热那亚城市和城市建筑的重大展览，发表城市与城市建筑专著。

著作：《大型模型"热那亚新街"》（La grande maquette di Strada Nuova，与 Guido Zibordi 合作），为 Ennio Poleggi 策展的 2004 年欧洲文化之都热那亚的大型展览《罗利宫殿建筑体系的诞生》（L' invenzione dei rolli）制作，至今仍展示于热那亚新街博物馆群中的红宫教学厅（Sala Didattica di Palazzo Rosso）；《中世纪热那亚全景图》（La grande veduta di Genova nel Medioevo），国家档案馆哥伦布厅，与 Ennio Poleggi 合作；《热那亚，宫殿的文明》（Genova, una civiltà di Palazzi），Silvana Editrice 出版社；《15 世纪的热那亚肖像：创意的风景》（Ritratto di Genova nel '400. Una veduta d' invenzione.），Sagep Editori；《美丽的尺寸》（La misura della bellezza）。

热那亚往事·人

安东尼奥·穆萨拉（Antonio Musarra）
罗马大学

东方来客

1287 年冬，眼看马穆鲁克人就要把拉丁人从圣地统统扫地出门了，列班·巴·扫马，一位景教教士，畏兀儿人，来到了热那亚。他肩负蒙古伊尔汗国君主阿鲁浑的重托，来寻找东方人口中的"法兰克人"，商量结盟的事儿。这位伊尔汗国大使，随行三十匹骏马，驮着沉甸甸的黄金盘缠，怀揣颇具特色的通行牌符和数份叫作 jarliġ 的国君诏书，同伴中除了另一位东方基督徒和一名翻译，还有一位名叫托马索·安福西（Tommaso Anfossi）的热那亚人。他们从今天伊朗西北部大不里士南边的马拉盖（Maragheh）出发，经君士坦丁堡稍事停留，然后乘船从海上抵达了西西里沿岸。他们跟着船队穿过墨西拿海峡，在那不勒斯登陆，一边赞叹着沿途稠人广众的热闹景象，一边径直向北而去。到了罗马他们直奔圣彼得大教堂，可惜不凑巧，枢机主教们正忙于推选新教皇。罗马教廷欢迎了这支东方使团，也愿意考虑结盟的提议，但在教皇虚位之时无法给出实质的结论。于是，列班·扫马在观光罗马城后，经托斯卡纳前往热那亚。扫马的热那亚之行绝非随意而为,在他取道的东方商路上,来自这座第勒尼安海城邦的热那亚人,曾经赫赫有名。那个时代的蒙古帝国境内居住着众多的"安福西",他们在各地享有相当高的声望。热那亚人的故乡极其隆重地接待了扫马。这位出生在元大都(北京)的聂斯托里派的景教徒,和在罗马时一样,被热那亚城保存的基督教遗物深深吸引了。代表城邦几大贵族集团的城邦领袖,热那亚人拥戴的"人民队长",自豪地向这位东方使者展示了施洗者圣乔万尼[汉译多作"圣约翰"]的骨灰,按照传统的说法,它是与著名的"六面翡翠宝石圣盆"一起由第一次东征的十字军战士带回祖国的。当地人更是声称,在这个盆子里"我们的主与他的门徒一起用过了逾越节的斋",也就是说,那是耶稣基督在他最后的晚餐桌上使用过的餐盆。热那亚给扫马留下了深刻的印象,他这样叙述道:"她仿佛天堂里的花园,冬暖夏凉。在那里,蔬菜经年不断,树木四季常青,枝头硕果累累。那里有一种葡萄树,每年结果七次,却不能用来酿制美酒。"(图11.1,见彩插)

城内人

这是一道被紧紧裹挟在山海之间的狭窄天地,在海水和山石的夹缝中寻求自由的热那亚人,经过数世纪艰苦卓绝的奋斗,终能独善其身。当扫马来到这里的时候,热那亚人早已越过围困自己的山岭,与波河河谷建立了富有成效的商业关系,也与意大利半岛的中部和南部形成了密切的联系,之后两个世纪的扩张,这个中等大小的渔村变成了一座富裕的城邦,拥有强大的港口、壮观的城墙和包着闪亮大理石的宫殿。它将大批的商人、借贷人和换汇经纪人吸引到城邦的港口,这些人当中大部分是托斯卡纳人、犹太人和威尼斯人,而此时热那亚人的"共同体"已经伸展和分布到整个地中海及其以外的地区。

热那亚,一座先天的无"王"之城。无论在早期的宗教领主还是世俗统治的代理人面前,热那亚都具有如此强大的"免疫力",以至于前者对这座城市一直保持着"式微"的近乎"不存在"的姿态。1098年,热那亚人官宣了"城市公社"的建制,这种自由的"商人协会"模式构成了热那亚城邦延续近百年的自主管理机制。从城市公社的六位执政官，到1256年的第一位共和国"人民队长"古列尔莫·博卡涅格拉，到1339年第一任共和国总督西蒙内·博卡涅格拉（Simone Boccanegra），再到16世纪热那亚寡头政治的杰出代表海军上将安德雷亚·多利亚（Andrea Doria），尽管所有的故事都纠缠在贵族、贵族联盟、旧贵族、新兴平民力量和由他们演变而来的新兴贵族之间的博弈和斗争中，热那亚终究自古就是"根据自己的喜好"选择"城邦首领"的"国度"。

历史学家认为，热那亚是一个体制敏感度极为低下的社会，其11、12世纪之间发展起来的自治形式正是以缺失清晰可辨的政治主角为特征，但恰恰是在这样的"政治"背景下，热那亚商人的私营活动推动并发展了海上贸易，也引领了以此为基础的强劲的经济增长以及互为伴生的领土扩张。这一切既发生在热那亚人位于地中海东部的早期海外定居点，也面向第勒尼安海、普罗旺斯、伊比利亚和北非市场。正是在这么一个仅仅依靠随时可能爆发冲突的少数家族经济力量支撑的寡头社会的主导下，为了垄断明矾、盐、小麦和原毛的地中海贸易，在整个14世纪的进程中，热那亚人逐渐走向专业化的"重货"贸易，让适合运输大宗商品的"圆船"逐渐取代较为轻盈的商用加莱船。热那亚人的"圆船"个头变得越来越庞大，它们可以"直航"，不仅回避了中途补给所需要的停靠和被迫绕行的制约，同时还无须配备那么多的水手，俨然成为海上运输的特殊标杆。造船业也脱颖而出，无论是富裕的贵族还是更广泛的市民阶层，热那亚人对造船业一律保持着资本投入的热情。从货币和金融的角度来看，1138年热那亚人获得造币权后，从格罗索银币（grosso d'argento）几十年间的大幅增值，到1252年热那亚人开始铸造金币，再到14世纪初专为公共借贷管理事务而设置的"圣乔治信贷银行"，大量随之而来的公共债务见证了这座城市几个世纪的演变，以至于在14世纪40年代，热那亚人俨然构成了亚平宁半岛上最大的债权人集合体，这为他们成为欧洲最早的银行金融家即真正的"风险资本家"完成了应有的铺垫。（图11.2，见前面第152页；图11.3）

图 11.3　圣马太广场。原多利亚家族中庭，热那亚

城外人

几个世纪里，尽管城邦主要家族间的敌对伴随着派系冲突愈演愈烈，却阻挡不了热那亚在地中海海域扩张的强劲势头，无论在西向航路上还是在往东方推进的过程中，一切似乎都没有受到什么影响。

第勒尼安海和西地中海是热那亚人首先直接渗透的区域，这是一片极为重要的空间，在这个阿拉贡王国与法兰克王国共同参与角逐的势力范围，热那亚船坞的能工巧匠成为法兰克王国参加十字军事业的后盾，热那亚人的加莱船队更是 13 世纪末腓力四世借以封锁英王国和富庶的佛兰德斯的海上卫队的重要力量，而对付邻近的普罗旺斯就更不在话下。在这种坚实的双边关系下，热那亚守住了自己最为关注的西部"边疆"，即城邦在整个12 世纪苦心经营的文蒂米利亚（Ventimiglia）、芒通（Mentone，芒通为文托家族所有）、罗卡布鲁纳（Roccabruna）、皮尼亚（Pigna）直至摩纳哥

（Monaco）的所有权；尤其当"安茹的查理"打起西西里王国的主意时，热那亚人获得了一项承诺——城邦领土不会因为他人的王国之争而被卷入。热那亚人得以继续在"人民队长"的指引下跟西西里岛打交道、做生意。科西嘉岛和撒丁岛是远程航行中必不可少的基地，因为这两座岛屿的归属权，热那亚与比萨两大海洋共和国之间冲突不断，13世纪中叶冲突再次爆发，当时比萨人似乎占有明显优势，他们扩大了自己在撒丁岛南部和东部的基地，但在多利亚（Doria）家族的顽强抵抗下，同时靠着科西嘉岛南端博尼法乔（Bonifacio）要塞的屏障，热那亚人守住了位于撒丁岛北部的洛格多罗（Logudoro）。阿拉贡王朝多次企图从热那亚人手中夺取博尼法乔要塞，均未得逞。最后，热那亚人的势力从博尼法乔据点一直覆盖到整座科西嘉岛。

　　13至14世纪，越来越多的热那亚人来到伊比利亚海岸，一些佼佼者在这里干得风生水起成为明星般的人物。（西班牙）卡斯提尔王国（Kingdom of Castile / Reino de Castilla）的海军上将宝座仿佛是专门为热那亚人设置的，1264年的乌戈·文托（Ugo Vento）、1291年的本笃·扎卡里亚（Benedetto Zaccaria）、1342年的艾基迪欧·博卡涅格拉（Egidio Boccanegra），先后在这个职位上统帅卡斯提尔王国的舰队，对抗并重创摩洛哥人的战船。1372年，热那亚人安布罗乔·博卡涅格拉（Ambrogio Boccanegra）则带领卡斯提尔舰队在拉罗谢尔战役（La Rochelle）中抗击了英国人。在伊比利亚海岸，热那亚人在马略卡岛和南方的塞维利亚都获得了定居点，1282年热那亚人在当地获得了更多的特权，即开发利用地中海最出名的伊维萨岛（Ibiza）的盐田。除了与加泰罗尼亚间此消彼长的矛盾一直难以化解外，热那亚人倒是从伊比利亚海岸找到了进入非洲的便道，即取道极易抵达的马格里布[1]的港口。第四次十字军东征以后，尤其在遭到拜占庭帝国境内的排挤后，热那亚人与这个区域的来往更加密切起来，而区域内的突尼斯也成为热那亚人极为重视的地理目标。与大西洋海岸较近的地理位置以及进入黄金市场的可能性，使这里成为一个具备高度战略意义的地点。它是热

1　Maghreb 或 Maghrib，非洲西北部地区，包括今天的摩洛哥、阿尔及利亚、突尼斯，古代有时也包含穆斯林统治下的西班牙部分地区。

那亚人用西西里的谷物换取非洲黄金的门户。

热那亚人在大西洋沿岸的活动早已为人瞩目。12 世纪初，热那亚就为圣地亚哥·德孔波斯特拉（Santiago de Compostela）［今西班牙西北近大西洋岸城市］的主教出人出力，建造保护当地居民免受撒拉逊人袭击所需要的加莱战船。一些热那亚人完全可能继续向北行进到达了英国和佛兰芒海岸，但尚属零星的来往关系，因为那时候大多数的北方产品一般首先汇集到更加容易抵达的香槟集市[1]。1277 年（或 1278 年），热那亚人本笃·扎卡里亚（Benedetto Zaccaria）指挥的加莱商船开启了前往佛兰德斯和英格兰的定期航线，从此，西班牙的塞维利亚成为航程中的一部分，其结果是与塞维利亚关系的深化并促使热那亚人与格拉纳达的统治者达成了一系列的约定。随着这些往来，很快发生了一次具有纪念意义的海上探险活动。根据雅戈博·多利亚（Iacopo Doria）的说法，1291 年 5 月，热那亚人乌戈利诺·维瓦尔第（Ugolino Vivaldi）和瓦迪诺·维瓦尔第（Vadino Vivaldi）兄弟登上两艘加莱商船，他们启航向休达海峡（直布罗陀海峡）驶去，准备西行经大洋水域朝印度方向航行，到那里去带回有用的商品。同时登上他们商船的还有两名年轻的修道士。然而，当他们经过一个名为 Gozora[2] 的地方以后，人们就失去了他们的消息。

马穆鲁克的步步逼近使西方通往印度的道路变得困难重重，维瓦尔第兄弟驶向大洋的目的可能正是为了尝试环非洲航行，以找到去往印度的新航路。14 世纪初，为了寻找父亲，乌戈利诺的儿子索尔莱奥·维瓦尔第（Sorleo Vivaldi）沿着非洲大陆的西海岸也做了探险航行，无功而返。在他之后，又有许多热那亚人前赴后继地沿着同样的航路进行大西洋探险，同世纪的二三十年代间，因这类探险而发现的不少新岛屿以热那亚人的姓名来命名的事实，成为最好的历史佐证。热那亚人的这些航海经历同时也反映了来自这座城邦的一些家族与葡萄牙王国的密切交往。1317 年，葡萄

1　12—13 世纪，在法国香槟伯爵领地内四个城市轮流举行的集市贸易统称为香槟集市，是当时欧洲规模最大的国际性集市贸易，从意大利来的东方货物和从北欧来的货物在此汇集，是欧洲的商业中心之一。
2　有研究认为此地位于西撒哈拉北面大西洋沿岸的博哈多尔角（Cape Bojador）附近。

牙的迪尼斯国王（Dinis）任命热那亚人埃马努埃莱·佩沙尼奥（Emanuele Pessagno）为顾问，后者获得了里斯本地区的一些土地，它们成为后来热那亚人聚居区的原点。佩沙尼奥的儿子名叫卡洛，葡萄牙王国的海军上将，参加了 1342 年的阿尔赫西拉斯[1] 战役。与葡萄牙的良好关系有利于热那亚人通往英格兰和佛兰芒的航行，当法国香槟集市日趋衰落，那些地方的市场正闪耀出灼灼的光芒。

第勒尼安海和西地中海代表了热那亚商人首先直接渗透的区域，这是让热那亚在相当一段时间里不得不与"邻居"比萨争吵不休的重要的生存空间。然而，面向东方的数十年扩张才是热那亚人在 13、14 世纪之交的最突出的特征。阿拉伯世界、拜占庭和蒙古帝国是当时世界上最富饶、最生机勃勃的地方，它们守护着通往亚洲腹地的商路，也是热那亚人和威尼斯人狭路相逢时"战"所难免的目标地。黑海沿岸成为国际贸易的新前沿，从那里延展开去的线路正好契合在"丝绸之路"的体系当中并因此而闻名。直到 12 世纪末，以君士坦丁堡为核心的东罗马帝国（拜占庭）一直成功地阻挡着西方商人不得进入黑海，但在 1202 年和 1204 年之间所谓的"第四次十字军东征"后，一切发生了相当大的变化。在威尼斯鼓动并胁迫下的"第四次十字军东征"攻陷了君士坦丁堡，建立起一个西欧骑士的"东方拉丁帝国"，而从君士坦丁堡出逃的原拜占庭贵族残余则在尼西亚[2] 和特拉布松地区建立起试图掌握原拜占庭帝国继承权的几个独立的希腊公国[3]。以博斯普鲁斯海峡和达达尼尔海峡构成的海峡系统自此落入了威尼斯的手中，而与之无缝对接的头等大事，就是急吼吼的威尼斯人把热那亚人统统赶出了君士坦丁堡，并对热那亚的商船展开紧急抓捕与劫持，除此之外，威尼斯商人倒没有群起涌入黑海。君士坦丁堡，照旧在它的岸上接收一贯的给养，尤其是小麦、盐、毛皮、皮革。1250 年以前由威尼斯人在君士坦丁堡起草的公证文书至今仅存 25 份，其中 3 份涉及黑海地区业务，具体牵涉索耳得

1　Algeciras，西班牙南部港口城市，西距直布罗陀海峡仅 9.6 公里。
2　Nicaea，今伊兹尼克（Iznik），土耳其城市，位于伊兹尼克湖的东岸、伊斯坦布尔东南方约 90 公里处。
3　从君士坦丁堡出逃的拜占庭贵族建立了三个由希腊人主导的拜占庭流亡政权，分别是伊庇鲁斯专制君主国、特拉布松帝国和尼西亚帝国。

亚（Soldaia）和萨姆松［Samsun，今土耳其境内］二地，鉴于合同涉及金额微薄，可见威尼斯人当时在那里的贸易规模非常有限。哪怕这一事实可以被质疑或归咎为资料的缺乏，马可·波罗的叙述也足以旁证相同的推断，因为当说起1260年自己的父亲和叔叔双双离开克里米亚的索耳得亚时，马可的叙述是这样的："他们在这座城市实在也没啥可指望的。"确实，要彻底打开黑海贸易的线路，还需要等待13世纪60年代中后期的热那亚人。

事实上，世界远距离交通的枢纽环节在这一历史时期的地理位置还要更往南去：埃及、叙利亚与巴勒斯坦海岸、奇里乞亚亚美尼亚王国仍然是一头伸入亚洲内陆，另一头接收着来自红海贸易中各类货物的西方站点。只有在蒙古人于1258年征服了巴格达之后，由于特拉布松和波斯汗国首都大不里士城之间的联系而形成的贸易轴线才变得重要起来，东方商品的交易也随之大幅转向黑海流域，而这一根本性的转变恰逢1261年7月尼西亚

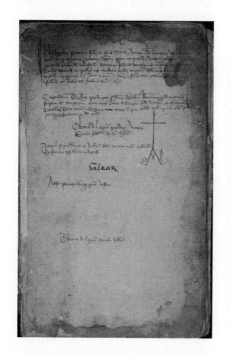

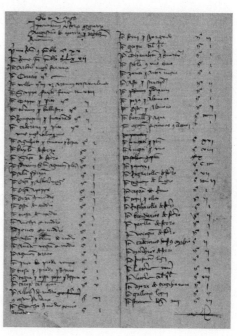

图11.4　热那亚国家档案，《古代市政》《加莱船水手的物资配给》（*Galearum marinariorum rationes*）。文件编号c. 1r.，659，登记簿年份为1395年。

图11.5　热那亚国家档案，《古代市政》《加莱船水手的物资配给》，659，B，c.1v.，文件编号c.1v.，B，659，《加莱船装备清单》，登记簿年份为1395年。

图 11.6 热那亚国家档案，《加沙利亚之书》（*Liber Gazarie*），14 世纪上半叶。

帝国在热那亚舰队的支持下杀回了君士坦丁堡，他们从拉丁人手中夺回并重建了拜占庭。于是，根据收复君士坦丁堡前签署的《南菲宏条约》，复国的尼西亚拜占庭皇帝米海尔·巴列奥略向热那亚人开放了海峡以外的航行和黑海贸易，以换取热那亚的战船和商船的供应。从此，热那亚人对博斯普鲁斯海峡的控制成为基本事实。不过，热那亚人也没有东风扶摇直上九万里，巴列奥略王朝跟热那亚结下的同盟短命得很，官方的破裂理由是 1263 年热那亚遣往君士坦丁堡的行政官叛变，双边关系直到 1267 年才得到恢复。从此以后，热那亚人沿着陡峭的加拉太山丘在君士坦丁堡郊外金角湾（Corno d'Oro）的对岸定居下来，他们为这个名叫佩拉的商业殖民地带去了勃勃生机，以至于在整整八十年的时间里成功地独立于东罗马帝国首都，获得了真正的海外特权。巴列奥略王朝从 1265 年就开始与威尼斯逐渐恢复关系，以平衡热那亚人的势力，然而，热那亚人率先执行了穿越海峡并渗透到黑海的系统行动方案，14 世纪的黑海俨然成为一座热那亚人的大湖，并与他们惯常的商路融为一体。（图 11.4、图 11.5、图 11.6）

热那亚人

　　热那亚人手中所持有的，无疑是一部错综的历史，它处处带着无法与意大利其他北方城市历史相类比的特征。热那亚人，一个城邦国家的子孙，商业使命的感召让他们聚集在一起。在他们那里，个人总是凌驾于团体之上，只要能够为家族带回财富，他们情愿跑遍天涯与海角。热那亚人的额头，曾经简简单单地被贴上了"异类"的标记。

有人说，与其编写一部消耗在无休止的家族争斗和走马灯式变幻无常的政体中的"乏味"的、"沉闷"的"热那亚历史"，倒不如写一部地中海扩张中的"热那亚人的历史"。诚然，海洋是了解热那亚的最好角度。是海洋向热那亚城邦的人民发出了第一声本质的呼唤，热那亚人从此穿梭在地中海，又从地中海跨越到世界的东方和西方，他们因为贸易和金融活动而兴旺发达。热那亚人在祖国以外的地方驻足和定居，无意在这里或那里修建崭新的城市，却只为在停留的地方竖起一座热那亚之城。于是，无论他们走到哪儿，那里都有来自祖国的警醒，那是"商业大师"的母亲城。

我想，也许只有将热那亚城邦的内部和外部历史结合起来，才有可能充分理解 13 世纪晚期流传甚广的一位热那亚佚名诗人的语句："太多热那亚人，消散在漫漫世间的路途，无论他们在哪里还是去哪里，哪里站起来了热那亚的城。"（图 11.7）

图 11.7　崇高之门。热那亚，12 世纪中叶建成。

作者简介

安东尼奥·穆萨拉（Antonio Musarra），罗马大学（Sapienza Università di Roma）研究员，在本校教授中世纪历史。2012 年于圣马力诺大学获得博士学位，论文主题为热那亚和十字军东征。2016—2017 年，获得艾哈曼森奖学金（Ahmanson Research Fellowship），在哈佛大学文艺复兴研究中心工作一年；2017—2019 年，担任佛罗伦萨大学博士后研究员。学术研究领域：地中海史、十字军东征史、海洋航运史、圣方济各教派史，以及中世纪意大利城市的政治、经济、社会史。

著作：《在海外：热那亚人、十字军和圣地》（*In partibus Ultramaris. Genova, la crociata e la Terrasanta, secc., II, III*），罗马，ISIME 意大利中世纪历史研究所，2017 年；《阿卡 1291：十字军国之陷落》（*Acri 1291. La caduta degli stati crociati*），博洛尼亚，Il Mulino 出版社，2017 年；《十字军的黄昏：西方和失落的圣地》（*Il crepuscolo della crociata.L' Occidente e la perdita della Terrasanta*），博洛尼亚，Il Mulino 出版社，2018 年；《1284，梅洛里亚海战》（*1284.La battaglia della Meloria*），罗马—巴里，Laterza 出版社，2018 年；《方济各，少数派与圣地》（*Francesco, i Minori e la Terrasanta*），La Vela 出版社，2020 年；《鹰与狮，争夺地中海的热那亚与威尼斯》（*Il Grifo e il Leone. Genova e Venezia in lotta per il Mediterraneo*），Laterza 出版社，2020 年。

参考书目

1. C.E. Beneš 编：《中世纪热那亚读本》（A Companion to Medieval Genoa），见《博睿欧洲历史读本》15，120—143（*Brill's Companions to European History*），荷兰博睿学术出版社，莱顿-波士顿（Leiden-Boston），2018 年。

2. M. 巴拉德（M. Balard）：《热那亚的东罗马帝国（12 至 15 世纪初）》，2 卷（La Romanie génoiseXIIe-début du XVe siècle, 2 Voll），《利古里亚国土历史学会论文集》（18）（1978）（*Atti della Società Ligure di Storia Patria*）。

3. G. 卡罗（G. Caro），O. Soardi 译：《热那亚及其地中海霸权（1257—1311）》（Genova e la supremazia sul Mediterraneo1257—1311），《利古里亚国土历史学会论文集》（24—25）（1974—1975）（Atti della Società Ligure di Storia Patria），德国哈勒（Halle），1895—1899 年。

4. P. 古列尔莫迪（P. Guglielmotti）：《热那亚》（Genova），见《意大利城市的中世纪》（6）（*Il Medioevo nelle città italiane*），CISAM 出版社，斯波莱托（Spoleto），2013 年。

5. G. 裴迪·巴尔比（G.Petti Balbi）：《城市治理：中世纪热那亚的社会习俗和政治语言》（*Governare la città. Pratiche sociali e linguaggi politici a Genova in età medieval*），佛罗伦萨大学出版社，中世纪网 / 电子书，专著，4，佛罗伦萨，2007 年。

6. D. Puncuh 编：《热那亚历史：地中海、欧洲、大西洋》（*Storia di Genova. Mediterraneo, Europa, Atlantico*），利古里亚国土历史学会出版（Società Ligure di Storia Patria），热那亚，2003 年。

威尼斯船坞

克劳迪奥·曼尼凯里（Claudio Menichelli）

威尼斯建筑大学

威尼斯，一个遍布着水的地方。威尼斯人，一群以水为生的人民。水生环境从来就与威尼斯和威尼斯人有着特殊而深厚的关系，它在威尼斯的历史、造船、海上商业活动中起着根本性的作用。参议员 F. M. A. 卡西奥多罗（Flavio Magno Aurelio Cassiodoro）是东哥特国王维迪杰（Vitige）任命的一位地方行政长官，他在公元 6 世纪早期写的一封公函就是个很好的例证，他在信中要求威尼斯的海事署把弗留利地区出产的葡萄酒和食用油通过水路运到拉文纳。卡西奥多罗在文书中除了强调威尼斯舰队的强大，对威尼斯人无论在海上还是内河的出色水上行动能力，以及在恶劣生存环境中游刃有余的事实更是赞不绝口。

潟湖城市威尼斯的诞生，要从它的"原生家庭"——拜占庭东罗马帝国的一个省份说起，这个省份的名字叫"威尼提亚和伊斯特拉"（Venetia et Histria），相当于西罗马帝国时期的第十大区，地理上自北而南从阿尔卑斯山延伸到亚得里亚海，东西向上从伊斯特拉［今克罗地亚、斯洛文尼亚］一直覆盖到伦巴第人的边界［今以米兰为首府的伦巴第大区边界］。

从 6 世纪末起，面对伦巴第人的推进，这一地区的原住民威尼提亚人不得不往后退却，一退就退到了拜占庭势力尚强劲的海岸边，由于前面说到的归属关系，威尼提亚人尽管被逼到了陆地的尽头，但在那里他们好歹还有个庇护，可以在退避三舍中谋求反击。到了 7 世纪中叶，在这片陆地和海水的大沼泽之间，形成了三个行政板块：一个陆上的"伦巴第"、一个"陆上的威尼提亚"（Venetia di terraferma）、一个由住在拉文纳的拜占庭主教任命了总督去"治理"的拜占庭的"海上威尼提亚"（Venetia maritima）。"陆上威尼提亚"的居民通常被称为"威尼托人"（Veneti），"海上威尼提亚"的居民被称为"威尼提契人"（Venetici）。8 世纪起，"海上威尼提亚"从拜占庭的东罗马帝国获得了一些特殊待遇，比如可以在本地自行选举管理城邦的总督。公元 726 年，第一位由"威尼提契人"自主推选的"海上威尼提亚"的总督产生了，这位总督名叫奥尔索（Orso），总督府设在"新城"（Cittanova）即今天威尼斯省的埃拉克莱阿（Eraclea）市镇。公元 8 世纪中叶（751 年），拉文纳陷落于伦巴第人之手，但"威尼提契人"的"海上威尼提亚"仍然在拜占庭的控制下。到了 8 世纪下半叶，伦巴第人逼近，势如破竹，"海上威尼提亚"的总督府不得不从"新城"迁移到马拉莫科（Malamocco），9 世纪初又从马拉莫科再度迁往里沃阿尔多（Rivoalto）。里沃阿尔多是一群海上小岛的集合体，取名里沃阿尔多市（Civitas Rivoalti），它的核心岛屿正是其中较大的那座，名叫"里沃阿尔多岛"（Insula Rivoalti）。里沃阿尔多市后来改名为"威尼提亚人的城市"（Civitas Venetiarum），10 世纪开始正式称为"威尼斯"。可见，后来成为"威尼斯人"的"威尼提契人"一直奔走在不断迁徙的苍茫路途，最终，他们发现自己已经站在了海水中央，活在海水里，举步维艰。然而，塞翁失马，焉知非福，水域的天然屏障也最大程度地保护了他们。与其他地方的人相比，正是这种艰难的生存环境造就了威尼斯人无以匹敌的自我捍卫能力。（图 12.1A、图 12.1B、图 12.2）

13 世纪之前的水面

威尼斯人的早期航行和商业活动多始于内河。10 世纪的威尼斯总督彼

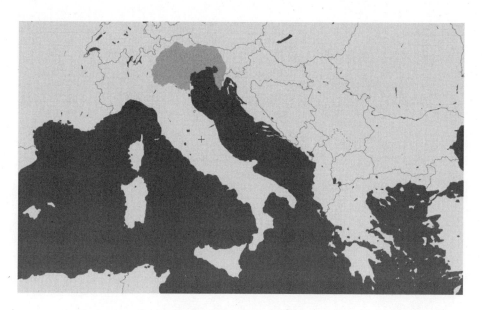

图 12.1A　拜占庭时代的威尼斯和伊斯特拉地域范围示意。Alessio Schiavo & Laura Lupo Stanghellini 绘制。

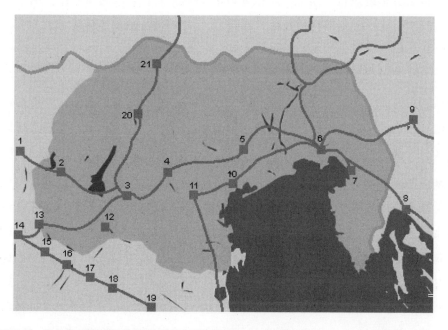

图 12.1B　拜占庭时代的威尼斯和伊斯特拉主要城市示意。Alessio Schiavo & Laura Lupo Stanghellini 绘制。1. 贝尔加莫（Bergamo），2. 布雷西亚（Brescia），3. 维罗纳（Verona），4. 维琴察（Vicenza），5. 奥德尔佐（Oderzo），6. 阿奎莱亚（Aquileia），7. 的里雅斯特（Trieste），8. 阜姆（旧称 Fiume，今名 Rijeka，里耶卡，属克罗地亚），9. 卢布尔雅那（Lubiana, 今 Ljubljana，属斯洛文尼亚），10. 阿尔蒂诺（Altino），11. 帕多瓦（Padova），12. 曼托瓦（Mantova），13. 克雷莫纳（Cremona），14. 皮亚琴察（Piacenza），15. 菲登扎（Fidenza），16. 帕尔马（Parma），17. 雷焦艾米利亚（Reggio Emilia），18.摩德纳（Modena），19.博洛尼亚（Bologna），20.特伦托（Trento），21.博尔扎诺（Bolzano）。（无特别标注的地名均为现代名称）

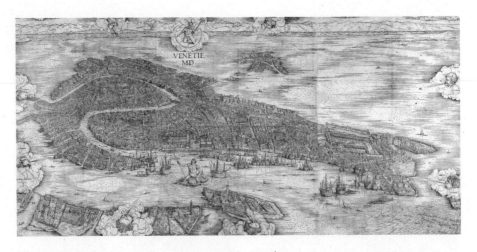

图12.2 《威尼斯鸟瞰》。铜版画，1500 年，雅格波·德·巴巴里（Jacopo de Barbari, 1440—1516），威尼斯科雷尔博物馆（Museo Correr Venezia）。

得·康帝亚诺（Pietro Candiano）在任期间（932—939），海上商业政策获得了更多的重视，由此，威尼斯湾的海上事务重心从南面的拉文纳地区转移到了东面的伊斯特拉地区。直到 11 世纪中叶，威尼斯的船舶航行可以说不会越过亚得里亚海和爱奥尼亚海，但史料显示，到了 11 世纪后半叶和 12 世纪，威尼斯已经拥有相当强大的造船能力，并在向东航行和海上贸易活动中有了显著的发展。可以肯定的是，那时候的威尼斯船舶已经抵达色雷斯、马其顿、希腊、小亚细亚和叙利亚，并在沿途拥有多个支持威尼斯人航行的基地港。12 世纪，威尼斯的商业活动已经颇成气候，沿着亚得里亚海和爱奥尼亚海的西海岸往南是去往西西里岛、的黎波里塔尼亚［利比亚西北部］的地中海贸易路线；而沿着对面的东海岸往南则经希腊前往君士坦丁堡、叙利亚和埃及。这种沿海航行经过的多个枢纽后来都成为威尼斯人的聚居地和他们的贸易支撑点，如君士坦丁堡、凯法［Caifa，今以色列海法 Haifa］、提洛［也称推罗，今黎巴嫩提尔 Tyre］和亚历山大。这些船舶来回均载货，它们从西往东装运铁、武器、马匹、木材、羊毛、蜡、蜂蜜、琥珀、毛皮、奴隶；从东往西装运金、银、香料、丝绸、棉布、象牙、染料、锡、铜、汞、玻璃、皮革、糖、小麦。为了进一步加强海上贸易交通，威尼斯进行了大量的体制改革，这些改革最终促使威尼斯于 12 世纪后半叶起形成了以城邦政府为轴心的管理体系。

船厂的诞生

当海上商业活动进入国家利益的视线，威尼斯船厂也就拉开了自己的历史帷幕，当时它取名"Arsena Communis"，意为"城邦军舰厂"，是属于威尼斯城邦的公有船厂。威尼斯人，身兼商人和舰队的缔造者与总指挥，这一形象犹如一张拥有多重身份的特殊剪影，它伴随着第四次十字军东征划破 13 世纪初的历史水面，清晰地投映在地中海的上空。当时，香槟城的伯爵伙同法国的一些贵族发起了第四次十字军东征，整装待发前，他们与威尼斯签订了一份共含两百艘舰船的购销合同，为了换取陆地与海洋所有战利品的平分权，威尼斯人承诺在合同数量以外再多提供 50 艘包含船员和武器装备的桨帆船。威尼斯总督恩里科·丹多洛（Enrico Dandolo）之所以同意跟法国的骑士们签下这份额外协议，当然是仗着威尼斯高超的造船能力，这也是众所周知并得到了广泛认同的事实。威尼斯人在 1202 年夏天如数交付了战舰，法国人却没能兑现他们的经济承诺。法国人的失信使威尼斯总督直面货款拖欠甚至坏账的可能，这位总督大人趁机要求十字军改变征战方向，按照他的意思帮助威尼斯先去攻打君士坦丁堡，骑虎难下的法国人最终跟着威尼斯人登船驶向君士坦丁堡。1204 年十字军攻陷君士坦丁堡，就这样，从前仅仅是沿着地中海海岸顺手撒一把商业殖民地种子的威尼斯，一跃成为向许多港口和岛屿宣示主权的"主人家"，威尼斯海洋帝国的核心位置也从此被确认，并且还将在未来的数世纪里继续扩张和得到进一步的巩固。

有关威尼斯船厂的最早记录可以追溯到 13 世纪初的几十年。人们通常以为那时的船厂就是集中在一处足够城邦造船之需的场所，这是个不小的误会。史料告诉我们，对"城邦船厂"定义的正确理解是：它不是一个单一的地方，而是为了方便造船分布在整座城市的一系列的场所与设施，它们在船厂指挥中心的统一管理下运作，应该说那是一张遍布整个城市的船坞制造网络。在这个铰接严密的威尼斯造船体系中，地处圣马可广场前沿的特拉诺瓦船坞（Terranova）发挥着突出的一线作用，这座船坞是整个 13

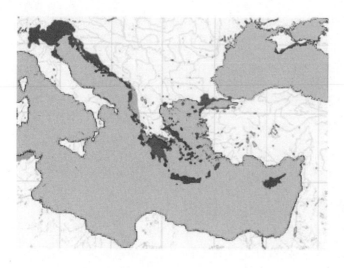

图 12.4　15 世纪的威尼斯和它的海洋帝国范围。Alessio Schiavo、Laura Lupo Stanghellini 绘图。

世纪威尼斯公共管理中最为重要的一个生产基地。13 世纪中叶起，威尼斯还出台了一系列强化船厂功能的决策性方案，在推动船厂进一步发展中起到了不可或缺的作用。（图 12.3，见彩插）（图 12.4）

船厂与 14 世纪

14 世纪，威尼斯湾以外的地中海其他区域正在发生显著的变化，君士坦丁堡和热那亚在造船业上蓬勃发展，比萨和巴塞罗那作为海上强国也在崛起。为了适应这目不暇接的纷纭形势，无论是规模形态上还是功能上，威尼斯船厂都开始了自己的深刻蜕变。

威尼斯船厂的蜕变伴随着 1298 年至 1311 年在任的威尼斯总督彼得罗·格拉德尼戈（Pietro Gradenigo）热情推动的城市变革。以船舶制造核心为标志的船厂所在地、作为商业中心区域的里亚托桥周边以及政治中心圣马可广场一带，构成了威尼斯城市布局中三足鼎立的重要结点。船厂的变革启动于 14 世纪初，1302 年，威尼斯大参议院借着重审与航运和贸易相关的所有法规，明文规定威尼斯船厂是唯一可以制造公有桨帆船的地方。同年还通过了"缆绳工厂"的建设项目，相关建筑物均于 1329 年建成并投入使用，专门用于麻绳原料的加工和生产管理。这是一处货真价实的生产场所，还起了一个响当当的名字"塔纳缆绳厂"。"塔纳"是一个地名，至今被相关的地区沿用，它源自一座公元前 7 世纪由希腊人奠基又被威尼斯人于公元 14 世纪初重建的名叫塔纳的城市［Tana，希腊文原名称 Τάναϊς］，位于今天俄罗斯境内顿河汇入亚速海的河口地区。当时的塔纳城是东西方贸易线路上一个极为重要的商业枢纽，它既是原料麻纤维加工后的各式产成品的最大集散地，也是丝绸之路东西贸易线上一个重要的河运港。

"塔纳缆绳厂"的出现标志着威尼斯船厂综合体的首次大规模扩建，整个综合体被命名为"新船厂"（Arsenale Nuovo）。1325 年至 1350 年间，船厂完成了第二阶段的演变，启动的标志是船厂从圣丹尼尔修道院收购了一块名叫 Lacus Danielis 的滩涂地，它位于缆绳厂的北面，收购后就建成了船坞。在它的北面，随后又开始搭建船厂的第一批带顶棚的船坞，用于建造划桨帆船，同时也用来停泊和维修划桨帆船。这种后来也被人们称作 Tese 或 Squeri［小船厂、造船坞之意］的建筑物，形成了威尼斯船厂独有的建筑风貌，并贯穿整部船厂历史。从这种带着 14 世纪的顶棚，更多因"小岛船坞"的叫法（Tese dell'Isolotto）而广为人知的湿船坞，诞生出一种新的建筑样式，其特征得到了利用和发展，是建造划桨帆船的专门基地。值得注意的是，相比地中海其他地区，威尼斯船厂这些带顶棚的船坞有着很大的不同，这里的顶棚一律采用桁架结构而非圆拱，这就是为什么威尼斯船厂的建筑在宽度上总能远远大于别处的原因。

14 世纪的扩建工程首次为船厂南北两个不同的功能区域实现了衔接：北面是船坞区，南面称为坎帕尼亚（Campagna）的区域集中了造船业需要的专用辅助建筑与设施。14 世纪中叶，这里除了原有的缆绳工厂，还出现了火器、弓弩、制矛、盔甲等修理或制造工场，包括军械库、桨锚库、火药库，世纪末则又建造了冶炼铸造工厂。

船厂 14 世纪的发展和演变并非局限在船厂的围墙之内。作为船厂布局的组成或与之紧密相关的部分，其他功能性的建筑也在周边纷纷矗立起来，它们都出于一个明确的目的，响应船舶生产和海上商业军事活动，把相互影响的各方面有机地结合为高效的统一体。比如为了支持海上活动而投建的圣比亚乔粮仓和饼干厂，在威尼斯海洋帝国辐射势力范围内修建分布广泛的港口与码头系统。14世纪，这一体系同样经历了自身的现代化与合理化过程。

造船经营集中化运作的上升期，发生在特拉诺瓦船坞于1341年关闭以后的数年里。14世纪中叶，威尼斯从大小船坞遍布全城的模式切换到大型造船厂的集中经营管理。这个转变可谓意义重大，它从13世纪起步，通过一系列的政策抉择，落实了将所有船舶生产活动集中到船厂的具体措施，并在逐步夯实基础后初现规模效应。这一渐变的过程几乎毫不停顿地贯穿了整个14世纪，直到整体发生质的飞跃，它使威尼斯船厂刚跨入新世纪的门槛就被公认为西方世界最重要的造船工业基地。

威尼斯船厂的经营活动虽然有对安全和战争的考虑，但主要还是为了对贸易起到支持作用。事实上，威尼斯船厂主要打造的产品就是作为共和国商船的大型划桨帆船——商用加莱船，它们虽然属于国有资产，但在实际经营中常常被出租给私人或私营公司投入国际贸易活动。这些大型的桨帆船，通常在窄型划桨风帆战船护航下，以船队的形式出航，它们的航行总是每年定期展开，叫作"慕得"（MUDE），可谓"护航下的定班航线"。正如我们已经说过的，威尼斯船厂在14世纪中的表现属于整个时代广泛变革的一部分，海洋贸易推动了这些变革并席卷了整座威尼斯城。那是一个大兴土木的威尼斯，与公共和私人商业活动休戚相关的功能性设施，如货栈、粮仓、盐库等在建工程随处可见，更少不了为新兴商业贵族修建的高楼华府。教会各大派系的教堂建设也是一片欣欣向荣，如圣方济会名下的弗拉里神圣光辉马利亚教堂（Santa Maria Gloriosa dei Frari）和多明我会的圣乔万尼保罗教堂（San Giovanni e Paolo）。为了从水中争取哪怕多一寸的土地，使水城的道路和出行线路合理化，威尼斯对城市建设进行了广泛干预，包括连接里亚托桥和圣马可广场的商业中轴线方案。一个崭新的城市规划出台了，它将随着时间的推移得到更好的巩固和诠释，并从根本上改变城市的面貌。其中值得铭记的重大工程有威尼斯海关本部的数座盐库项目、变成新粮仓的特拉诺瓦船坞改造工程、新的总督府工程。（图12.5）

图 12.5 威尼斯古船厂内的"塔纳缆绳厂"。整修年代为 1579—1585，安东尼奥·达庞德（Antonio da Ponte，意大利建筑师，1512—1597），威尼斯古船厂。

船厂与 15 世纪

把跟造船相关的主要生产活动都集中到船厂里去，这个主题式的口号继续响彻整个 15 世纪。改造工程随着 1437 年火器工匠扎堆的盖托区［Ghetto，后来的犹太人居住区］的关闭而尘埃落地，大炮加工生产被全部彻底地转移到船厂，这是对已拉开序幕的冶炼业的现代化进程的响应，也支持了作为海上主导力量的威尼斯、热那亚与不断上升的奥斯曼土耳其帝国进行有力的较量。在相当长的时间里，正是这种较量鼓舞着威尼斯与热那亚两大海上霸主的士气。土耳其人在重型火炮上拥有不少优势，1453 年 5 月，穆罕默德二世凭借着这一优势摧枯拉朽地突破了君士坦丁堡固若金汤的城池，延续千年的拜占庭东罗马帝国就此覆灭。

不得不说，君士坦丁堡沦为土耳其人的伊斯坦布尔之后，这一重创刺激了威尼斯人立志对船厂的设施和功能进行再一次的升级改造。从 1456 年开始，威尼斯对原有的船厂进行了大规模的改建，新建设施主要集中在"新船厂"内。1457 年至 1460 年间，"新船厂"内建造了 12 座船坞，其中两座带着前所未有的特征，它们是一种蓄水型的造船船坞，顶棚覆盖下的不再是通常船坞的倾斜地面，而是一汪水面，仿佛一座带着顶棚的小码头。由于这种船坞的出现，桨帆船的建造分成了两个阶段，第一阶段在干船坞里进行，直到船体完成并且可以漂浮，第二阶段就是船体被推进湿船坞中继续剩下的其他全部工序，直至完成最后的装潢。

威尼斯船厂在 15 世纪展开的重建工程还包括翻新船厂大门（陆门），它是威尼斯人从陆路进入船厂的纪念碑式的新大门，除了功能的需要，某种程度上也是一件形象工程，它向外界传递了这样一个信息：船厂对于威尼斯共和国来说，意义重大。

在船厂的围墙外，沿着护厂河，各种工地建设也是如火如荼，它们的主要目的是保障离厂船舶的合理装备和装载。从水门开始的水路上，船舶需要添加航行必需的不同装备，例如在水门的塔楼之间完成桅杆安装；在船厂内部，仓库围墙的各处开口处获得划桨以完成划桨装备；在沿河道的面包坊装载饼干等干粮，在沿河道的其他地点装载航行中需要的其他用品和设备。当崭新的桨帆船装备得满满当当地出现在圣马可广场的河道里，岸上翘首以待的正是盼着登船的兴奋的水手们。

15 世纪下半叶，威尼斯船厂仍然继续着它的现代化进程并开始了进一步的扩建工程，项目名称为"崭新船厂"。这个项目于 1473 年启动，进展却出奇地缓慢，消耗了几乎整整一个世纪的大好时光。（图 12.6）

图 12.6 《威尼斯船厂陆门与水门》（1740—1745）。钢笔画，安东尼奥·卡纳尔，别名卡纳莱托（Antonio Canal-Canaletto，意大利，1697—1768）。温莎城堡，英王室收藏。

船厂与 16 世纪

新的造船坞事实上一直等到 1525 年才开工，船厂西侧的 12 座取名"小新船坞"（Novissimetta），接着是北侧的 19 座，然后是南边的 13 座，最后是 1573 年才完工的东边的两个湿船坞，取名"卡强德勒船坞"（Gaggiandre）。

触发"崭新船厂"项目的动因与先前的任何一次改造都不同。它不再以帮助威尼斯船厂实现船舶的大规模建造能力为目的，而是要为海军舰队打造一座容量约一百艘划桨帆船的完备的永久的海上基地。在贸易与战争两大因素之间，如果说至今左右着威尼斯选择和命运的一直是贸易，那么在整个 16 世纪，逐渐影响和支配威尼斯发展方向的却是战争，甚至一度成为压倒性的因素。

造船业并没有停下自己的脚步，即便是在"崭新船厂"的再建工程期间，造船业的"风向标"依然翻飞不已。事实上，划桨帆船是一种高成本的运输工具，它只有在装运贵重商品的情况下才可能平衡高昂的建造费用和人力投入成本。幸好这个问题在威尼斯不算过于突出。实际上，除了威尼斯，由于这个原因，16 世纪初的人们更多时候选择结合了新型风帆并加强了武器装备的承重性能更好的大圆船来替代划桨风帆船。另外，沿海地区日益动荡的局势也使划桨帆船的使用率呈跌落态势，政局的不稳定使原来在沿海航行路线上数量充足的支持港口和辅助据点无以为继，而对于自主补给能力薄弱的划桨帆船来说，沿途补给又是如此不可或缺。无情的现实给原本专为划桨帆船量身打造的威尼斯船厂带来不小的打击。种种压力之下，威尼斯船厂做出了这样的抉择：减少商用划桨帆船的生产，加大窄型军用划桨帆船的投入。

在这个时期，威尼斯人试图将划桨帆船突出的推进能力结合到大圆船的载重与武装优势中去，在这样一个用实验与创新酝酿伟大变革的时代，加莱赛战船的出现成为极具代表意义的例子。这是一种将火力攻击与行动灵活性相结合的船舶。加莱赛战船源于以划桨风帆为动力的商用加莱船，船舷两侧设置炮位，它首次在长形船的载体上实现了大体积、高辎重模式。加莱赛战船被投放在对抗奥斯曼土耳其帝国的勒班陀海战中[1]，并大获成功。加莱赛战船成为威尼斯海军舰队的专用船舶，服役直至 17 世纪初。

为了建造加莱赛战船，威尼斯船厂朝西北面进一步扩建。主要工程是 1564 年至 1570 年之间竣工的六座船坞，它们以三个一组的方式排列，彼此相望，由一镜之水隔开。加莱赛战舰的宽度和长度与传统的商用划桨帆船一样，但在高度上有明显增加，所以新船坞的建造理念与传统的陆地船坞没有太大差别，但比传统的高出许多，正是为了迎合新型战舰在不同建造阶段的需求。

除了上述干预，16 世纪的威尼斯船厂还修建了不少无论从功能还是建筑学角度都具有重要意义的建筑物，包括重建于 1525 年至 1530 年间的冶炼厂、1555 年竣工的用于停泊威尼斯总督仪仗舰的"仪仗舰之家"（Casa del Bucintoro）、由安东尼奥·达庞德（Antonio da Ponte）于 1570 年至 1591 年间设计并完成重建的缆绳厂，最后还有 1550 年至 1591 年修缮完毕的带有雄赳赳纪念碑式大门的大炮库。

"崭新船厂"项目全部竣工后，船厂拥有共约 100 处场地，全部占地面积约 32 万平方米，成为威尼斯历史上划桨帆船产能最大的船厂。

船厂的改造也与威尼斯圣马可广场行政区的转型同时进行，在总督安德雷阿·格里蒂（Andrea Gritti, 1524—1539）强有力的城市改造政策推动下，圣马可广场面貌焕然一新，总督在检察官维托·格里马尼（Vettor Grimani）和天才建筑师雅格波·桑索维诺（Jacopo Sansovino）的支持下，重新定义了圣马可广场区域，除了重建老内政部大楼（Procuratie vecchie），还整修了码头、圣马可小广场、圣马可广场入口和圣马可广场的钟楼。（图 12.9、图 12.10，见彩插）（图 12.7、图 12.8）

船厂与 17 世纪以后

1629 年至 1631 年的米兰大瘟疫，波及地域从今日意大利北部直至

1　Lepanto，今希腊科林斯湾（Gulf of Corinth）。

图 12.7　卡强德勒船坞。1568—1573 年修建，威尼斯古船厂内。建筑师雅格波 · 桑索维诺（Jacopo Sansovino，意大利雕塑家、建筑师，1486—1570）。

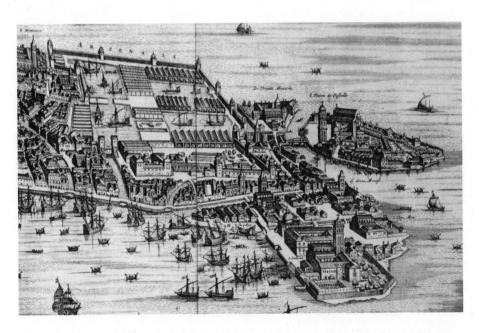

图 12.8　《威尼斯古船厂全景图》。版画，1724 年，荷兰琼 · 布劳（Joan Blaeu）制图公司。

奥地利西部，从威尼斯的军队感染疫病，直到威尼斯十四万人口中的四万六千人受到传染，仿佛魔咒的大瘟疫开启了威尼斯从商业渐至政治的衰落之路。1635年，刚刚走出瘟疫和危机的船厂又经历了它产能大幅下降的一年。瘟疫带来大规模的人口削减和经济重挫，蹒跚而艰难的复苏之路一直到世纪中叶之后才加快了步伐。

　　然而，自从1497年葡萄牙人瓦斯科·达·伽马航行绕过了好望角并在印度的果阿港靠岸，葡萄牙人直接在印度和东印度群岛获取香料及其他东方奢侈品成为可能。16世纪初，来自印度马拉巴尔海岸和马来西亚马六甲贸易中转站的东方奢侈品开始运达里斯本，直接挑战了至此为止占据着东西方交通贸易主导地位的威尼斯商人、热那亚商人和阿拉伯商人，原来一直是他们通过古老的陆上丝路以及印度洋和红海的海上丝路，经开罗或君士坦丁堡（伊斯坦布尔）中转，为欧洲运送东方的珍宝。威尼斯人并没有因为葡萄牙人而放弃自己的航行，而葡萄牙人的美好时光也短暂得如昙花一现，到了17世纪，水面上又冒出两艘荷兰人和英国人打造的结结实实的大船。船上既有以资本驱动的商人的股份公司，也有明抢豪夺的海上强盗，而最怪异的要数把抢劫与贸易"神奇"地绑定在同一条船上的"复合型"海盗商业公司。在瘟疫、粮食、人口、木材、海盗、航线、竞争、战争等重重危机包围下，威尼斯人在地中海沿岸的据点与支持港一个接着一个地衰落，面对商业航线上辅助站点岌岌可危的严峻事实，执着海路几个世纪的威尼斯人清楚地意识到，把注意力投向建造更加自主更加精良的新型船舶，已经势在必行。

　　与过去决裂，成为17世纪威尼斯船厂综合改造的重要标志。代表性的措施就是加高原"崭新船厂"内几乎所有的船坞，为划桨帆船基础设施逐步地、稳定地过渡到大型圆形船的生产设备打下了根本基础。此次改造中共有35座船坞得到加高，与之为伍的还有早在16世纪为建造加莱赛战船就已经垫高了的六座船坞，这六座船坞在某种意义上已成为新型船坞的先驱。随着船坞的加高，整个船厂综合体的北面区域演变成为专门用于建造大船的船坞群，南面则发展为配合船舶制造的仓储与辅助加工区。

　　无论是被逼无奈还是与时俱进，显然，威尼斯船厂从此合上了划桨

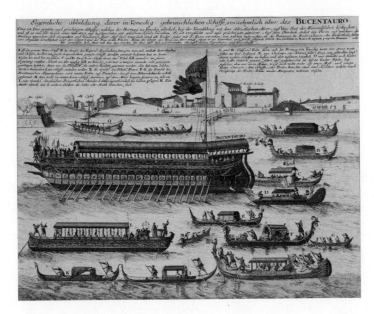

图12.13 《威尼斯共和国的总督仪仗船以及其他船舶》。铜版画，克里斯托夫 · 威格尔（Christoph Weigel，德国，1654—1725），纽伦堡，1718年。

帆船的历史篇章。然而，威尼斯的船坞，宛如那艘摆渡东西的排桨风帆商船，直到今天，我们依然能够看到它撑开了风帆，摇动起所有划桨，沿着掩映在风沙与海洋中的丝绸之路，航行在时光的激流中。（图12.13）（图12.10、图12.11、图12.12，见彩插）

作者简介

克劳迪奥·曼尼凯里（Claudio Menichelli），学生时代以满分加好评的最高分毕业于威尼斯大学建筑系。1980年至2011年，供职于意大利文化遗产部威尼斯建筑与景观遗产监督委员会。1997年至2009年，执教威尼斯建筑学院建筑修复专业。在担任威尼斯建筑与景观遗产监督委员会主任建筑师期间，作为圣马可广场和威尼斯古船厂城区逾十五年的负责人，主持了多项威尼斯古建筑的重大修复工程，其中包括格里马尼宫（Palazzo Grimani）、威尼斯古船厂（Arsenale）、圣马可大教堂（Basilica di San Marco）、威尼斯总督宫（Palazzo Ducale）。2010年，代表威尼斯市参加上海世界博览会"文化遗产与城市新生"论坛。目前在帕多瓦大学工业遗产保护专业教授研究生课程，研究方向为威尼斯古船厂历史、木结构建筑工程和拯救工业遗产。出版专著七十五部。

威尼斯"班轮"

阿尔多·卡特里诺（Aldo Caterino）
意大利海军水文研究所

中世纪的船舶与航行

典型的 12、13 世纪的商船是一艘圆形的帆船，即所谓"圆船"，它的长度大约是船身最宽处（船主梁）的两倍，船底到甲板高度的三倍。这种大船行动笨拙，不依赖船桨推进，主要靠风帆推动，二桅二帆，挂拉丁三角帆［三角帆也称纵帆］。要配得上"船舶"（navis 或 buzus）的称号，还须拥有至少两层甲板（表层甲板和抬高的中央通道），首尾甲板各设上层结构"艏楼"和"艉楼"，或称前后"堡"（castle），桅顶建有瞭望塔，以备作战之需。为了满足十字军战士、朝圣旅客和商人的交通需要以及因此而日益繁重的运输任务，这类船舶中的一些被越造越大，最后简直变成了海上的浮动城堡。当年最大的一艘是威尼斯人建造的，起了个再妥帖不过的名字——"坚强堡垒"，总载重逾五百吨。相比如今海面上乘风破浪的巨轮，这个吨位算不了什么，但在 19 世纪以前，木头还是主要的造船材料，五百吨意味着这艘船非常巨大，简直太大了。中世纪后期，只有一些最活跃的重要港口，如热那亚和威尼斯，能够容纳二百吨及以上的船舶。当时徜徉在整个地中海里的"坚强堡垒"型商船，全部加起来可能都不超过半打。13 世纪中叶，威尼斯人有两艘这样的商船，擅长在海里跑重型运输的热那亚人可能多拥有几艘。普通规格的船舶，即通常的双甲板货船，载重一般在二百吨左右。

这类船舶（含大型）的方向控制都依靠船尾附近的双侧舵，直接通过伸进舵舱的舵杆操控，人称"拉丁舵"。每艘船都备有相当数量的船锚和锚索，十套至二十套不等，以防航行中丢失或情急之下不得不切断系泊所造成的损耗。除了通常的双桅，也有较大的商船采用三根桅杆，桅杆均前倾，桅顶斜悬一根几乎与船体同长的长桁，上面系拉丁三角帆。每根桅杆都配有数张风帆，不重叠悬挂，而是交替使用。微风时，船首斜桅上挂硬质细棉线织成的大三角拉丁风帆；如果风暴将临，则撤下系帆桁，卸了大三角帆，装上一张较小但更为结实的麻质三角帆，面料是一种以亚麻线为经、棉线为纬织成的粗斜纹布。

相比自古通用的方帆［方帆也称横帆，实为等腰梯形］，大三角形的拉丁帆能够更好地迎风航行。不过，那时的船舶一般无法小于风向六十七度角行驶，在特别理想的航线上实现风向的七十七度行驶已属不易[1]。像"坚强堡垒"那样的大圆船，风对高大船体及其上层结构的冲击压力造成它在调整方向时更显迟缓。而船体较矮、船身长且窄、载重一百吨左右的单层甲板帆船"泰里达"（tarida）就更适于逆风之字形前进的抢风航行［通过将船头转入并穿过风向来改变航向］。尽管具备更加优良的帆船性能，泰里达大多用作后勤保障船只，因为它们更适合在船队中与桨、帆兼备的加莱船配合行动，当风云变幻海况恶劣时，泰里达抵御汹涌波涛的能力较差，相比可称为 navis 或 buzus 的双层甲板船，泰里达在海战中可以起到的作用相形见绌。还有一种船与泰里达颇为相似，但构造更加坚实，通常用来运输马匹，这种"运马船"类似古代运送骑兵的船只，靠岸时可以打开侧门放下跳板，方便马匹上下。

与"坚强堡垒"那样的"圆船"相反的是"长船"。Galere，加莱船，

1　数据按玫瑰风图的测量单位换算得出。

也称为"加莱型桨帆战船",是长船的典型例子。加莱船的名称源自希腊—拜占庭词汇 galaya——鲨鱼,词义正是关联了加莱船的特殊形状。加莱船的船型可追溯到古典时期:船长与宽度的八倍相当,船底到甲板的高度不到宽度的一半,因此船体呈流线形,高出水面不多,极为轻盈。13世纪,这种既挂帆也划桨的船只大多为双桨,即沿船体两侧的划桨位置上每一列都有两个并排的划桨工,人手一根长度不同的木桨。木桨从狭长船体两侧往外突出的划桨架伸出去,划桨架为划桨操作提供了良好的杠杆支点。加莱船的最大优点是速度快、操作简便,遇到任何对手,只要不是同样驾驶加莱船的,就完全可以按照自己的意愿接受或拒绝战斗。加莱船的缺点是少不了庞大的船员阵容,遇到海上风暴也较难控制局面,而龙骨上方高度最多不到两米的单层甲板构造更是限制了它的装载能力。如果用加莱船去装运商品或乘客,那是一种相对安全、快速但非常昂贵的交通工具。为了有效利用交汇时的风力,加莱船会挂起一张或两张拉丁大三角风帆。

加莱船和泰里达船都能够抢风航行,但行动与节奏仍然有迟缓呆板之嫌,所以至少为商旅出航时,船长们还是倾向于让它们停泊在港口,静等海面刮起合适的风向再扬帆出发。在威尼斯人经常出没的海域,缺乏海洋季风或信风那样值得依赖的盛行风,但好处是从一个港口前往另一个港口之间需要扬帆的天数并不多。顺风情况下,只要保持很容易达到的四节船速(一般会超过),只要一天一夜的工夫,船舶就可以完成大约九十海里的航程从威尼斯来到伊斯特拉半岛上的波雷奇(Parenzo);借助有利的北风再从波雷奇或者波拉(Pola)向南航行,三天内就能望见加尔加诺(Gargano);而一艘快船更可以在不到九天的时间里完成前往科孚岛(Corfù)的航程。亚得里亚海、爱奥尼亚海和爱琴海是威尼斯人航行最多的海域,这些海域风向多变,但经验丰富的航海者可以通过天气迹象来判断和选择较好的出发时间,并让自己连续享受上至少数天的顺风顺水。威尼斯人偏好沿着海岸航行,不是他们害怕远海,而是因为在沿海岸航行的路线上可以随时目测山峰与岬角,方便加莱桨帆船因人员众多而需要频繁泊港以补给淡水和食物。出于同样的原因,威尼斯人沿着伊斯特拉半岛、达尔马提亚以及后来的爱琴海岸,一路开辟了一连串自己的供应基地,从一个基地到另一个基地间隔大约一天的航程，足以保障航行中的桨帆船始终能够获得充足的淡水、新鲜的食物和适当的庇护，威尼斯因此获得了制海权。

无论长船、圆船、商船还是战船，它们时常会由威尼斯以共和国的名义发起建造，但更多时候的发起人还是私营业主。船舶建造是否拥有政府参与并不构成所谓有利或不利的区别，大部分的职业匠人，比如负责定夺木料的斧头师、造船木工、捻缝师，一般都在各自的小船坞里打磨和装潢小船，间或他们也会被雇佣到商人或船东为建造一条大船而租赁的船坞里参加有组织的劳动。威尼斯共和国有权管理这类造船场地内的生产，有时甚至由共和国来规定待建船舶的大小。1104 年，在城邦政府监督下，名为"军舰厂"的威尼斯共和国造船厂拔地而起，它为武器、划桨、设备和各种船舶备件提供了仓储地，同时也成为加莱桨帆船的维修厂，包括用于停泊一些随时可能投入使用的船舶，但是，直到 13 世纪之前，包括战舰在内的新船舶一般并不在这里建造。威尼斯的任何专业工匠，共和国总督都有权命令或调遣其驰援政府船队所在工地的工作，这种时候，斧头师、木工和捻缝师会获得定期的报酬。共和国招募所需劳动力通常采用支付报酬的雇募而不是征役的形式。非常时期，比如与热那亚反复发生争战时，大多数的专业工匠都会被要求为城邦政府工作。平时，斧头师、木工和捻缝师们自谋生路，或在船坞，或跟很多人一样因通航季节上船谋事而航行于海面。威尼斯人每年的出海季为 4 月到 10 月，入冬气象恶劣，11 月到 3 月执行休航期。（图 13.1、图 13.2，见彩插）

航海革命

"航海革命"的概念更多包含的是严密的技术内容，罗盘（指南针）、港口指引、航海图和三角函数表的出现与推广大大方便了中世纪的海上航行。科技的进步首先为大量资本有效涌入造船业并投入商船装备提供了基础保障。技术进步使船舶定位不再受制于能见度，从而缩短了船舶的越冬休航期；远离海岸的航行能力得到提高，催生了更加直接快捷的航线；更好的天象（星座定位）和海象（盛行风和洋流）观察能力促进人们选择并执行更加有效的航行周期。在动荡的商业变革背景下，为增加经营活动中的可用资本，同时降低资本风险，各种新型的商业公司模式也应运而生。然而，打开阀门让这股时代洪流飞泻而下的第一发动力，还是来自中西欧社会的经济发展，它为市场孕育了更多的旅行需求，带来了升级综合运输能力的需求，也对返航船舶在最短时间内找到充足货源的需要以及优化市场组织的必要性提出了挑战。同一时期内，还诞生了不少能够更好地适应交通需求变化的新型船舶，总体趋势表现为在船舶规模不断扩大的同时实现船舶功能的多样化和专业化。

1290 年到 1310 年的二十年间，威尼斯政府最为关注的是增加加莱桨帆船在商业运输中的使用。划桨的船工单位从原来的二列桨形制升级为三列桨，加大的船体不仅可以容纳每小组船工中的第三名划手，也扩大了装货的船舱。按照传统术语，这样装备起来的加莱船（桨帆船）叫"三列桨座"加莱船。根据一位名叫马林·萨努多［Marin Sanudo，他也被叫作"托尔塞洛"（Torsello）］的史料专家称，1290 年以前，威尼斯所有的加莱船都是二列桨座，仅一年之隔它们统统变成了三列桨座。很有可能，老式的二人组划桨座被直接改造成加长版的划桨座，并从原来的垂直布置转换成鱼骨形的排列模式。划桨的枢轴点固定在沿船帮带矩形槽孔的桨架上，根据划桨在桨座上的不同位置，木桨从侧面伸出去的长度不一，但都比留在船内的那段长，这给木桨制造带来了更多困难，因为需要精确计算支点的受重和平衡，同时还要保障船工每一次划桨动作的效能。

早期的三列桨加莱船载重仅约五十吨，1320 年左右建造出一款更大吨位的加莱船，称为"大加莱船"或"商用加莱船"，主要用于贸易运输，船舱载重约一百五十吨。这款商用加莱船甲板长约 37 米（威尼斯造船厂总造船师笔记中的备注为威尼斯计量法的二十三步三脚），宽略微大于 6 米，船底至甲板高度为 2.5 米到 3 米。而那些用于海战的狭长形加莱船，长度基本一致，船体更窄更低，因此更易操纵并较易加速。商业与作战两种类型的加莱船在其他方面均相似。载重方面，如果含上甲板水手木箱的可存重量共约五十吨，按照共计两百名船员的配置，人数重量比基本在 1∶1，即可均摊为大约一人一吨。如此看来，这款商用加莱船的装载能力还是有限的。

　　加莱商船的甲板上，沿中轴通道两边一般各布置二十五列划桨座，约计一百五十名桨手，也就是说绝大部分被招募的船员是派去划船的，但令人好奇的是，这并非为了提高速度。跟其他任何一种帆船一样，出发前，载有沉甸甸货物的加莱商船也会选择安静地停泊在海港，只等好风扬起才启航。它们的航行速度往往超越其他船舶的关键原因还是在于细长船体的流线形设计。乘着有利的风势，它们轻易就能达到五到六节的速度；我们从朝拜圣地的乘客的日记中了解到，它们完成整个航程的平均速度甚至超过七节。总而言之，商用加莱船实质上就是身手敏捷的风帆船，而增加划桨装备使它们在进出港口的时候变得更加自如，海面上即使没有风，它们也可以借助划桨推进，而如果遭遇逆风，也不至于只能依靠沿海岸航行。虽然划桨只具备辅助功能，但它们使加莱商船在守时性上远胜传统的圆形商船。众多的船员配置还可以在遭遇敌人袭击时有效地投入抵抗。综合这些特点，这一类加莱船就显得特别适宜于运输丝绸、香料等重量轻、价值高的货物，鉴于速度高和操纵灵活的优势，外加船上武装力量的时刻存在，采用这样的商船还意味着为商家省下不少的保险费用。

　　圆船也在演化中，其变革甚至更为激进并且节约了大量的人力需求。北欧发起的技术革新引领了一种特殊的高船舷船舶，名叫"柯克船"[1]。这种船型最早可能由巴斯克航海者于 1300 年引进地中海。船舷高挑的柯克船拥有为地中海的航海事业带来真正革命的两大特征：一是铰接在直船尾的单舵，一般称"船尾中央舵"或"中央舵"；二是长方形风帆遭遇强风收缩帆布时使用的收帆索和帆角索。相较双侧舵，中央舵是否拥有绝对的优越性饱受业界争议。确实，威尼斯的加莱船即使在采用了单尾舵之后，往往还是扔不掉那对双侧舵，因为加莱船是弧型船尾，与柯克船的直船尾并不相同，中央舵在直船尾上使用起来更加方便安全。在大型圆船上，船尾中央舵完全取代了双侧舵，而钢铁冶炼技术的发展也使铁制的舵栓和舵钮变得坚固耐用。

1　不同的西方语言中它有 Cocca、Cocha、Cog 等略异的拼写法。

柯克船通常只悬挂一面大方帆，随着风势它可能一会儿卷起帆布的这一侧边，一会儿又扬起另一边，一头系住帆角、另一头固定在船头的"帆角索"可以阻止帆布因大风而翻卷。这种横帆由数块麻帆布拼接而成，边缘用绳索加强，需要特别加固的地方采用双层布料，张帆航行中还配备收缩风帆用的"收帆索"以及一块需要增大风帆面积时系挂的辅帆。相对而言，拉丁帆的形制决定了三角形风帆在不同的受风情况下悬挂姿态不能变化，所以，当受风相反而需要将它从桅杆的一侧换绑到另一侧的时候，就必须将挂三角帆的整根帆桁绕过桅杆转到另一边去，而帆桁很长，整个操作不仅费时折腾还很危险。根据风势强弱，要在挂拉丁帆的船上更换风帆也是件麻烦事儿，在撑着两张大拉丁帆的桅杆之间操作，相比柯克船上的一张方帆，需要更多的人手。虽然风力条件不如北欧海域，为了节省人力，方形帆在地中海里也颇为流行。

从双桅双三角纵帆到单桅独悬方帆出现在柯克船上，时光过去了几十年，威尼斯人直到 1315 年才听闻"柯克船"，而"柯克"这个术语也只有在 14 世纪中叶之后才用以指代大圆船。并非所有冠名"柯克"的船只都以单桅杆示人。比如在彼兹卡尼（Pizzigani）航海图的船舶图案中，船上的主桅悬挂一张方帆，船尾另竖艉桅，张拉丁三角帆。可见，威尼斯人以及地中海的其他航海者很快就在圆船上尝试了拉丁纵帆与方形横帆的结合，因为他们的船舶规模本身单靠一根船桅上的风帆面积是不够用的。14 世纪末，热那亚人建造了数艘大于等于一千吨位的圆船；威尼斯人尽管受制于港口水深，也建造了较大的船只，乃至如"坚强堡垒"那样的 13 世纪巨轮。1422 年到 1425 年间，威尼斯共和国建造了一艘被誉为至少是威尼斯历史上最大的军用柯克船，龙骨测长 27 米，载重 720 吨，如此规模的船舶显然不可能只竖一根船桅。除了支持愈益庞大的船体，拉丁帆和方帆的交错使用为在有限的水域里获得更好的船舶操纵体验也提供了帮助，并且在非顺风的境况下也能保障船舶实现对有效风力的最佳利用。

虽然那时候的单位船员数量已呈下行趋势，但按照现代船舶装载的适配标准看，即便是不设划桨的，当年威尼斯人船上的盛况也实在是"人挤人挤破头"的阵仗。13 世纪，法律规定每艘 240 吨位、挂拉丁三角帆的船舶必须配备 50 名船员，即大约每五吨配一名船员。在 14 世纪的柯克船上，法律规定基本每十吨必须配备一名船员，详细条例另如：一艘 240 吨的柯克船必须配备 20 名成年水手和 8 名学徒。同时，根据航行路线的危险程度，每艘这样的柯克船必须增配 4 到 8 名"弓弩手"，作为护卫船队的"防暴"武装力量。

弩，一种强悍的武器，古代中国和古代希腊都认为自己是它的发明者。弩的威力强大到可以一次穿透骑士的盔甲。如果跟弓箭相比，弩不需要那么多的技巧训练，但弩的发射器加载操作很耗时，造成在它的装载过程中需要使用专门的遮挡工具保护弓弩手。弥补"缺陷"的是弩的另一个优点：射程远，虽然比不上复合弓或双弯弓，但大大优于普通弓箭和长弓。为了保护和提高弓弩手在战斗中的功效，古代的木质大盾牌也被引进到船上，为弓弩手们当"掩体"。自从使用柯克船，操纵风帆的人力需求减少，于是，作战适应性成为大型商船上船员规模的主导因素。（图 13.3，见彩插）

护航舰队

在船舶与航海新技术的发明与传播方面，包括比萨和南方一些沿海城市在内的意大利中世纪海洋城邦都有各自精彩的表现，而难分伯仲的长期较量始终盘桓在热那亚和威尼斯两大海洋共和国之间，它们的区别较多体现在政治经济现实的不同所导致的对新技术应用的差异。威尼斯有一个众望所归的强大政府，他们最为关注的目标是建立起一个沿着固定航线提供定期且安全的海上运输的机制。控制着亚得里亚海并掌握通向阿尔卑斯山主要山口的陆上交通地理优势，威尼斯可以做到及时规划船队的出发和抵达，保障无论哪一种船舶都能够在满载或基本满载的状况下航行。为了保持作为东西方交通贸易链上的辉煌之环并保障自己贸易中心的垄断地位，威尼斯政府甚至为某些船型特别选择了专门的中途港，每年都为它们校对和修改航行方案。作为海上丝绸之路在西方的主要码头，威尼斯共和国颇为自豪地控制着亚得里亚海、爱琴海和地中海东岸黎凡特[1]之间的宽阔水域，确保了欧洲和中东之间的连接与交流。

在威尼斯城邦的律法中，大型加莱船和柯克船是受到区别对待的。柯克船和其他类型的圆船共同构成了威尼斯大部分的商船队，它们可以自由决定自己的航行日期，但长船类的大型加莱船只能用于规划的定期航班，它们承接贵重货物的运输。在14世纪开始的几十年里，威尼斯参议院为大型加莱船制定了详细的航海计划和行政管理制度，除了个别中断和调整，这些规定持续生效并执行了两个世纪。一个海洋国家能够为其贸易的主要目的地建立定期的航线服务，并利用激励机制支持和提高它的效率，惠及既是航线航班使用者也是共和国领导阶级成员的商人们，实为历史首创。

航海技术的进步将为海洋运输降低克服风浪等自然风险和障碍所需要投入的人力物力成本，这一积累过程也是经济发展的关键，但它们的卓著功效尚且需要较长的时间来显现。在当时商人或船长们的成本核算中，诸如罗盘（指南针）和航海图那样的装备成本的重要性，大概还远远排在关税变化、外族或海上竞争对手的掠夺风险以及为阻止这类损失而增加船上战斗人员等种种支出的后面。"保护成本"，赫然屹立在可捍卫良好商业运作的最"凶悍"的要素之林。

这些"保护"或"庇护"费用，某种程度上应该算作每个海上"企业家"在所难免的可变成本，它们因运输货物所选用的船型不同而不同，因船舶的装备和前往的港口的变化而变化。一般来说，想要降低保护成本或取得比竞争对手的"保护成本"更具优势的惠利，就需要采用某种联合行动的形式，比如在后期的海洋贸易中出现了为商业和殖民目的建立特许公司的经营模式——东印度公司。在早期的威尼斯，则表现为由政府组织船队并采取一切必要措施实现对海外威尼斯商人的庇护。颇具意味的是，规划海洋运输的责任当时归口在负责外交政策的参议院，而参议院代表着威尼斯共和国执政贵族的最高意志，也就是明明白白地喊出了以威尼斯商人的利

---

1 Levante，一个不精确的历史地理名称，是中世纪东西方贸易传统路线的重要枢纽。阿拉伯商人通过陆路将东方香料等货物运到该地区，威尼斯和热那亚的商人再从这里将货物运输到欧洲各地。今天位于这一地区的国家有叙利亚、黎巴嫩、约旦、以色列、巴勒斯坦。

益为利益的心声。为了实现这一目标，主要途径就是由共和国组织船队去海外获得商业特权。由于这些措施的落实，来自海洋的贸易流源源不断地经由威尼斯中转，水涨船高地推动了整座城市的发展，也使城邦税收获得了令人目眩的空前增长。

为了给威尼斯的国际贸易保驾护航，参议院决定采用新型船舶和新的航运技术，而"保护成本"必须与被运输货物的价值成适当比例，避免对低值货物运输造成过重负担。对于运输高价值商品，长船类的大型加莱船或圆船类的大型柯克船都能满足这一前提条件，但在两个选项中威尼斯参议院决定采用大型加莱船，原因之一可能是加莱船的航海特性比热那亚人较多使用的柯克船更加适合威尼斯船队的航程。加莱船吃水较浅，而划桨增加了船舶的灵活机动，这些特征使加莱船在狭窄的潟湖和达尔马提亚海岸环境中能够发挥灵活操纵之长，当遭遇海战，加莱船也因此具备更多的作战优势。更为重要的还有随时可以武装起来投入对抗的划桨手。威尼斯招募自由人充当划船工，他们是不可小觑的战斗力。13世纪，锁子甲、皮制护胸和简单的护脑护鼻头盔已经不足以抵挡弩箭的威力，迫在眉睫的是对完整的钢铁护胸和头盔的需求，而这些装备都只有共和国有能力组织生产并提供。随着火枪的出现，后续的船舶武装清单中出现了"火枪手"和"火炮手"的新名目。

结合划桨的加莱船能够使船队形成统一的战斗单位进入共同行动，比如当一艘船舶遭到袭击，同队的其他船舰都可以依靠划桨奔赴救援。为了发挥好这一潜在优势，威尼斯共和国规定同一季节前往同一港口的加莱船商船必须以船队编制航行，而圆船只有在特殊的情况下才结队航行，圆船的编队航行成功率较低。加莱船的商船队通常由一位"总船长"指挥整个舰队，如有必要，数条大加莱船还可以搭配数条窄型小加莱船。大、小加莱船的合作要比全部窄型加莱船或全部柯克船高效得多。综合所有因素，大型加莱船成为安全保障系数最高的商船类型，威尼斯参议院为此大力提倡并指定在每年度的定班航行体系中投入大型加莱桨帆船作为贵重货物的海上运输工具。（图 13.4）

这样的航运体系设计为威尼斯商人较为迅速地占领贸易先机起到了保

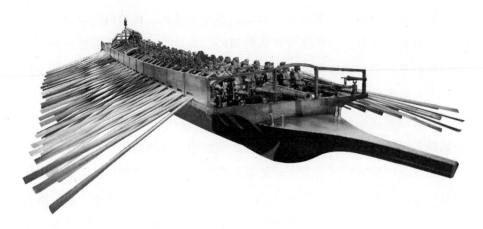

图 13.4　威尼斯的加莱窄舰模型。威尼斯船舶历史博物馆

障作用。虽说在远距离航行中顺风与否才是起到根本影响的因素，但在遵守预定时间方面，加莱船比柯克船出色多了。威尼斯共和国的参议院制定了船舶必须遵守的时间表，并在拟定航行时间段的过程中，不仅衡量政策风险，还结合考虑不同舰队之间的协调运行，旨在将贸易交换集中在可预见的时段内，实现到港货物的迅速销售以及回笼资金立刻被再次投入新加载货物的操作。正是为了达到这一目的，某些货物被规定只能由大型加莱船承运，并且只能在一定的时间段装载，以保证它们的到达和离开正好契合各大商业会展的时间。

护航西方：佛兰德斯舰队

从地中海出发，经直布罗陀海峡来到大西洋，往北而后折往东北，穿过多佛尔海峡，抵达北海。这就是商用加莱船运营中最令人瞩目的航线。早在航海革命之前就有人做过类似的环西欧航行，比如曾于 1110 年帮助十字军攻陷西顿[1]的挪威人西格尔德（Sigurd）。然而，早年的商人们更愿意通过陆路前往法国的香槟城集市。不同的交通工具决定了不同的运货能力，两头水牛拉着四轮大车，或者人、马、驴、骡子拽着内河上的木筏，能够

1　古腓尼基城邦，地中海东岸，今黎巴嫩境内。

送达目的地的货物数量，相比船舶运输，当然是大打折扣的，但总体上陆路运输貌似更加安全。威尼斯人西进贸易的实质是为了接近佛兰德斯市场和那里的羊毛面料。法国国王们的短视日益摧残着香槟城的集市贸易，随着时间推移，商人们越来越倾向于扔下香槟城镇，完全选择海路前往布鲁日。布鲁日已经成为欧洲中北部众多贸易线路的交汇点。威尼斯商人在布鲁日为他们的丝绸、香料等东方商品找到了又一个市场，同时还能采购到布鲁日本地或周边出产的佛兰芒布，西北欧出产的其他商品如英国的羊毛和锡矿制品。在这个佛兰德斯的城市，还能碰到来自汉萨同盟城市的德国商人和斯堪的纳维亚商人，他们为了出售毛皮、木材、琥珀等家乡特产来到布鲁日。于是，一个从地中海环绕至波罗的海并在实际上拥抱整个欧洲大陆的贸易回路就此形成了。

从地中海到布鲁日的海上航线最早由热那亚人于 1270 年开辟，处女航的剪彩者是一位名叫本笃·扎卡里亚（Benedetto Zaccaria）的奇人，这个集海军司令、海盗和商人于一身的热那亚人垄断着福恰[1]的明矾（织染固色剂）和希俄斯岛[2]的乳香（用于化妆品和香料）贸易。威尼斯人从 14 世纪 20 年代起才投身这一冒险的远征，威尼斯的地理位置决定了威尼斯人必须首先完成环意大利航行才可能继续西进，客观现实使威尼斯人在这个航向上不得不面对相比热那亚人更加遥远的漫漫海路。船队穿过直布罗陀海峡，经停葡萄牙的里斯本，沿岸航行至伊比利亚半岛西北部加利西亚［Galicia，今西班牙境内］的菲尼斯特雷角（Cape Finisterre），从这里跟随指南针的北向或东北向扬帆，直到布列塔尼公国［今法国境内］伸向海面的岬角最远端；或者观察水下探测器的提取物，当它从水下提上来的灰沙带着淤泥，说明船舶已经到达了足够北面的海域，这时必须往东或东北方向去了，准备进入被法国人叫作"袖子海峡"的英吉利海峡。一些商船会在不列颠的南安普敦停靠并处理一部分货物，但最好的市场在更前面的多佛海峡对岸。每当因政策影响不能停靠布鲁日，船队就会继续往北行驶到安特卫普，但是作为与英国羊毛贸易的连接点、重要的纺织加工中心以及诺曼底小麦与

---

1 Focea，今土耳其伊兹密尔的古镇福恰。
2 Chios，希腊岛屿，近土耳其西岸。

加斯科尼葡萄酒的分销站，西佛兰德斯的首府布鲁日占据着如此得天独厚的优势，以至于哪怕沿线没能挂靠任何一个佛兰德斯港口，这些商船也都被统称为"佛兰德斯舰队"。15 世纪，随着茨维因河（Zwin）入海口淤积愈益严重，吃水较深的大型船舶再也难以从这里上溯直至布鲁日，而坐落在斯海尔德河（Scheldt）上的海港城市安特卫普则开始迎来了自己的光辉岁月。较为顺利的情况下，威尼斯—南安普敦航线需要三个月的航行时间，但赔上双倍时间的情况也不罕见，完成这一海上远征来回耗时 14 个月至两年不等。近 14 世纪末，被威尼斯人叫作"慕得"（MUDE）的护航舰队的出发时间整体滑向年中或年底：8 月初它们从威尼斯起航，11 月初抵达英国，再从这里出发前往佛兰德斯；返航一般在次年 6 月启程，10 月下旬结束，沿着一条保持了两个世纪一成不变的航行线路，中途停靠地中海的伊维萨岛（Ibiza）、马略卡岛（Mallorca）、巴勒莫（Palermo）和墨西拿（Messina），经爱奥尼亚海的科孚岛，转亚得里亚海的科尔丘拉岛、莱西纳岛[1] 和帕伦佐[2]，最终回到威尼斯的圣马可广场。

在早期，柯克船和大型加莱船都曾用于佛兰德斯航向的商业运输，当发现其中缺少私营力量时，威尼斯政府决定把适用这一特殊航线的大型加莱船的建造工程外包出去。承包了项目的船东们希望自己的加莱船造得越大越好，便于配载更多货物，政府却不希望这样，因为加大船体意味着加大船舶的操作难度，进而削弱安全系数，在地中海里与其他加莱船进行编队护航的适应性也随之降低。换句话说，船东们希望拥有专门针对自己航线特征的超规格的订制加莱船，而政府希望投入的是同时可以服务于其他航向的加莱船。承包运营商里有一个叫达尔迪·本博（Dardi Bembo）的领头人物，他建造的一些加莱船超出了政府规定的大小，参议院最后还是赦免了他的违规。1317 年春秋之间，此人有三艘船前往布鲁日，1318 年他又有五条编队护航的加莱船前往布鲁日。五艘加莱船组成的舰队意味着约有一千人的战斗力和足够的武器装备来保障随船商人和他们的货物安全。但达尔迪·本博的航行并不太平，在马略卡岛他"解放"了沦为加泰罗尼亚

1　意大利语称 Lesina，克罗地亚语称 Hvar，今克罗地亚赫瓦尔岛。
2　意大利语称 Parenzo，克罗地亚语称 Poreč，今克罗地亚波雷奇。

人奴隶的希腊人（加泰罗尼亚人说希腊人偷走了他们的奴隶），在南安普敦，本博的水手们卷入了一场斗殴并因此断了威尼斯和英格兰之间多年的买卖。不过，在布鲁日和安特卫普，威尼斯商人与当地结下了比较友好的关系，威尼斯在那两个地方获得了贸易特许，还设立了领事馆。

大约二十年后，"佛兰德斯舰队"的航行中断了几十年，原因之一是1337年至1453年为争夺佛兰德斯和多佛海峡控制权的英法百年战争爆发，另一个原因是在地中海爆发了热那亚归尔甫派（教皇派）联合那不勒斯国王对抗热那亚吉伯林派（保皇党）联合西西里国王的战争。1336年，两艘从佛兰德斯返回的威尼斯商船因遭受暴风雨和自己的舰队失散，于是在西西里的一个停泊港被属于热那亚归尔甫派的格里马尔迪家族（Grimaldi）的一名成员截获，当时的人们习惯称呼此人为"摩纳哥"（"修士"之意），因为他曾经化装成修道士占领了一个城堡并把它变成了家族的大本营，这个悬崖上的城堡国家就是今天的摩纳哥。在热那亚的战船上，不管是教皇的保镖还是保皇党的斗士，谁也不会放弃冲向威尼斯人木船而后快意恩仇的机会，更何况眼前的"猎物"是如此诱人——两艘装满了各色宝贝的加莱型大商船。五到十艘这样的商船组成的舰队集结了相当可观的战斗力，但当它们面对等于集中了十五到三十个战斗单位的战争舰队时，那么无论怎么强大都一定死得很惨。这是一次极为惨痛的教训，它让最终收拾起心情的威尼斯商人们把目光再次转向陆路，只求平安抵达佛兰德斯，把损兵折将赔光买卖的巨大风险规避在出发之前。

经过阿尔卑斯山前往德国和其他欧洲中北部地区的通勤条件在时光荏苒中逐步改善，自从1336年共和国控制了维罗纳的斯卡利杰里（Scaligeri）并于1339年稳固占领了特雷维索地区（Treviso），从威尼斯通往阿尔卑斯山北麓的道路变得安全起来。于是在战争爆发后的四十年里，威尼斯与中欧和西北欧的贸易主要取道奥地利、德国和瑞士。一旦越过阿尔卑斯的屏障，路网密布，通航的河流以及为改良沼泽和连接不同河流而开凿的人工运河为大木船、驳船和排筏转接重货提供了良好的条件，同时降低了用在陆路运输上的时间和经济成本。（图13.5，见彩插）

护航东方：拜占庭与黑海

位于威尼斯东面的近东地区，政局依然是干预贸易路线何去何从的决定因素。作为1204年第四次十字军东征攻陷君士坦丁堡会战的重要参与者，威尼斯在这片东罗马帝国的势力范围里曾经起到重大影响并拥有广泛利益，威尼斯并不准备因为可能遭遇敌舰而放弃自己的贸易航线。可是在热那亚人另有所图的鼎力相助下，希腊人于1261年重建了拜占庭帝国并登上帝国宝座，威尼斯人已经无法恢复"法兰克"皇帝统治时期自己在拜占庭享有的商业垄断地位。但接下来的数十年里，在君士坦丁堡恢复拉丁帝国并焕发威尼斯人荣光的希望并没有泯灭，因为法国贵族们已经登上那不勒斯王国的宝座，摘取君士坦丁堡皇冠的雄心也在生根发芽。为了这份期盼，威尼斯总督依然坚定不移地守护着自己"东罗马帝国八分之三领主"的称号。1299年，热那亚与威尼斯达成妥协，以和平条约结束了双方的第二次海战，这时的热那亚，对前盟友拜占庭巴列奥略王朝的希腊皇帝安德罗尼卡二世、他的儿子并继承人米海尔九世的命运，已经管不了那么多了，威尼斯人可以毫无顾忌地掠夺拜占庭的臣民了，威尼斯人斩获颇丰，但仍未获得在君士坦丁堡的贸易优惠。

拜占庭的希腊皇帝终于招架不住威尼斯人的横冲直撞，提出休战，并答应赔偿威尼斯人声称的损失。正当威尼斯人与拜占庭皇帝大动干戈的时候，热那亚的人马与船队已经挺进到咽喉之地，一个对拜占庭和黑海来说都具有支配意义的要冲，那就是热那亚人在加拉太的佩拉殖民地。加拉太的佩拉地处君士坦丁堡所紧靠的"金角湾"的另一边，与正对面的君士坦丁堡隔湾相望。这块热那亚人的聚居地日益扩大，在商业和关税领域自成体系，它所持有的优惠和特许确保了热那亚人实质上的独立。热那亚人把大部分的黑海贸易汇集到佩拉，以佩拉为中心的贸易流转量很快远超东罗马的帝国首都。热那亚人同时还加强了在克里米亚的卡法殖民地，并把它紧紧包围在军事防御之中。有了这些据点和爱琴海的希俄斯（Chios），热那亚控制了原罗马帝国势力范围的北部，而威尼斯人则凭借拥有克里特岛（Creta）、穆尔（Morea）、尼葛洛庞帝（Negroponte）的前哨位置继续在政治和经济上控制着南方地区。

　　当拜占庭帝国由内而外变得如此羸弱，土耳其人的军队正牢牢盘踞在博斯普鲁斯海峡东边，隔着门缝，虎视眈眈。1243 年 6 月 26 日，塞尔柱突厥人在科塞达格峡谷[1]战役中溃败于蒙古人，失去了对塞尔柱鲁姆苏丹国（Sultanate of Rum）的控制，但分裂出来的数个安纳托利亚公国中有一个正是成为了后来奥斯曼王朝的突厥贝伊国，来自这个侯国的奥斯曼一世开始拓展疆域，直到 1326 年他的儿子奥尔汗（Orkhan）一世在坚持了九年围城之后终于攻占布尔萨（Bursa），并将它确立为诞生中的奥斯曼土耳其帝国的首都。为了抵御土耳其人，拜占庭的希腊皇帝招来了一支共约两千五百人的加泰罗尼亚雇佣军，这支部队始于卖命挣钱，终于集体哗变。加泰罗尼亚佣兵团不仅调转枪头，还开始以打砸抢为生，为了更好地掳掠，他们甚至组建了系统化的组织，建立了自己的所谓政府。东罗马的拜占庭帝国，不光在海洋上已经无所可依，连陆地上也丧失了靠得住的保护。

　　情势如此，威尼斯安排了大型加莱船以作战舰队的形式前往拜占庭地区运输商品。不仅舰队总指挥即总船长，连传统称为"庇护人"（商船承租人）的单舰舰长，都是威尼斯政府统一任命的受薪官员。一艘加莱船的船长除了承担所在舰船的行政和商业责任，还必须受过专业的技术训练，能胜任船舶的航行指挥，他代表威尼斯城邦的利益操纵一艘国有资产船舶，必须宣誓保证所有配载货物的应收运费到账，必须现场监装每批货物，必须亲自伸手检查和确认货舱草堆里没有隐藏夹带的货物，必须在本人及随船书记员缺席时保证舱门封闭。当然，他还需要负责所在船舶的战时指挥并服从上级的命令。所有相关出发与停靠港口的命令则统一由总船长根据威尼斯总督和城邦委员会的指示下达。

　　舰队的这种组建模式既便于分散从事贸易活动，也容易迅速集合投入进攻性或防御性的军事行动，还可以通过增配一队窄型加莱舰来加强战斗力。另外，爱琴海里还活跃着不少私营运输船舶，它们是一定数量的加莱船、较小的长船、柯克船和较小的圆船，它们并非只用于运输谷物或盐等较低

1　Köse dağ，土耳其东北埃尔津城（Erzincan）和居米什哈内城（Gümühane）之间的一个峡谷。

价值的货物，也帮助把部分贵重商品运到大型加莱船挂靠的主要港口进行集中，如君士坦丁堡、尼葛洛庞帝、科罗内和莫多内 [1]。属于国有资产的大型加莱船覆盖并服务主要航线，而小型长船、圆船的经营活动起到了支线辅助的作用。

东罗马帝国北部的经济衰退削弱了君士坦丁堡的战略地位，但作为前往黑海各港口的中转站它依然是重镇之地。君士坦丁堡的皇帝们为了遏制热那亚人，开始垂青威尼斯人，后者在本地的经济活动逐渐扩展。黑海沿岸的各大港口城市，不仅为满足君士坦丁堡的供需忙碌，也是丝绸之路的陆路北线到达本地的远东贸易和奴隶贸易的出口。其中，希腊渊源的独立的特拉布松帝国曾与波斯共有一段边界。虽说在波斯的蒙古可汗没有接受基督传教士的百般争取并最后拥抱了伊斯兰信仰，但这并没有改变他们与统治埃及和叙利亚的马穆鲁克王朝对立的立场。为了竞争红海之路，他们坚持开放从特拉布松到波斯首都大不里士的道路，即穿过伊朗高原直达霍尔木兹海峡，也就是马可·波罗返回威尼斯的路径。此外，波斯本身也能提供许多深受西方欢迎的商品，如丝绸、香料、珍珠、靛蓝、青金石和锦缎，而特拉布松的腹地更是富有各种矿产。1319 年，威尼斯与特拉布松帝国签订了一份商业合同，指令东罗马拜占庭航向上的加莱船舰队将航路延展到特拉布松。不过，威尼斯人在小亚细亚北岸的沿岸航行似乎并不安全，一旦因停留遭遇洗劫，船员悉数沦为统治锡诺佩［Sinope，今土耳其锡诺普］周边地区的土耳其人的奴隶。于是，跟热那亚人做过的一样，威尼斯人在特拉布松也建造了大范围的防御工事。13 世纪的 20 年代与 30 年代，威尼斯人几乎每年都派遣八到十艘大型加莱船航行在黑海。

1322 年，东罗马帝国航线的舰队司令接到命令，需要在从君士坦丁堡出发的舰队中抽调两艘船前往塔纳，而舰队司令本人带领剩下的舰船驶向特拉布松。塔纳位于顿河河口，舰船必须横越整个亚速海方可抵达。1320 年，威尼斯商人在黑海西面的主要经营基地是索耳得亚。热那亚的卡法基地则离亚速海更近，热那亚人也许是最早驾驶着大型船舶在亚速海里航行的意

1　Corone 和 Modone，当时号称"威尼斯的眼睛"，位于伯罗奔尼撒半岛最西端两个突出的岬角，时称 Morea。

大利人，或者至少可以这么认为，亚速海岸及其港口在欧洲的首次亮相发生在 1322 年热那亚人编写的一份航海指南中。但是，如果说大西洋的航行先驱热那亚人同样也是亚速海里的先行者，那么威尼斯人是绝不会自甘落后的。相较索耳得亚和热那亚人在卡法的要塞，塔纳占据着更加显著的地理优势，因为它离一条从顿河到伏尔加河并沿里海直达盛产丝绸的波斯地区的全程水运线路更近五百海里。14 世纪，塔纳也成为无数前往中国的意大利商人的最重要的出发港，因为那里是蒙古金帐汗国势力的起点，金帐汗国控制着陆上丝绸之路北线的最长一段路程。

当前往东罗马帝国和黑海的航行淡出军事行为而更富商业色彩时，威尼斯参议院投票通过了由私营企业接管航运经营的议案，但加莱船的船舶控制权仍归国家所有，以备国际形势恶化时重建政府管理。1329 年，参议院制定了国有商船竞拍租赁经营的措施。经营者必须保证按照明确的要求将竞拍获得的商用船只投入某条指定的航线做单次航行，一旦参议院核定经营者具备资质包括符合年龄要求，他或者以他为首的家族或合伙财团就通过竞价成为商船的"庇护人"，即承租经营者，所谓的"船东"。获得了经营权的"船东"将在人力市场自行招募水手、划桨船工等船员，并在运输代理和商人们中间投放广告以承揽货物。但是，舰队的总船长继续由威尼斯大议会选拔的接受国家薪俸的官员担任。报酬、主要类别货物的运费、航行日期和挂靠港口全部由参议院决定。（图 13.6、图 13.7，见彩插）

护航南方：埃及贸易

东罗马与黑海航向上的国有商船通过租赁竞拍交给私营企业经营的模式收到了良好成效，于是相同的模式也被投放到第三条主要贸易航线，即前往埃及与地中海东部黎凡特的航向。自从 1291 年基督教在圣地的最后堡垒圣乔万尼的阿克城陷落[1]，尽管教皇百般禁止，与埃及的贸易还是在不久之后就得到了恢复。1302 年，威尼斯与埃及的马穆鲁克苏丹达成了恢复威

---

[1] San Giovanni d'Acri，今以色列 Acre（阿卡）。

尼斯人商业权利的条约，于是在接下来的十年中，一些由威尼斯城邦直接经营的船队恢复了前往埃及的航行，中途停靠亚历山大、塞浦路斯或叙利亚。在地中海东部黎凡特地区安全形势较好的数年里，商船的经营权也曾交予私营船东。但是，教皇仍然坚持封锁埃及，不仅仅是禁止战略物资走私，更是禁止与埃及发生任何贸易。1322年，教皇派遣特使前往威尼斯，开除了一些城邦知名人士的教籍，包括圣马可地方财政长官，并追收了教皇对违犯禁令者的处罚金。威尼斯共和国对开除教籍的惩罚表示了强烈抗议，同时在埃及贸易问题上也做出了让步。随后的23年里，威尼斯的商船不再驶向埃及。

于是，跟埃及和叙利亚的直接贸易转而由信奉基督教的奇里乞亚亚美尼亚王国[1]和它的拉亚佐港[2]来接棒。那时候，拉亚佐是从印度经波斯湾而来的商品在地中海的一个出口，也是波斯和亚美尼亚当地生产的丝绸及其他产品的出口集中地。这个信奉基督教的小王国，统治者身处信奉伊斯兰教的土耳其人、蒙古人和马穆鲁克人的团团包围之中，自然对西方基督教世界秉持亲善立场，以何乐而不为的态度签署了给予威尼斯人从优条件的贸易协定。14世纪初的几十年里，被意大利人叫作"拉亚佐"的亚美尼亚的阿亚斯港成为威尼斯舰队在海外东方航向的重要码头。

尽管教皇禁止与埃及贸易，但威尼斯人在阿亚斯港装上船的大部分商品恰恰来自位于亚美尼亚南方的马穆鲁克地区，包括埃及马穆鲁克王朝统治下的叙利亚的棉花产品，从遥远的亚洲地区沿红海航线经叙利亚运抵的调味品和香料。马穆鲁克的苏丹也有着充分的理由同意跟拉亚佐（阿亚斯）港做买卖，因为上述货物过境时所缴纳的大部分关税实际上最终都由苏丹直接或间接地回收，原因就是亚美尼亚国王情愿把这些收入作为贡金送还马穆鲁克的苏丹，以避免来自埃及的军事占领。

教皇对埃及的封锁之所以枉费心机，还因为另外一个大"窟窿"，那就是北非的突尼斯。14世纪初，威尼斯商人在突尼斯极其活跃。威尼斯共

---

1 Armenian Kingdom of Cilicia，一译"基利家"。
2 Laiazzo，威尼斯和热那亚人对阿亚斯港（Ayas）的称呼。阿亚斯港地处今天土耳其南部地中海沿岸阿达纳省的尤穆尔塔勒克（Yumurtalik）。

和国与突尼斯君主拟定了保护协议，相关水域的航行则完全开放给私营船东自由作业，在这里威尼斯城邦连护卫舰队都不用出面组织。事实上，突尼斯面对的西西里海峡当时是被威尼斯认为比较安全的地方，当然，前提是不要跟热那亚人发生什么冲突，否则，这片海水顷刻就会燃烧成一对宿敌剑拔弩张的战场。突尼斯也提供自家的特产，如干果、彩陶、小麦等。

塞浦路斯是威尼斯与埃及贸易的第三位"中间人"，有时候它是威尼斯政府控制的商船队的目的港，更多时候也是舰队驶向亚美尼亚的中转港。耶路撒冷城的拉丁王国已经故去，塞浦路斯的国王们继承了它的空想权利和它曾经的外商殖民地，因为自从阿克城沦陷，商人们就把塞浦路斯岛当成了避难所，搬到塞浦路斯的各国殖民地继续宣称并维持着它们在巴勒斯坦享受过的动荡的自治，肩负着同样保卫拉丁王国的义务，也一如既往地继续着无休无止的你争我斗。

14世纪20年代驶向塞浦路斯和拉亚佐（阿亚斯）港的威尼斯商船在所有权和经营权上均为私有。对这两个目的地，威尼斯政府常常不规定多少船舶可以离港，也不再提供特别的激励机制。船东们如果有意派出一艘他们私有的加莱船驶向海外，需要先到公家的花名册上进行登记并将船舶委托给政府任命的一位海军上将，船舶的航行须服从海军上将的指挥，装载的货物必须遵循一系列的规章制度。从这个意义上说，它属于"受控航行"，但实际经营则留给私企自由掌握。

14世纪30年代，私有船舶被国有商船竞拍租赁给私企经营的模式所取代。从那时起，船舶数量和航线的决定权收归参议院。船舶租金、装卸货物的一般规则和船员待遇基本与以前一致。在确定船舶数量和停靠港口问题上，参议院会结合发货商家的需求并权衡政治形势后做出相应抉择。

14世纪40年代，东方贸易路线发生了重大变化。当十字军把注意力从圣地耶路撒冷转移到土耳其对爱琴海构成的威胁时，与埃及的直接贸易恢复了。奥斯曼土耳其确实变得日益危险，控制好爱琴海已经成为向埃及发起任何新一轮冲锋的必要前提。正是出于这一考虑，十字军的圣约翰骑士团[1]战略性地驻扎在主要贸易航线交汇处的罗得岛上。1344年，十字军攻占士麦那[2]。基督教世界掌握士麦那的事实遏制了土耳其海盗现象，这至少让威尼斯人参加十字军出征所投入的五到十艘舰船从中获益。另外，由于威尼斯全力配合教皇组织的十字军东征爱琴海行动并承担了高额经费，1344年，教皇允许威尼斯的商船重启前往埃及亚历山大的航行。

14世纪40年代，威尼斯人的舰队出入尼罗河三角洲港口俨然已成常态。由于波斯地区的汗国内战正酣，穿行其间的商路变得很不安全，而屈服于马穆鲁克攻击的小亚美尼亚已经失去中间人的力量。同样在40年代，塔纳发生了一起恶性事件，有个当地人不幸死在威尼斯人手里，一时引发塔纳之乱，导致金帐汗国袭击威尼斯人并造成塔纳从1343年起的数年连续闭港，卡法城也被殃及陷落危困。14世纪40年代的这一系列政治事件陡增了红海航线的自然优势，使它一跃成为伸向印度和远东的主要通道。

一边需要应对瞬息万变的亚洲政治格局，一边踏着十字军隔三岔五高烧似的东征热浪，为了追随成本较低但拥有安全保障的贸易航线，威尼斯参议院不得不以最快速度一次又一次地与对手达成新的协议，指挥共和国的舰队时刻准备着转战东西南北。位于小亚美尼亚的拉亚佐（阿亚斯）基地渐渐被放弃，因为它对最尊贵的共和国的商业目的已经失去功效。有一支舰队几乎每年都前往塞浦路斯，有时候还会继续前往贝鲁特等巴勒斯坦或叙利亚港口。除非与热那亚交战，威尼斯总能够坚持保障一支舰队定期地前往非洲的亚历山大港。当那些冲突结束，佛兰德斯航线重又开张。至14世纪末，不管中间发生过怎样的变化或中断，跃然浮现的是一幅由四个主要航向构成的稳定的航线图：前进，拜占庭的东罗马帝国；前进，塞浦路斯或叙利亚；前进，亚历山大港；前进，佛兰德斯。

香料之路：红海

在威尼斯人的大加莱船上，最多见的货物非丝绸和香料莫属。丝绸来

1　全称耶路撒冷圣约翰医院骑士团。
2　Smirne，今土耳其伊兹密尔（Izmir）。

自从中东到远东的许多国家，根据市场的需求，其品种从生丝、绢丝到各种丝织品面料均有，每趟一千匹或更多匹骆驼组成的大漠商队将它们从一个绿洲运到另一个绿洲，直到抵达第一个可以装船的海港。香料主要来自印度和传说中的香料群岛，比如摩鹿加群岛[1]的肉豆蔻、丁香，锡兰的肉桂，还有中国的大黄、八角、川椒，以及其他东南亚地区出产的豆蔻、姜黄和生姜。丝绸与香料在西方深受欢迎，它们的贸易交通部分采用海上运输以达到减少中间环节的目的，这对威尼斯进口商来说颇为有利。当威尼斯商人回到里亚托桥边的市集，面对来自法国、德国、奥地利、捷克、波兰、匈牙利和斯洛伐克的商人时，每一笔成交都在为威尼斯的利润加分。

1499 年 8 月，爱写日记的威尼斯银行家吉罗拉莫·普里利（Girolamo Priuli）从一封埃及来信中得知瓦斯科·达·伽马指挥下的葡萄牙舰队首次绕行非洲抵达了印度西南的马拉巴尔海岸，信中的叙述委实"凌乱"，葡萄牙人的舰队指挥官居然被冠上了哥伦布的名字！普里利半信半疑。但是，当更多的消息从亚历山大和里斯本传来，他意识到，一条连接东方香料的新航线果真已经被找到了。威尼斯里亚托桥畔群情激动、议论纷纷，不少商人认为葡萄牙的新航路时髦不了几天，理由是航线太长了，还会受到在印度的摩尔人的抵制，那得赔上多少条商船啊。吉罗拉莫·普里利则相反，他预言环非洲航行的新航线不仅会继续下去，还会使葡萄牙人能够用比威尼斯人低得多的价格向欧洲市场供应香料，而这对威尼斯来说将是毁灭性的。

事实证明普里利只说对了一半：葡萄牙人的航行确实在继续，但葡萄牙人并没有把香料往贱里卖，后来的威尼斯也并没有栽在绕过非洲好望角的新航线上。由于普里利无法预见的一些原因，威尼斯将在 16 世纪中叶重新夺回大部分香料贸易的天下。在一个海上航行尚需要一种无知之勇的时代，足以让威尼斯人引以为豪的技术能力、商业技巧、工匠知识、外交经验等种种复合型的优势并非那么容易被取代。古老的驼铃马帮之路尽管逐渐被海上新航路所超越，但只要生活和守护在这些古道上的游牧民族自由并独立于周围的帝国，它们就依然拥有活力，直至跨入 18 世纪的大门。

---

1 Molucche，也称马鲁古群岛，属印度尼西亚。

那么，关于威尼斯 15 世纪的贸易交通，尤其是亚洲商品的贸易交通，究竟处于怎样的状态？1368 年，元朝在中国覆灭，汉族统治的明朝登上历史舞台，它标志着蒙古帝国的彻底分崩离析，也意味着蒙古铁腕律法保障下的和平时代结束了，从地中海经黑海到亚美尼亚和波斯通往东方亚洲的“海陆联运”式的商路，随着帝国间战争的兵荒马乱完全被阻断了。亚速海口的塔纳，热那亚人和威尼斯人的争夺焦点，1395 年被帖木儿短暂征服，后来虽然得到重建，但沦为仅限奴隶贸易和毛皮、小麦、咸鱼等本地土产交易的集散地。从塔纳通往中亚、从黑海南岸小亚细亚的特拉布松通往波斯湾的商路都变得如此不安全，以至于来自印度、中国和香料群岛的商品几乎全部只能通过叙利亚和埃及抵达地中海。统治叙利亚和埃及的马穆鲁克苏丹，尽管步履维艰，倒还控制着阿拉伯半岛的许多地方，但未能触及美索不达米亚。于是，原本经波斯湾可以导向巴士拉和巴格达并沿幼发拉底河而上，穿过沙漠到达大马士革或阿勒颇的贸易路线，因为沿途没有足够的警戒护卫保障商人的安全，结果来自印度的货物几乎全数只能绕道红海。

红海航线，香料贸易数世纪的命门，它给穆斯林商人带去了种种优越，其中最美妙的是去麦加朝圣。对于穆斯林商人的两大天命，买卖与宗教信仰，除了红海，天下真找不到另外一条如此两全其美的“道路”了。为此，他们每每停靠圣城的吉达港。浩浩荡荡的大篷车队需要在士兵的护送下花上整整两天两夜的工夫才能走出麦加城，然后沿着阿拉伯沙漠一路到达开罗，从这里，货物中的香料需要继续运往亚历山大港或大马士革。叙利亚对于威尼斯人来说至关重要，因为除了对叙利亚的商品尤其是对原棉和棉布的需求，叙利亚也是欧洲产品的出口市场。自从帖木儿把大马士革的所有纺织工匠都驱赶到自己在中亚的首都撒马尔罕定居，叙利亚事实上比任何时候都需要纺织产成品的进口。而贝鲁特和的黎波里，作为从红海抵达大马士革的东方商品的本地对接港口，则在香料贸易的再运输中起到了重要作用。

红海航线的安全性是相对的。哪怕从麦加走来，有战士护送，有声势浩大的骆驼商队，一样会遭到大漠中阿拉伯人的袭击并让他们得手。在向埃及苏丹缴纳税金以换取保护的同时，还不得不面对把持红海大小港口的领主的刁难。亚丁和吉达是两座最重要的港口。15 世纪 20 年代，亚丁港正巧落在一位特别贪婪的领主手里，为了把从印度运来的货物中转到更加适合红海航行的船舶上，一位名叫易卜拉欣的印度船长想另外找个更好的港口停靠自己的货船。1422 年，他尝试挂靠吉达港，但他的船队被统辖吉达和麦加的治安官洗劫一空。1424 年，他的船队仍然来到吉达港，这一次易卜拉欣总算满意而去，因为埃及苏丹派驻吉达港的马穆鲁克总督提供了一队士兵护送他们到麦加朝圣。麦加城和吉达港的控制权通过这些马穆鲁克人回到了苏丹的直接掌握中，而亚丁的尊贵领主这才发现自己手里的码头已是一片荒凉。埃及人的集权管理消除了亚丁和吉达港过度收费的现象，降低了红海航线的保护成本，红海之路一跃成为欧洲和东印度之间的最佳航线。

红海贸易中，亚历山大港的营销任务主要针对西方市场，威尼斯人在这里享受着西方香料买家中的老大地位，他们在本地拥有两座宏伟的仓储建筑，也是那个时代亚历山大城中最美的建筑之一。同样的建筑物，热那亚人在亚历山大只拥有一座，而加泰罗尼亚人和法国人的场地更是小得多。威尼斯人的两座建筑群分别由围墙环绕的数栋楼房组成，每座都有用于包装和装卸货物的中央庭院，四周围绕着令人心旷神怡的花园。在建筑内部，底层是库房和商店，上层用于居住，还有一个面包坊和所有其他必需的生活设施。院子里饲养着家畜。跟其他基督教信徒一样，每逢穆斯林的周五圣日祷告时间，威尼斯人是被禁止走出围墙的，夜间也必须足不出户。不过，威尼斯人被允许拥有一座基督教堂。

威尼斯人把从德国人那里买来的大部分银、铜矿产品装上大加莱船，跟昂贵的纺织品一道运往亚历山大。威尼斯人是埃及人眼里最好的现金客户，这使威尼斯商人在生意洽谈中总能得到一些优惠。威尼斯人在埃及享有领事保护权，理论上拥有豁免羁押或任意罚没的保障，而事实上，对于常驻当地的威尼斯商人来说，有在自己街区的大房子里平安无事尽享奢华的好时光，但突然被人关起来打个鼻青脸肿差点丢掉性命也是稀松平常。苏丹最痛恨听说自己的子民（通常是某位旅行中的穆斯林商人）在海上遭到掳掠并卖为奴隶，如果罪魁祸首是威尼斯人，他们的祖国通常绝不姑息，追踪抓捕是起码的，之后或判监禁或判死刑；万一抓不到人，那就缺席审判，没收财产。事后威尼斯还会兴师动众地派出外交使臣，捧着厚礼觐见苏丹王，请求同意释放已经羁押的事犯，并请对方在贸易上仍然确保威尼斯共和国的"最惠国"待遇。威尼斯的竞争对手则曝露在更为频繁和凶险的危机中，自从发生波西考特（Boucicaut）元帅袭击事件，热那亚人就被马穆鲁克人归为十字军即圣约翰骑士团队的盟友，法国人和西班牙人也不例外。

威尼斯人的优势在于他们的大商船规律又安全的航行，每年冬初它们满载着具有异域风情的贵重商品回到威尼斯。从亚历山大和贝鲁特归来的商船有时候一起多达十几条，连船舱带甲板堆满货物，全部加起来约有三千吨。威尼斯海事法规定只有这些舰队可以运输香料到威尼斯，而舰队司令对威尼斯商人的监督作用为当地领事调解威尼斯人与马穆鲁克苏丹的关系起到了很好的帮助。巴尔斯拜（Barsbay，1422年至1438年在位），就是那位通过调遣马穆鲁克军人去监管吉达港从而直接控制了红海交通的苏丹王，他想把红海保护成本降低后的好处统统撸到自己口袋里。作为唯一有权在亚历山大城征税的统治者，同时也是亚历山大和贝鲁特面向欧洲客户的"独家经销商"，他决定全面抬高亚历山大的市价。为了引导苏丹巴尔斯拜回归温和与理性，参议院命令所有威尼斯商人从马穆鲁克领土逐渐撤回投资并转移到中转站点希腊的克里特岛和莫多内。虽然法律禁止圆船运送香料到威尼斯，但它们可以从埃及携带香料到希腊的中转港，然后由返回威尼斯的舰队接走。当大多数可能被苏丹侵吞的威尼斯财产得到保全时，参议院派出了商船，要求舰队到达亚历山大港一律不可卸下货币和贵金属，只能执行船上交易。这一策略导致1430年的商船运回威尼斯的香料数量格外少，但在接下来的那趟返程，回到威尼斯的加莱船几乎每艘都装到爆仓为止。苏丹王打着独吃的如意算盘，威尼斯里亚托桥畔市集上的胡椒价格却跌出了前所未有的"低"度。

很长时间里，人们一直认为15世纪欧洲香料价格疯长的原因是人口和财富的迅速攀升导致了这类商品需求的增加，而获取充足数量的东印度群岛香料的难度是推动15世纪海洋扩张的主要原因。但根据威尼斯商人的账本，在葡萄牙人沿着非洲海岸寻找直接通往东亚的新航路的几十年里，欧洲的香料并没有涨价。15世纪20年代到40年代间，威尼斯批发市场上的胡椒价格下降了约百分之五十，直到 15 世纪末，一"筐"[1]胡椒的价格仍维持在四十至五十杜卡特金币的水平，远远低于 15 世纪头几十年的流通价格。在另一边的近东，经济相对萧条且需要面对地区内同样经验丰富但地理位置更加优越的商业劲敌的严酷竞争，热那亚商人与黎凡特的贸易趋势越来越困难，为了弥补不足，热那亚人开始考虑投资西班牙和葡萄牙的经济扩张。当热那亚人把目光和精力转向西欧，威尼斯人在亚历山大和叙利亚的香料进口业务中则如鱼得水，远超剩下的竞争对手。从派遣的商船数量和支付的货款来看，威尼斯的香料货源充足、价格便宜。

关于埃及贸易的非议主要来自某些抱怨待遇不公的案例，比较夸张的有一个名叫埃马努埃莱·比洛蒂（Emanuele Piloti）的威尼斯人，他在亚历山大生活了大约二十年，谙熟当地情况。15 世纪 30 年代，为了鼓动欧洲君主们再次发起十字军东征，他专门写了一本小册子，夸大渲染了苏丹巴尔斯拜的残忍和贪婪。为了说明自己对海关关卡地形的一清二楚，并且知道攻城部队应该从哪些要害部位进入亚历山大港，他声称为了逃避货物课税，曾经在仆人的帮助下亲自在一座仓库与海关的隔墙上挖了一个洞。马穆鲁克人无疑被认为是蛮横粗暴、贪得无厌并且变化多端的，但每年威尼斯人从埃及香料贸易中获取的巨大利润并没有因为他们的设障而落空，香料贸易终究成为欧洲最重要的利益来源之一。

印度出售的黑胡椒是容易引发威尼斯与埃及之间冲突或妥协的尤物，它是东西方贸易中最具量化意义的一款香料，那个时代的王公贵族、商人、企业家或者银行家，谁的餐桌上都少不了它。苏丹巴尔斯拜一再企图掌握黑胡椒的垄断销售，威尼斯人则再三避开他的种种要求，直到双方不得不达成妥协：威尼斯商人保证在事先约定的情况下以明显高于市场平均的价格仅收购二百一十"筐"黑胡椒，这二百一十"筐"相当于威尼斯每年黑胡椒总采购量的约十分之一，高出的那部分额外成本由苏丹通过向所有在亚历山大经商的威尼斯人征收一种小额税款的形式收取；作为交换条件，威尼斯人有权在当地的平价市场自由采购剩余需求量的黑胡椒。

---

1 当时胡椒的装载单位，每"筐"装约 120 公斤。

1499 年，威尼斯与奥斯曼土耳其开战，威尼斯人顺风顺水的美好时光戛然而止。原本私企竞标用于经营商业航行的加莱船舰队被全数征调加入由安东尼奥·格里马尼（Antonio Grimani）指挥的战争舰队。威尼斯的胡椒价格从 1498 年的每"筐"（120 公斤）56 杜卡特金币暴涨至 1500 年的每"筐"100 杜卡特金币。威尼斯参议院开始讨论商船还能被"卡"多久的问题，讨论是否应该增派其他加莱船。一个名叫马林·小萨努多的细心的观察者把这些讨论戏称为"满仓与空仓的斗争"，因为自家仓库里有存货的商人巴不得新货到得越晚越好。事实上，一旦被战争征用的商船恢复自由航行，扑面而来的是疯狂投机，1501 年 2 月胡椒疯涨到 130 杜卡特金币，次月则狂跌至 62 杜卡特金币。

尖峰时刻

贸易和世界政治局势的变化对威尼斯舰队的加莱排桨风帆商船、加莱排桨风帆战舰和全风帆推进商船三大领域产生了不同的影响。1378 年至 1381 年，与热那亚打得难分难解的基奥贾（Chioggia）海战最后以威尼斯的基本胜出告终，从此直到 1450 年左右，威尼斯迎来了重振国力和新一轮经济繁荣发展的进程，其体量之大，涉及威尼斯海上经营的全方位投入，加上夺回达尔马提亚的战果，威尼斯的军事和商用舰队数量增幅双双达到前所未有的水平。威尼斯总督托马索·莫彻尼戈（Tommaso Mocenigo）在他 1423 年著名的临终遗言中特别提到了威尼斯的四十五艘加莱船及其 1.1 万名水手，还有 300 艘大吨位圆形船及其 8000 人的配置，3000 艘小型船舶加 1.7 万名的船员。总共 15 万人口的威尼斯人中间，职业水手就占到 3.6 万人，这个数字似乎有点夸张，只有包含了来自希腊和达尔马提亚的水手才显得合理。而 45 艘加莱船构成的应该是那个时期规模最大的战争舰队。可即便如此理解，从总督提供的数据看，哪怕含上小型的圆形船数量，按照人数配置的比例推算，圆形船的保有数量远远超过长船类的加莱船数量。

但是，加莱排桨帆船注定会在后来的几十年里显现出它的重要性。事实上，当巴塞罗那、马赛、拉古萨甚至 1453 年被土耳其占领后的君士坦丁堡相继以新生力量的面目浮出地中海，意大利半岛上传统海洋共和国的霸主地位开始遭到公然的挑衅，海上安全形势岌岌可危。在后来的五十年里，圆形船编组商船队的优势急转而下，加莱船舰队作为一种高度专业化的船舶尤其适合应对 15 世纪艰难的政治和贸易环境，它们的数量和受重视程度都因此而迅速攀升。船舶规模是决定一条大型加莱船会被用作商船还是战争快艇的唯一区别要素，军用战舰因为更为细窄的船体尺寸被称为"窄型加莱船"。

在几乎全程大洋的佛兰德斯航线上，威尼斯大型加莱船的船舱持货能力从 15 世纪的 240 吨增加到 16 世纪的 280 吨，甲板上还堆有全部船员有权免费携带并用以个人商业盈利的货物重量，从划桨工的每人十几公斤到有级别头衔人员的每人一吨。加莱商船的净长从 15 世纪的 41.2 米发展到 16 世纪的 47.8 米，约为宽度（7—8 米）的 6 倍，而军用"窄舰"的长度大约是宽度的 8 倍，由于两种舰船的长度基本一致，所以正如"窄舰"这个名字所表达的，它绝对更窄、更低、更加流线形。加莱船的甲板其实比船体本身宽很多，甲板的中央空间完全被划桨设施所占据，甲板向船体两侧整体延伸直到一根根船横梁的末端向船外突出弧形结构以支撑划桨架的位置。沿着甲板的中心直线有一条抬高的通道，两边是鱼骨形布满船工的划桨座。在成排划桨座列和侧面沿划桨架竖立的防护板之间尚存一条空隙，就在这条空隙里还为弓弩手预留了二三十个位置。所以，当一艘加莱船全副武装完毕，生死与共在这块刚够 34.5 米 ×9 米的狭长甲板上的是密密麻麻的大约 180 名成年男子。

甲板下有两个大货舱，由位于主入口的书记员舱室和军械库隔离分布在两侧。厨房位于船尾，厨房顶上的甲板表面布置的是可以移动的划桨座，只要挪开它们就可以腾出地方圈上几头活牲畜，航程中也就有了新鲜肉食供应。船头的艏尖舱用来存放木工和水手的工具，船艏楼从 15 世纪中叶起用来放置最早的大炮，通常中间是一门重炮，两侧为两门或四门轻量级大炮。炮筒放在带滑槽的炮架上，起到吸收炮筒后坐力的作用，炮弹沿着船舶的龙骨轴线射向正前方。竖立船尾的是艉楼，它是船上的制高点建筑，共三层：下层设军官卧铺和船长的保险箱；中层是船长的起居室，船长在那里用餐和存放一定数量的武器；最上面是指挥舱（驾驶舱），船长在那里指挥作战，"航线官"从这里向后面连接通道中的舵工传达操纵舵杆的指示。随着时间推进，船尾和船两侧也开始布置架在旋转装置上的武器（如布拉格火枪），旋转装置大大增强了枪炮在瞄准角度上的灵活性。

窄型加莱船只有一根桅杆，战时可以通过一系列操作将它放倒在甲板的中轴通道下；大型加莱船的桅杆可多达两根或三根。15 世纪中叶，最高的桅杆竖立船首，所有桅杆都配拉丁大三角帆。与作战军舰一样，商用加莱船也颇具震慑力，海盗的气焰再嚣张也不敢过于轻举妄动。海盗现象日渐猖獗，持有私掠许可证的"绅士海盗"与普通海盗早已犬牙交错难分雌雄，而抵抗海上劫掠的军事作战舰队寥寥无几。好在利用划桨，三到五艘大型加莱商船能够实现互助，构成大约六百到一千人的战斗力，如果指挥得当，基本在什么状况下都不会被难倒。剑与长矛是水手和普通划桨工的武器，战斗装备较好的当数弓弩手。1460 年以后，弩手的队列里出现了炮手，后来又有了一定数量的火枪手。

商用加莱船是那个时代的昂贵交通工具。为了平衡它的开支，需要选择装载贵重货物，而且必须尽快返回祖国才可能把成本折到最低。能够满足这些条件的首选目的地就是埃及的亚历山大港。通常加莱商船离开威尼斯时装运货物的价值在每艘十万杜卡特金币，其中包括大量的银锭和金、银币。回程货物的价值保障来自加莱船享有装运香料的优先权。威尼斯不允许圆船类船舶运输香料，除非需要运回的货量超过了加莱船的装载能力，这种时候，多出的香料会被装上舰队司令（总船长）指定的一条柯克船或克拉克船（carraca / carrack）。这些规定有助于特殊货物贸易集中在加莱船在港的时间段内进行。装货期限由威尼斯参议院决定，为确保及时返航，加莱船必须遵守到港 20 天之内或最晚 11 月 20 日之前停止在亚历山大港所有装货操作的规定，否则船舶经营者将被处以高额罚金。恰好那个季节的海上风向常常适合商船直接驶向克里特岛并返回威尼斯，能够赶上圣诞节的集市。其他航线上也同理，每年在相同日期去往相同港口的航行有助于集中装运货物，避免在漫长的作业淡季里发生不得不继续供养大量船员的情况。

12月15日至2月15日是每年威尼斯商业活动最集中的季节，也就是夏天离开的船队刚刚返回之后。一年中第二次让这座水城人声鼎沸的贸易时段是5月底到6月初，因为阿尔卑斯的各大山口在这温暖的季节里恢复了良好的通行，也正是在这一时段中的"圣母升天节"集市期间，所有银行的借贷利率都不约而同地攀升到一年中的最高点。商业活动相当集中的第三段时间涉及3月和4月，契合前往普罗旺斯-艾格莫尔特（Aigues-Mortes）和巴比利亚（Barberia）的商船的出发时间。这种被严格遵守的年度节奏保障了商品和资本的快速周转：6月在威尼斯卸船的棉花，夏天就卖给了德国人，贸易的焦点接着立刻转移到必须由加莱船承运并于8月出发送往东部地中海黎凡特地区的货物。加莱船能够在危险时刻相互协助、共渡难关的特征促使它们在结队航行中能够较好地规避过度延误的发生。

15世纪20年代，威尼斯加莱商船的成功运营引起了各地效仿，特别知名的是从比萨港起锚的佛罗伦萨美第奇家族的加莱商务舰队，但是，没有任何一座城市能够像威尼斯那样投入那么多数量的船舶并保持那样长时间稳定规律的商船"班轮"服务。佛罗伦萨的加莱船队某种程度上正是对威尼斯人在地中海西部扩张的响应吧。15世纪初的几十年里，无论是威尼斯的政治宣传还是它普遍的文化气氛，都显现出威尼斯开始调转船头面向西方的姿态，而具体的商业行为标志就是开通了一条前往地中海西岸的新航线：法国普罗旺斯艾格莫尔特航线。在这条前往法国各个港口的航线上，威尼斯人的加莱船沿途停靠许多地方，如那不勒斯和比萨，离开法国港口它们通常继续航行至巴塞罗那。于是，在东罗马、贝鲁特、亚历山大和佛兰德斯四条传统的航线之外，威尼斯加莱船又增加了第五条线路。第六条航线属于前往巴比利亚或西非的加莱商船队，这条航线于1436年以后剪彩，用于运送银子和布匹到突尼斯，然后沿着北非西部海岸直到瓦伦西亚和摩尔人的格拉纳达。在15世纪的最后几十年，俗称"al trafego"的第七舰队为东北非开辟了一条服务线路。它从威尼斯驶向突尼斯，然后继续前往亚历山大和贝鲁特，加载穆斯林乘客及其货物。于是，威尼斯的加莱型桨帆船，为威尼斯和地中海的各个海岸之间都提供了安全、稳定、规律的运输服务，并进一步向多佛海峡之外的北海挺进。（图13.8、图13.9，见彩插）

船员和乘客

船员管理模式构成了总船长在另一方面行使监督商船承租人（"船东"）照章办事的责任。为了确保每条船上所需的船员人数，总船长受命在舰队一旦完成威尼斯到普拉（Pola）的横渡时必须进行全体点名。如果在那次点名（或航行中其他类似点名）中发现人员缺失，总船长必须招募新人替补。作为承租人的"船东"，出于经济利益，当然希望支出越少越好，为了达到这个目的，除了减少雇佣船员数目，就是设法克扣食物。总船长负责检查船员每天的口粮发放是否到位，即十八盎司的饼干、合理数量的葡萄酒、发现美洲大陆后增加的煮蚕豆或刀豆汤。船员的工资水平一律由共和国参议院制定，为防止"船东"收取人员回扣，当他们向签约水手发放预付报酬时，必须把装有等于全体船员全额工资的钱袋统统"放在共和国总督的脚边"，然后必须在负责海事的官员或受命监督此事的威尼斯共和国五贤人委员会的委员之一的见证下支付余款。

三令五申防止回扣的法律条文反映了一个事实：威尼斯加莱商船上的"工作岗位"极受追捧。到了15世纪初，可能因为收回达尔马提亚地区带来了海事人员市场供应的激增，威尼斯军用和商用加莱船上人员的基础薪资水平都大幅下降。接着，虽然圆形船的单位体积在增大，但不足以抵消它们数量的锐减，这种趋势进一步抑制了市场对劳动力的需求。唯一表现出强劲扩张势头的是加莱商船的海洋运输行业，尽管现金报酬不高，但不乏额外福利，主要来源就是船员可以捎带做些自己的生意而无须承担运输成本。级别较高的船员将他们沉重的箱子码在甲板的中央通道上，划桨工把全部的家当塞在自己的座位下，为了多一点储物空间，他们想方设法抬高身下的那张"板凳"。没有一个船员的衣服、武器和其他个人物品中不夹带着从沿线码头采集来的五花八门的便宜货，谁都指望在接下来的港口一上岸就出手卖个好价钱。至于水手们混在私人衣物里带回威尼斯的布匹面料，威尼斯海关因为采取了没收政策而遭到严重抗议，1414年，威尼斯参议院最终以每名水手持有价值十个杜卡特金币的海关豁免权而平息了事件。奶酪和葡萄酒一直是免税的。事实上，虽然饼干水果一类的基本口粮由"船东"提供，但为了个人营养，每个桨手可以自带额外的食品。有时候，水手们甚至不用下船生意就会自己找上门来，因为加莱船一进海港就会被交换食物和商品的各式小船密密匝匝地围起来。

　　一支 1490 年左右的加莱商船舰队总共需要雇佣大约四千名船员，倘若发生海战，他们是军事舰队极为有利的补充力量，与 14 世纪相比，那些为了大幅改善船员经济条件而制定的措施吸引了无数岸上劳动力选择登船谋生。虽然这些保障海员薪酬、食宿和商业活动权益的规定在实践中能得到多大程度的遵守还需另当别论，但我们至少可以认为，除了常规供求因素决定着船员的报酬水平，加莱商船的经营方针总体来说对船员非常有利，而具体制度的遵守则由独立的舰队总指挥官行使监督职能。

　　高级船员、经过挑选的职业水手、弓弩手，这些人的待遇都比划桨手高。非贵族船员中报酬最高的是舰队的"航线官"，被称作"armiraio"，他负责所有与航行相关的问题并要在海战中做好舰队司令（总船长）的参谋。14 世纪，总船长自行选择和决定"航线官"的人选；1430 年以后，每支舰队所需的"航线官"都由威尼斯总督和其他高级法官在十到二十名的候选人中投票产生。他们通常是威尼斯市面上久经历练、大名鼎鼎的人物，制图师安德烈·比安科（Andrea Bianco）就是其中之一。他们的本事不光体现在地图的绘制更新上，他们所做的各类注释也反映出本人渊博的学识，比如对天文数据和潮汐的记录，一般数学问题，各国度量衡的备注等。"航线官"对船上成员的工作和食物分派也承担了一部分责任，因为我们在他们的笔记本上能够看到关于口粮分配和船上规章制度的记录。其中有一条是这么说的，当加莱船靠划桨的动力连夜续航时，"航线官"有责任在规定的时间间隔里指挥划船工停桨用餐，并在日出前的一小时命令停止划桨，使划桨手能够补充睡眠和储备体力，以备天亮时万一在海面上发现可疑船只而需要逃脱或追击。15 世纪初的"航线官"可以在船长的餐厅用餐，15世纪末的"航线官"负责管理分开的另一间餐厅，其他非贵族船员与水手也在这个餐厅用餐。划桨手在自己工作的桨座上吃饭。"航线官"属于船员之一，但普通船员常常视他为首领。

坐席排在主餐厅的人物还有贵族商人、个别付费的乘客、牧师以及随船医生。商人、海外殖民地官员和外交使节都是很受欢迎的乘客，朝圣的旅客只有手持特别通行证的才能搭乘加莱商船。作为为数不多的能读会写还会计算的人员之一，牧师在船上扮演着公证人的角色，从船上的制度条文看，这甚至成为随船牧师的主要功能。随船医生有时会是一位学识特别渊博的人，甚至可能跟"航线官"一样精通星象和天文学。在那个时代的威尼斯，不像在欧洲其他地方，专门处理外伤的外科医生和拥有治疗处方权而被称为"医生"的内科专家之间并没有绝对地区分开来，许多威尼斯的行医执业者同时精通内、外科，二者被归属为同一术业。普通理发师有自己的行会，除了可以拔牙或在从业资格医生指导下执行摘除囊肿或放血的操作外，理发师被禁止从事任何其他外科手术。理发师是每条加莱商船上的常规船员之一，得到的报酬与因一技之长而被选用的水手或弓弩手并无二般。而船长必须带上一名内外科皆通的随船医生，他的报酬以每天每位船员一个威尼斯格罗索银币来计取。他们当中有些人曾经是那个时代最伟大的医生，并成为帕多瓦大学或博洛尼亚大学的医学教授。

　　只有船队指挥舰上的航线官才被称为"armiraio"，船队其余加莱船上的航线官被叫作"参谋"。在航线官的餐厅里拥有席位的还有负责前后甲板的两位管事的"水手长"、随船书记员、一位上年纪的设备管理员、木匠和填缝工（负责维修）、主炮手（如果安装了火炮）以及八到十二名"舵工"或"伴航员"。被称为"伴航员"的年轻人经过培训后将成为未来的甲板指挥人员或"航线官"，他们是经过选拔的海员，需要接受船舶航行中的所有操作培训。甲板指挥人员的选拔通常由一个专门的委员会负责。二十到三十名弓弩手的选拔同样需要经过专门委员会的考核。弓弩手以及后来的火枪手和炮手的选拔考试一般在威尼斯城邦各处，特别是丽都岛的射击场里进行。为了保证公平竞争，防止关系户而出台的名目繁多的规章制度反映出商船上的这些职位在当时是多么炙手可热。15世纪末私营船厂遭受的危机造成了大量斧头师、木匠和捻缝工的失业，于是，除了规定名额的修理工，共和国规定每条商船必须额外聘用三名木匠和两名捻缝工，报酬与弓弩手的一致。为此，不少填缝工人甚至获得"伴航员"或"舵工"

的岗位。虽然"伴航员"、工匠师傅和弓弩手的职位和膳食待遇不同，但收入水平差不多，每月三到四个杜卡特金币，相当于划桨手月收入八里拉的二点五倍。

在弓弩手的行列里，有那么几个鹤立鸡群的，他们来自贵族家庭，坐在船长或"船东"的餐厅吃饭，收入较高，按职责所在的位置被人称为"船尾弩手"，或直接被叫成"加莱船贵族"。在威尼斯，特别是年满16岁以后，上学在个人教育中并非排在第一位。年轻人常常跟着长者，边看边学地参与到谋生当中。虽然那些贵族商人并没有设立正式的学徒机制，但是贵族家庭的年轻人通常很早就跟着父母或亲戚出海。为了鼓励这种实践和帮助来自贫寒贵族的子弟打拼未来，威尼斯参议院特意创办了一所名为"船尾弩手"的寄宿学校。连带薪水再加海外商业投机的斩获，一名贵族弓弩手出海航行一趟，归来时可以收获一两百威尼斯杜卡特金币。"船尾弩手学校"的受益人由学校的一个委员会选拔，这项工作后来由威尼斯共和国的"四十人委员会"负责。15世纪，每位"船东"必须安排四名贵族青年上船并支付他们的费用包括膳食营养，后来人数增加到每船六人以及再后来的八人，1483年加莱商船队每年约为150名年轻人提供这样的支持。

核实这些贵族青年使用弓弩的能力在初期很受重视，报名者必须证明自己年龄已满20岁，必须自带弓弩到委员会指定的射击场所参加实地的选拔比赛。随着时间流逝，选拔机制的严肃性逐渐褪色，最后几乎成为对贫寒贵族的变相施舍，允许报名的年龄从20岁降至18岁，特殊情况下也接收更年幼的男孩。获得预选的人经常兜售他们在船上的岗位、薪酬和食宿权，而加莱商船的"船东"本身正是他们最好的客户，因为这种"回购"正好帮助"船东"节省了后面的人工成本。参议院不得不反反复复地强调，被预选上的贵族必须自己上船尽职或派出合格的替代人。不管怎样，这所"船尾弩手学校"直至16世纪中叶仍在执行着它的部分教育功能。（图13.10、图13.11，见彩插）

朝圣旅客笔下的精彩描述是了解加莱商船上日常生活的最佳途径。对于笃信的朝圣者来说，生命中最有意义的事情无外乎远赴圣地，所以他们对在朝圣途中撰写旅行报告抱有崇高的使命感，有时候他们也希望自己的记录能够成为其他朝圣者的行动指南，因此，这些作者往往舍不得忽略任何细节并彼此传抄。曾经有一位名叫菲利克斯·法贝尔（Felix Faber）的德国贵族旅客，他甚至邀请了一位版画师同行，专门为他的笔记描述配上精致的木版画，绘画内容从船舶到港口到圣地生活等无所不及。朝圣者搭乘公家的加莱商船出行是很罕见的，但造船厂偶尔也会因为某份特殊的租赁合同需要装备一艘大型加莱商船并把它交付给某位特别显赫的朝圣者。贫穷的朝圣者一般被塞进圆船类的柯克船或卡拉克帆船甲板下拥挤不堪的船舱里，而 15 世纪最受欢迎的"游轮"是与国有大商船非常相似但属于私有的民营加莱船。污垢、气味、喧嚣、呻吟、汗水，顺手牵羊的船员，悬挂着船长的武器并被打扮得五彩缤纷的宝座似的后甲板，船尾的舵手与瞭望台上的水手深夜交换的信号，一切的一切，如出一辙。

朝圣旅客大多睡在统舱里，正如菲利克斯·法贝尔 1484 年在《威尼斯写真》中所描述的，那是一种"不安之眠"。睡觉的草堆直接铺在船舱地板上，倒卧的朝圣客头朝墙壁、脚朝船舱中央。除了船舱主入口再没有任何光源，起夜的人们不得不在蜿蜒曲折的狭窄空间中手持烛火，搞不好点着了大船也不是什么稀奇事。在法贝尔的描述中，船舱里旷日持久的争吵是家常便饭，特别是开船的头几天，想睡觉的人和不想睡觉的人轮番掀起一场又一场的骂战，直到几只夜壶被掷向恼人的烛火，纷争才得以平息……船上"居民"于清晨解决各自身体之需的地方在船头，那里挖着两个专用的孔洞，跟前总会集结长龙，"好像四旬斋期的基督徒痛苦地列队在忏悔室前"。法贝尔说，在船上要想不长虱子就必须经常擦洗身体："但很多人没有携带替换的衣服，浑身臭气熏天，胡子和头发里长满了那种小虫子。"船上的餐食一天早晚两顿，人们被三六九等地分到三张"饭桌"上：划桨手在他们的工位上进食；水手、弩手、工匠以及拥有一技之长的专业人员通常被安排在一间略好的餐室；最后是"船东"及加莱船上的高级人士，他们吃饭的时候"就好像在威尼斯那样"。

划桨手是加莱船上地位较低的成员，也许是他们的地位实在太低了，朝圣者总把他们说成惨不忍睹的奴隶。不排除私营加莱船上的个别桨手确实是"船东"家奴的可能性。妙笔生花的朝圣客常常描述桨手们如何在每一个停靠码头火急火燎地冲下船去，如何在岸上着急忙慌地摆好地摊，如何漫天要价地兜售藏在自己划桨座下的货物。这么看来，大多数的划船工不可能是被锁链铐在划桨凳上的奴隶。非常明确的是，威尼斯参议院明文规定：在通过竞拍租赁获得的商业运输用途的国有加莱船上雇佣奴隶构成公然违法行为，涉事船长犯渎职罪。事实上，直到16世纪末，威尼斯的加莱船一直拥有充裕的人力资源，不像16世纪的热那亚因为划船工的短缺，曾经不得不招收犯人或者强制性劳动力来替代本该由自由人担任的划桨手。

威尼斯共和国把赴圣地朝拜的旅客交通服务留给了私有企业经营，但同样出台了详尽的约束政策。和今天一样，那时候的"旅游业"也是繁荣威尼斯的一个重要因素。当年的圣马可大教堂周围立着不少专门的亭子，它们悬挂着代表各家船东的旗帜，方便朝圣客选择自己需要搭乘的航船。

为了确保船东在运送"香客"前往耶路撒冷过程中的良好秩序与操守，船东们必须向当局的公共管理部门缴纳保证金。搭乘加莱船旅行的好处之一是可以沿途停靠许多有意思的港口，乘客们迫不及待地下船登上岸去，有去改善伙食的，有去寻觅观光的，有去购买纪念品的。当然，最佳的观光和购物天堂，哪儿也比不上威尼斯本身。为了不辜负这座城市的好名声，威尼斯人精心呵护并细致经营着他们的花街酒巷。大小教堂更没有闲着，为朝圣客们准备了一串串精彩的宗教仪式活动，聊以消磨乏

图 13.12　热那亚弓弩手，《攻占耶路撒冷》壁画（局部）。拉扎罗 · 达瓦罗内（Lazzaro Tavarone, 意大利，1556—1641），约 1620 年。热那亚，卡达内欧 · 阿道尔诺宫（Palazzo Cattaneo-Adorno di Genova）。

味漫长的等待，等待船东在舱单上填满乘客的姓名，等待海面扬起顺风，等待起锚出航。至少到 17 世纪中叶，由加莱船构成的商业运输舰队一直保持着它们高超的效率和盈利能力，直到北方人、英国人和荷兰人驾着他们的庞然大物"全装风帆战舰"，肆无忌惮地冲入地中海，这里的战略格局才终于被彻底颠覆了。（图 13.12）（图 13.13，见彩插）

作者简介

阿尔多·卡特里诺（Aldo Caterino），热那亚人，毕业于热那亚大学（Università di Genova）现代史专业，后专修档案学、古文书学和外交学，并从事航海历史研究，获得罗马大学远程教学硕士学位。曾供职热那亚加拉太海洋博物馆、船舶博物馆、航海馆。曾连续担任意大利特伦托大学的欧洲与中国文化关系卫匡国研究中心主任一职七年。作为策展人多次于意大利境内外策划文化展览。目前为意大利海军水文研究所图书馆和外联部负责人。

著作：《掌上宇宙：西方世界的星球史》（*L'Universo In Una Mano. Storia Dei Globi Nel Mondo Occidentale*，2006）；《西塞斯特里的船舶建造史》（*Fucina Di Navi. Storia Del Cantiere Navale Di Sestri Ponente*，2012）；《泰坦尼克 1912：不沉之船的真相》（*Titanic 1912. La Vera Storia Della Nave Inaffondabile*，2012）；《意大利航运：大西洋航线上的八十年沿革》（*Italia Navigazione. Ottant'Anni Di Storia Sulle Rotte Transatlantiche*，2013）；《多利亚号 1956：揭秘六十年之后》（*Andrea Doria 1956. Sessant'Anni Dopo Il Mistero Svelato*，2017）；《丝绸之路和阿尔卑斯之路：几个世纪的多式联运》（*La Via Della Seta e La Via Del Brennero. Un Grande Sistema Di Trasporto Intermodale Nel Corso Dei Secoli*，2017）。

《瓶非瓶》/ 丝网版画 / 126cm × 98cm / 2007 年
Vase or Not / Serigraph / 126cm × 98cm / 2007

卢治平
Lu Zhiping

　　1947 年出生于上海。中国国家画院版画专业委员会研究员，上海虹桥半岛版画艺术中心研究院院长，中国美术家协会第三届版画艺术委员会委员，中国美术家协会第四届版画艺委会副主任，上海市美术家协会版画艺术委员会主任，上海油画雕塑院一级美术师。上海大学美术学院、同济大学城市规划与建筑学院、上海商学院艺术设计学院、上海师范大学以及上海理工大学客座教授。

　　著作：《中国当代版画名家实录·卢治平》，上海书店出版社，2004 年。《视觉乐器：卢治平版画作品选》，上海书画出版社，2011 年。《中国美术大事记：卢治平艺术创作状态》，中国文史出版社，2011 年。

　　策展："观城——第一届上海国际版画展"（The 1st Shanghai International Printmaking Exhibition：Viewing City），上海虹桥当代艺术馆，2010 年；"为人生的艺术——纪念新兴木刻运动 80 周年中国现当代版画展"（China Modern & Contemporary Printmaking Exhibition: Art for Life Commemorating the 80th Anniversary of the New Woodcut Movement），上海美术馆，2011 年；"原点的维度——第二届上海国际版画展"（The 2nd Shanghai International Printmaking Exhibition：Dimension of Origin），上海美术馆，2012 年；"阅人——第三届上海国际版画展"（The 3rd Shanghai International Printmaking Exhibition：Reading People），中华艺术宫，2014 年；"容量与张力——第四届上海国际版画展"（The 4th Shanghai International Printmaking Exhibition: Capacity & Tension），上海中华艺术宫，2017 年。

　　解构后又被重构的瓷器，在我的创作中是一个显性的母题，而另一隐性的母题是灰色。跨越千年的中国瓷器，哪怕是一堆残片，依然不失为艺术经典。我希望自己的作品以此为题材，浓缩并重现这一段艺术与历史的进程，表面是平静的，但有内敛的力量。

　　很长一段时间以来，我感兴趣的是如何在作品中用好灰色。世上少有绝对的黑白。黑白之间，灰色无尽无穷——中庸、平静、温和，不大喜亦不大悲，算得上是宠辱不惊的颜色。如同中国水墨中"墨分五色"，用不同的灰色对应和替代五色，不仅丰富，还有特殊的抽象性和形式感。黑色、白色和灰色之间的色阶关系，近似于音乐与诗歌中的节奏和韵律，我的作品是我对中国古代传统经典所表达的敬意，是传统与当下的一种联系方式，是相关的，但也是有距离的。于是就有了张力。

——卢治平

《瓷土与青花》/ 丝网版画 / 60cm × 75cm / 2008 年
Blue-and-White / Serigraph / 60cm × 75cm / 2008

《内敛的灰色》/ 丝网版画 / 50cm × 72cm / 2018 年
Reserve / Serigraph / 50cm × 72cm / 2018

夏 沃
Alessio Schiavo

1965 年出生于意大利加拉拉特。米兰理工大学毕业，画家、建筑师。1992 年开办建筑设计工作室。1998 年起兼任米兰理工大学签约教授，对水在定义城市特征、涉水建筑物类型及建造中所起到的作用展开研究工作。2001 年成为加拉拉特全国视觉艺术奖（Premio Nazionale Arti Visive）促进委员会委员。

2004 年，与艺术家 Giuliano Mauri 在阿尔诺河上完成作品《失落河上的茉莉小桥》（*Passerella dei Gelsomini sul fiume perduto*）；2006 年创作《极限》（*Limiti*）系列；2011 年，个展《一之三》（*Trediuno*），米兰 35 区当代艺术画廊（Galleria d'Arte Contemporanea Area 35）；2012 年，个展《面具》（*Maschere*）、《海洋生物》（*Pelagos*）和《极限》（*Limiti*）系列，瓦雷泽 ComVarese 展览空间；2013 年，"第三届当代艺术展"（Terza Rassegna Contemporanea，特雷维索）、"新提案"（Nuove Proposte，米兰）；2014 年，"第 11 届欧亚非当代艺术展"（杭州）；2015 年，《夜曲》（*Nocturnes*）系列，双个展"链接"（Connection），意大利 Castiglione Olona 布兰达宫博物馆；2015 年，《二十变奏》（*Twenty Variations*）系列，双个展"链接"（Connection），中国杭州印学博物馆；2016 年，第 25 届加拉拉特全国视觉艺术奖"城市宝藏——河流与横跨两岸的城市"，联合策展人；2016 年，《无声的故事》（*Silent Tales*）系列，"第 13 届欧亚非现代艺术展"（杭州）；2017 年，个展《海水交汇的地方》（*Where Water Comes Together with Other Water*），瓦雷泽省先驱未来空间画廊（Spazio Futuro Anteriore）；2017 年，个展《符号与色彩》（*Segno e Colore*），瓦雷泽省建筑师协会总部；2018 年，个展《无声的故事》（*Silent Tales*），布斯托-阿西齐奥市 R&P Legal 展览空间；2019 年，个展《沿着消融的跑道》（*Walking along the Paths that Dissolve*），梅洛大学画廊（Università del Melo）。

自然，是夏沃钟爱的探索领域。

　　当他的作品朝着一个内在而有力的方向前进，没有呼喊也没有挑衅，却一直在寻找某种行为和体会，它们在创作的构建中，无论于尺幅还是于动作，都蕴含极为广阔的气势，足以引起我们在领悟和感动之中的关注。

——艾玛·扎奈拉（Emma Zanella，意大利）

《其他之中》/ 布上蜡彩 / 115cm × 195cm / 2016 年
Among Other Things / Wax on Canvas / 115cm ×195cm / 2018

《你的声音的颜色》/ 布上蜡彩 / 115cm × 185cm / 2017 年
Colours of Your Voice / Wax on Canvas / 115cm × 185cm / 2017

马可·英德洛易尼
Marco Introini

　　1968 年出生于意大利米兰。毕业于意大利米兰理工大学，景观和建筑纪录片摄影师，米兰理工大学建筑摄影学与制图学讲师。2006 年，作品收入第 10 届威尼斯建筑双年展意大利馆目录，策展人弗朗科·普里尼（Franco Purini）。2010 年，入选为过去十年中二十位最具影响力的建筑摄影师之一，并接受 Letizia Gagliardi 著作《空间的度量》（罗马，2010 年）的采访。2015 年，受伦巴第大区和 MIBACT 的任命，参加《第二次世界大战至今的意大利建筑档案：伦巴第大区》编写工作；受 OIGO 推选，应邀参加意大利南方卡拉布里亚大区主题为《第三岛屿》的摄影项目，其《启蒙时代米兰建筑》（目前尚在进行中）入选马勒巴摄影基金（Fondo Malerba for Photography）支持项目。2016 年，个展《纪念碑肖像》（Portraits of Monuments），关于修复后的米兰历史建筑摄影，MAGA 博物馆；个展《温暖的现代性——印度范式》（Warm Modernity-Indian Paradigm），关于印度现代主义建筑的项目，在第 21 届米兰三年展中展出，并协同项目出版物（Maddalena d'Alfonso 编写）获得 2016 年红点奖。2019 年，应 Bosc Art Cosenza 画廊和科森扎市政府的邀请，对科森扎市进行摄影调查；应邀参展比萨建筑双年展《海洋共和国》（Maritime Republics），策展人阿方索·菲米亚（Alfonso Femia）。

　　著作：关于意大利最重要的现代建筑之一"玻璃教堂"，《摄影调查：修复 A. Mangiarotti、Bruno Morassutti 和 A.Favini 设计的教堂》（2015 年）；关于从中世纪建筑到现代建筑的长期摄影调查，《曼托瓦建筑：从总督宫到布尔果造纸厂》（*Mantua Architectures, from Palazzo Ducale to Burgo Paper Mill*，2018）；关于改造前的铁路场站：《米兰铁路：明天之前的今天》（*Milan Railways, Today before Tomorrow*，2018 年）。

马可·英德洛易尼的创作围绕着"位置"的概念展开，它们总是移开然后又返回来，为了定义建筑物的空间、身份、构造规则。一名建筑设计师所经历的职业教育无疑为这一实践提供了便利，而对于从外形到同一整体的各部分之间的关系、到几何与测量等细节的高度敏感性，也统统来自于此。

……

他的摄影方式开门见山直抒胸臆，秉持对建造现实的批判与严格，这通常是人们不那么情愿认可或感激的事情。

现实中因意图的随机性而非设计的意图性所堆积的大相径庭甚至彼此矛盾的符号，在英德洛易尼的摄影构图中得到了逻辑的、理性的、几何的、抽象的梳理，并构成了他推送我们的场景。

——马西莫·菲拉利（Massimo Ferrari）（意大利）

《意大利国道 SS682 伊奥尼奥-第勒尼安》/ 摄影 / 2015 年
SS682 Jonio-Tirreno Italy / Photograph / 2015

《意大利国道 SS682 伊奥尼奥-第勒尼安》/ 摄影 / 2015 年
SS682 Jonio-Tirreno Italy / Photograph / 2015

陈 琦
Chen Qi

1963 年出生于南京。博士，中央美术学院研究生院常务副院长，教授，博士生导师。教育部全国艺术硕士研究生教育指导委员会委员，中国美术馆展览评审委员会委员，中国美术家协会版画艺术委员会委员，中国国家画院版画院秘书长，中国人民大学特聘教授。作品获得第七、八、九届全国美展铜奖及优秀奖，第十三届版画展金奖及第五届北京国际美术双年展优秀作品奖。作品被中国美术馆、上海美术馆、广东美术馆、江苏省美术馆、浙江美术馆、湖北省美术馆、中央美术学院美术馆、台北孙中山纪念馆、关山月美术馆、深圳美术馆、青岛市美术馆、哈尔滨艺术宫版画博物馆、英国大不列颠博物馆、英国维多利亚与阿尔伯特博物馆、英国牛津大学阿什莫林博物馆（Ashmolean Museum，Oxford）、英国苏富比艺术学院（Sotheby's Institute of Art，London）、纽约公共图书馆、日本福冈美术馆、奥地利维也纳青年美术馆、欧洲木版画基金会等艺术机构收藏。

著作：《版画技法》《陈琦画集》《陈琦木版画集》《1963》《时间简谱·陈琦1983—2013》《Chen Qi Woodblock Prints》《刀刻圣手与绘画巨匠——20 世纪前中西版画形态比较研究》《中国水印木刻的观念与技术》等。

重要展览：1992，"陈琦版画作品展"，江苏省美术馆；1993 年，"陈琦水印版画第一回展"，中国美术馆；2004 年，"陈琦版画作品展"，美国塔科马文化艺术中心；2006 年，"陈琦 20 年版画精品展"，南京丹枫雨露美术馆，2006 年；"Chen QiWoodcuts 1989—2002"，伦敦，Bankside Gallery，2008 年；"Chen Qi Woodcuts"，英国，Oriental Museum，2009 年；"1963"，龙艺榜画廊，2011 年；"陈琦水印版画展"，武汉美莲社艺术中心，2012 年；"向纸致敬"，美国西雅图，Paper Hammer，2013 年；"时间简谱——陈琦艺术作品展"，中国国家博物馆，2015 年；"96 次印刷——数字时代的复数艺术"，艾米李画廊，2015 年；"沈勤 & 陈琦作品展"，亚洲艺术中心，2016 年；"陈琦的时间 1983—2016 作品展"，上海半岛美术馆，2017 年；"印痕与复数"，亚洲艺术中心，2018 年；"陈琦格致———个展示和理解的实验"，南京德基美术馆，2019 年；"陈琦：别故与共生"，艾米李画廊，2019 年；"威尼斯国际艺术双年展"，意大利威尼斯。

艺术创作方式展开的可以是哲学思考，它不以发现美或表现美为目的，也不对现实世界的镜像进行映射或批判，却成为形而上的哲学思考的视觉呈现。中国的哲学是生命哲学，人生有限与时间无限的冲突伴随生命体验展开并成为难以回避的议题。时间也成为我的研究与艺术表现的对象。我从2003年开始创作《水》系列，十五年间完成了该主题下的五十多件水印木刻作品，它们是我对时间的认识与表达。

水印木刻，是我最主要的艺术创作媒介，从20世纪80年代一直坚持到今天。希望能将中国水印木版画的伟大传统延续下去，我以为这是我的历史使命和文化责任。如何突破传统技术的局限，使其适应当代文化语境并成为当代艺术家的创作媒介，这一命题推动我三十年间专注三项工作：在图像表现上突破单一的传统中国画语言，使物体形态、质感和空间由高度凝练概括转向精微表达；作品尺幅的拓展与水印木刻表现力的极限探求；数字技术与手工艺的无缝对接。而水性的颜料，即中国水墨或水彩，以及相得益彰的特制的手工生宣印纸，必须完好地继承下来。

我的水印版画基本都是水墨语言。所谓水墨，并非黑白，是中国绘画系统的精神所在，一个安放心灵的处所。

——陈琦

《2012 生成与弥散》/ 水印木刻 / 380cm × 4200cm / 2018 年
The Born and Expansion of 2012 / Woodblock Print / 380cm ×4200cm / 2018

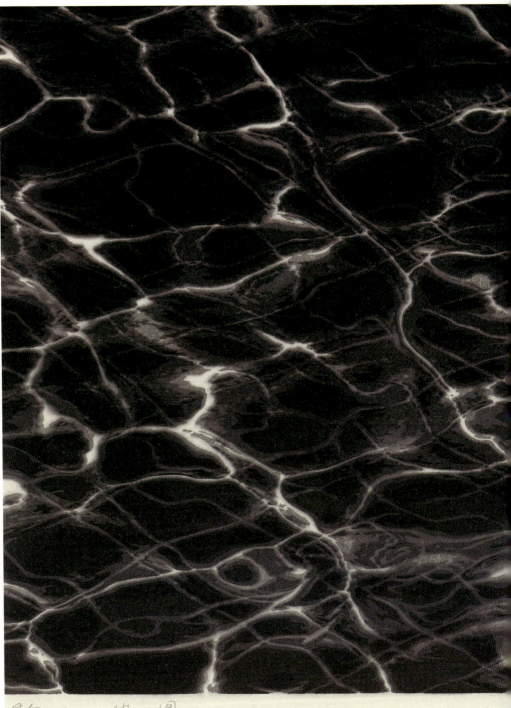

9/20　水　图

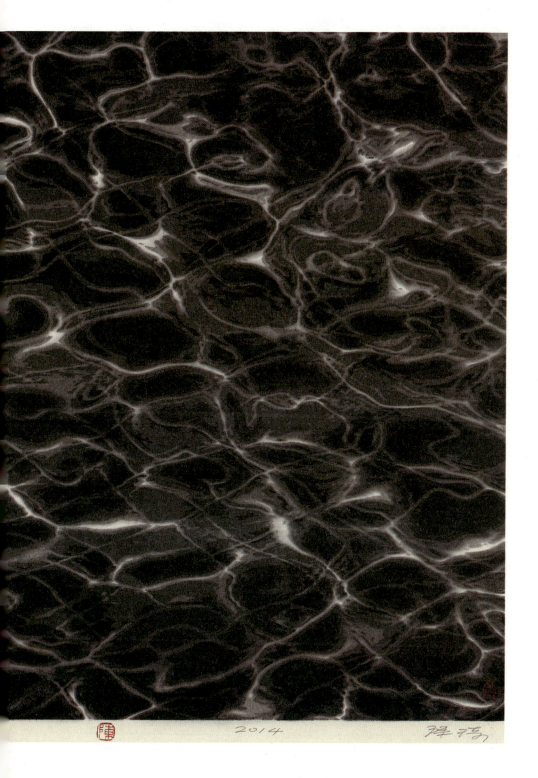

《水图》/ 水印木刻 / 60cm × 90cm / 2014 年
Water / Woodblock Print / 60cm × 90cm / 2014

姜 陆
Jiang Lu

1951 年出生于中国天津。1976 年毕业于天津美术学院版画系并留校任教。1980 年入中央美院版画系进修，1992 年入比利时安特卫普皇家艺术学院研究生院学习。曾任天津美术学院版画系主任、天津美术学院院长。现为中国美术家协会理事，中国美术家协会版画艺术委员会名誉主任，天津美术学院教授、硕士生导师，享受国务院政府津贴。1997 年至今，多次受聘担任全国美术展览、版画艺术展览和国际版画展览评审委员。

作品参加中国第六届全国美展（1984）；中国优秀版画家作品展（日本大阪，1984）；天津美术学院教师作品展（美国费城，1985）；大陆优秀版画家作品展（中国台北，1986）；获中国"鲁迅版画奖"（1999）；KYOTO 日版国际版画展（2001）；北京国际版画双年展（2004）；天津"汇点"四人作品展（2006）；台湾第十三届国际版画双年展（中国台北，2008）；"中国召唤"联展（德国杜塞尔多夫、德国弗莱堡，2008）；中国第十一届全国美展（2009）；美国巴克内尔大学个展（2009）等。作品收藏于中国美术馆、中国台湾美术馆、比利时安特卫普博物馆、上海美术馆、江苏省美术馆、四川美术馆、广东美术馆、黑龙江美术馆、贵阳美术馆，浙江美术馆。

1977 年的春天，第一次去新疆。

为了给新疆人民出版社画一套连环画，我在哈萨克牧区住了近两个月。巍峨的天山雪峰，跌宕起伏的巩乃斯草原，辽阔的森林牧场，淳朴的哈萨克牧民，西域的画卷如此新奇地展开在眼前，带给我全新的生活素材和创作热情。也正是在 20 世纪 70 年代，我刚刚接触石版画。从在天津美院草创起极为简陋的石版工作室，到在中央美院李宏仁先生指导下的系统学习，延续并相伴我多年的石版画之路就是这样开始的。

——姜陆

《哈萨克妇女》/ 石版画 / 38cm × 50cm / 1981 年

Kazakh Woman / Lithograph / 38cm × 50cm / 1981

《初雪》/ 石版画 / 73cm × 49cm / 1977 年
First Snow / Lithograph / 73cm × 49cm / 1977

亚历山德罗·布西
Alessandro Busci

1971 年出生于意大利米兰。米兰理工大学毕业，画家、建筑师。布西探索东西方图像传统之间潜在的交流。他在诸如钢板、铜板、铝板等非常规支持材料的表面和传统的纸质材料表面，以酸蚀和瓷漆为媒介进行独特的艺术创作。

重要展览：1999 年，《脏水、褐色的光、月光》（Acqua sporca. Luce marrone. Luce.），米兰 Galleria Antonia Jannone 美术馆；2002 年，《钢铁生活》（Steel Life），米兰 Galleria Antonia Jannone 美术馆；2004 年，都灵第十四届艺术四年展；2007 年，《意大利艺术 1968—2007：绘画》（Arte italiana 1968–2007 Pittura）邀请展，米兰皇宫；2008 年，《8》，美国旧金山 Mark Wolfe Gallery 画廊；2008 年，《当代艺术三年展 T2》（T2 Triennale d'Arte Contemporanea）邀请展；2009 年，《耐候钢》（Cor-Ten），罗马 First Gallery 画廊；2010 年，作品专辑《机场》（Airports），米兰三年展博物馆（Triennale di Milano）；2010 年，威尼斯双年展，意大利国家馆和古巴馆；2011 年，《米兰—那不勒斯》（Milano-Napoli），那不勒斯 Galleria al Blu di Prussia 画廊；2012 年，《奥马尔·加里亚尼和亚历山德罗·布西：代际》（Omar Galliani | Alessandro Busci – Un passaggio di generazione）回顾展，意大利伦巴第大区瓦雷泽省 MAGA 美术馆；2014 年，《在米兰的上空》（In Alto Milano），米兰三年展美术馆；2017—2018 年，米兰马尔彭萨国际机场航站楼内固定展示布西作品，城市形象宣传；2017 年，《建筑区》（Archizone），米兰 Galleria Antonia Jannone 美术馆；2017 年，《Superyacht 特展》，伦敦 Saatchi Gallery 画廊；2018 年，《锈》（Rust），瑞士卢加诺 Imago Gallery 美术馆；2019 年，绘画与雕塑双个展，Galleria Antonia Jannone 美术馆总部新址（Pietrasanta）。

我想，亚历山德罗·布西是一位建筑师，也是一位画家，或许还是一位艺术史学者。如何从这三重灵魂的冲撞中突围，恰恰有赖于它们之间的独特的辩证关系。这是一场障碍赛跑，绘画符号的救赎、升华和消解，面面相觑的是艰难现实的对垒。

　　娴熟有如书法家微妙精道的用笔，勾勒出幽暗的耀眼，那子夜的光芒，催眠的、前途未卜的、单色的风景。这是一出世界城市戏剧的深沉景象。一种倒置的德·皮西斯（De Pisis）。在这里，单色的充满激情与舞台魅力的大都会的启示录场景，恍惚取代了德·皮西斯挥洒着优雅的编舞的画笔。

——亚历山德罗·门迪尼（Alessandro Mendini）（意大利）

《VG 货轮，夜》/ 耐候钢上瓷漆 / 40cm × 40cm / 2011 年
VG Cargo Night / Enamel on Cor-ten Steel / 40cm ×40cm / 2011

《北京，红》/ 耐候钢上瓷漆 / 35cm × 70cm / 2009 年
Beijing Red / Enamel on Cor-ten Steel / 35cm × 70cm / 2009

张远帆
Zhang Yuanfan

　　1952 年出生于杭州。1982 年毕业于浙江美术学院版画系，1985 年获日本东京艺术大学硕士学位。现为中国美术学院教授，中国国家画院版画艺术委员会研究员，上海美术学院特聘教授，日本版画协会海外名誉会员，日本大学版画学会会员。曾在国内及德、日、韩等国举办个展。作品被中国美术馆、英国大英博物馆、上海美术馆、牛津大学阿斯莫林博物馆、欧洲木版基金会等海内外艺术机构收藏。

人生如旅。将"旅途"中即时的观感、思考、心态和情绪等，以图像记录下来，即为《游记》。《游记》系列始于留学日本期间，也是自己持守最久的一个系列。

生涯未尽，《游记》也就仍将延续。

"游"亦有"游戏"和"游玩"之义，这也符合某种创作态度：艺术创作应该是一个尝试、探索、试错的过程。就像游戏，输赢无足轻重，体验和成长才是目的。从某种意义上说，这种"自言自语"式的表述，更倾向于内视与内省，注重情绪或心境空间的营造，或与诗歌、音乐艺术有着某种同构的性质。

喜欢做套色木版画，是因为色彩在表现情绪上很有效。喜用"减版方式"，则是因为偏爱作品在"随机生发"中逐渐定型。在同一块版上边刻边印、通过多次印刷而完成作品的方式，能清晰地保留版上所有的刻痕，这就在技术层面上，给予作者即兴运刀的自由，可以少些拘谨和束缚。

与每一次刻、印所呈现的半成品对话，都会带来鲜活的刺激和难以预料的新想法，以至于让我离弃先前的某些构想去另辟蹊径；貌似背离，却记录着"此时"的心绪，也仿佛更贴近"游记"的真义。

——张远帆

《游记 塔影》/ 套色木版画 / 40cm × 55cm / 2005 年
Travel Notes: In the Shadow of a Pagoda / Chromoxylograph / 40cm × 55cm / 2005

《游记 观塔》/ 套色木版画 / 44cm ×30cm / 2004 年
Travel Notes: In Admiration of a Pagoda / Chromoxylograph/ 44cm ×30cm / 2004

多梅尼加·雷加佐尼
Domenica Regazzoni

1953 年出生于意大利贝拉诺（Bellano LC）。雕塑家、版画家。20 世纪 70 年代初从参加米兰布雷拉美术学院（Brera Academy）夜校开始学习绘画，90 年代放弃具象，转向更为抽象和非常规的绘画形式。

海外个人画展：东京（1997 年、2000 年）；京都（2008 年）；斯特拉斯堡（欧洲议会、2013 年）；上海意大利中心（2012 年）；上海同济大学（2013 年）。

意大利境内个人画展：Fondazione Stelline（1998）、Teatro Dal Verme（2004）、Bocconi University（2008）、米兰艺术宫（Palazzo della Permanente）（2015 年世博会）、罗马 Complesso del Vittoriano（2000）、罗马音乐公园礼堂（Parco della Musica 2006）、博洛尼亚前圣马蒂亚教堂（2001 年）、博洛尼亚国际音乐博物馆（2008 年）、博洛尼亚 Palazzo d'Accursio 宫的赫拉克勒斯厅（2020 年）、佛罗伦萨的韦基奥宫（2003 年）、莱科的曼佐尼别墅（2005 年）；第 54 届威尼斯双年展（2011 年）。在罗马尼亚首都布加勒斯特、意大利米兰和莱科，有其永久陈列的雕塑作品：《破碎的小提琴》（*The Broken Violin*）、《祈祷》（*Preghiera*）等。

著作：范尼·谢威勒（Vanni Scheiwiller），《以金鱼的名义》（*All'insegna del pesce d'oro*），1992 年；安东尼娅·博之（Antonia Pozzi）诗集《秘密歌咏》（*Canto Segreto*, 1992）插图，1992 年；专著《日本俳句》，Viennepierre edizioni 出版社，2000 年。

在某个地方，坚持不懈地，她的作品邀请人们去沉思、关注并欣赏那些细致入微的甚至无以触摸的情境。它们似乎总是关乎一个有限的主题，却是行走在即将质变的、充满不确定和百般风险的细丝上……例如我想到的那个非同寻常的巢穴和树桩，艺术家已经将它变成一种不可能的乐器，精确地嵌套了大提琴卷曲的琴头，而后一切熔入青铜，却获得了几乎超现实的效果，可以征服安德烈·布勒东与曼·雷。

——玛蒂娜·柯涅亚迪（Martina Corgnati）（意大利）

《作曲 7》/ 木雕与装置 / 2002 年
Composition 7/ Wood Sculpture and Installation / 2002

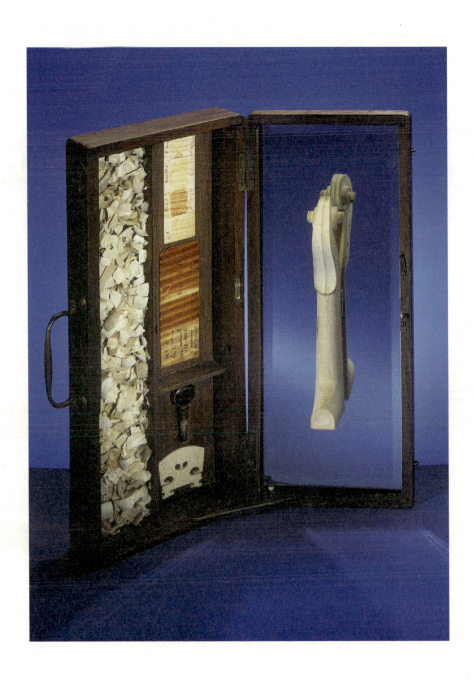

《作曲 1》/ 装置 / 2001 年
Composition 1 / Installation / 2001

Marco
the Stranger

04

辑四

The Silk Road Past
and Present between

Italy and China

梅瓶。江西景德镇窑出品，元青花。

白地青花

魏安莉（Alexandra Wetzel）

　　白如玉、明如镜、薄如纸、声如磬。瓷器的秘密曾在一千多年的光阴里始终被守护在中华帝国的疆域内，而久负盛名的中国瓷器也因为它令人难以企及的品质激发并影响了整个中世纪的世界陶瓷产业。9 至 15 世纪之间，人们对新的胎料、釉料、工艺和纹饰做了各种尝试，其中有一种特别的彩瓷格外引人注目，即在透明釉下的白色瓷胎上装饰钴蓝彩，它就是中世纪末期风靡了全世界并至今拥有魅力的"青花瓷"。然而，在亚洲范围内，在欧洲和亚洲之间，假设没有发生过经济、政治和宗教上的密切往来，很难想象，"白地青花"的青花瓷是否依然能够如此功成名就。特别在蒙古统治时期的亚洲，这种区域间的往来显得尤为波澜壮阔，拍岸的浪花甚至润及意大利的陶器作坊，在那里，陶胎覆以白色锡釉，其上绘制钴蓝彩，这种装饰手段成为意大利马约利卡锡釉陶工艺由中世纪末期向现代早期过渡的标志。

一、引子：雪泥鸿爪

几百年来，无论来自世界何地，身处怎样的社会阶层，几乎所有人都会被青花瓷的魅力吸引。技术的进步、时尚的更替让青花瓷在穿越几个世纪的生命旅程中经历了器型和纹饰的诸多变化，但无论风格如何变幻，一如既往的是"白地青花"独具一格的神采，它的渊源是一部充满不断发明与交流、不断发现与再发现激情的历史。迄今为止，地理学、年代学和工艺学等学科远未揭开它全部的谜底。

9—15世纪的历史资料能够为学者们大体勾画出人们在当时已知的世界里接触和交流的错综之网。存世的资料中有两本关于陶瓷的专题文字，一本是中文的，另一本是波斯语的。中文的《陶记》成书年代介于13世纪20年代和14世纪上半叶，居住今伊朗境内卡尚（Kashan）的陶瓷世家成员阿布尔·卡西姆（Abu'l Qasim）撰写的关于伊斯兰陶器制作的论文则收藏在一部1301年的手稿中。在意大利14—15世纪有关玻璃工艺的手稿中可以找到马约利卡花饰釉陶采用的釉料的记录。在几乎全部来自伊斯兰世界的旅行家们的叙述中，中国瓷器受到了极度赞美，他们的本土产品却不见提及。商贸著作由中国人和意大利人编写，诸如中国1117年左右出版的《萍洲可谈》、13世纪的《诸蕃志》和1348年的《岛夷志略》；意大利人则有14世纪编写的商务指南，最出名的就是佛罗伦萨银行家弗朗切斯科·鲍尔杜奇·佩戈洛蒂（Francesco Balducci Pegolotti）的文本。这些书籍为奔赴丝路的商人在选品、运输、销售货物等各方面提供了有用的信息和帮助。

凡是发生过贸易交换的地方，档案资源多种多样，公证过的合同与货物清单、土地登记册、商业信函与账簿、外交信函等，都为我们提供了瓷器的原材料与制作、生产与运输成本、用途与流行款式、饮食习惯与餐厅摆设等珍贵信息。然而，对文字记录的理解和翻译并非易事，术语含义不够确切的情况有之，辗转数世纪术语改变了原来含义的情况有之，比如"青白"一词，今天它指向的是一种施青白釉的景德镇白瓷，这类白釉泛浅蓝光泽，也是"影青"的同义词，但在宋代，"青白"也可以是"青花瓷"的含义（Kessler，2012）。在从中国进口的贵重瓷器排名中，科学家比鲁尼（al-Biruni，973—1048）曾提到"杏色"或"奶油色"彩瓷，到后来在卡勒（Kahle）的翻译中，它变成了"有光泽的、部分着色的"（1942，p.35），而在哈吉木（Hakim）的翻译中则是"金色的"（1989，p.195）。在欧洲中世纪的文件里，"瓷"的含义可谓灵活机动，事实上有时候它也被用来指代瓷器以外的一些半透明的精巧物件，比如贝壳、珍珠母、玻璃，甚至马齿苋这样的植物。还有"domaschino"——"大马士革的"，一个凡是来自东地中海地区的货物因同"宗"而可共用的称号，它不以材质论区别，陶瓷、银器、玻璃，只要是来自东地中海的，就可以被叫作"domaschino"（Spallanzani，1978）。钴的叫法更是五花八门，cofaro（Milanesi，1864，pp.18-19）、zaffara、saffra 或 zaffaro 都可以指"钴"（Caroscio，2009，p.44）。

　　交换并收藏有价值的中国瓷器的习俗源于伊斯兰世界，我们在 8 世纪的史料中发现了它的最早记录：呼罗珊[1]的总督向哈伦·拉希德（Harun al-Rashid）的阿拔斯王朝[2]宫廷派送了一批瓷器（Lane，1947，p.10）。除此之外，我们从另一些史料中也获得了 11—14 世纪之间此类"中国收藏"的其他信息。至今尚存的两组最古老的中国瓷器藏品均在亚洲，一组在伊斯坦布尔，是始于 1453 年的奥斯曼帝国的苏丹藏品；另一组是伊朗萨法维王朝［又称萨非王朝，1502—1736 年］在阿尔达比勒[3]的藏品，现藏德黑兰博物馆（Carswell，2000，pp.13-14）。这两组收藏均由约三十件中国明代以前的青花瓷器构成（Micsic，2016，p.17）。意大利于 16 世纪初开始流行收藏中国瓷器。

　　在伊斯兰的信息资源中，波斯和马穆鲁克釉陶上的铭文是极为重要的线索，这种制作习惯始于 12 世纪末并广为传播（Haddon，2011，p.58）。我们所了解的最古老的釉陶来自一块波斯花瓶的碎片，上面铭记的时间为1179 年 6 月（Grube，in Curatola，1993，p.217），而第一件采用釉下彩工艺来铭记时间的波斯陶器似乎出自 1204 年（Watson，1979）。波斯艺术

1　Khurasan 或 Khorasan，中文也叫霍拉桑，今伊朗东北，历史上地域可及印度边界。
2　唐朝称为"黑衣大食"的阿拉伯王朝。
3　Ardabil，伊朗西北部里海附近。

家的落款署名（nisbah）中有一部分显示的是其来自的地方，这个细节为我们提供了了解陶瓷产地的可能。

考古发掘以及对博物馆藏品进行科学检测的结果正在填补中世纪晚期中国和伊斯兰陶瓷在本土生产和传播的部分信息空白，史料缺失的状况从而也得到了一定的改善。对河南、河北瓷窑遗址的分层发掘，每年都在为盛唐时期生产的青花陶瓷提供并更新重要数据；围绕千年瓷都江西景德镇的发掘工作则为后续的纪年线索带来了曙光；从内蒙古和新疆确立的考古现场传来的是中国与其西北邻国之间的贸易交换信息；比对从中国广州、泉州、扬州古港遗址中发掘获得的文物，从伊拉克的巴士拉（Basra）和尸罗夫（Siraf）、伊朗的设拉子（Shiraz）和内沙布尔（Nishapur）、埃及的福斯塔特［al-Fustat，开罗近郊］、波斯湾的霍尔木兹（Hormuz）、叙利亚的哈马（Hama）和沿幼发拉底河中游发现的中国瓷器，以及在考古同层位发现的同期伊斯兰陶瓷产品，都为中国陶瓷的外贸历史做出了很好的补充和整合。中国陶瓷在欧洲的最早考古证据发现于 20 世纪 60 年代意大利南方普利亚大区（Puglia）卢切拉（Lucera）的中世纪城堡，那里出土了几块可追溯到 13 世纪下半叶的欧洲人称为"雪拉同"（céladon）的中国青瓷以及白瓷"影青"（"青白"）的碎瓷片（Whitehouse，1966）。港口城市热那亚和萨沃纳也发现过中世纪时期的青瓷碎片（Benente，2010，p.66）。在欧洲考古发掘所获的最古老的"白地青花"是一个杯子或碗的碎片，出土于英国温彻斯特（Winchester）14 世纪末、15 世纪初的考古地层（Whitehouse，1972，p.68）。

东南亚作为陶瓷的过境、贸易、目的港以及陶瓷的生产地，在历史上发挥过相当重要的作用，而它的历史地位直到 20 世纪 70 年代以后才得到认可。近五十年来，在印度尼西亚（苏门答腊、爪哇）、马来西亚、菲律宾、泰国、越南和新加坡的发掘清楚地表明，从 9 世纪开始，陶瓷就是东南亚最重要的进口商品之一，它们主要来自中国，一部分来自伊斯兰世界（Miksic，2009，pp.71-93）。沿着连接中国和东南亚的运输航线，那些散落在海底的沉船残骸已经成为无法估量的珍贵信息来源。

在意大利中北部，特别是托斯卡纳地区，有一种常见的陶瓷盘，它在地中海沿岸随处可见，也是西方进口伊斯兰制造瓷器的最丰富和最权威的见证。这种陶瓷器皿多呈彩色，通常以一定的数量组成系列，以盘碗状或浅或深地嵌入教堂的石墙或砖壁作为装饰。因为它们绝大多数随工程砌入墙体，宝贵的"年龄"线索就不得不依靠建筑物的建造年代来测定。10到11世纪有从拜占庭进口的此类陶瓷盆，而12世纪起，相当于今天突尼斯旧称艾非奇亚（Ifriqiyya）的地方，即因阿拉伯人挺进而伊斯兰化了的西北非地区，成为此类瓷器占据上风的来源地，同样主要的来源地还有伊斯兰化的西班牙安达卢西亚（al-Andalus）。到了13世纪下半叶，意大利本土制造的份额不断增加，从伊斯兰世界以及随后的马穆鲁克世界进口的百分比再未超过百分之十。15世纪以后，这种曾经时髦的"水盆"在教堂的墙面装潢习俗中销声匿迹。20世纪70年代以后，意大利各地的考古发现为中世纪的早期陶瓷进口和生产情况勾勒出越来越清晰的轮廓和面貌。

二、中国青花源起

瓷器的特征是洁白细腻、晶莹坚硬、敲击之回声清亮纯正。塑造瓷胎的黏土经提纯后含有以下矿物质：石英石、高岭石[1]、白墩子[2]。瓷胎表面施透明釉，经还原焰气氛高温焙烧，白墩子熔化玻化并将瓷胎和保护釉层融合成为不可分割的一体。

公元6世纪，中国北方的一些瓷窑开始制作白色素瓷，表面覆盖一层明亮、半透明、乳白偏黄的厚实釉色。7世纪初，这类陶瓷中的个别成品是如此细腻、光洁和坚硬，它们可以被认定为世界上最古老的瓷器。为了掩盖瓷胎黏土中的杂质，在釉与胎体之间还增加了一道白色的稀释黏土［亦称"化妆土"］。大部分瓷窑于8世纪中期不再使用这种方法。河北的邢窑白瓷被推崇为最名贵的品相，位于邢窑北面120公里左右处的定窑，采用与邢窑同样的工艺，也烧制出质量不相上下的白瓷。河南巩义市周围的

1　一种由诸如长石和云母等铝硅酸盐类矿物，在风化过程中形成的硅酸盐氢化物，为白色矿物质。
2　长石岩天然蚀变分解后形成，可以增加瓷土的延展性，并在大约1280到1350度的高温下熔化，是瓷石加工成的泥料。

瓷窑使用的泥料纯净度略差，不得不在透明的釉层下继续涂抹那层白色稀释黏土。公元7世纪下半叶，中国中北部的一些瓷窑在当时陶瓷器皿的已有形制之外，开始生产一种新型的用于墓葬或仪式的陶瓷器物（Jiang，2009，pp.98-125），其胎体有时覆以白色"化妆土"，然后饰以色泽艳丽的玻璃质铅釉。在今天称为"三彩"的这种新品上，首次出现了硅酸铅混合氧化钴而产生的深蓝色。这种装饰一般由一至三种颜色组成，采用毛笔在胎上或画绘或按捺或喷洒的技法，入窑加热过程中颜料发生液化流动并混合，形成随机而迷人的颜色效果。制胎的泥料是一种暖白色黏土，由于添加了黄土的缘故色调易偏黄，采取两次焙烧：第一次焙烧后在素坯上施含铅釉，之后需要在较低温度下做第二次焙烧（Li，2008，p.9）。个别追溯到8世纪初的珍稀"三彩"，基础釉面完全以钴蓝装饰，是世界上最古老的"青花"案例。

2002年至2004年在河南巩义黄冶窑址进行的科考发掘中，从8世纪末和9世纪的考古地层出土了一些装饰着蓝色小点和短横的陶碗，这种被称为"点与线"的装饰图案是传统陶瓷"三彩"和9世纪初几十年里同样出产于河南巩义的一种白底加蓝色纹饰的陶瓷新品之间的重要纽带。2005年至2007年，在巩义白河窑和黄冶窑遗址出土了一些硬质陶瓷片的发掘物，其表面透明釉下的白色"化妆土"敷层上绘有钴蓝彩（Li，2008，pp.9-10）。这是出自同窑炉的两种陶瓷的巧妙结合，大身的制作与白瓷一致，高温焙烧并在釉下先覆以白色稀释黏土以保障胎体表面的均匀光滑，而装饰的颜色则源于"三彩"。在这些"白地青花"的碎瓷中，有一部分带着与前述陶碗上相同的"点线"纹饰。

1975年在对古代港口城市扬州的一次科研发掘中出土了一片碎瓷，它来自一件"白地青花"纹饰的唐代陶瓷枕（《文物》，1977，p.9、p.29）。这块碎片的材料和工艺与人们在巩义窑址发现的碎片相仿，但在纹饰元素上却存在着根本性的差异，瓷片表面被划分，图案是典型伊斯兰风格的菱形和棕榈纹。1998—1999年，一艘原本满载着中国瓷器驶往中东的古代沉船在印尼勿里洞岛（Belitung）海域被成功打捞出水，它向世人展示了带有这种装饰的几乎完整的三件套餐盘，它们从外形到图案都与同时期阿拔斯王朝生产的陶瓷餐具有着高度的相似。但是，近几年从上述巩义窑址的发掘结果看，青花瓷的灵感并非来自伊斯兰世界独家订制产品的启发（Krahl等人，2011，p.211），因为除了供应外贸，事实上好像还有针对本地市场的生产活动，只不过直到十数年前人们都未能在产地之外发现那些产品的踪迹罢了。于是，2007年公布的一项轰动性发现为中国内需生产的假设提供了有力的支持：2006年，从一座距离巩义19公里的郑州墓穴中出土了两个完整的带钴蓝纹饰的白色陶瓷罐，这对唐青花塔形罐的瓷土胎体和工艺工序均与当年供应出口的产品无异，但宝塔状的外形及其图案纹饰完全属于中国传统风格。由于出土物品的主题形象、构思和制作均没有临摹任何预设的样板，因此这两个宝塔状的罐子可能代表了一款目前暂不存在考古证据或从未规模化生产的原型青花。（图14.1、图14.2，见彩插）

在南亚和东南亚，在非洲东岸和中东，人们发现过大量与湖南省会同名的所谓"长沙瓷"。"长沙瓷"胎质多孔，表面粗糙，绘饰基于作为着色剂的铜或铁或锰氧化后形成的不同色彩，它们时而在釉下，时而混合在透明铅釉中，瓷器通常整体偏稻谷黄或白色。图案一般在中国传统纹饰、佛教纹饰和伊斯兰传统纹饰间自由切换，不少先驱纹样经过演绎继续出现在后世的青花瓷上，而前后二者的实质区别在于根本概念的不同：长沙铜官窑的绘饰属于动态速写，它使原本貌似有点"粗糙"的"长沙瓷"变得生动活泼；而后来的经典青花纹饰总是有打好的样稿，图案的每一个细节都备受关注。根据焙烧程度，金属氧化物可以演化出不同的颜色，那些"长沙碗"上的绘饰很好体现了这种颜色跨度的丰富性，其中有一种极其明亮的蓝色，长期以来被误认为是氧化钴，但考古检测表明它实际上源自氧化铜（Wood / Tite，2009，pp.14-15）。用蓝彩装饰的陶瓷器皿也深受中东客户的追捧，比如一些绘有"珍珠串"纹样的陶瓷罐就是绝佳的例证，风格让人联想到金银杯上錾花工艺的装饰。值得注意的是，蓝色从来都不会单独出现，它总是至少与一种其他颜色结合在一起，比如氧化铁生成的琥珀黄或氧化锰的棕紫色。（图14.3，见彩插）

在探究9世纪中国陶瓷和阿拔斯王朝的阿拉伯陶瓷之间的相互作用时，值得注意的是，当"长沙瓷"正在伊斯兰国家大行其道的时候，同期巩义瓷窑出产和出口的优质产品的数量则相当有限，而且在伊斯兰的领地里我们至今尚未找到物证。"长沙瓷"的生产高峰可以追溯到 9 世纪三四十年代，即在印尼勿里洞岛海域因海难而沉没的"黑石号"商船的年代，这条阿拉伯人的航船从投入航行到沉没，前后只有几十年的工夫，当它满载着陶碗瓷罐如缤纷落英一般没入水中，宛如绝唱，之后的人间再也不见了"长沙瓷"的美丽踪影（Liebner, 2014）。

三、阿拔斯王朝的哈里发"青花"（750 年至 1258 年）

巴士拉（Basra）是中国唐朝出口货物在伊斯兰世界最重要的到达港，它是通往阿拔斯王朝哈里发的首都巴格达和萨迈拉［Samarra，建都年代为公元 836—892 年］的大门。巴士拉也被认为是阿拔斯帝国 8 至 9 世纪新兴制陶产业的主要集中地（Mason / Keall, 1991）。从中国进口瓷器的考古证据，除了萨迈拉，人们在尸罗夫港、巴士拉、库法、苏萨和其他地方都有发现，它们品种多样质量各异。除了出类拔萃的青瓷，即欧洲人口中的"雪拉同"是唯一的例外，所有其他类型的瓷器在 8—10 世纪的本地制造中都能找到相呼应的产品（Wood / Tite, 2009, p.4）。在这样的基本背景下，当时也许只有巴士拉在生产（Mason / Keall, 1991）的"白地青花"就走进了我们的视线，这种装饰工艺基于陶器的白色表面，当白底呈亚光，则其衬托彩绘的效果更佳。曾经有七十多年的时间，艺术史学家一直将伊斯兰白色陶器的发明归功于仿制中国白瓷的渴望。伊斯兰的陶工应该能够找到仿制中国陶瓷外观的办法，但高岭土原料以及烧窑技术知识的缺乏使他们不可能制造出同样细洁又坚硬的瓷体，于是他们的模仿结果止步于形似。（图14.4，见彩插）

在今天看来，这个版本的历史阐述因为存在某些空白而显得有点简单粗暴。悬而未决的问题之一是：本地的陶工，那些在实用陶土产品上偶尔做点釉面处理的生产者，怎么一下子就掌握了如此讲究的锡釉工艺和技能，并毅然决然地投身到"青花瓷"式的奢侈陶瓷的白釉蓝彩的生产中？难道是外来的专家，从某些继承了罗马、拜占庭和埃及的土陶与玻璃制造消费传统的区域，比如拥有最先进技术的叙利亚，移民到哈里发的国度，从而带来了关键性的知识？对比考古测量的结果，奥利弗·沃森（Oliver Watson）等科学家认为，人们可能需要到叙利亚、埃及的白色毛玻璃制作传统中去寻找为钴蓝彩与拉斯塔金属幻彩（lustro）打底的白色锡釉的渊源（Tite、Watson等，2015）。也许，在伊拉克的陶土传统中可以找到通过优化传承的积累而达到这一革命性结果的立足点，即在没有外部助推的条件下实现自我成就？确实，学者梅森（Mason，1991年及以后）在岩相观测的基础上给出了一份纪年线索表，它可能有助于人们在伊斯兰时期之前的不透明的陶瓷釉生产中找到相关的渊源。在最早期，气泡、未融化的石英晶体和硅酸盐的二次结晶都能够起到去除光泽的作用（这一假设已被Wood和Tite分析证实，2009，p.6），而根据梅森的观点，到了8世纪初有过一段过渡期，其间应该出现了氧化锌，当时的氧化锌只是在釉层表面形成一道薄膜，在接下来的时间里氧化锌会被进一步使用到釉层中，但只有到了9世纪，氧化锌的浓度才高到不再需要其他遮光剂的支持（Mason / Tite，1997，p.56）。学者沃德和泰特（Wood / Tite，2009）对一组中国唐代青花和阿拔斯"青花"碎瓷片的样本进行了分析，分析结果似乎确认了伊拉克白色碱性石灰石釉料技术在循序渐进中逐步得到改良的假设（Wood / Tite，2009，p.16）。

所有这些线索使我们需要重新思考中国瓷器对伊斯兰白色陶瓷诞生的贡献，应该说其他因素也参与了这一进程并提供了不可或缺的技术支持。

同样我们需要重新衡量钴蓝彩在伊拉克和中国出现的先后顺序。人们至今普遍接受的观点是，9世纪初的伊拉克土地上诞生了一个创想：用钴蓝在釉面下制作釉下彩，通过这一强烈的装饰色彩达到更加有效地烘托瓷器表面白净度的目的。于是，在新的装饰技巧的激励下，中国人也开始尝试由伊斯兰商人引进的钴蓝。根据近年来的发现和分析，新的问题浮出水面，它们主要涉及氧化钴的来源及其在两国出现的时间表。自然界中的氧化钴以非纯态存在，其中的共生元素可以提供材料来源的地理线索。沃德和泰特于2009年做过分析并发现，中国使用的颜料里的氧化钴含量比阿拔斯颜料中的要高出二到七倍（Wood / Tite，2009，p.10），两份氧化物的附着成分也不同。因此，中国与阿拔斯王朝各自采用的钴蓝颜料并非拥有相同的来源。博物馆藏品通常采用的断代法将钴蓝装饰的起始时间定在 9 世纪的伊拉克的头几十年。但今天早已得到证实的是，白底上纯粹饰以钴蓝彩的中国"三彩"陶的最早案例可追溯到 8 世纪初（Wood / Tite，2009，p.10），那么这项技术的"发明人"是中国人，之后得到了巴士拉的继承？或者我们以梅森的假设为准，可以认为伊斯兰早期的白釉蓝彩"青花"工艺应提前到 8 世纪？假如这样的话，那么意味着两国从 8 世纪开始并行地开发了相关的技术和配方。可以肯定的是，阿拔斯王朝的这一产品流传分布广泛，而在印尼勿里洞岛水域沉船货物浮出水面之前，能够证明中国制造的早期"白地青花"只有少量碎片存世。

还有一种叫作拉斯塔金属幻彩的工艺，装饰在同为钴蓝彩打底的白色不透明釉层上，这种技巧毫无疑问出自巴士拉的陶工之手，它是伊斯兰世界在陶瓷技术史上做出的突出贡献。拉斯塔金属幻彩陶器上如同金子和彩虹般耀眼的釉色来自铜和银的氧化物，它们被涂抹在覆着一层不一定含锡的白色碱性釉的素坯上，经过还原焰环境里中等温度（500—600℃）的再次焙烧，釉层在降低粉末感的同时变得富含金属般的华丽光泽（Torre / Di Flumeri Vatielli / Jung，2010，pp.23-25）。这种属于奢侈品生产的综合复杂的技术源于倭马亚时期 [1] 叙利亚的一种称为 grisaille 的玻璃装饰工艺（Caiger-Smith，1985）。阿拔斯王朝的"青花"陶瓷在其他伊斯兰国家似乎并没有直接的继承者，而拉斯塔金属幻彩技术在伊拉克人手里好像也仅仅垄断了一百多年就被迅速地传播到西方。

四、唐朝覆灭后的中国青花

有关"青花"在 10 世纪中叶到 14 世纪 30 年代的身世，我们不幸撞上了历史的盲点而陷入长久的迷茫。中国的白地青花在唐代以后的三个世纪里究竟发生了什么？这个问号至今跳跃在学者的热烈讨论和深刻分歧中。

1　Umayyad，倭马亚王朝也称白衣大食，660—750 年，阿拉伯伊斯兰帝国的第一个世袭制王朝。

有三种截然不同的假设，只可惜哪一种都无法做到真正的无懈可击：

1. 中国的"白地青花"于9世纪停产，因为中国人嫌它"俗气"（Krahl 等，2011，p. 211，引用曹昭1388年言）。关于伊斯兰风格的菱形和棕榈树纹饰，唯一现存的完整样本只来自一艘阿拉伯沉船遗骸的打捞。这些事实或许正好成为证据：中国"青花"已经奄奄一息，只能在供应海外订单的限量制造中苟延残喘。在当时的中国，诸如"唐三彩"那样的多色彩陶，只会选择性地出现在葬礼等仪式场合，而宫廷和精英人士用餐饮茶的器具早已追随非白瓷即青瓷的新风尚。

支持这一假设的论据主要来自对黏土、釉料、烧制方法、工序、图案结构的科学分析，而这些要素与五百年以后再次出现在精致的中国青花瓷上的那些完全不同。为此，仅凭前后者之间唯一相关联的元素即"白底上的钴蓝彩绘"，不足以推论唐、元两代产品之间有着一脉相承的关系。唐朝的"白地青花"也许仅仅代表了某种没有结果的"试运行"（Krahl等，2011，p.211）。

2. "白地青花"的生命在中国陶瓷产业的边缘续存着，直到蒙古统治时期才以成熟的风采重返舞台。一些在10至13世纪遗址（如浙江的龙泉、绍兴、余杭以及江西衡水冀州区和河北李家庄）的考古发现支持了这一假说（Valenstein，1989，p.119；Feng / Jie，2009，p.78）。这些出土文物在材料、成分和技术角度各不相同，质量上也大相径庭，却拥有不少共同点。属于宋代的出土物所使用的钴蓝似乎都是本地原料，因为它含锰缺砷（这与明朝使用的原产中国的钴蓝相同，原产中东的钴通常含砷）。技法上有时为釉下彩，有时为釉上彩。2009年朱峰和邵捷提出分三个阶段来分辨"青花"的起源："孕育期"，包括使用钴蓝的古代文明，首先是埃及，然后是阿拔斯王朝的伊拉克，在中国则以"三彩"的形式出现；装饰在唐宋陶瓷器上的钴蓝彩代表了"青花"的"童年期"；"成年期"始于元朝并持续至今天。而"青花"真正的诞生时间应该是介于第一和第二阶段之间一个尚不确定的时间点（Feng / Jie，2009）。

3. 唐朝倾力投入的"白地青花"制造从未间断并于宋代臻于成熟，许多被归入元代的青花瓷其实归属的年代应早至宋朝。亚当·凯斯勒（Adam Kessler）是这一假设最热烈的信奉者，他的论据来自他在内蒙古的亲身经历以及对内蒙古、河北和中国南方数十个考古发掘现场的再考察（Kessler，2012）。根据青花瓷出土的考古地层的钱币学证据，并结合当地历史资料，他对这些遗址的历史发表了爆炸性的再诠释。

在支持中国出口中东青花瓷的最早时间应该往前提的诸多依据里有这样一则文字，即《拉施德丁信札》中的第 48 封。这封信的落款是一位名叫阿拉欧德丁（Ala-od-Din）的人，他在信中罗列了一份自己送给大宰相拉施德丁（Rashid al-Din）的礼物清单，其中含有一些中国瓷器，包括青花瓷的托盘、水壶和碗。如果这封书信是真实的，那么它的年代应该是 1315 年或稍晚一些（Soudavar，2003，第 48 封信，pp.95-96）。这意味着，早在 14 世纪初，中国就已经存在极为成熟并专供出口的青花瓷生产。

图像分析为大家提供了其他的比对信息：一些宋朝和金朝的瓷器无论外形还是纹饰都与后续时代的某些青花瓷有着惊人的相似。经过唐朝末年一段时间的试验，中国中北部（河北、河南、陕西）很多以"磁州"为名（"慈州"或"磁州"）的瓷窑在北宋年间开始了实用陶瓷器皿的大规模生产，它们的纹饰丰富多样、充满想象力且经济实惠。在大金的一些"磁州瓷"上，人们不仅能看到典型的青花瓷图案，如花形旋涡、书法题字、人物、鸟、鱼、山水画、历史故事场景、家庭生活场景、戏文表演、节庆场面，还第一次发现了某些"似曾相识"的构图，如器物表面的分割方式，一些重复的经典图案。

江西吉州窑是"一剪梅"图案造型的发源地，研究人员在南昌一座 1209 年（宋嘉定二年）墓葬的考古活动中发现了两件吉州窑瓷器，它们的出现使 13 世纪的吉州窑可以被定为釉下彩绘"粉墨登场"的预演地（Addis，1978，p.32），而釉下彩绘正是从根本上改良青花工艺的关键所在。釉下彩绘工艺能使颜料氧化物直接涂抹在瓷胎上，不再间隔稀释黏土、玻璃釉或珐琅釉，瓷胎连同绘好的图案一起施釉后入炉进行一次性的高温焙烧。两份发掘物之一是莲荷纹的三足炉，它胎质细腻，施白釉，直腹微鼓，腹部主题纹饰为氧化铁装饰的剔花图案，形成以褐彩作底的纤细莲荷的醒目图案。根据人们对吉州窑宋代青花瓷碎片的考古发现，那里的陶瓷工匠在采用氧化铁的同时，至少在实验层面上，也使用了氧化钴。（图 14.5A、图 14.5B 图，见彩插）

五、11—13 世纪的中东"青花"

有一项也许首先出现在巴格达然后又在埃及得到了改良的重要技术革新，它使中东地区生产高品质陶瓷成为现实。为了本土生产的陶瓷体能够接近中国进口瓷的精细度，伊斯兰国家的陶艺家们研究出来一种新的胎料配方，它的构成中有一主要成分是二氧化硅，所以被称为"硅质土"。卡尚的阿布尔·卡西姆于 1301 年写过一份关于伊斯兰陶器技术的论文，其中描述到的瓷土配方至今基本未变：十份石英、一份玻璃粉和一份白色黏土（Allen，1973，§23，pp.113-114），同样的玻璃粉还作为添加剂被掺入碱性透明釉里混合使用（Haddon，2011，p.193）。

一个用硅质黏土烧制的单色盆，上面镌刻着精致的花卉和阿拉伯库法体书法的铭文，它来自比萨城内建于 11 世纪中叶的圣斯泰法诺·艾斯特拉·莫艾尼亚（S. Stefano Extra Moenia）教堂，虽然这些特征无法帮助我们去辨识它的产地，但不管来自叙利亚、埃及或伊朗，迄今为止它是这种陶器生产的最早证物，也是这种产品极速进入出口流通的明证（Tonghini，1998，p.41；2005，p.22）。

在中国，硅质黏土常常用来塑造的器型有半球形碗、莲花边碗、浅边带圈足汤盆。在埃及和叙利亚，这类瓷器中的一部分施了无色釉，采用钴蓝彩的点横装饰（Mason，1997b，p.228；McPhillips，2012，p.456；Tonghini，1998，p.39）。根据所在考古地层和硅质陶瓷体的质量，这类瓷器一般可追溯到 11 世纪至 12 世纪上半叶（Tonghini，1998，p.41）。这是一种 11 世纪独有的钴蓝彩"白地青花"纹饰，它拥有不甚明晰的轮廓线，并微微膨胀在碱性铅釉里，让人们联想到中国的铅釉"三彩"工艺。类似的白底蓝彩装饰被纳入 12 世纪，可参照的地理坐标是伊朗塞尔柱帝国的卡尚（Curatola，2006，pp.84-88）。

12世纪下半叶出现了釉下黑彩和钴蓝彩的装饰法，根据梅森和汤基尼（Tonghini）的观点，这得归功于叙利亚（Mason，1995，p.6 和 1997a，p.177；Tonghini，1998，p.40）。黑彩（铬铁矿）用来绘制细节，而钴蓝彩则用来突出表面的划分并为纹饰营造深度。蓝彩和黑彩的装饰在接下来的几个世纪里，尤其在伊朗和叙利亚境内，广为普及。继蒙古人西进之后，硅质黏土的瓷器生产还在持续，直到13世纪中叶以后才以一种新的面貌出现在世人面前（Tonghini，1998，p.49）。

釉下钴蓝彩与釉上拉斯塔金属幻彩相结合的装饰方式自12世纪下半叶在叙利亚出现，13世纪上半叶起现身伊朗和西班牙（Jenkins Madina，1983，p.24）。将干燥的陶瓷坯胎绘以蓝彩，施釉，然后进行第一次高温焙烧。之后采用金、银、铜等金属发色剂，在相较前一次低很多的温度下对陶瓷坯进行第二次焙烧，制造出纹样鲜艳、通体具有彩虹般金属光泽的产品。在研究阿尤布王朝时期叙利亚的拉卡地区的陶瓷生产中，玛丽莲·詹金斯·麦地那（Marilyn Jenkins-Madina）展示了一大批硅质黏土烧制的器皿，釉下为钴蓝彩绘制的简单图案：环形、圆盘、汇聚线、个别铭文题词。按照这位女学者的观点，这些"白地青花"并非成功产品，而是烧坏了的次品，是在进行昂贵的拉斯塔金属幻彩处理和第二次焙烧之前就被丢弃了的处理品（Marilyn Jenkins-Madina，2006）。（图14.6A、图14.6B，见彩插）

六、蒙古统治与"青花"

经历了初期的破坏和迷失之后，在蒙古人统治下的广袤地域范围内，文化和物质的交流变得超常密切，其活跃与繁荣不仅仅来自外交和商业的互动，也包括通常针对某些特殊专业人员实施的强制性人口迁移。中国与伊斯兰世界之间的彼此接触、相互激励与启发同样反映在陶瓷制造领域。但是，这些交流基本只牵涉装饰图案与器型，并不包括瓷土配方和焙烧方法。釉下彩绘或许是唯一得以从一个国家传播到另一个国家的装饰技术，正如我们所看到的，它在叙利亚的出现可能比在吉州窑早十几年。

1. 青金石的装饰技术

由于技术复杂，青金石（波斯语 lajvard）仅仅在非常有限的一百年左右的时间里被纳入陶瓷装饰工艺，即从 13 世纪最后的 25 年到 14 世纪后半叶（Carboni，1993，p.3）。通过最新的拉曼光谱分析显示，延展在整个陶瓷体和石灰石质釉料之间的那层富含青金岩成分并拥有氧化钴的稀释黏土，是青金陶瓷浓郁而深沉的蓝色调的"策源地"（Colomban，2003 年）。首次焙烧之后，借助红、黑、白三种釉色，彩绘纹饰的图案明晰起来，随后在较低温度下再进行第二次的焙烧，之后以金箔完成最终的装饰。在硅质土烧结的胎体上运用这种富丽堂皇的装饰多见于蒙古统治地区，在马穆鲁克帝国、叙利亚和埃及则杳无踪迹（Haddon，2011，p.214）。此类纹饰中不乏典型的中国图案，比如龙凤的形象。

也许在同一时期，中国制造的是钴蓝釉的单色彩瓷，在釉彩表面采取留白图案的方式使对应的白色纹饰跃然而出，这是一种通过刻有纹饰的范制坯直接在器物上留下刻痕以获得微浮雕感的图案。当蓝彩陶瓷焙烧后饰以金粉，青金工艺与中国青花瓷之间的紧密关系就变得更加一目了然。（图14.7A、图 14.7B、图 14.8，见彩插）

2. 青花瓷

虽然关于它起源的纪年尚待澄清，但在 14 世纪中叶江西景德镇的瓷窑里，被人们称为"青花"的白地蓝彩陶瓷生产无疑已经非常成熟。高岭土在这里的山区触手可及，奔流着的可通航的扬子江（长江）就在身边，上佳的地理位置为景德镇庞大的陶瓷产业发展提供了上好的条件，促使它能够满足不断增长的国内需求与出口需求。

有一种亚型青花，釉中灰分的占比相当高，为此它的釉层显得特别厚重。人们在东南亚地区发现过不少这种类型的容器，它们的胎体质地相对粗糙但颜色洁白，反射着浅蓝光泽的釉层时常也被叫作"影青"或"卵白"，采用的颜料为蓝灰色调，显示出它所含的钴氧化物与传统"青花"中的钴氧化物有所不同。在菲律宾圣安娜有一处按出土钱币学可追溯到 14 世纪早期（Locsin，1967，Kim，2012，p.6）的墓葬，根据它的发掘结果，学者金（Kim）认为，这一亚型青花的开端时间应该还要前溯几十年。大多数学者认定后来的经典青花瓷出现在 1325 年左右，但由于质量和用途不同，属于"民窑"（Wood，1999，p.61）亚型青花的前者并没有因为后来"经典青花"的出现而被停止生产或传播。后者被归结为白底蓝彩"青花瓷"中的经典，按照 1341 年至 1367 年间的统治年号被冠以"至正"名号。结合铭文可见，著名收藏"大维德花瓶"正是这种稀有元青花的早期精品（Tai，2011，p.86）。

有一组釉下红蓝彩绘的碎瓷片好像代表了介于前面两类"青花"的中间品种，这是近年于景德镇市中心红卫电影院所在位置的一座瓷窑的分层沉淀中发现的（Yu，2015，p.35；May Huang，2014 年 5 月 9 日伦敦东方陶瓷学会未发表的讲座内容），这些碎片经过排列重组，恢复出大约十五只高脚杯。这些杯子出土于 1323 年至 1336 年的考古层，它们的生产可追溯到至正时代之前，其中七只杯子的杯口外缘下还有波斯文的书法题字，我们完全有理由推测，能够欣赏这些铭文的是中东客，所以同样可以断定，它们是用于出口的产品（Yu，2015，p.35）。（图 14.9，见彩插）

"至正青花"的纹饰图案，既有北方"磁州"特征的体现，也蕴含着南方"吉州"的特点，同时还不缺伊斯兰国家贵金属工艺特征的流露。在"空白恐惧"即忌讳留白原则的主导下，瓷器表面按水平和垂直方向划出一系列的几何块面，图案之间的空白处以环形、螺旋形和断续线条来充实。早期较为精致的瓷盘表面装饰，通常表现为蓝彩图案块面与蓝色影线打底以衬托白色的交替纹饰。（图 14.10A、10B，见彩插）

部分纹饰的创意来自本土彩瓷和青瓷的传统，比如画在碗的内壁弧面下部和外壁的程式化的荷叶，它们事实上来自龙泉碗的刻花凹雕装饰工艺。还有一种不可或缺的优秀工艺对青花纹饰也产生了重要影响，那就是来自真丝面料的图样，其源泉不限于本土传统丝织品，也包括应蒙古权贵阶层的需求从中亚和西亚进口的贵重丝织品（Lane，1957，p.5；Komaroff / Carboni，2002，pp.169-195）。著名的"大维德花瓶"是英国人裴西瓦乐·大维德爵士（Percival David）在 1927 年购买的一对祭坛花瓶，目前展藏于大英博物馆，虽然说在我们这个时代，能对青花瓷历史起到重塑作用的标本大多只能寄望考古战线，但因其与生俱来的生动说服力以及瓶颈题记中清晰的 1351 年落款，这一对大型花瓶至今仍然是元代青花的有效范本。

　　3. 苏丹纳巴德陶瓷与青花

　　大约在 14 世纪上半叶，伊朗的伊尔汗国出现了一种硅质黏土焙烧的陶瓷，根据样本出土地的地名通常被叫作"苏丹纳巴德"（Sultanabad）（Lane，1957，pp.10-13）。苏丹纳巴德陶瓷的独特魅力部分在其装饰模式，部分在于它厚实或微微凸起的釉彩绘图工艺。这种瓷器和中国的青花瓷有着显而易见的相似，尤其是当它们的某些纹饰主题来自所有蒙古人领地的共同图库时，如凤凰、野鸭和其他鸟类展翅欲飞的模样，野兔和羚羊灵动优雅地流连在莲荷牡丹的繁花疏叶之间。在塔克苏里曼（Takht i-Sulayman），同样的图案加上龙的形象，还出现在伊尔汗国出产的其他陶瓷器上，也出现在同时代的金属制品和丝绸上。苏丹纳巴德瓷器的亲和力还延伸到似曾相识的配色，即基于白色和某种深色搭配形成强烈反差的色彩方案，包括以半球形碗和宽边深盘为主导的器型也颇为眼熟。迄今为止，从考古地层获得的类似出土物并不多，相关成果主要来自两件带铭文的瓷器，一件的时间标识为 1313 年 8 月至 9 月，另一件是个大碗，它显示的是 1316 年（Fehervari，1994；Morgan，2004）。这类陶瓷器皿的生产在 14 世纪中期似乎因伊尔汗国的没落而消亡。

　　如果按照普遍认可的观点，即青花瓷出现在 14 世纪第二个二十五年的时间段落内，那么很难想象这些伊尔汗国陶瓷的纹样灵感是来自中国青花。因此，学者们试图为苏丹纳巴德陶瓷与中国的关系找到替代性的解释，青瓷（"雪拉同"）和丝绸面料就是类似的解释之一。彼得·摩根（Peter Morgan）则鉴于磁州彩绘陶瓷的影响提出了陶瓷工匠从中国北方被遣往西北的假设（Haddon，2012，p.105，引用 Morgan，1995 年）。（图14.11，见彩插）

七、14 世纪中期到 15 世纪的中东"青花"

　　属于"叙利亚、埃及制造"的硅质黏土胎料的白釉蓝彩陶曾在马穆鲁克地区获得了无差别的传播。关于它的出现时间，有据可考的准确科学信息来自叙利亚哈马城堡发掘中位于 1302 年到 1401 年的考古地层（Lazzarini / Tonghini，2012，p.402）。这些可追溯到 14 世纪的陶瓷装饰风格与出现在下一个世纪的瓷砖上的纹饰显然不同（Tonghini，1998，p.53），因为中国的样板是明代前的，它将主导的是 15 世纪的"中国风"产品。福斯塔特在中世纪后曾经变成开罗的垃圾填埋场，那里也出土了许多属于明前的陶瓷碎片，特别有意思的是一些碗底碎片，因为上面通常签有陶瓷作坊的名字（参见 Manna，《蓝》，2002，p.38）。在福斯塔特出土的可追溯到 14 世纪后期的大量碎瓷中，一束绑着丝带的小花频繁出现在纹饰里，花束的旁边是一丛颀长的水生植物，下面围绕着写意的荡漾波纹，那些细长的茎干上常常悬挂着扁杏仁样的深色花朵（Manna，2002，p.37）。（图 14.12，见彩插）

　　向叙利亚、埃及的陶瓷作坊订购"中国风"产品的客源并不局限于伊斯兰地区，也包括欧洲方向。从 9 世纪起，与地中海东部（拜占庭帝国、埃及）和黑海流域的商栈进行互动的大多是来自意大利半岛的客商。到了中世纪晚期，欧洲客户已经拥有足够的修养和财力为自己的确切需求发声。我们来看一则反映丝绸之路沿线各种文化间相互作用的奇妙例子：14 世纪的叙利亚出产一种被称为"小树桩"的陶瓷容器，器型十分别致。下订单的客户很可能来自意大利的佛罗伦萨。这种封闭样式的独特造型来自一种在东亚用于装运细碎货物的经济实惠的容器——竹筒，模仿竹筒外形的陶瓷"小树桩"作为香料、药品、蜜饯的容器在伊斯兰国家迅速地传播开来，包括在西班牙的穆斯林地区安达卢西亚。这种器型实物的最早见证可追溯到 15 世纪初意大利中部佛罗伦萨所在托斯卡纳地区的商品进口文件，例如 1424 年有一家佛罗伦萨药房的货物清单里载有"大马士革小树桩"这一品名（Spallanzani，1978，pp.155-158）。相关样本的装饰式样无疑属于"中国风"，但插入正中的却是佛罗伦萨城的百合花标志，而器物的胎料和勾勒主题图案的黑色颜料更是出卖了一个真相——那是埃及马穆鲁克人的手艺。（图 14.13，见彩插）

八、帖木儿的"国际青花"

根据时间顺序，我们再次转身向东，14世纪后期帖木儿统治下的中亚地区围绕新都撒马尔罕形成了一个新的政治文化权力中心。帖木儿离开河中地区（Transoxiana）去征服世界，往西从伊朗一直打到地中海岸边，往南直到德里（印度）。鲁伊·冈萨雷斯·德·克拉维乔（Ruy Gonzales de Clavijo）是西班牙卡斯蒂利亚国王亨利三世于1404年派驻撒马尔罕朝廷的大使，帖木儿下令并亲自监督建造的辉煌宫殿曾经让他深感震撼，宏伟的宫殿大门，两翼砖砌的拱门全部覆盖着釉面瓷砖（Markham，1859，p.124）。感谢克拉维乔，他让我们得知是叙利亚的行家们引领了那时候撒马尔罕的陶瓷制造业，他们在产品风格上模仿"雇主"老家流行的最新时尚，自然深得新主人的欢心。也正是在这样的契机中，一种模仿中国陶瓷的新式制陶风范诞生了。岩相分析和图像比较为我们证明了一个事实，即叙利亚陶艺家在撒马尔罕"青花"的形成阶段起到了决定性的作用，因为在其硅质陶瓷胎料中约占百分之八十比重的石英来自砂砾，这正是叙利亚人的惯用方法，它与中亚人和伊朗人通过粉碎河石来获得石英原料的做法（Golombek、Mason、Baily，1996，p.35）相左。而比如鲜花花束那样的纹饰，本就属于叙利亚、埃及的装饰语言，也更在风格上有力证明了这些陶瓷品的叙利亚"出身"（Parodi，《蓝》，2002，p.46）。（图14.14，见彩插）

后来，帖木儿的中国风纹饰变得更加生动，因袭金属容器表面装饰的案例益加罕见，这明显反映了一个事实，那里的陶瓷艺人已经能够从中国明朝新运抵的样板中汲取灵感。1411年，撒马尔罕的总督乌鲁·贝格（Ulugh Beg）颁布了一项法令，允许当年被强制迁来中亚的叙利亚手工艺人返回家园，于是"帖木儿风"从中亚传向中东、近东的各个角落，由伊朗经马穆鲁克人的埃及和叙利亚，一直来到安纳托利亚和地中海沿岸。

自从帖木儿的孙子、设拉子的总督易卜拉欣苏丹于1435年去世，似乎只有伊朗东部的内沙布尔和马什哈德还继续出产中国风的"帖木儿青花"

（Parodi，《蓝》，2002，p.47）。同年，明英宗下令景德镇封窑[1]，中国的出口一旦受阻，伊斯兰的本土制造顺势而上，1435—1475 年之间，内沙布尔和马什哈德的中国风陶瓷作品达到了自己的巅峰。伊朗的仿制仍然以明宣德（1426—1435）的瓷器为样板并从中汲取灵感，陶艺师们从内沙布尔来到大不里士，他们在那里继续制作上乘的中国风陶瓷，装饰图案仅限于明代初期的样本（Mason 等，2013，VII）。从史料看，那时候西亚制造的中国风的装饰砖全部出自大不里士陶艺师之手，为了追逐客户他们成群结队地四处奔走（Necipoglu，1990，p.137）。1430 年大马士革宰相赫拉兹·丁·哈利勒·塔布里兹（Ghars al-Din al-Khalil al-Tawrisi）去世，在他的陵墓和清真寺的装饰面砖上落款的商家是大不里士的伊本·盖比·塔布里兹（Ibn al-Ghaibi al-Tawrizi）。这家作坊在大马士革一直活跃到 15世纪初的几十年，之后集体迁往埃及，他们生产的瓷砖在埃及各地都有发现，包括可追溯至 15 世纪最后几十年的苏丹凯特贝（Qaitbay）的宫殿里（Tonghini，Curatola 1993，p.296）。到 16 世纪中叶，连奥斯曼帝国也不乏这种土耳其、伊朗"风味"的"国际帖木儿"，传播者还是来自大不里士和赫拉特（Herat）的师傅们，他们按照政府的要求与当地的陶瓷窑合作（Necipoglu，1990，p.136）。在苏丹穆罕默德二世（Mehmet II）的支持下（1451 年至 1481 年在位），1470 年左右，伊兹尼克［位于伊兹尼克湖东岸］的瓷器生产中也使用硅质泥料，它与通常的陶土泥料平行使用一直到 1520 年。由于中国样本尚未流通于市，这些新型"青花"所参照的并非中国模板，而是土耳其帝国宫中的银拷花工艺（Stanley，2011，p.125）和帖木儿的"国际风青花"。（图 14.15，见彩插）

15 世纪伊兹尼克还出产一种名为"米勒图斯"[2]或"巴巴那卡什"[3]的经济型赤土陶器，风格上没有模仿中式，厚实多孔的疏松胎体敷一层稀释白色黏土，上设钴蓝彩绘，最后挂无色铅釉保护（Yenisehirlioglu，2004，p.374）。纹饰为自由手绘，橡树叶、螺旋形和锯齿形是最常见的图案，它

---

1 正统十二年即公元 1447 年颁发禁令，不许民窑烧制黄、红、绿、青、蓝、白地青花瓷器。
2 源自考古发掘出土的地名 Miletus，位于伊兹尼克西面。
3 Baba Nakkas，奥斯曼宫廷御用设计师，生卒年不详。他的名字成为"奥斯曼青花图案"的代名词。

们与同时期意大利南部早期陶器上的图案相似。鉴于两大地区内各有彼此器皿的发现记录，土耳其学者叶尼舍廖戈卢（Yenisehirlioglu）认为它们有可能相互启发，也可能是单向影响（同上，p.374）。

九、西班牙及其马约利卡"青花"

中世纪的西班牙安达卢斯，属于一块"西方伊斯兰领土"，它与西西里岛一起，成为基督教商圈和穆斯林商圈之间的通道。大量陶瓷器皿从中东运抵这里，其中不仅有收藏性陶瓷，更有作为香料、药品、糖果和泡菜的实用容器。在西班牙末代穆斯林王国（1238—1492）纳斯尔（Nasrid）王朝的陶瓷业开启之前，复杂的拉斯塔金属幻彩工艺已经从东方的伊斯兰国度漂洋过海踏上这一方土地，而纳斯尔陶器的新颖之处就是在拉斯塔光泽处理工艺中增加了蓝彩装饰，发生的时间大约在 13 世纪末（Garcia Porras，《蓝》，2002，p.53，p.59）。在伊斯兰世界的主要彩绘灵感中，蔓藤花纹是一种反复出现的装饰性植物形象，此外还有用阿拉伯文书法中的库法体或纳斯赫体书写的铭文、伪铭文、八角星、棕榈叶、生命树等图案。这些彩陶的制造中心在穆尔西亚（Murcia）和阿尔梅里亚（Almeria），它们通过马拉加港维系着与比萨和热那亚的贸易关系（Hess，2004，p.12）。有一类仅在锡釉的白底上加饰钴蓝彩的经济型陶器，它们呈现的纹饰与伊斯兰图案同源，这与同时混合了其他表现风格的瓦伦西亚的"白地青花"有着截然的不同。（图 14.16，见彩插）

随着政权从伊斯兰势力范围向基督教地区转移，西班牙的陶瓷工业中心也逐渐向北方迁移，有一份 1333 年来自马尼塞斯（Manises）的商业文件首次向世人证明了，早在西班牙的瓦伦西亚王朝，已经出现了钴蓝彩工艺与白色锡釉上拉斯塔金属幻彩工艺的结合（"opus terra daurati cum safra"，引自 Coll Conesa，2009b，p.57）。诸多同时代文献提到的陶艺家的名字几乎都是穆斯林，这足以证明是格拉纳达的穆德哈尔（mudejar）陶艺家们把拉斯塔金属幻彩技术引进了基督教地区（同上，pp.56-57），在马尼塞斯、帕特尔纳（Paterna）、瓦伦西亚和帕尔马德马约卡（Palma de Maiorca）等地的考古发现也证实了其发生的时间，即 14 世纪的第二个二十五年以内（Coll Conesa，2009a，p.15）。

在早期，钴蓝总是与拉斯塔金属幻彩装饰联系在一起，自 14 世纪下半叶，它也专门用于经济型陶器（Coll Conesa，《蓝》，2002，p.63）。考尔·科耐萨提议将 14—15 世纪瓦伦西亚王国（尤其是马尼塞斯和帕特尔纳）的白底蓝彩釉陶产品分为四类（Coll Conesa，2009a，pp.18-22），在其中第二类的碗盘底部，反复出现了来自大自然灵感的装饰图案，如羚羊、鸟类、人物、花卉，创作者间接受到中国明朝洪武时代影响的烙印可见一斑。这种影响加上以伊尔汗国陶瓷和苏丹纳巴德陶瓷为代表的伊朗陶艺经验，并吸纳了后来纳斯尔王朝的陶艺技术经验，最后才登陆瓦伦西亚王国（同上，p.19）。（图 14.17，见彩插）

十、意大利陶瓷中的"青花"：中世纪晚期至文艺复兴之间

在意大利土地上催生新式陶瓷工艺的力量来自伊斯兰世界，至少到 12 世纪末，发挥着持续性重要作用的是位于中北部的海上商业重镇，如比萨、热那亚和威尼斯；南方的重要港口有奥特朗托（Otranto），也许还包括布林迪西（Brindisi），这两处港口都在普利亚大区；在促进新技术和新纹饰在意大利半岛各地的传播中，伊斯兰的西西里岛则作用有限。在多种进口陶瓷中，我们把注意力集中到来自艾非奇亚的钴、锰彩绘品种上，它们是展现地中海西部地区最古老的钴蓝彩风姿的产品（G. Berti，《蓝》，2002，p.101）。在锡釉上饰以钴蓝和锰棕色，包括比较少见但也时有发生的单纯棕黑或蓝彩，这种施以钴和锰而达到绘饰效果的釉陶产品的制作年代可追溯到 12 世纪最后的二十五年，直到 13 世纪上半叶（出处同上），其中大多数是砌入墙体的碗盘状装饰陶器，但应该也有配合餐桌使用的相似产品，比如在比萨的中世纪住宅区遗址上就出土了相当数量的这类产品（同上，p.89）。不少学者认为意大利的马约利卡彩绘锡釉陶是在这一类陶器的冲击影响下诞生的（Whitehouse，1980，p.81）。诚然，对于连近距离观摩的机会都得不到的意大利陶工来说，要想达到马穆鲁克帝国那种

用硅质黏土烧结的碱性釉下钴蓝彩绘陶瓷的工艺技术水平，实在是强人所难。意大利初次进口中国青花瓷的信息只有到 15 世纪最后的二十五年里才有所听闻，那是钴蓝彩在本地的首轮实验已经完成的时候。在一份 1475 年从威尼斯发往佛罗伦萨银行家菲利浦·斯特罗齐（Filippo Strozzi）的采购清单里记录了"十只瓷碗：八只白色小碗和两只带'蓝色叶子'……"（Spallanzani，1978，pp.164-166）。关于此次采购，人们在这位银行家账册的应收应付记录中得到了证实。迄今为止，它是我们所了解的记录了中国青花出现在意大利土地上的最古老的档案。（图 14.18，见彩插）

　　蓝色是意大利马约利卡彩绘锡釉陶从中世纪晚期向现代早期过渡的标志，它的出现代表了陶瓷生产的转折点，它不仅与陶瓷装饰相关，还涉及陶土的净化漂白、颜料配置、焙烧工艺等技术层面，并且影响着新原料的进口、成品的广泛出口以及与远近国家之间的经济关系。在意大利制陶业面临彻底革新的 12 世纪末，为本土陶瓷装饰的调色板引进蓝彩的条件也成熟了，但在缺乏有力外援的情况下，要在单纯的实用性陶瓷制作基础上实现这样的华丽转身并走向良好稳定的标准化生产，需要经历的路程还相当漫长。虽然来自伊斯兰东部和西部地区的进口量很大，但产品进口的本质不足以为基础技能匮乏的本土制造注入不可或缺的生命力。所以，应该是伊斯兰陶瓷家向当地陶工出示了新材料，教会了他们新技术，技术转移才得以在传经授宝中悄然实现，相关的"摆渡人"可能是从西西里岛迁移到大陆（至少是意大利南部）的穆斯林陶瓷专家（D'Angelo，1979；Whitehouse，1980）。

　　白色锡釉工艺为意大利的马约利卡彩绘锡釉陶赢得了品质，同时也成为其彩绘装饰的基础，这种工艺首先于 12 世纪末在布林迪西港得到运用，并于 13 世纪推广到半岛的许多中心地区，从普利亚大区到坎帕尼亚、西西里、拉齐奥、托斯卡纳。按照惯例，南方各地以及北方利古里亚地区萨沃纳省出产的施锡釉的产品通常被称为"原始马约利卡锡釉陶"，而其他中北部地区出产的则被叫作"古风马约利卡锡釉陶"。在"原始马约利卡锡釉陶"的中心生产地，彩绘装饰最开始就是在包括蓝色、天蓝色等相当广泛的颜色范围内进行实验；而"古风马约利卡锡釉陶"最初的装饰特点是铜绿色和锰棕色。在南方，尤其活跃和早熟的彩绘锡釉陶产地似乎都集中在普利亚大区。萨兰托地区确认发现的第一例带有蓝彩的"原始马约利卡锡釉陶"，其蓝色与棕色和黄色一起出现，根据布林迪西发掘现场的勘察，并得益于同时出土的钱币，这一例"原始马约利卡锡釉陶"可追溯到1209年至1244或1246年间（Patitucci Uggeri，2005）。在这些图案中不乏经典阿拉伯式的花叶纹饰和伪库法体线条。普利亚大区北部的"原始马约利卡锡釉陶"也运用了蓝彩装饰，但这一组比较特别，局限于卡斯特·佛罗伦迪诺（Castel Florentino）、卢切拉（Lucera）和科尔莱托（Corleto）之间的一个非常狭小的区域（位于由腓特烈二世建立的撒拉逊人殖民地的中心），它们是一种在玻璃质感和色调极其浓郁的蓝底上施以棕褐的彩绘。考古测量分析表明，为这种用来打底的锡铅混合釉着色的是青金石（Laganara 等人，2008，p.107），其材料和焙烧技术都类似伊尔汗国的青金瓷（lajvardina）。西彭托（Siponto），一座13世纪中期遭废弃的位于普利亚大区的古港，人们在那里发现了一系列属于"原始马约利卡锡釉陶"的碎片，采用的是"布林迪西式"的蓝、棕、黄组合彩，纹饰风格相仿。但考古检测结果却告诉我们，其蓝色颜料并非布林迪西"制造"中常用的钴蓝，而是青金石。那不勒斯地区出产的"原始马约利卡锡釉陶"的三色装饰被证实含有蓝色，而西西里岛的色彩装饰局限于黄、绿、褐。

继续往半岛的北面走，在第勒尼安海一侧的拉齐奥陶瓷的装饰色彩中，蓝色似乎并不存在，而在亚得里亚海一侧阿布鲁佐大区（Abruzzo）北部的阿特里（Atri）出产的"古风马约利卡锡釉陶"，早在14世纪初的档案信息就已经证明了它们一直拥有钴蓝装饰（Pannuzi，1997，p.396）。氧化钴、铅和锡之类的新的原材料之所以能够引进该地区，可能得益于在那里每半年举办一次集市的传统，钴蓝彩也因此从普利亚大区一路往北传播到翁布里亚和托斯卡纳地区（出处同上）。

到了意大利中北部的比萨，这个海洋贸易的"货栈"，它与西地中海的艾非奇亚和东地中海的拜占庭有着密集的往来与联系，在13世纪初的二十年里，锡釉工艺已经进入当地陶瓷产业。在同一世纪的最后二十五年里，白色锡釉、锰棕色和铜绿色彩绘的"古风马约利卡锡釉陶"风靡了整个托斯卡纳地区。14世纪初，正当瓦伦西亚为自己的拉斯塔金属幻彩制作引进蓝彩装饰之际，人们在意大利的"古风马约利卡锡釉陶"中也看到了最早的蓝彩作品，它们并非出现在托斯卡纳，而是在博洛尼亚，这些被砌入圣贾科莫教堂墙面上的装饰盆可追溯到1310—1315年，绘彩颜色为绿、棕、蓝（Caroscio，2009，p.15；da Gelichi，1995）。14世纪，"蓝彩古风马约利卡锡釉陶"在意大利的中北部遍地开花（马尔凯、托斯卡纳、威尼托、艾米利亚罗马涅大区、拉齐奥等地），其彩绘装饰的最大特征就是把来自氧化铜的绿彩换成了蓝彩。为了提高锡釉的遮盖效果并更好地衬托颜色，陶艺家们会选择颜色较浅的黏土并在提纯后使用。15世纪下半叶起，人们开始采用掺入熟石灰的方法进一步提高黏土的纯净度。14世纪下半叶，"蓝彩古风马约利卡锡釉陶"制作中增加了"钴蓝铅釉"（zaffera）选项，即将钴蓝氧化物添加到铅釉中，用刷子把它涂抹在已经覆盖了釉层的容器上。入炉焙烧后，颜色呈玻璃质感，与陶瓷体紧密贴合并略呈浮雕状。氧化锰的棕色则一直存在，它被用来在平面上勾勒并表现较细微的线条纹饰。根据考古地层学证实，钴蓝釉技术首先出现在佛罗伦萨（圣雷帕拉塔教堂）、皮斯托亚（毕晓普宫）和博洛尼亚（圣佩特罗尼奥教堂），之后迅速传遍托斯卡纳和罗马涅地区。关于意大利中部（马尔凯、拉齐奥、阿布鲁佐），要重建相关的年表我们尚且缺乏必要的地层学数据，西北的利古里亚大区自15世纪起采用钴蓝釉，而东北的威尼托和弗留利两个大区则似乎不曾使用钴蓝釉（Caroscio，2009，pp.30–35）。"古风马约利卡锡釉陶""蓝彩古风马约利卡锡釉陶"和"钴蓝釉古风马约利卡彩陶"，这三种工艺曾经平行共存了一段时间，但在15世纪初的二十五年里，托斯卡纳地区渐渐以钴蓝釉完全替代了另外两种，并以此成为中世纪向文艺复兴时期过渡的标志。（图14.19、图14.20，见彩插）

结　论

我们已经看到了陶瓷的语言，一种拥有良好的延展性和无所不在的材料，能够超越地理和历史的拘囿。从9世纪到15世纪，有关白底蓝彩的技术传播与交流，主要渠道存在于中国和中东之间，而在地中海西部，直到12世纪下半叶才增加了含钴、锰的制陶工艺。尽管在某个较短的时期内，欧洲与中国之间有过直接的贸易和外交接触，但就今天所知，15世纪之前进口到欧洲的中国瓷器屈指可数。

在意大利，进口大潮从伊斯兰世界汹涌而来，它促使本地工匠为实现模仿中国的"白地青花"而将必要的技术变革终于付诸行动。在西班牙和意大利，白底蓝彩装饰工艺的初始阶段完全以模仿伊斯兰样板为基础，任何中国元素的影响都受制于伊斯兰中间商的解读。起自帖木儿帝国的心脏，"中国风"跟随15世纪的脚步在所有伊斯兰的土地上广泛传播。当中国瓷器几乎只能在各大君主的筵席上与贵金属容器一起流转，那就注定只有在宗教机构、商人阶层、中产阶级管理者的厨房食堂以及药房才能模仿到中国瓷器工艺。伊斯兰世界的"白地青花"的形状和装饰图案绝不仅仅是中国青花的翻版，它们诠释并完成了糅合着客户的传统性、实用性和想象性需求的精彩历程。（图14.21，见彩插）

自16世纪的葡萄牙人和西班牙人相继开辟新的交流路径，欧洲实现了与亚洲市场的直接相连。那时的中国人不再活跃在海上，阿拉伯人也已经失去了亚欧海面的航线控制权。由欧洲人自己跨海运送的中国青花瓷大量涌入西方，西方处处掀起了收集与模仿的热浪。

作者简介

魏安莉（Alexandra Wetzel），中国艺术史学家，当代艺术史学家。生于德国，生活工作于意大利都灵。毕业于阿尔贝蒂娜美术学院（Accademia Albertina di Belle Arti）和都灵大学（Università di Torino）中国语言文学专业，毕业论文主题为中国古代绘画。曾担任乔万尼·阿涅利基金会（Fondazione Giovanni Agnelli）中国古代艺术藏品负责人。参与都灵市立现当代艺术博物馆（GAM）增设东方艺术博物馆（MAO）的工作。供职于都灵 Franco Masoero 画廊十年，艺术策展人。

著作：《文明辞典：中国》（*Dizionari delle Civiltà: Cina*）；意大利文版：米兰，Mondadori Electa 出版社，2006 年；德文版：柏林，Parthas，2007 年；法文版：巴黎，Hazan，2007 年；波兰文版：华沙，Arkady，2008 年；西班牙文版：巴塞罗那，RBA，2008 年；英文版：伯克利，加利福尼亚大学出版社，2009 年。《中国 5—19 世纪绘画》（*Pittura cinese dal V al, I, secolo*），米兰，Mondadori Electa 出版社，2011 年，2013 年。

策展："丝绸之路：东西方古道"（*Sulla via della seta. Antichi sentieri tra Oriente e Occidente*），联合策展人，罗马展览宫美术馆，2012—2013 年。"中国青年艺术家都灵展"，都灵美术学院，2015 年。

参考书目（按"白地青花"工艺所属地区划分）

第一部分（中国）

1. Addis 1978：John M. Addis, *Chinese Ceramics from Datable Tombs*（《从可测年代墓葬中获得的中国陶瓷》），Philip Wilson 出版社，伦敦，1978 年。

2. Carswell 2000：John Carswell, *Blue & White*, *Chinese Porcelain around the World*（《青花瓷：环行世界的中国瓷器》），Art Media Resources 出版社，芝加哥，2000 年。

3. Chong / Murphy 2017：Alan Chong 和 Stephen A. Murphy 合编, *The Tang Shipwreck. Art and Exchange in the 9th Century*（《唐代沉船：9 世纪的艺术与交流》），Asian Civilisations Museum（亚洲文明博物馆），新加坡，2017 年。

4. Feng / Jie 2009：Feng Zhu（朱峰）、Jie Shao（邵婕），The Origin of Blue-and-White and the Birth of Symbols（《青花的起源与符号的诞生》），见 *Asian Social Science*（《亚洲社会科学》），5，5，2009，第 77—81 页。

5. Flecker 2003：Michael Flecker, The Thirteenth-century Java Sea Wreck：A Chinese Cargo in An Indonesian Ship（《13 世纪的爪哇海难：一艘印尼船上的中国货物》），见 *The Mariner's Mirror*（《水手之镜》），第 89 卷，4 号，2003 年 11 月，第 388—404 页。

6. Gerritsen 2012：Anne Gerritsen, Porcelain and the Material Culture of the Mongol-Yuan Court《蒙古元朝廷的瓷器和物质文化》，见 *Journal of Early Modern History*（《早期近代史杂志》），16，2012，第 241—273 页。

7. Heng 2008：Heng, Shipping, Custom Procedures, and the Foreign Community：The "Pingzhouketan" on Aspects of Guangzhou's Maritime Economy in the Late Eleventh Century（《船运、海关手续和外国人社区："萍洲可谈"中的 11 世纪后期广州海洋经济各方面》），见 *Journal of Song-Yuan Studies*（《宋元研究》）第 38 卷，第 1—38 页，2008 年。

8. Jiang 2009：Jiang Qiqi, *Tang Sancai*（《唐三彩》），博士学位论文，School of Archaeology,

St. Anne's College, Oxford University（牛津大学圣安妮学院考古学校），牛津，2009 年。

9. Jiangxi 2007：Jiangxi Provincial Institute of Cultural Relics and Archaeology & Jingdezhen Museum of Civilian Kiln（江西省文物考古研究所和景德镇民窑博物馆），*Hutian Kiln Site in Jingdezhen：Report on Excavations from 1988—1999*, 2 vol.（景德镇湖田窑址：《1988—1999 年考古发掘报告》2 卷）。Paragon Books（佳作书局），北京，2007 年。（http：//www.kaogu.cn / en / Publication / New_books / 2013 / 1025 / 30009.html）

10. Kessler 2012：Adam T. Kessler，Song Blue and White Porcelain on the Silk Road（《丝绸之路上的宋代青花瓷》），见 *Studies in Asian Art and Archaeology*（《亚洲艺术与考古研究》），第 27 卷。Brill（荷兰博睿学术出版社），莱顿（Leiden），2012 年。

11. Kim 2012：Kim Ingyu（金寅圭），Yuan Dynasty Chinese Ceramics Excavated from the Santa Ana Relics of the Philippines：A Study with a Focus on Comparisons with Yuan Dynasty Ceramics from the Sinan Shipwreck in South Jeolla Province（《菲律宾圣安娜遗址出土的中国元代陶瓷：聚焦比较从韩国全罗南道新安沉船出水的元代陶瓷》），见 *Archaeology Bulletin*（《金沢大学考古学通讯》），33，2012—03—31：第 1—22 页。

12. Komaroff / Carboni 2002：Linda Komaroff 和 Stefano Carboni 合编，The Legacy of Genghis Khan（《成吉思汗的遗产》），见展览目录 Courtly Art and Culture in Western Asia：1256—1353（《西亚宫廷艺术与文化：1256—1353 年》）。纽约，大都会艺术博物馆，2002 年。

13. Krahl 等人 2011：Regina Krahl、John Guy、J. Keith Wilson、Julian Raby 合编，见展览目录 Shipwrecked. Tang Treasures and Monsoon Winds（《沉船：唐代的珍宝与季风》），（Singapore，Art Science Museum，February 19—July 31，2011）（新加坡艺术科学博物馆，2011 年 2 月 19 日至 7 月 31 日），华盛顿，Smithsonian Institution，2011 年。

14. Li Baoping 2008：Li Baoping（李保平），The Origins of Blue and White：Research Progress，Latest Finds and Their Significance（《青花的起源：研究进展、最新发现及意义》），见 *The Oriental Ceramic Society Newsletter*（《东方陶瓷协会通讯》），第 16 号，2008 年 5 月。

15. Li Baoping 2014：Li Baoping（李保平），Latest Excavations of Yuan Blue-and-White and Other Ceramics from Jingdezhen and Related Issues（《元青花的最新发掘与来自景德镇的其他陶瓷以及相关问题》），见 *The Oriental Ceramic Society Newsletter*（《东方陶瓷协会通讯》），第 22 号，2014 年 10 月。（https：// www.academia.edu / 9040445 / Latest_excavations_of_Yuan_blue_and_white_and_other_ceramics_from_Jingdezhen_and_related_issues_in_OCS_Newsletter_2014）

16. Liebner 2014：*Horst Hubertus Liebner，The Siren of Cirebon.A Tenth-Century Trading Vessel Lost in the Java Sea*（《井里汶的警报：消失在爪哇海的 10 世纪商船》），博士学位论文，利兹（Leeds），University of Leeds，East Asia Studies（英国利兹大学，东亚学），2014 年 3 月。（https：// www.academia.edu / 6900344 / Nanhan_Cirebon_Wreck_thesis_text_corrected_final）

17. Lim 2005：Lim Yah Chiew，Belitung Shipwreck-revisit：Changsha Blue and Copper Red Wares and the Religious Motives（《重访勿里洞沉船：长沙出产的蓝色和铜红色陶瓷器皿以及宗教动机》），新加坡，2005 年 4 月 30 日。（http：// www.koh-antique.com / lyc / belitung_shipwreck.htm）

18. Locsin & Locsin 1967: Leandro & Cecilia Locsin, *Oriental Ceramics Discovered in the Philippines*（《在菲律宾发现的东方陶瓷》），C.E.Tuttle Co，拉特兰（Rutland），1967 年。

19. Miksic 2009: John Miksic，Research on Ceramic Trade，within Southeast Asia and Between Southeast Asia and China（《东南亚内部以及东南亚与中国之间的陶瓷贸易研究》），见 John Miksic 编 *Southeast Asian Ceramics. New Light on Old Pottery*（《东南亚陶瓷：旧陶器上的新光辉》），新加坡，Southeast Asian Ceramic Society（东南亚陶瓷协会），2009 年。

20. Miksic 2016: John Miksic，Chinese Ceramic Production and Trade（《中国陶瓷生产与贸易》），见 *Oxford Research Encyclopedia of Asian History*（《牛津大学亚洲历史研究百科全书》），牛津大学出版社，牛津，2016 年。

21. 《陶瓷卷》1995: 《中国文物精华大辞典·陶瓷卷》（*Dictionary of Quintessence of Chinese Cultural Relics Volume on Ceramics*），上海辞书出版社，1995 年。

22. Valenstein 1975: Susanne G. Valenstein，《中国陶瓷手册》，纽约，大都会艺术博物馆，1975 年。

23. Whitehouse 1972: David Whitehouse，Chinese Porcelain in Medieval Europe（《欧洲中世纪的中国瓷器》），见《中世纪考古学》第十六期，第 63—78 页，1972 年。

24. Wood 1999: Nigel Wood，*Chinese Glazes: Their Origins, Chemistry and Recreation*（《中国釉：起源、化学和再创造》），A&C Black 出版社，伦敦；University of Pennsylvania Press（宾夕法尼亚大学出版社），费城，1999 年。

25. Wood / Tite 2009: Nigel Wood e M. Tite，Blue and White-the Early Years：Tang China and Abbasid Iraq Compared（《青花早期：中国唐朝与阿拔斯伊拉克的比较》），见 Transfer：The Influence of China on World Ceramics（《转移：中国对世界陶瓷的影响》），*Colloquies on Art & Archaeology in Asia No. 24*（《亚洲艺术与考古座谈》第 24 期），伦敦，Percival David Foundation of Chinese Art（Percival David 中国艺术基金会），Stacey Person 编，School of Oriental and African Studies，London University（伦敦大学亚非学院），第 21—45 页。

26. Yu 2015: Yu Pei-chin（余佩瑾），《内蒙古出土的元青花（釉下）高足杯及相关问题》（Underglaze-Blue Stem Cups of the Yuan Dynasty Excavated in Inner Mongolia and Related Issues），见《故宫学术季刊》（*The National Palace Museum Research Quarterly*），第 33 卷，第 2 期，2015 年。

27. Zhao 2006: Zhao Bing（赵冰），Érudition，Expertise Technique et Politique：Autour de la Querelle de la Datation du Taoji（《教育、技术和政治：关于"陶记"纪年的争议》），见 *Arts asiatiques*（《亚洲艺术》），第 61 卷，第 143—164 页，2006 年。

第二部分（伊朗、土耳其等）

1. Allan 1973: James W. Allan，Abu' l-Qasim' s treatise on ceramics（《阿布尔·卡西姆关于陶瓷的论述》），见 *Iran*（《伊朗》），1973 年，第 11 卷，第 111—120 页。（http://islamicceramics.ashmolean.org / Glossary / abulqasim.htm）

2. Caiger-Smith 1985: Allan Caiger-Smith，*Lustre Pottery：Technique, Tradition and Innovation*

in Islam and the Western World《拉斯特金属幻彩釉陶：伊斯兰和西方世界的技术、传统与创新》，Gentle Breeze Publishing 出版社，佛罗里达奥维耶多市（Oviedo），1985 年。

3. Carboni 1993: Stefano Carboni 和 Tomoko Masuya, Persian Tiles(《波斯瓷砖》)，展览目录(纽约，1993 年 5 月 4 日至 10 月 31 日)，纽约，大都会艺术博物馆，1993 年。

4. Colomban 2003: Philippe Colomban, Lapis lazuli as Unexpected Blue Pigment in Iranian lajvardina Ceramics（《伊朗青金陶瓷中出人意料的蓝色颜料：天青石》），见 Wiley Online Library，2003 年 6 月 27 日。（https: // doi.org / 10.1002 / jrs.1014）

5. Curatela 1993: Giovanni Curatola 编，Eredità dell' Islam（《伊斯兰遗产》），见 Arte islamica in Italia（《在意大利的伊斯兰艺术》），展览目录（威尼斯，总督宫，1993 年 10 月 30 日至 1994 年 4 月 30 日），Cinisello Balsamo，Silvana 出版社，米兰，1993 年。

6. Curatola 2006: Giovanni Curatola（编），*Persian Ceramics from the 9th to the 14th Century*（《9 世纪到 14 世纪的波斯陶瓷》），Skira 出版社，米兰，2006 年。

7 Fehervari 1994: Geza Fehervari, Islamic Pottery in the Tareq Rajab Museum, Kuwait（《科威特塔雷克·拉贾布博物馆的伊斯兰陶器》），见 *Arts of Asia*（《亚洲艺术》）24.6 期，1994 年 11 月—12 月。（http: // www.trmkt.com / geza.html）

8. Golombek / Mason / Bailey 1996: Lisa Golombek、Robert B. Mason & G. Bailey, *Tamerlane's Tableware. A New Approach to the Chinoiserie Ceramics of Fifteenth-and Sixteenth-Century Iran*（《帖木儿的餐具：15、16 世纪伊朗的中国风陶瓷新趋势》），马自达出版和皇家安大略博物馆（Mazda Publications and Royal Ontario Museum），科斯塔梅萨（Costa Mesa），1996 年。

9. Haddon 2011: Rosalind Anne Wade Haddon, *Fourteenth Century Fine Glazed Wares Produced in the Iranian World, and Comparisons with Contemporary Ones from the Golden Horde and Mamlūk Syria / Egypt*（《14 世纪伊朗世界生产的精美釉陶以及它们与同时代金帐汗国和叙利亚、埃及的马穆鲁克产品的相比较》），博士论文，SOAS，伦敦大学亚非学院，2011 年。

10. Haddon 2012: Rosalind Anne Wade Haddon, Mongol Influences on Mamluk Ceramics in the Fourteenth century（《14 世纪蒙古人对马穆鲁克陶瓷的影响》），见 Doris Behrens-Abouseif 编 *The Arts of the Mamluks in Egypt and Syria-Evolution and Impact*（《埃及和叙利亚的马穆鲁克艺术: 演变与影响》)，波恩大学出版社 Bonn University Press at V&R Unipress，哥廷根（Göttingen），第 95—114 页，2012 年。

11. Hakim 1989: Mohammed S. Hakim, The Book Most Comprehensive in Knowledge on Precious Stones（《宝石知识大全》），见 *Al-Beruni's Book on Mineralogy*（《Al-Beruni 之书的矿物学》），伊斯兰堡（Islamabad），Pakistan Hijira Council，1989 年。（http: // farlang.com / books / al-biruni-comprehensive-book-on-precious-stones）

12. Hess 2004: Catherine Hess 编，The Arts of Fire. Islamic Influences on Glass and Ceramics of the Italian Renaissance（《火的艺术：伊斯兰对意大利文艺复兴时期玻璃和陶瓷的影响》）。洛杉矶，The J. Paul Getty Museum（保罗·盖蒂博物馆），2004 年（展览目录）。

13. Jenkins-Madina 1983: Marilyn Jenkins-Madina, Islamic Pottery. A Brief History（《伊斯兰陶艺: 简史》），见 *The Metropolitan Museum of Art Bulletin*（《大都会艺术博物馆简报》），

1983 年春季。

14. Jenkins-Madina 2006: *Marilyn Jenkins-Madina, Raqqa Revisited. Ceramics of Ayyubid Syria*（《拉卡再访：阿约比德叙利亚的陶瓷》，纽约，大都会艺术博物馆和纽黑文及伦敦（The Metropolitan Museum of Art and New Haven and London），耶鲁大学出版社，2006 年。

15. Kahle 1942: Paul Kahle, Chinese Porcelain in the Lands of Islam（《伊斯兰土地上的中国瓷器》），见 *Transactions of the Oriental Ceramic Society 1940—41*（1940—41 年《东方陶瓷学会会刊》），伦敦，第 27—46 页，1942 年。

16. Lane 1947: Arthur Lane, *Islamic Pottery. Mesopotamia, Egypt and Persia*（《伊斯兰陶艺：美索不达米亚、埃及和波斯》），Fabre and Faber 出版社，伦敦，1947 年。

17. Lane 1957: Arthur Lane, *Later Islamic Pottery. Persia, Syria, Egypt, Turkey*（《伊斯兰陶艺后期：波斯、叙利亚、埃及、土耳其》），Fabre and Faber 出版社，伦敦，1957 年。

18. Mason / Keall 1991: Robert B. Mason & Edward J.Keall, The Abbasid Glazed Wares of Siraf and the Basra Connection: Petrographic Analysis（《阿拔斯的西拉夫釉陶和巴士拉釉陶的关联：岩相分析》），见 *Iran*（《伊朗》）29，第 51—66 页，1991 年。

19. Mason / Tite 1994: Robert B. Mason 和 M.S. Tite, The Beginnings of Islamic Stonepaste Technology（《伊斯兰石浆技术的开端》），见 *Archaeometry*《考古测量学》，36，1，第 77—91 页，1994 年。

20. Mason 1995: Robert B. Mason, New Looks on Old Pots: Results of Recent Multidisciplinary Studies of Glazed Ceramics from the Islamic World（《旧陶新观：近期对伊斯兰世界釉面陶瓷进行多学科研究的结果》），见 *Muqarnas XII*（《穆卡纳斯》第十二卷），E. J. Brill（博睿）出版社，莱顿，第 1—10 页，1995 年。

21. Mason / Tite 1997: Robert B. Mason & M.S. Tite, The Beginnings of Tin-opacification of Pottery Glazes（《陶釉因锡而浊的开端》），见 *Archaeometry*《考古测量学》，39，1，第 41—58 页，1997 年。

22. Mason 1997a: Robert B. Mason, Medieval Syrian lustre-painted and Associated Wares: Typology in a Multidisciplinary Study（《中世纪叙利亚的拉斯特金属幻彩绘及相关陶器：多学科研究中的类型学》），见 *Levant XXIX*（《黎凡特 XXIX》），第 169—200 页，1997 年。

23. Mason 1997b: Robert B. Mason, Medieval Egyptian lustre-painted and Associated Wares: Typology in a Multidisciplinary Study（《中世纪埃及拉斯特金属幻彩绘及相关陶器：多学科研究中的类型学》），见 *Journal of the American Research Center in Egypt*（《埃及美国研究中心期刊》），第 34 卷，第 201—242 页，1997 年。

24. Mason 1997c: Robert B. Mason, Medieval Iranian lustre-painted and Associated Wares: Typology in a Multidisciplinary Study（《中世纪埃及拉斯特金属幻彩绘及相关陶器：多学科研究中的类型学》），见 *Iran*（《伊朗》），第 35 卷，第 103—135 页，1997 年。

25. Mason 等人 2001: Robert B. Mason、M.S. Tite、S. Paynter、C. Salter, Advances in Polychrome Ceramics in the Islamic World in the 12th Century A.D.（《公元 12 世纪伊斯兰世界的多色彩陶的发展》），见 *Archaeometry*（《考古测量学》），43，2，第 191—209 页，2001 年。

26. Mc Philipps, 2012: Stephen Mc Phillips, Continuity and Innovation in Syrian Artisanal

Traditions of the 9th to 13th Centuries. Ceramic Evidence from the Syrian-French Citadel of Damascus Excavations（《9 至 13 世纪叙利亚手工艺传统的继承与创新：大马士革发掘地叙利亚法国城堡的陶瓷证据》），见 Damas médiéval et ottomane（《中世纪与奥斯曼的大马士革》），*Bulletin d' Études Orientales*（《东方研究简报》），第 61 期，第 447—474 页，2012 年。

27. Morgan 1995：Peter Morgan, Some Far Eastern Elements in Coloured-ground Sultanabad Wares（《苏丹纳巴德陶器彩底上的远东元素》），见 James W Allan 编 *Islamic Art in the Ashmolean Museum*（《阿什莫林博物馆的伊斯兰艺术》），pt.2：19—43，1995 年。

28. Morgan 2004：Peter Morgan, Ilkhanids IV. Ceramics（《伊尔汗之四：陶瓷》），EIr on line：http：// www.iranica.com / articles / il-khanids-iv-ceramics，2004 年。

29. Necipoglu 1990：GülruNecipoglu, From International Timurid to Ottoman：a Change of Taste in Sixteenth-century Ceramic Tiles（《从国际帖木儿到奥斯曼：16 世纪瓷砖风格的变化》），见 *Muqarnas*（《穆卡纳斯》），VII，第 136—170 页，1990 年。

30. Soudavar 2003：Abolala Soudavar, In defence of Rashid-od-Din and His Letters（《为拉施德丁和他的书信辩护》），见 *Studia Iranica*（《伊朗研究》），32，第 77—122 页，2003 年。

31. Stanley 2011：Tim Stanley, Iznik Ceramics Between Asia and Europe, 1470s—1550s（《1470—1550 年代介于亚欧之间的伊兹尼克陶瓷》），见 *Arts of Asia*（《亚洲艺术》），2011 年 11 月，第 123—132 页。

32. Tite / Watson 等人 2015：M.Tite、O.Watson、T.Pradell、M.Matin、G.Molina、K.Domoney、A.Bouquillon, Revisiting the Beginnings of Tin-opacified Islamic Glazes（《重新审视伊斯兰锡乳浊釉的起源》），见 *Journal of Archaeological Science*（《考古科学报》）57，Elsevier，阿姆斯特丹，2015 年 2 月，第 80—91 页。

33. Tonghini 1998：Cristina Tonghini, *Qal' at Ja' bar Pottery-A Study of a Syrian Fortified Site of the Late 11th-14th centuries*（《加拉贾巴尔陶器：对 11 世纪晚期至 14 世纪的叙利亚城堡遗址出土物的研究》），牛津大学出版社，纽约，1998 年。

34. Tonghini 2005：Cristina Tonghini, Ceramiche Invetriate dell' Egitto e della Siria nei secoli XI e XII：stato degli studi e sviluppi della ricerca（《11、12 世纪埃及与叙利亚的釉面陶器：研究现状与进展》），见 M.Schvoerer、C.Ney、P.Peduto 合编 *Décor de lustre Métallique et Céramique Glaçurée*（《拉斯特金属陶瓷釉装饰》），Edipuglia 出版社，巴里，第 21—29 页，2005 年。

35. Torre / Di Flumeri Vatielli / Jung 2010：Paola Torre, Gabriella Di Flumeri Vatielli & Michael Jung, *Arte dell' Islam*（《伊斯兰的艺术》），国立朱塞佩·杜奇（Giuseppe Tucci）东方艺术博物馆，Artemide 出版社，罗马，2010 年。

36. Watson 1998：Oliver Watson, Pottery and Glass：Iustre and Enamel（《陶器和玻璃：拉斯特金属幻彩和搪瓷釉》），见 Rachel Ward 编 *Gilded and Enamelled Glass from the Middle East*（《来自中东镀金抹釉的玻璃》），大英博物馆出版社，伦敦，第 15—19 页，1998 年。

37. Watson 2014：Oliver Watson, Revisiting Samarra：the rise of Islamic glazed pottery（《重访萨马拉：伊斯兰釉陶的兴起》），见 Ernst-Hertzfeld-Gesellschaft 编 *Beiträge zur islamischen Kunst und Archäologie*（《伊斯兰艺术和考古学文集》），第 4 卷，威斯巴登（Wiesbaden），Dr. Ludwig

Reichert Verlag，第 123—142 页，2014 年。

38. Yenisehirlioglu 2004：Filiz Yenisehirlioglu, Ottoman Ceramics in European Contexts（《在欧洲范围内的奥斯曼陶瓷》），见 Doris Behrens-Abouseif、Anna Contadini 编 Essays in Honor of J.M. Rogers（《向 J.M. Rogers 致敬的散文》），刊于 Muqarnas（《穆卡纳斯》）第 21 卷，第 373—382 页，2004 年。

第三部分（西班牙）

1. Coll Conesa 2009a：Jaume Coll Conesa, Cobalt Blue in Medieval Ceramic Production in the Valencian Workshops（《中世纪瓦伦西亚陶瓷生产中使用的钴蓝》），见 Medieval Ceramics（《中世纪陶瓷》）31，第 11—24 页，2009 年。

2. Coll Conesa 2009b：Jaume Coll Conesa, La ceramica Valenciana（apuntes para una sintesis）（《瓦伦西亚陶瓷》"概述"），Asociacion Valenciana de Céramica（瓦伦西亚陶瓷协会），Ribarroja del Turia，2009 年。

3. Constable 1994：Olivia R. Constable, Trade and Traders in Muslim Spain: The Commercial Realignment of the Iberian Peninsula（900—1500）《在穆斯林西班牙的贸易和商人：伊比利亚半岛的商业重组（900—1500）》，Cambridge Studies in Medieval Life and Thought（剑桥大学中世纪生活与思想研究），剑桥大学出版社，1994 年。

4. Dodds 1992：Jerrilynn D. Dodds 编，Al-Andalus. The Art of Islamic Spain.（《安达卢斯：伊斯兰西班牙的艺术》），展览目录（Granada 格拉纳达，Alhambra 阿罕布拉宫，1992 年 3 月 18 日至 6 月 7 日；纽约，大都会艺术博物馆，1992 年 7 月 1 日至 9 月 27 日）。纽约，大都会艺术博物馆，1992 年。

5. Markham 1859：Clements R. Markham 译，Narrative of the Embassy of Ruy Gonzales de Clavijo to the Court of Timur at Samarcand A.D. 1403—6（《1403—1406 克拉维约出使帖木儿撒马尔罕朝廷的故事》），Hakluyt Society 出版，伦敦，1859 年。

6. Zozaya 1969：Juan Zozaya, El comercio de al-Andalus con el Oriente：Nuevos Datos（《安达卢斯与东方的贸易：新资讯》），见 Boletín de la Asociación Española de Orientalistas V（《西班牙东方学会简报》第 5 期），马德里（Madrid），西班牙东方学会（Asociación Española de Orientalistas），第 191—200 页，1969 年。

7. Zozaya 1998：Juan Zozaya, Eastern Influences in Al-Andalus（《东方对安达卢斯的影响》），见 Manuela Marin 编 The Formation of al-Andalus-Parti One：History and Society（《安达卢斯的形成第一部分：历史与社会》），阿什盖特出版社（Ashgate Publishing 出版社），汉普郡（Hampshire），（陶瓷 457—462），1998 年。

第四部分（意大利）

1. Benente 2010：Fabrizio Benente, La ceramica d'importazione dal Mediterraneo tra X e XIV

secolo. Aggiornamenti e dati di sintesi per la Liguria（《10 至 14 世纪从地中海进口的陶瓷：利古里亚的数据更新和概况》），见 Sauro Gelichi 和 Monica Baldassarri 编 Pensare / Classificare. Studi e Ricerche Sulla Ceramica Medievale per Graziella Berti（《思考与归类：为 Graziella Berti 进行的中世纪陶瓷学习与研究》），All'Insegna del Giglio 出版社，佛罗伦萨，第 53—70 页，2010 年。

2. F. Berti, 1997: Fausto Berti, Uomini e Fornaci in un centro di produzione dal XIV al XVIII secolo（《一个 14—18 世纪的制造中心的人与窑》），见 Storia della ceramica di Montelupo（《蒙特卢波陶瓷史》）第 1 卷，Aedo 出版社，米兰 Cinisello Balsamo，1997 年。

3. Blake 1980: Hugo Blake, The "bacini" of North Italy（《北方意大利的"盆子"》），见 La Céramique Médiévale en Méditerranée occidentale Xe-XVe siècles（《10 到 15 世纪西地中海的中世纪陶瓷》），Actes du 1er colloque international，Valbonne，11—14 settembre 1978（瓦尔邦讷 1978 年 9 月 11—14 日《第一届国际座谈会文集》），巴黎，C.N.R.S.，第 93—111 页，1980 年。

4. Blu 2002: Centro Ligure Per la Storia Della Ceramica（陶瓷历史利古里亚中心）编，Ceramica in Blu-Diffusione e Utilizzazione del blu Nella Ceramica（《蓝色的陶瓷：蓝色在陶瓷制作中的使用和传播》），见 Atti XXXV Convegno Internazionale della Ceramica（Savona，31.5.—1.6.2002）《第三十五届国际陶瓷研讨会文集》（萨沃纳，2002 年 5 月 31 日—6 月 1 日），All'Insegna del Giglio 出版社，佛罗伦萨，2002 年。

5. Carboni 2007: Stefano Carboni 编，Venezia e l'Islam（828—1797）《威尼斯与伊斯兰（公元 828—1797 年）》，见展览目录（Venice, Palazzo Ducale, July 28-November 25 / 威尼斯，总督宫，2007 年 7 月 28 日至 11 月 25 日），Marsilio 出版社，威尼斯，2007 年。

6. Caroscio 2009: Marta Caroscio, La Maiolica in Toscana tra Medioevo e Rinascimento. Il Rapporto tra Centri di Produzione e di Consumo nel Periodo di Transizione（《介于中世纪和文艺复兴时期之间的托斯卡纳的马约利卡锡釉陶：过渡时期生产中心与消费中心的关系》），Premio Ottone d'Assia e Riccardo Francovich 2007（获得 2007 年度 Ottone d'Assia e Riccardo Francovich 大奖），All'Insegna del Giglio 出版社，佛罗伦萨 Sesto Fiorentino，2009 年。

7. Catalano 等人 2007: I.M. Catalano、A. Genga、C. Laganara、R, Laviano、A. Mangone、D. Marano、A. Traini, Lapis lazuli Usage for Blue Decoration of Polychrome Painted Glazed Pottery：a Recurrent Technology during the Middle Ages in Apulia（Southern Italy）"［《用于彩绘釉面陶器之蓝色装饰的青金石：中世纪阿普利亚（意大利南部）地区经常使用的工艺技巧》］，见 Journal of Archaeological Science（《考古科学杂志》），第 34 期，第 503—511 页，2007 年。

8. Evans 1936: Allan Evans, Francesco Balducci Pegolotti – La pratica della mercatura（《弗朗西斯科·巴尔杜奇·裴哥罗梯：通商指南》），剑桥，Medieval Academy Books，n. 24，1936。http://www.medievalacademy.org/resource/resmgr/maa_books_online/evans_0024.htm

9. Francovich 1989: Riccardo Francovich, Maiolica Arcaica Toscana e "Zaffera a Rilievo" del Museo Nazionale del Bargello（《托斯卡纳古风马约利卡锡釉陶和国立巴尔杰洛博物馆馆藏的"浮雕式钴蓝彩"》），S.P.E.S. 出版社，佛罗伦萨，1989 年。

10. Giorgio 2017: Marcella Giorgio, Circolazione e Consumo di Vasellame di Importazione Mediterranea a Pisa e nel Contado nel Bassomedioevo（XI—XIV secolo）《中世纪后期（11—14 世纪）

地中海进口陶器在比萨及其周边地区的流通和消费》），见 Storie di Ceramiche 3. Importazioni Mediterranee《陶瓷的故事 3：地中海进口》，*Atti della Giornata di Studi in Ricordo di Graziella Berti, a tre anni dalla Scomparsa*（11 giugno 2016）《格拉齐耶拉·贝蒂去世三周年纪念日研讨会文集》）（2016 年 6 月 11 日）），All'Insegna del Giglio 出版社，佛罗伦萨，第 31—42 页，2017 年。

11. Laganara 等人 2008：Caterina Laganara Fabiano、Rocco Lavano、Annarosa Langone、Angela Traini，Apporti Archeometrici Nello Studio della Ceramica Medievale Pugliese（《考古测量对普利亚大区中世纪陶瓷研究的贡献》），见 Ceramiche e Archeometria in Puglia（《普利亚的陶瓷与考古测量》），Aurelio Damato 编 *Atti del Seminario di Studi*（*Rutigliano, 22.1.2005*）（2005 年 1 月 22 日鲁蒂利亚诺《学术研讨会文集》），Libera Università della Terza Età 出版，鲁蒂利亚诺（Rutigliano），第 105—122 页，2008 年。

12. Lazzarini / Tonghini 2012 年：Lorenzo Lazzarini 和 Cristina Tonghini，Importazioni di Ceramiche Mamelucche a Venezia：Nuovi Dati（《威尼斯的马穆鲁克陶瓷进口：新数据》），见 *Atti del IX Convegno Internazionale sulla Ceramica medievale nel Mediterraneo*（《第九届地中海中世纪陶瓷国际研讨会文集》，第 402—407 页，2012 年。

13. Milanesi 1864：Gaetano Milanesi，*Dell'arte del Vetro per Musaico：tre Trattatelli dei Secolo XIV e XV ora per la Prima Volta Pubblicati*《用于镶嵌的玻璃工艺：至今首次发表的三篇 14、15 世纪的论述文字》，G. Romagnoli 出版，博洛尼亚（Bologna），1864 年。https：// archive.org / stream / dellartedelvetro00milauoft#page / n0 / mode / 2up

14. Molinari 1997：Alessandra Molinari，Origine，Diffusione，Caratteristiche Tecniche e Culturali delle Ceramiche Invetriate e Smaltate della Sicilia e dell'Italia Meridionale dei Secoli X–XIII"（《10 至 13 世纪南方意大利和西西里岛的釉面陶器起源、传播、以及技术文化特征》，见 *Atti del I Seminario sulla Ceramica Medievale*（*Savona, Novembre 1994*）（1994 年 11 月萨沃纳《第一届中世纪陶瓷研讨会文集》），萨沃纳（Savona），市立考古历史博物馆（Civico Museo Storico Archeologico），1997 年。

15. Pannuzi 1997：Simona Pannuzi，Produzioni Ceramiche，Scambi，Committenza e Circolazione delle Maestranze in Abruzzo tra XIV e XVIII Secolo：Primi Appunti（《14 至 18 世纪阿布鲁佐地区的陶瓷生产、交换、订货以及工匠流动的情况：笔记初录》，见 *I Congresso Nazionale di Archeologia Medievale*，Pré-tirages（Pisa, 29.31.5.1997）（1997 年 5 月 29—31 日比萨《第一届全国中世纪考古研讨大会》预印本），All'Insegna del Giglio 出版社，佛罗伦萨，第 396—402 页，1997 年。

16. Patitucci Uggeri 2005：Stella Patitucci Uggeri，Ceramica（《陶瓷》），见 *Enciclopedia Federiciana*（《费德里奇亚那百科》），Treccani，2005 年。http：// www.treccani.it / encpedia / ceramica_%28Federiciana%29 /

17. Spallanzani 1978：Marco Spallanzani，*Ceramiche Orientali a Firenze nel Rinascimento*（《文艺复兴时期在佛罗伦萨的东方陶瓷》），佛罗伦萨储蓄银行 Cassa di Risparmio di Firenze 出版，佛罗伦萨，1978 年。

18. Vitali 1990：Marcella Vitali, L'influenza della ceramica islamica sulla maiolica italiana（《伊斯兰陶瓷对意大利马约利卡锡釉陶的影响》），见 Le Mille e una Notte. Ceramiche persiane, turche e ispano-moresche （Faenza, Palazzo delle Esposizioni, September 15—October 28, 1990）《一千零一夜：波斯、土耳其和西班牙摩尔人陶瓷》（法恩莎 RA，展览大厦，1990 年 9 月 15 日至 10 月 28 日）），展览目录，法恩莎出版集团（Gruppo Editoriale Faenza），Faenza（RA），第 223—253 页，1990 年。

19. Whitehouse 1966：David Whitehouse, Ceramiche e Vetri Medievali Provenienti dal Castello di Lucera（《来自卢塞拉城堡的中世纪陶瓷和玻璃制品》），见 Bollettino d'Arte, LII（《艺术简报》LII），法恩莎，第 171—178 页，1966 年。

20. Whitehouse 1980：David Whitehouse, Medieval Pottery in Italy：the Present State of Research （《意大利的中世纪陶器：研究现况》），见 La Céramique Médiévale en Mediterranée Occidentale, Xe—XVe s.（《10 至 15 世纪西地中海的中世纪陶瓷》），瓦尔邦讷，国家科学研究中心国际专题讨论会（Valbonne：Colloques Internationaux de Centre National de la Recherche Scientifique），584，第 65—82 页，1980 年。

第五部分（综合）

1. Colomban 2013：Philippe Colomban, Rocks as Blue, Green and Black Pigments / Dyes of Glazed Pottery and Enamelled Glass Artifacts-a Review （《论岩石作为釉面陶器和搪瓷装饰玻璃工艺中的蓝色、绿色和黑色颜料》），见 European Journal of Mineralogy （《欧洲矿物学杂志》）25，5（2013），第 863—879 页。https：// doi.org / 10.1127 / 0935-1221 / 2013 / 0025-2305

2. Finlay 1998 年：Robert Finlay, The Pilgrim Art：The Culture of Porcelain in World History（《朝圣者艺术：世界历史中的瓷器文化》），见 Journal of World History （《世界历史杂志》），9，2，第 141—187 页，1998 年。

3. Norell 等人 2012：Mark A.、Norell、Denise Patry Leidy、Laura Ross、Luca Molà、M. Ludovica Rosati、Alexandra Wetzel、Paola Piacentini、Gabriella Di Flumeri Vatielli, Sulla Via della Seta-Antichi Sentieri tra Oriente e Occidente （《在丝绸之路上：东西方的古老通道》），Codice，都灵，2012。

4. Porter 2000：Yves Porter, Le Cobalt dans le Monde Iranien（IXe–XVIe siècles）. Notes sur son Utilisation en Céramique et son Commerce（《伊朗世界里的钴蓝（9 世纪到 16 世纪）：关于陶瓷使用和贸易的说明》），见 Taoci （《陶瓷》），第 1 卷，第 5—14 页，2000 年。

丝路版画

卢治平、邱捷

上海虹桥半岛版画艺术中心

引子：我们也许擦肩而过

  古老的丝绸之路，究其本质和内涵，是因行走而在不同的国家、地域、族群、宗教信仰和文化之间发生的多种形式的对话与交流。古丝绸之路，可以看成是这种对话和交流的代名词。那么，在沿着丝路古道的诸多交流和交融中，代表各自精神世界的东西方文字和绘画，又有过怎样的表现呢？

  不同的宗教信仰，作为人类精神世界的重要组成部分，曾经步履维艰地往返于古丝路之上。所到之处，或遭遇质疑，或遭遇抵抗，不乏绝地幸存的案例，更不乏最终的根植与感化。然而，在表达基本民族意志的文字和诠释文明渊源的绘画体系里，历史长河中的东西方似乎从来各自为营，很难进行直接的对话。确实，即便撇开文字，在具象的绘画艺术中，中国画与西洋画，由于观念、标准、技法等不同，造成了评价体系的大相径庭，进而产生了交流、学习、欣赏等各个方面的困难。尤其以中国文字与绘画为典型代表的东方美学，在西方的评价体系中几近难以琢磨与表述，加上各种其他因素，东方体系落入西方认知中的"一知半解"或者"不知其所以然"甚至"毫不以为然",也是颇有年头了。不通则休,这是人类遭遇认同障碍后常会选择的处世之道。因为这一智慧,大家也许乐见差异,还都能够在自视的"棋高一着"中相安无事。

然而,尘埃并非就此落定,何况在今天的世界,东西方的狭路相逢早已在俯身回首的每时每刻之间。所以,总有一些不能释怀的人无法停止追问:除了丝绸面料和陶瓷器皿上的纹样,除了一个郎世宁为清廷描画了一辈子的"西洋中国画",在古丝路的东西两端之间,真的就不曾有过视觉艺术的双向涌动?

都说丝路是神奇的,那是一道起势平缓却积聚了洪荒之力的汤汤大水,当你以为独自坐在东方或者西方的岸边描绘着自己的山水和人物,却已然被那巨大而温柔的洪流裹挟着滚滚向前了。为此,我们要在这里说一说版画的故事,看一看这种古老的艺术语言如何追随丝路传播与发展,如何在东西方的相生相伴中彼此影响和吸收,甚至被其他范式的美术表达手法借鉴,成为生动并具有说服力的标本和模范,成为古今世界艺术史中的"通用语"。

一、古丝路:中国版画与西进的印刷术

说到版画,不能不提雕版印刷技术,它先版画而生,是版画艺术得以繁衍的母体,影响深刻。故此,叙述版画,不能回避印刷术。版画的创作方式、复数特性以及与印刷术的特殊关系,使它有别于其他视觉艺术门类,但我们并不能因此把版画看成一种单纯的创作手段或生产技术。确切地说,版画和印刷术是人类分享文明成果的重要载体,是将文明成果向世界各地输送的中介,对人类文明的发展有着不可估量的作用。古代中国通向中亚并最终抵达西欧的丝绸之路,包括它的东亚延伸段,是版画和印刷术传播的重要通道,正是在这些古道的东西双程中,版画充分演绎了一门视觉艺术的历史用途,辅助了不同文明之间的对话。

1899 年,英国考古学家斯坦因带领探险队在中国西部古丝路沿线的敦煌石窟获取了大量唐代资料,被他们带回英国的珍贵文物中有一幅《金刚

般若波罗蜜经》的扉页插图（先藏大英博物馆，现藏英国国家图书馆）。该图完成于唐咸通九年（868年），被公认为世界上迄今保存下来的所有古代版画作品中出版时间最早的一幅。这幅作品，人物众多，造型准确，形态生动，构图复杂而完整；它的刻印技术也已经相当成熟，不仅线条雕刻精细，拓印的效果也非常清晰。可见它并非版画早期发展阶段的产物。由此亦可推断，版画与印刷术在中国的运用须再向前追溯相当长一段时间。事实上，早在东汉年间，蔡伦在总结前人经验的基础上发明了可以承印图像与文字的品质可靠的纸张，这为印刷术和版画的起源创造了良好的前提条件；至唐和五代，刀法古朴有神的版画作品已经多有出现；到了北宋，毕昇对雕版做了重大改革，即用胶泥复制单个字模，用火漆将单个字模灵活地排列在平板上，这一活字印刷技术极大提高了印刷效率，促进了印刷术的繁荣与发展。于是，中国版画和印刷术也从早期主要为弘扬教义服务，逐渐向医药、地理、航海、科技、农业、政治、商业等社会生活的各个领域广泛延伸开去。例如成书于11世纪末的《梦溪笔谈》，它是作者沈括（1031—1095）总结宋代特别是北宋年间自然科学、工艺、技艺和社会历史现象的综合性笔记体著作。除了文字叙述，《梦溪笔谈》也因为生动形象的版画插图而轰动一时并留名青史。

至于印刷术和版画如何从中国传到西方及世界各地，比较一致的说法是从中原地区经由古丝绸之路向西传播。考古工作者陆续在陕西北部和宁夏东部的古西夏遗址，发现了木版活字印刷的西夏文佛经。往西，人们在敦煌附近发现了大批的佛教经文与图书。1902年至1907年间，在新疆吐鲁番古代遗址也有大量的印刷物残片和碎片被发现，经研究考证，13至14世纪，回纥（鹘）人已经从中原地区学到了印刷技术。如果将宁夏、甘肃、新疆三个地区连线，就可以画出一条印刷术由东向西传播的清晰路径。关于传播路线，学界流传着各种观点和推测，有学者认为是成吉思汗在西征的时候把印刷术带到了俄罗斯，还有学者认为是十字军在东征过程中对亚洲地区盛行的版画、纸币、纸牌产生了莫大兴趣，因而将印刷术带回了欧洲。有一种说法最具戏剧性，说是波斯军队和中国军队在古丝绸之路上发生战争，一仗打下来，波斯俘虏了中国一支几乎没有任何武装的小部队，这批

图 15.1 《金刚般若波罗蜜经》扉页插图。雕版印刷，唐咸通九年（868年）。英国伦敦，英国国家图书馆藏（The British Library）。

图 15.2 《守护神引见马克西米利安一世给万能的主》。汉斯·斯普林克利（Hans Springinklee，德国，约1495—1540），木刻版画，1519年。美国纽约，大都会艺术博物馆藏。

俘虏随身携带的是一些只有筷子长短的小刀，还有一些奇怪而有趣的工具。这让好奇的波斯人颇费了一番盘问才弄明白，原来这是中国部队的一支随军印刷小分队，任务是复制战报、通告文书以及其他文件。这支部队的专业技能引起了波斯人的极大兴趣，中国人的小分队被视若珍宝地押送到波斯，印刷术也从此在两河流域落地生根，以后又跨过地中海，走向欧洲，走向世界。当然，另外还有一个关于蒙古军队的故事，说他们占领中原后学得了雕版印刷技法，以后就在西征的过程中把印刷术和版画一路带到了波斯，再从波斯传到欧洲。这两种说法所描述的，似乎都不是理想或友好的传播路径，但这恰恰说明，哪怕是敌对的战争，也阻挡不了人类文明扩散与传播的步伐。

当版画和印刷术来到欧洲，它们在新的环境与历史条件下获得了长足的发展。在西方，版画最初的功能也限于传播教义和复制圣像。在欧洲早期宗教题材的插画中，有一件德国木版画特别值得关注，相同的布道题材很容易让我们联想到《金刚般若波罗蜜经》扉页的插图。如果我们看得更仔细一点还会发现，它与《金刚般若波罗蜜经》扉页图案中的单纯勾线造型有所不同，在精准的轮廓线之外，这幅作品还采用了排线，为表现对象衬上了阴影，以求加强立体感。诚然，文化的传播最后都不会流于简单的模仿，本土元素的渗入衍化常常促使新传入的艺术门类发生全方位的演变和改进。（图 15.1、图 15.2、图 15.3、图 15.4）

二、古丝路：欧洲版画与印刷术的革新

中国是印刷术的发明地，但随着印刷术西进，有关它的重要改良和革新却完成于西方。1400 年以后，意大利与德国等地区出现了以金属板替代木板并以雕刻结合腐蚀进行制版的铜版画，也称为凹版技术，这种版画线条更为精细灵动，色调层次更为丰富。涌现了安东尼奥·波拉约洛（Antonio del Pollaiolo，1429—1498）、巴乔·班迪内利（Baccio Bandinelli，1493—1560）、阿尔布莱希特·丢勒（Albrecht Dürer，1471—1528）等一批从金属工匠转行而来的优秀铜版画家。

图 15.3 《十人裸体战斗》。安东尼奥·本奇（Antonio Benci，别名安东尼奥·波拉约洛 Antonio del Pollaiolo，意大利，约 1431 / 1432—1498），铜版画，约 1460—1475 年。意大利佛罗伦萨，乌菲齐美术馆藏（Galleria degli Uffizi / The Uffizi Gallery）。

图 15.4 《殉教的圣洛伦佐》。巴乔·班迪内利（意大利，1493—1560）绘图，马康东尼奥·雷蒙迪（Marcantonio Raimondi，意大利，约 1482—1534）雕版。铜版画，约 1525 年。意大利布雷西亚，Chiari Repossi 美术馆藏。

阿尔布莱希特·丢勒，纽伦堡一位金匠的儿子。这位天才的艺术家把意大利文艺复兴的形式和理论带回欧洲北部，并深远影响了此后德国艺术的发展。除了铜版画和其他绘画形式，丢勒对木刻版画情有独钟，留下了许多具有深刻时代意义的作品。1498年，已经从意大利游学返乡的丢勒完成了由十五幅木版画组成的不朽之作《启示录》。在丢勒创作《启示录》的年代，意大利引领下的其他欧洲国家已经沐浴在人文主义和文艺复兴的光辉中，德国却还没有摆脱中世纪末的沉重与阴郁。神圣罗马帝国后期的德国长时间处于瘟疫、饥饿和战争的交困中，社会矛盾激烈，四伏的危机如同随时出击的撒旦，丢勒在他这组木刻作品中表现了《圣经·启示录》所描述的世界末日和最后审判的场景，画面附会了现实中形同末世的黑暗以及人们面对死亡的恐惧与无奈。丢勒的《启示录》之所以能够广泛地触动人心并风靡整个欧洲，除了敏感的历史时期和这位杰出的版画家能够让作品爆发出来的艺术魅力，印刷术是起到前所未有的推广效应的发动机。中国人发明的印刷术于14世纪末通过丝绸之路来到欧洲，欧洲人对活字印刷的改进推动了欧洲印刷和出版业的蒸蒸日上，包括地图册在内的各种图案、文字书籍，都在新兴的"生产线"上呈现出一派欣欣向荣的景象。书籍，开始越过宗教与权贵的高墙，进入普通人的生活。丢勒应该是洞悉了这一趋势，决意不拘泥于版画家的身份，他还要成为一名"出版人"，而这组渲染末日审判的木版画，正是出现在1498年丢勒自行出版的《启示录》书籍中。丢勒被誉为最早跨界版画和出版的艺术家，并非浪得虚名。书本的力量是强大的，当可以复制的大量书本同时发出，强大的力量更具备了可贵的延展性。死亡骑士们，就是这样在丢勒的刻刀下，举起了正义的弓箭、刀剑、天平和铁叉，擎着他们赶尽杀绝的斗志，所向披靡地冲锋在扫荡人间罪恶的沙场上，其精神和气势席卷了所有注视这些图画的读者的灵魂。（图15.5A、图15.5B）

叱咤风云的骑士、恪尽职守的天使、如蒿草伏地的布衣众生、插着麦芒一样光辉危坐云端的上帝……除了这些形象，丢勒刻刀下的动物也令人过目难忘。《启示录》刻画的是即将被摧毁的旧世界的至暗时刻，艺术家让他的画面中游荡出一些一眼就能令人魂魄摇撼的魑魅魍魉，如长角的怪物、七个脑袋的恶龙，这些猛兽的模样完全来自基督教传统定义中的异教

图 15.5A 《启示录》之《死亡四骑士》。丢勒，木刻版画，1496—1498 年。德国巴登-符腾堡州，卡尔斯鲁厄国家美术馆藏（Staatliche Kunsthalle, Karlsruhe）。

图 15.5B 《启示录》之《霞光女与七首龙》。丢勒，木刻版画，1496—1498 年。德国巴登-符腾堡州，卡尔斯鲁厄国家美术馆藏。

世界的邪恶存在，更直白地说，它们曾经指代的是基督世界臆想中的东方，与早期西方人在想象出来的远东地图上安放想象中的具有标志意义的古怪动物有着直接的血缘关系。但是，1515 年，当时间又跨过十七个年头，当丢勒照着某位无名氏的素描，在一张新的木板上刻出一头粗壮憨实的大犀牛，版画家刀下的东方动物俨然大不相同了。

1515 年的 5 月，在葡萄牙里斯本的码头，一头沉重的印度犀牛上岸了，怀着巨大好奇心的里斯本市民奔走相告，围观者无不啧啧称奇。犀牛的消息在整个欧洲不胫而走，引起了巨大轰动，连身在德国纽伦堡从没见过这头活物的丢勒都忍不住拿起刻刀和木板，参考一幅不知道谁画的草样，完成了印度犀牛的肖像。

丢勒刻刀下的巨兽确实来自东方。（图 15.6）故事要从达·伽马的舰队满载东方的丝绸、香料与珍宝从印度洋首次绕过非洲好望角返回里斯本说起，这一轰动性的历史事件标志着被意大利人和穆斯林占据了几个世纪

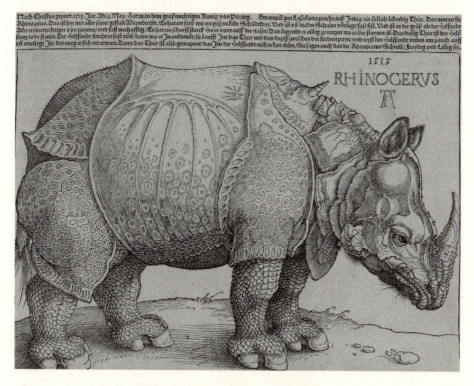

图 15.6 《犀牛》。丢勒，木刻版画，1515 年。英国伦敦，大英博物馆藏。

的陆上和海上丝路终于有了更开阔的新航线，东方贸易的"封锁线"被葡萄牙人突破了。1514年，与印度直接贸易已经整整十五年的葡萄牙不满足于单纯的贸易往来，为了更有力地开拓在印度的殖民地，葡萄牙驻印度的第一任总督阿方索·德·阿尔布克尔克（Afonso de Albuquerque，1453—1515）向坎贝（今古吉拉特邦）的苏丹要求允许葡萄牙人在第乌岛（Diu）上建造驻扎的堡垒。葡萄牙使节为苏丹带去了丰厚的礼物，可惜谈判并不成功。不过，来而不往非礼也，作为对葡萄牙总督的答谢，苏丹出手也是相当阔绰，在琳琅满目的回赠中，包括一头壮硕的犀牛。总督大人对这庞然大物也许一时不知所措，但他是机智的，顺手就把大礼装上了葡萄牙船，当作献给国王的礼物送去了里斯本。

犀牛的体积和重量对16世纪的远距离船舶运输是一个不小的挑战，然而来自印度的犀牛富有合作精神，因为船上空间有限，人们无法为它储备占地庞大的草料，在漂洋过海的西征途中，它的口粮被换成了犀牛家族日常食谱中闻所未闻的大米。我们不知道它是否因此消化不良，但我们知道它嚼着硬邦邦的米粒儿路过莫桑比克、圣赫勒拿岛和亚速尔群岛，并在四个月以后活着到达了里斯本。如果说这趟航行于16世纪的航海实践是一次伟大的胜利，那么就像西方人用欢呼和惊叹声所表达的，东方犀牛胜利到达彼岸，本身就是一个奇迹。古罗马的老普林尼在著作《自然史》中提到过犀牛，说它们是古罗马竞技场（斗兽场）里的明星，但后来它们销声匿迹了，千年的空白让古人的记录沦为想象和杜撰，而掀起人文主义热潮的欧洲人正是在这非常时刻重逢了神话般的东方犀牛，它立刻成为最好的证据：文艺复兴所推崇的古典文化，千真万确，切实可信。

欧洲传统古典文化的切实可靠性，可以印证于一头从海上丝路走来的犀牛，这是何等令人匪夷所思的奇妙。它让欧洲人对自己的古典文明喜出望外，而把这份欣喜传遍古老大陆的"传单"，就是出自丢勒的、令整个欧洲疯魔了的一头印度犀牛的肖像。尽管丢勒的这头犀牛造型并不准确，甚至谁也说不清为什么它粗糙的皮肤几乎被刻成了盔甲的模样，但在之后的三百多年里它一直被人们不断地、大量地复制，直到18世纪，它依然是欧洲人公认的犀牛界的"标准像"。所有的画家，乃至雕塑家，都在"临摹"

丢勒的犀牛。这是版画的魅力，也是丝路的魅力。

丢勒的、丝路的、葡萄牙的、文艺复兴的、印度的大犀牛，登陆刚半年就被葡萄牙国王曼努埃尔一世再次装上帆船，这回它将作为重大礼物进献给罗马城里的教皇。然而，正是在这次挺进意大利的海途中，勇走丝路的东方犀牛遭遇了不测。当风暴来临，被葡萄牙人的锁链拴死在甲板上的大犀牛，就像被钢盔铁甲所桎梏的孤胆英雄，空有最好的水性也逃不过洪水滔天的劫难。从此，欧洲境内再无活体犀牛记录，直到六十多年后的1579年，从东方印度才又传来第二头犀牛姗姗出发的消息，而这次的登陆地点，已经从葡萄牙转移到了西班牙。

想象着这史诗般的故事，扼腕叹息的意大利人为那未能谋面的东方犀牛写下了一篇长长的韵文，描述它无畏征程欣然奔赴新天地的风采，也完整记录了它登上西方舰队的前因与后果。或许正是因为"出师未捷身先死"的英雄悲歌情节在先，才有了后来丢勒刻刀下披"坚"又执"锐"的武士样式的东方犀牛吧。丢勒是写实的，看过这幅木版画的人，谁都不会说他画的不是一头犀牛，相反，它的形象是如此逼真，逼真到壮硕的气势占满甚至冲破了束缚它的版画框。但同时，丢勒的真实又是伴着想象的，如果没有想象，一头正常的独角犀牛脊背上怎会蹊跷地生出另一根尖刺来，而它满身别具一格的鳞片，贴花或铜钱样式的螺旋纹，长须的嘴巴和尾巴，就更是令人一言难尽了。但是，从图像学的角度，无论如何，丢勒的这匹巨兽已然不同于欧洲中世纪图库里各种奇怪形状的东方动物，它所意味的是，东方之于西方，从彻底的"幻想"或者"妄想"，开始走向"真相"。

第一头印度犀牛之所以能够抵达葡萄牙，仰仗的是延续海上丝路的大航海时代船舶技术的发展，而丢勒的版画带着印度犀牛的故事风靡欧洲，仍然与印刷术的进步息息相关。对西方印刷术做出最大贡献的应该是德国人约翰内斯·古登堡（Johannes Gutenberg, 1397—1468），他从榨汁机原理得到启发，发明了印刷机，又发明了以低熔点合金浇铸的更精细也更耐印的金属字模，极大地提高了印刷品的质量。为了使金属字模更容易着墨，他还发明了用亚麻籽油调配的油脂性墨，并用它代替了水性印墨。除了涉及活字印刷范畴的技术升级，古登堡还改良了纸张工艺，在原先以植物纤维为主的纸浆中加入胶和填料，使生产出来的纸张变得更加结实耐印。最重要的是，古登堡对印刷技术的各个要素进行了全面系统化的整合，为大规模、高效率、高品质的印刷机器的诞生创造了条件，也为印刷术的现代化奠定了基础。相较于手工印刷术，古登堡的印刷机器大大提高了工作效率，印刷速度与数量的大幅提高使印刷品变得非常便宜。丢勒等艺术家的作品之所以能够在欧洲民间快速并广泛地传播，正是印刷技术突飞猛进带来的必然结果。

三、古丝路：百科全书与中西版画

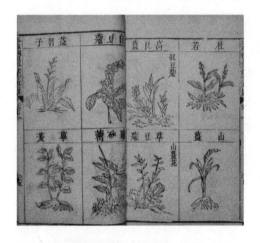

图 15.7 《本草纲目》插图。中医典籍，李时珍（1518—1593）著。木版印刷，明代 1552—1578 年间成书。

与此同时，当我们的目光转向东方，看到的是版画和印刷术已经由唐宋下沿，在明清时代繁荣兴盛达到高峰，为后世留下了多部图文结合的皇皇巨著。例如明嘉靖至万历年间，由杰出的医药学家李时珍（约 1518—1593）写作的《本草纲目》，介绍了近两千种中草药、药用矿物和药用动物的性状特征及功效，包括它们的生长生成环境和炮制方法，

《本草纲目》被认为是中草药的巨典，对人类近代医药科学产生了巨大影响。（图 15.7）又如明崇祯十年（1637 年），由宋应星编写的世界上第一部关于农业和手工业生产的综合性著作《天工开物》（图 15.8），记录和介绍了古代中国在机械、制陶、造纸、火药、纺织、印染、采矿和榨油方面的生产技术和流程，被公认为 17 世纪的工艺百科全书，比欧洲启蒙运动中百科全书派的出版活动早了一百多年。我们无意在中国 17 世纪的工艺百科全书和法国 18 世纪以狄德罗为代表的启蒙思想家们的《百科全书》之间探究或勾勒某种潜在的关联，但在这些前赴后继的作品当中，我们可以看到东

图 15.8A、图 15.8B 《天工开物》。中国 17 世纪的工艺百科全书，宋应星（1587—1666）撰。木版印刷，初刊于明崇祯十年丁丑（1637 年）。

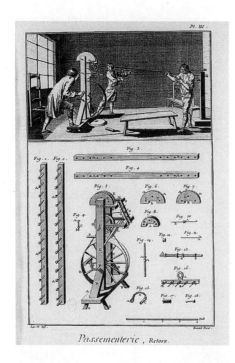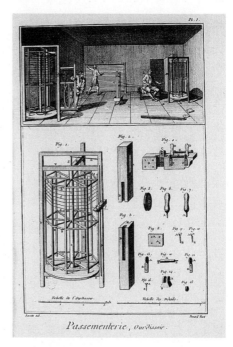

图 15.9A、图 15.9B 《科学、艺术与工艺百科全书》（*L'Encyclopédie*）。法国 18 世纪的百科全书，狄德罗（Denis Diderot，法国，1713—1784）主持编撰。金属雕版印刷，1751—1772 年成书。

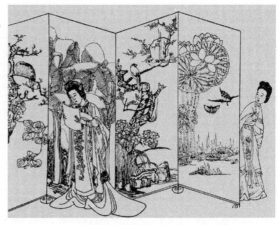

图 15.10A、图 15.10B 《西厢记》插图。陈洪绶绘图，黄建中、项南洲雕刻。木刻版画，明代。

西方版画和印刷术的语言模式以及它们之间的代际关系或共通点，而一旦打开它们，我们看到，为详尽但不免枯燥的文字提供了生动、形象、直观的补充与对照的，正是作为插图的版画。（图 15.9）

　　另一方面，出现在同时期中国文学名著中的版画插图和一些不依附文字的独立的版画作品，通常由著名艺术家绘制并由当时的雕版圣手刻制，作品更注重本身的表现力，有极高的独立的艺术价值。比如著名画家陈洪绶（1599—1652）所绘并由著名雕刻师黄建中、项南洲完成的《西厢记》插图。（图 15.10）陈洪绶的作品对日本浮世绘有重大影响，他的《水浒叶子》木刻被日本人反复翻印、刻板，风靡一时。（图 15.11）又例如明万历年间（1572—

图 15.11A、图 15.11B、图 15.11C、图 15.11D
《水浒叶子》。陈洪绶绘，木刻版画，明末。

1620）由钱贡绘图、黄应组雕刻的独立长卷《环翠堂园景图》，绘制与雕版都极其精美，达到了极高的艺术水准。（图 15.12）

在人类的文明进程中，印刷技术满足了大范围的社会文化分享的需求，催生了传播知识思想和审美意识的书籍、图册画片，满足了用于商品流通的货币等多种复数化印刷产品的巨大的实际需求，带来了利益，吸引了社会的资金和智力资源，推动着印刷材料工艺持续不断地革新和进步。规模化与讲求效率效益的印刷业，也顺理成章地为同族同宗的版画艺术源源不断地输送着最先进的技术与材料，推动版画艺术在版种、设备、工具材料等多方面的更新换代，使得原有的木版、铜版、石版技法以及手工操作方式在印刷行业中逐步被淘汰。但效率与大批量生产并不是艺术追求的目标，慢条斯理的制作过程反而让艺术家有充分的思考时间和探索个性化表现的余地。这种独特和有趣的创作方式，恰恰吸引着许多优秀艺术家乐此不疲地从事此类创作。由此，独立的以艺术表现为目的的版画和以传播及商业利益为目的的印刷业，随着时代的发展，走向了两条平行又相互顾盼的道路。

然而，即便是不依赖于文字的非插图性质的独立版画作品，中国人在较长时期里也是一味遵循由画师绘稿、匠人雕版和印制的传统方式。以明万历年间钱贡和黄应组分别完成绘画与雕版的独立长卷《环翠堂园景图》为例，其绘画和雕版都堪称典范，拥有极高的艺术水准，但作品仍然以单线白描为唯一的表达方式，与数百年前的表现手段相比并没有根本性的改进或变化。

在欧洲，艺术家们则更热衷于亲自动手参与制版和拓印，他们有着强烈的实验精神和旺盛的创造欲，开发出更多自由自在、富有表现力的独特技术，随时从日益进步的印刷行业及其他领域汲取营养。不仅在起步较早的意大利和德国，在欧洲其他各国，数百年间相继涌现了一大批闻名于世的优秀版画家，他们为世界留下了无数精彩的版画作品，如来自荷兰的蚀刻版画先驱伦勃朗，西班牙的戈雅、毕加索，法国的德加，等等。（图 15.13、图 15.14、图 15.15、图 15.16、图 15.17）

图 15.12A、图 15.12B、图 15.12C、图 15.12D　《环翠堂园景图》。钱贡（生卒年未详）绘图，黄应组（1563—？）雕刻。徽派木刻版画，明代。

图 15.13　《阿尔卑斯山地风景》。老彼得·勃鲁盖尔（Pieter Bruegel il Vecchio，荷兰，1525—1569），铜版画，1555 年。美国纽约，大都会艺术博物馆藏。

图 15.14　《三棵树》。伦勃朗·凡·莱因（Rembrandt van Rijin，荷兰，1606—1669），铜版腐蚀风景素描画，1643 年。荷兰阿姆斯特丹，荷兰国立博物馆藏（Rijiksmuseum）。

图 15.15 《狂想曲 34：渴睡》，《狂想曲》系列。弗朗西斯科·戈雅（Francisco Goya，西班牙，1746—1828），铜版画，1799 年。西班牙马德里，普拉多博物馆藏（Museo del Prado）。

图 15.16 《排练室里的两个舞者》。埃德加·德加（Edgar Degas，法国，1834—1917），凹版综合技法，1877—1878 年。美国纽约，大都会艺术博物馆藏。

图 15.17 《牛头怪弥诺陶之战》。巴勃罗·毕加索（Pablo Picasso，西班牙，1881—1973），凹版综合技法，1935 年。

四、古丝路：日本版画的渊源与流长

　　在东方，佛教通过古丝绸之路来到中国，并于 6 世纪初从中国传到朝鲜和日本，随之，汉译佛教典籍也因雕版印刷术的发明与进步得到了更有效的传播，汉字的使用也普及起来，而中国的政治、经济、文化制度更是沿着丝路的东亚延伸段深刻影响了所在地区。此时正值向封建制转化的日本，为加快自身社会的文明开化与发展，急于借鉴中国的先进成熟体系。自 7 世纪初至 9 世纪末，日本掀起了持续两个半世纪学习中国文化的遣隋使、遣唐使热潮，形成了中日文化交流的第一次空前盛况，加深了古丝路在东亚的延伸。中国的印刷术与木版画也随着这一时期的思想文化艺术乃至生活习俗东渡扶桑之国。

　　跟对待文字、书法、诗歌等文化艺术形态一样，日本的印刷术与黑白木刻在千年的历史跨度中一直模仿着中国的表达方式。早期的日本木版画同样专事佛画。17 世纪以前，木板印刷术在日本主要服务于书籍和一些插图制作。17 世纪，受明朝木版插图本的影响，平行于中国明朝末期的江户时代（1603—1868）宽永年间（1624—1643），独具风格的日本木版插图初露锋芒。江户时代的日本正拉着封建幕府的铁幕，经过前五十年三任德川将军治下的政治安定和经济发展，工具改良和技术进步使日本农村的生产力得到大幅度提高，自耕农们不再疲于缴纳实物地租和年贡，经济作物的种植得到推广，农业生产日益商品化。农村商品经济的发展同时推动了手工业的发展，并为城市繁荣创造了良好条件，新兴市民阶级的体量因此而膨胀，为 17 世纪后期日本新插图本储备了广泛的市场受众体，而这种新插图本恰恰取自宽永风俗画的样式，即日本版画浮世绘的雏形。

　　浮世绘（Ukiyo-e），是由传统木刻发展而来的独特的日本风俗画。在兴起之初，浮世绘作品并非一律为木刻印制画，因为也有画家以笔墨色彩创作，但总体而言，木刻版画是以绝对优势流行在扶桑国的浮世绘作品。这些带着浓郁日本本土气息和强烈装饰感的作品，通常分为"绘本"和"一枚绘"。所谓"绘本"即插图画本，起自古典小说的插图；所谓"一枚绘"则指单幅的创作木刻，推崇单幅版画欣赏，画工更加精心细致，尺寸大小不等。从刻制方法和色彩角度看，浮世绘版画从传统的黑白木刻逐渐演化出双色、三色乃至多色套印的技巧，形成"墨绘""丹绘""漆绘""浮绘""锦绘""蓝绘"等不同品种。而题材上，浮世绘版画描述日常生活、社会时事、演剧场景、古典名著、山川风景等，这些反映了新兴市民经济下的文化、思想和情感需求的素材，一边折射着日本的时代风貌，一边又反过来影响社会生活，有着出奇旺盛的生命力。浮世绘木刻版画的创作结构沿袭画、刻、印分治又合作的传统模式，这种新式的日本版画风行了将近三百年，直到近代才被现代木刻所取代。在西方，浮世绘版画几乎成为日本绘画的代名词，在相关的历史时期内，日本浮世绘作品甚至推动并影响了西方现代美术。19世纪，印象主义等诸多西方流派的艺术大师中，受到浮世绘画风启发的不乏其人，如德加、马奈、凡·高、高更等，他们都有过临摹江户时代浮世绘写实派大师葛饰北斋作品的经历，而凡·高是公认为深受影响的艺术家。（图15.18、图15.19、图15.20、图15.21、图15.22，见彩插）

五、丝路之"殇"与中国版画革命

古丝路，本是连通了世界的第一幅"路网图"。从制图与印刷的角度来讲，一千多年里，无论采用木版、铜版还是其他制作方式，真正刻出这幅"地图"的，是沿着古丝路砥砺前行者的双脚，世人也唯有沿着他们的足迹拓片，"世界地图"才不至于止步于一幅又一幅充满想象的版画，而是最终拥有了身为"地图"所不能不具备的可靠的信息，并在折射世界多彩的同时宣告它的真实。在这幅辽阔的、非静止的道路坐标体系中，每一个民族都拥有他们曾经或者一直拥有的位置，这些坐标点恰似星辰，在不同时期闪烁着或灿烂或幽然的美丽，被一代又一代的后来人描摹刻画，从未磨灭。当丝路西面的欧洲版画与印刷术继续快速发展并取得丰硕成果，善于学习的日本也因明治维新而将热切的目光转向西方，日本的艺术家们吸收了"自己画稿、自己制版、自己印刷"的理念，创作版画的实践在他们中间生根发芽、开花结果。

正如前面的阐述所显示的，在连续数个世纪里，东西版画的进步曾经有如两行节奏分明的踏步，在空谷回响中相互提醒，时而并行向前，时而交替跃进。就中国版画而言，当这样的"急"行军跨入康熙时代，终于发生了一次中西创作和创作者的汇合。在康熙时代以传教士身份供职朝廷的西方画家中，有一位来自意大利的那不勒斯人，中文名马国贤（Matteo Ripa，1692—1746），擅长绘画与雕刻，深得康熙皇帝的赏识，他印制了《御制避暑山庄三十六景》铜版画，还和其他欧洲传教士一起用铜版印制了中国地理史上第一部带有经纬线的全国地图《皇舆全览图》。马国贤此后共镌刻中国地图四十四幅，并应康熙之邀，将雕刻铜版技术传授给了中国人，这可以说是铜凹版最早传入中国的历史。马国贤的同人郎世宁来自意大利米兰，1720 年抵达北京，是为清王朝服务时间最长的西方画家，在为康熙、雍正和乾隆三位皇帝工作了一辈子的职业生涯中，郎世宁是组织、介绍、主创并直接参与中西版画合作的关键艺术家。发生在清廷的这一段创作铜版画的集结，实属难能可贵，但故宫的高墙也注定了它大不过"小团圆"的局限性，而清帝国走向覆灭的后话更使这一小股的艺术会师几乎发出回光返照的悲切。（图 15.23）

　　1723 年，与罗马教廷的中国礼仪之争日趋白热，雍正皇帝下令禁止天主教，不再允许外国传教士进入中国活动，并且启动了贸易限制。1757 年，英国商人多次违反清政府禁例，"移市入浙"，企图直接打开中国丝茶产区的市场并倾销他们包含鸦片在内的舶来商品，"浙海关"宁波面临着像澳门一样的命运。于是，在对浙海关加增关税却无法有效遏制洋人船舶北上的情形下，乾隆帝严申海禁，封闭闽（泉州）、浙（宁波）、江（上海）三海关，偌大的清帝国只剩下粤海关（广州）延续对外通商，即所谓的"一口通商"。从此，严格限制对外经济、文化、科学等交流的"孤立主义"被奉为国策，而被后人视为"闭关锁国"的时代，也正式在中国拉开了序幕。

　　假如说，为了清王朝的骄傲和自卫，雍正与乾隆主动斩断了中国通往世界的"丝路"并不失为正当，但不得不说，这一政策的长期推行导致了保守的政治体制，中外联系严重受阻，造成中国无法学习、吸收外来先进文化和科学技术的恶果，导致泱泱大国在后续的一二百年里严重脱轨于世界的发展进程，以至 19 世纪上半叶，列强用鸦片战争的炮火轰开国门。那

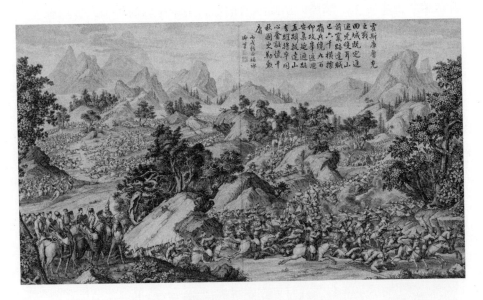

图 15.23A、图 15.23B　《乾隆平定准部回部战图》十六幅之两幅:《格登鄂拉斫营之战》《霍斯库鲁克之战》。
郎世宁、王致诚、艾启蒙、安德义等绘，铜版组画，1764—1765 年。

时的西方曾不无自豪地称自己打开了中国的"通商"之门，历史的真相却是：凡以枪炮进攻、欺凌霸道等任何一种不平等模式开启的"通道"，断然不可与"丝路"并论，相反，那正是世界丝路之"殇"。

封建社会江河日下，连年战争带来的只有饥荒与动荡，在这样的背景下，中国印刷术和版画的前进步伐变得艰难，几近停滞。然而，也正是鸦片战争强行打开了清王朝的国门，西方的社会科学与自然科学信息开始借助印刷机的转动而传递，大批主张并传播改良和革新的刊物与报纸将新思想源源不断地输入中国的古老大地，在历史的悖论中推动着中国社会的转型与进步。与此同时，欧美版画艺术家的制版技法、创作方式和许多激进的艺术观念也通过各种渠道（包括从日本）传入不再以皇城宫墙为限制的中国。一切都在为中国版画的巨大变革埋下伏笔。（图 15.23）

在我们的版画史上，与教育家和作家夏丏尊合编了《木刻版画集》的弘一法师李叔同通常被尊为中国现代版画艺术实践的倡导者和先驱，而中国版画革命的真正推动者非鲁迅莫属。伟大的思想家、文学家鲁迅的版画情结源于童年对《山海经》绘画本的记忆，关于这四册小书，鲁迅曾经一改他犀利的文风，留下了充满温情的语句。鲁迅对版画艺术有着特殊的感受力和鉴赏力，因为版画艺术横贯东西、兼容并蓄，其亲民而富有号召力

图15.24 《母亲》。凯绥·珂勒惠支（Käthe Kollwitz，德国，1867—1945），木刻版画，1922—1923 年。

图15.25 《激情之旅》第22页。法郎士·麦绥莱勒（Franz Masereel，比利时，1889—1972），木刻版画，1918年。

图15.26 毕珂夫（M.I. Pikov，苏联，1903—1973）为意大利16世纪作家A.Firenzuoli作品所作的插图。木刻版画，1932年。

的特征更自带非同寻常的分量。当新兴木刻运动在鲁迅的倡导和支持下成为左翼文化与艺术的一面旌旗插在1931年的上海，当鲁迅先生开始为青年爱好者举办木刻讲习会，当他挟着版画书籍和外国艺术家的版画作品与主讲木刻创作技法的日本美术教师内山嘉吉一起出现在课堂，当艺术家以刀代笔、自刻也自印的现代版画创作理念与现代版画技巧在中国木刻青年中传递，中国的木刻版画在经历了从大唐到明朝的"很体面的历史"以及在清帝国的"落寞"之后，终于焕发出新的生机。这段由鲁迅先生揭开的中国新兴版画史，本着"拿来主义"的精神，勇敢地、直率地举起刻刀，向西方学习。鲁迅不仅亲自投身新兴木刻的培育工作，还成为中国现代史上第一位西方版画艺术的鉴赏者、收藏者和推广者，德国的凯绥·珂勒惠支、比利时的麦绥莱勒、苏联的毕珂夫以及英、法、美、日等其他版画家的大量作品，都经鲁迅推荐或亲自编辑在中国获得了出版和介绍。鲁迅编印的《引玉集》《凯绥·珂勒惠支版画选集》《苏联版画集》还成为木刻青年学习的经典范本。（图15.24、图15.25、图15.26）

　　鸦片战争爆发后的一百多年里，积弱的中国灾难深重，面对一场又一

图 15.27 《鲁迅像》，力群（1912—2012，中国），木刻版画，1936 年。

场的内忧外患，中国人从没有停止过抗争。中国，可以水深火热，但中国人，生而不知沉沦。鲁迅，一位脱下求学的洋装换回长衫的思考者，坐在山阴路窗前的藤椅里，用笔墨战斗到生命的终点。这是一个不知沉沦的中国人的例子。他倡导并坚持的新兴木刻运动不只为中国日后的版画艺术创作带来了深刻变化，更使中国版画成为智者与战士的武器，并最终化为推动中国民主进步和民族解放运动的一枚清晰的时代标识，它的使命跨越了艺术本身，成为鞭策并积攒民族自强新生的力量。自强与新生，这是任何一个民族在任何历史阶段得以坦然推开国门、阔步走向世界的必要条件，也是中国重回"丝路"的前提。

今天，中华民族正在世界丝路的坐标中再次刷新自己的符号，它为中国和世界的未来凝聚了勇气和定力，中国的版画人再次看到了鲁迅先生递过来的那把锋利的刻刀。（图 15.27）

六、新丝路：相遇东西版画

鲁迅曾经希望"人类最好是彼此不隔膜，相关心"，他还认为，"最平正的道路，却只有用文艺来沟通，可惜走这条路的人又少得很"（鲁迅《且介亭杂文末编·〈呐喊〉捷克译本序言》）。鲁迅的文字以尖锐著称，可贵的是它们至今不失先锋性。贸易追逐利益，政治难免角力，宗教捉拿灵魂，要成为实现"不隔膜"与"相关心"的上佳手段，它们有着各自的局限。语言和文字是人类交流的直接工具，却在异邦语境中长出天然的障碍。如此看来，"文艺"倒可以是"平正"的"道路"。

"不隔膜"需从"相识"开始。版画，从来都不是一门"喧哗"的艺术，无论创作者身处东西，无论欣赏者来自哪一社会阶层，在这里，人与人之间、人与作品之间、作品与作品之间，有着先天的亲和。因为古丝路的存在和人们对丝路的向往，古老的中国雕版印刷术不仅为东方也为西方唤醒了版画的黎明，这一艺术形式从此在东西方隔空并存、遥相呼应。出于共同的"基因"，东西方版画无法撕裂彼此的关联，而相互的推动也注定成为版画历史的必然，这就是"相识"的基础。1949年以后，尤其自改革开放以来，在民族复兴与繁荣的历程里，中国版画再次投身到多民族守望的世界的"丝路"上。这时的版画家们所联想到的，已经不只是跟着丝绸跋涉在漫漫黄沙与西风古道中的佛经画卷，也不只是地中海里出师未捷的印度大犀牛，更多的是东西方创作与创作者之间的"千丝万缕"，它们不同于郎世宁时代"吾皇诏曰"下的铜版的集结，也不同于鲁迅时代"投枪匕首"式的木刻的号角。自20世纪80年代成为中国版画工作者向世界靠拢的新起点，中国版画经历了从请进来到走出去的学习，到带回来伙伴，到通力合作出成果，循环往复中持续了四十年有温度、有细节、有远方的磨砺与积淀，它们正在集成一枚前所未有的交融着东西色彩与线条的芯片，把连接和点亮未来的信号凝聚在一起。

比利时是著名艺术家麦绥莱勒的故乡，半个多世纪以前，鲁迅先生将他的作品介绍到中国并深刻影响了中国的新兴木刻运动。1992年，天津美术学院版画系青年教师姜陆，被公派至比利时安特卫普皇家美术学院研究生部学习。皇家美术学院教授、石版工作室主任英格丽特·勒登特（Ingrid Ledent）担任了他的指导教师，在此期间，他们建立起了良好的师生关系和友谊。回国若干年之后，姜陆先后担任了天津美术学院院长和中国美术家协会版画艺委会主任。而英格丽特则频繁地飞往中国，应邀参加多个在中国举办的国际版画展览，并前往中国的多所美术学院授课。2018年，英格丽特被聘为上海美术学院终身教授，帮助该学院建立起目前中国最大也是最完备的石版工作室。（图15.28，见彩插）

意大利是马可·波罗的故乡，也是石版画、铜版画的发祥地，优秀的雕塑家和版画家多梅尼加·雷加佐尼（Domenica Regazzoni）正是来自这个古老而美丽的国度。2010年，多梅尼加在上海世博会意大利馆举办了个人作品展。在此期间，她走访了中国美术家协会版画艺委会副主任卢治平主持的半岛版画工作室。共同的艺术语言是跨越海洋的最好桥梁，2015 年 6 月米兰世博会期间，多梅尼加与卢治平的双个展《并行的一致性》在米兰永久艺术宫拉开帷幕。观众为米兰以及意大利本土各界人士。米兰市市长出席开幕式并致辞。6 月 2 日是意大利的国庆，恰巧也是卢治平的生日，为了版画和"并行的一致性"，中意两国的艺术家和朋友们别有意味地共度佳节并为卢治平庆生。这位被水墨的美学理念浸润了全部青葱岁月的中国版画家，于不惑之年开始在家乡上海、鲁迅先生复兴木刻之地不遗余力地推广并普及西方技巧的铜版画，而借助"丝网"这一版画的"世界语"，将近古稀的卢治平在石版和铜版的故乡，成功诠释了中国水墨以及中国符号所吟诵的诗歌与禅意。（图 15.29，见彩插）

　　日本，一个从没有停止过学习与创新的地方，东西交汇又充满本土意识的版画精神如涌泉在这个神奇的国度汩汩流淌了一百多年。1985 年，还是浙江美术学院版画系青年教师的张远帆，硕士毕业于日本东京艺术大学，和比他年长十二岁的柳泽纪子应该算是校友。在校期间，他们并未有交集。回国若干年后，张远帆教授担任了中国美术学院版画系主任，并被聘为中国国家版画院研究员。2014 年，张远帆和卢治平共同策划《阅人——上海国际版画展》，邀请柳泽纪子以作品参展并访问上海。柳泽纪子带批判性但不失优雅的作品给中国观众和策展者留下了深刻的印象。2016 年柳泽纪子的个人版画作品展《最初的记忆》应邀在上海半岛美术馆展出，在此期间，她还为上海的中青年版画家精心授课。张远帆全程陪同，担任了专业且颇具学术深度的翻译工作。张远帆数次筹划并促成了中国国家版画院代表团的访日艺术交流。柳泽纪子除了专程赶到东京迎接，还在家乡静冈接待中国版画家代表团。2019 年 3 月，由张远帆教授策划的柳泽纪子版画作品展于浙江省美术馆举行，再次续写了浙江省与日本静冈自 1982 年建立起来的友好往来。19 世纪，日本的浮世绘版画曾让莫奈克制不住收藏的冲动，也让凡·高着魔似的反复临摹。二战后，日本青森的一户铁匠人家出了一位名叫栋方志功（Shiko Munakata）的版画师，他的刻刀在默默无声中被凡·高影响和左右，也默默无声地在日本古绳纹艺术的执念中磨砺。他的名字原本悄无声息，直到 50 年代接连在圣保罗和威尼斯双年展上获得大奖而响彻整个 20 世纪，这是一位优秀、纯粹、风趣的版画家，他曾经说想去刻画长城和故宫，可惜直到 1975 年离世也未能成行。那个时代没能来到中国的栋方志功不止一位，但在今天和未来，踏上这条东方图画丝路的艺术家，远不止于柳泽纪子，也不止于她的同道中人黑崎彰，更不会止于相向而行的中国画家张远帆。（图 15.30，见彩插）

这些发生在我们身边的事例听着平淡寻常，但在印刷术与版画漫长的生命历程中，先辈们的行为哪一桩不是在静谧中发生？只有当我们沿着千年的历史幅度打开视线的广角，他们的一举一动及其节点才会显现出非凡的意义和推动社会进步的巨大作用。正是这个有着印刷机器般沉着和迈着坚定有序步伐的版画人的部落，集体守护着传统与未来的光芒，而为了这一束光芒，他们当中的每一个人都有可能化成一把刀，为自己和他人解剖传统，也刻画未来。

在国门渐开的 20 世纪 80 年代，年轻的中国当代艺术工作者人人充满了认识世界和让世界认识自己的渴望，为了认识和被认识，他们大胆采用各种西方的视觉艺术手段来叙述自我，画出了中国当代艺术 20 世纪末的动感。四十年一晃而过，在当年的热血澎湃中，有一位版画家把自己打造成了一把特别清奇的刻刀，犀利的刀刃闪烁着思考的冷光，至今定格在我们的记忆里。他就是徐冰，一位用刻刀解剖了传统的版画家。徐冰的成名作品《天书》（1988），通过以汉字为型、以拉丁字母为体的"伪中文"，用一种特殊的视觉冲击，向世界强力"推介"了"汉字"。抛开学界对这部作品的通常认识与经典评论，徐冰手工刻板的四千多个无从释读的假汉字，有专属于 20 世纪八九十年代的中国当代艺术的批判特征，也为生活在那个严肃又活泼的年代里的中国知识分子提供了一种颇为"隔膜"又"稀奇"的汉字视觉映像，其感受无异于真汉字在多数西方人目光中既"程式化"又"讳莫如深"的印象。如果能从这个角度去体会作品的不无诙谐，原本认得或不认得汉字的中西观众，只要不是走马观花，都会生出"探究"的冲动吧。至于谁会循着西方字母的本能，谁会扶着中国的偏旁与间架结构，又有谁企图驾驭在二者之间，直到有谁能够或者谁也不能够得其奥妙，

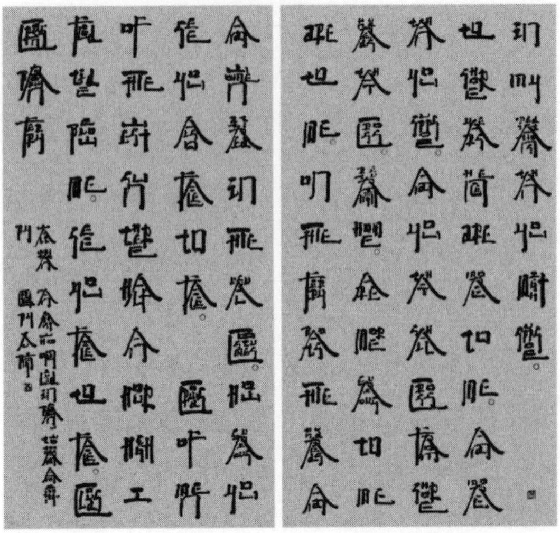

图 15.31A 《方块字书法》或《新英文书法》——《横过布鲁克林渡口》(*Crossing Brooklyn Ferry*, 沃尔特·惠特曼)。徐冰(中国,当代艺术家),徐冰的"英文方块字"形似中文,实为英文的新书写形式。与《天书》的"伪文字"不同,"英文方块字"是可阅读的"真文字",它将中国的书法艺术和英文的字母书写交织,衍生出新的文字语言概念。水墨书法,2018 年。美国纽约,布鲁克林博物馆藏(Brooklyn Museum)。

图 15.31B 徐冰"英文方块字":字母表。

则另当别论。这是一位版画家对东西方文字精神的形象化的提问,亦可谓艺术推动"相识"的开始。(图 15.31A、图 15.31B)

当时光的潮水漫入 21 世纪,中国经济有如一艘大船正乘着时代的潮流疾行,以鲁迅希望的"文艺"手段让汉字与中国文化走向世界的愿望,也似春潮沿着五湖四海的草际生长起来。有那么一位艺术家,他画笔下的汉字,天真如赤子,烂漫似海棠,沉静的时候又像粮食堆满谷仓。他或以油画或以水墨,将汉字绘成了世界的图画,每年带去他行走的国家。洛齐,他的绘画式的"书法",时而于传统的宁静中跳跃出刻刀的明快,直入人心。那是青年时代版画专业的学习经历在他的美学行囊里化成的一把与众不同的刀子吧。艺术家的行为常常是个人的,艺术家的个人行为可以感染每一位观众。洛齐,正是这样一位用汉字奔走在绘画的亚欧丝路上的艺术工作者。(图 15.32,见彩插)

七、新丝路：交汇的山水

宋元时期，海上丝路走向鼎盛，西方以意大利为急先锋的文艺复兴运动在发祥地佛罗伦萨首先绽放，继亚平宁半岛之后，这场科学与艺术的革命扩展到尼（尼德兰）、西、德、法、英等西欧各国，并于16世纪达到巅峰。文艺复兴运动成为欧洲中古时代和近代的分界，揭开了近代欧洲历史的序幕。意大利在这场广泛持久的思想文化运动中一直保持着领导者的姿态，带领欧洲冲破封建专制和宗教神学思想的束缚，推动了欧洲思想文化的空前繁荣，为欧洲资本主义社会的产生奠定了人文基础。至于文艺复兴为什么会在那个时间点于意大利兴起，尽管学界观点不一，归纳起来还是与古丝路有着割舍不断的联系。

信奉伊斯兰教的奥斯曼帝国，可谓丝路跑道上的一名历史"选手"，它于1453年攻陷君士坦丁堡（今土耳其伊斯坦布尔）。作为东罗马的首都，君士坦丁堡一直是传统"丝绸之路"陆路在西方的登陆点，奥斯曼帝国自以为从此掐住了丝路咽喉，可以来日方长地收取保护费，很可惜，那偏偏是高估了自己也误判了海上丝路的形势。为了躲避奥斯曼土耳其带来的战乱，生活在拜占庭的学者们纷纷收拾细软，带上他们钟爱的古希腊、罗马艺术珍品以及宝贵的书籍，逃回西罗马帝国原来所在的意大利等欧洲西部地区。据说，正是那些回到西方的古代珍品和典籍，让意大利人首先认识到了复兴古典希腊—罗马文化的必要性与迫切性。另外，除了十字军东征的战利品之说，许多学者还认为，欧洲的文化艺术之所以在这一时期突飞猛进，原动力来自那本风靡了几个世纪的威尼斯商人的《百万》（《马可·波罗游记》）。这是一部在当时既显得荒诞又充满诱惑的穿梭丝路的见闻录，它引发了欧洲社会对高度文明和富饶的东方世界的强烈探索欲。它最终拓宽了人们的视野，使意大利作为穿越历史的丝路健将，最早受益于东西方文明交流，并带领欧洲迎来了文化艺术的彻底复兴。

意大利，这个在艺术上涌现了无数前无古人后无来者的登峰造极之大师的地方，一个制定了西方艺术与美学规则的国度，它自古守候在丝绸之路的西端，却竭尽目力眺望东方的脉动。从好奇到接近，从接近到对比、质疑、说服与不可说服，到海阔天空的各自安好……到千年回眸的凝视，到相斥不如相惜的智慧，同样悠久的是彼此的欣赏。

当我们身处清代宫廷画家郎世宁的故乡米兰城，每当伫立街巷，面对隔着宽幅玻璃门窗的一座画廊时，如果装饰古朴，就会忍不住想象它大概就是郎画师远走中国之前学艺的地方，习惯的目光则飞掠陈列的作品，偶尔瞥到眼熟的，几乎有了东风西渐的恍惚。确实，以深入浅出的形式介绍中国传统哲学与人文思想的文化书籍近年来在意大利本土层出不穷，与世界其他地区一样，这些书籍往往拥有不错的读者群体。虽然关于中国传统美学的书籍尚不多见，但作为美学基础的哲学与人文思想已经能够传递相关的"启蒙"，它们或在无声无形中浸润人们的日常，或被自由地发挥在非文字的线条、色彩，甚至提取影像的镜头里。

在我们生活的 21 世纪，"中国"二字很热。这种"中国热"，不那么简单，也不同于世界史上任何一段相似的"时髦"。比如被汉代（《后汉书·西域传》）称为"大秦"的罗马帝国及近东地区，又比如唐朝人指称"拂菻"的东罗马拜占庭帝国，还有跑到元大都被忽必烈的朝廷列为"色目人"的马可·波罗们，他们都曾经向往结识中国，只因为那是一个难以聚焦而超凡神秘的国度。17、18 世纪，西方社会盛行"中国风"，它所代表的应该是欧洲人某种"本能"的"井喷"，因为新航路的出现刚刚为他们解除了丝路商品数世纪难以企及的压抑。中国制造的生活用品终于大量涌入欧洲，带去了诸如装饰瓷器表面的花鸟人物图案，通过这些器物和纹样，欧洲人自以为了解了中国艺术、中国风景和它们所代表的中国文化，却在随后的仿制过程中坠入片面认知的陷阱。而传教士们带回去的信息常常因为掺杂主观而走样，更何况 18 世纪的中国经济科学确实已经落伍。经历了政治与审美革命的欧洲人眼中生出傲慢，横扫西方的"中国风"沦为狂欢中的一台花车，迅速退场了。对"中国艺术……一时的迷恋，是一种风尚，一种短促的好奇，没有留下深刻的印记"。这曾经是法国汉学家亨利·柯蒂埃（Henri Cordier, 1849—1925）的评论。然而，在经历了近两百年的磨难、抗争和卧薪尝胆，尤其在浴火重生改革开放四十多年后的今天，纷纷走出国门的，早已不仅仅是重归丝路的中国制造，从包含互联网的四面八方，中国人正在以最直接的方式为世界放送自己的声音，甚至连鲁迅先生所说的走"文艺的"道路的中国人，也已经欣然汇入洪流。世界的目光正落在这场行进的洪流之上，新奇的有之，赞许的有之，期待的有之，杂陈着狐疑、无礼或其他，可以四舍五入但也没有缺斤少两。21世纪的"中国热"，果真不太简单。我们体会着这奇妙的温度行走在世界的风景里，来到郎世宁的家乡，偶遇几位走着同样"文艺的"道路并尝试捕捉世界表情的米兰艺术家，不甚惊讶，实属欣喜。

亚历山德罗·布西（Alessandro Busci），一位从不尝试呈现完整风景的风景油画家，他的作品犹如风景的碎片，而他试图捕捉并剥离出来的，正是那些风光长卷中的要素。这是一种能够感知当代的风景画的诠释范本，假若不把某些构成元素"提炼"出来，太多的风景可能已经不成风景。布西的风景通常生长在大幅的金属板上，在他的作品中，"蚀刻"这一古老的版画技巧成为重要的创作支持手段。布西在耐候钢板上塑造的《VG货轮》与《北京》，因而获得了难能可贵的色彩感与物质感。

马可·英德洛易尼（Marco Introini），摄影师，用镜头留住风景的人。拍摄风景并非还原风景，而是通过摄影师的视线再造风景。英德洛易尼的作品通常在黑白与线性的旋律中探索风景构成的致密性、多元性和丰富性，并努力在构成元素之间建立新的联系，使它们形成新的组合，拥有新的意义。正是在这个逻辑之下，英德洛易尼的镜头部分对准了来自人造风景的元素，如建筑、公路和街道，还有一部分则交给了自然风光，如灌木遍野、秀木独立或流水积石的河床。在他的作品《自然与建筑》的图像合成模式中，直线、斜线、透视等所有标杆都落在了再造黑白风景的路基上。

阿莱西奥·夏沃（Alessio Schiavo）擅长画水，为了画水，也画山。夏沃的《山水》，有人说像中国画。黑、灰、白的层次，几乎漾开了"墨韵"的生动，在似与不似之间，贯穿了以形写神的气势。但我们和夏沃本人都清楚，他的山水并不是中国画，从画布到画笔、颜料、构思，所有元素的基本精神都大相径庭。夏沃的《山水》之所以仿佛透着中国画的"气韵"，在于它采用西方自我的手段实现了类似中国水墨的单纯性（颜色单纯）、象征性（写意不写实）和自然性（描绘自然）。而真正的要隘很可能并非手段，却是"概念",如同作者对"水"和"自然"的理解。不管这是一次美学的巧合,还是某种哲学划过生命之海荡出的波纹,我们真切地看到,米兰画家夏沃为他的生命之泉水选择了白色。这是一股被赋予了色彩的清流。

八、新丝路:中国的线条与色彩

随着东西方政治、经济、文化交往的益加频繁和直接,东方元素在西方当代艺术作品中的呈现已不局限于零星个案,相关的印记在当代视觉艺术的各个领域都有踪迹可循,但总体尚不多见。历史上,水城威尼斯一直是欧洲面向东方的华丽客厅,圣马可广场的海面上曾经交融了罗马、哥特、拜占庭等多元文化的水流,威尼斯共和国总督府轻盈精巧的空中阳台上,成排镂花拱顶长廊的上立面,浅红的席纹装饰,昭示了迢迢丝路上曾经与威尼斯常来常往的东方伊斯兰的美学。而远东的中国符号,却像一枚千年的问号。

自从2005年首次设立中国馆,担当全球先锋艺术实践"汇报地"的威尼斯双年展,为中国的艺术符号开辟了前沿报道和诠释的新战线。而统观历届情况,陈琦的水印木刻版画作品《2012生成与弥散》以传统的、纯粹的中国理念和独有的艺术样式出现在2019年第五十八届威尼斯国际艺术双年展的中国馆,并非偶然。

水印木刻,是可溯源至9世纪的中国独有的版画语言,它通过中国画的水性材料,印在宣纸上来完成作品,与中国黑灰白的水墨画同源。在世界版画的大家族里,水印版画由中国发明,历史最长,并在延续千年的时间里从单色线刻的范式发展为多版多色套印,形成了极为完善的技术体系,这一支持体系下产生的独特的视觉图像表现,对东亚各国版画包括对日本的彩色木版画和浮世绘都产生了深远的影响。以中国水印版画为代表的东方版画和以铜版画、石版画为主要支撑的西方版画语言,两者并行了数世纪,其间也相互融合,相互借鉴。如果说唐咸通九年通过水印木刻完成的《金刚般若波罗蜜经》扉页插图是中国"流落"到西方的存世古代版画中最早的一幅,而作品的完美程度佐证了中国是印刷术与版画艺术的源泉及诞生之地，那么陈琦的《2012生成与弥散》，则可谓通过水印木刻版画终于将中国水墨绘画传统所折射的精神世界，以直接、自我、悦目、有效的美学方式投放到了世界的目光里。

《2012生成与弥散》是一场大水，一场即将开始被读懂的大水。这幅浩瀚的水图平铺高四米，长二十多米，不仅给予观众无垠的视觉体验，甚至让驻足者几乎抽离现实，恍若置身于渺渺烟波，闭上眼睛你可以幻化成波上的一抹光斑，再往深处潜去就是汇合在水色苍茫中的一尾鱼或一滴水。这种视觉的体验和代入的力量无疑能生成更深的哲思。

水于人类有太多寓意，关乎生命，关乎文明，而生命与时间更是由水的意象带来的普世情怀的关切。中国的孔子（公元前551—前479）曾经望着奔腾的河流叹息："逝者如斯夫，不舍昼夜。"老子（约公元前571—前471）在他的《道德经》中说，"上善若水，水善利万物而不争"。古希腊哲学家赫拉克利特（Heraclitus，约公元前530—前470）则说人不能两次踏进同一条河流。孔子因水而想到生命的不息，也想到了生命的消失，留给后人对生命和时间的思考。老子以"上善若水"为重要的哲学命题之一，认为具备崇高之"善"的人像水一样，滋润万物而不与万物相争。古希腊哲学家从水的思考中获得了更多关于"变化"的感悟。

而陈琦的《2012生成与弥散》，用中国传统绘画系统支持下的水印木刻版画，通过普世情怀中的大水，诠释了水墨艺术中黑与白的哲学体系：建构与解构、入世与出世、存在与消亡、阳与阴、有与无，抑或还有永恒。中国的水与墨并不是颜料盒中的白与黑，它是中国人文精神中的色彩观，水与墨可以调出层出不穷的五彩，触人灵魂，它们是对自然与生命的根本认识，是思想。如果非要做个类比的话，也许可以这么说，中国的文字是象形的，但中国的线条与色彩，从来就是"抽象"的。

我们身处一个多变的世界，风云万象时刻都在涌向各自的十字路口，分裂与矛盾在不安中甚嚣尘上，众口纷纭、莫衷一是，在如此"有趣"的年代，中国艺术家陈琦用黑与白的大河刻出了东方的从容。水是有限的生命，水是无限的时间。问水何所来，问水何所去，水亦无所谓来，水亦无所谓去。五指握不住的流水，抽刀斩不断的自新。因为自新，水，奔跑着存在。于是，有限的生命终于在水中与无限的时间合二为一，生生不息。这是历史的万古江河教给中国人的无畏和自信，而这种无畏与信心正从容地走在让世界开始去读懂它的丝路上。

历史的天空说："风雨来了！"
中国人说："可以猛烈些。你是未来的信使。"

后　记
美丽的路

　　当我开始在外贸公司当学徒的时候，并没有想过，七百多年之前，有一位跨国贸易的先辈人物，那个名叫马可·波罗的威尼斯人，在逗留中国近二十年后，陪着一支送亲的队伍从泉州登船返乡了。

　　这支队伍迎着海风向南，而后向西漂去，途经岛屿或陆地，下船上船，遭劫遇匪，停停走走两年。他们经过马六甲和霍尔木兹海峡，登陆后于1292年来到波斯的大不里士城。大不里士，是当年蒙古人的伊尔汗国首都，也是送亲队伍护送的阔阔真公主远嫁的目的地。在这里，阔阔真无缘谋面皇家安排的夫君阿鲁浑，因为这位汗王早在她到达之前就已经离开了人世。公主的人生需要重新安排，她会在这里等待，等待与先王的儿子哈赞成亲，而向导马可·波罗将继续西行。马可·波罗从大不里士取道黑海，路过特拉布松，前往东罗马的君士坦丁堡，也就是今天的伊斯坦布尔，最后于1295年回到故乡威尼斯。

　　马可·波罗十六岁离开威尼斯前往中国，来时沿着北方黄沙绿洲中的陆上丝绸之路；去时他已年将不惑，他的帆船恰恰行驶在南方碧波万顷的

后　记　　313

海上丝路航线上。作为一名西方的商人和旅行家,马可·波罗是幸运的,他身体力行了13世纪古丝绸之路上的坎坷与圆满,成为欧洲人走向东方的先驱和榜样。

离开与回归,马可花了二十五年的时间。他认为自己熟悉丝路、了解东方,尤其知道中国的模样。机缘巧合,回家后的马可出了一本游记,讲述中国的财富与美丽。这本书在欧洲的发行连续几个世纪数量可观。马可没错,他"认识"了元朝的中国,还为乡亲们做了慷慨的分享,让投向东方的目光从此在西方世代相传。马可的买卖不止于买卖,马可干得不错。

20世纪90年代初,我刚刚走出家门,偶然登上跨国贸易的列车,还没有认真读过马可·波罗的故事,想不起他半生不熟的名字,也想不到"丝绸之路"或者他与它的渊源,只以为放眼世界便可以横走天涯了。和当时的许多中国青年一样,我在国家经济改革渐入佳境的时候踏上一路向西的商旅,在滚滚西去的浪潮里,我们很多人都是微小的水分子,无形无色,却充满活力,生机盎然地闪烁在盛开的浪花里。我们遇到相向而来的湍流,它们卷着花式的、漂亮的漩涡,载着马可·波罗的子孙,四溅的水花闪耀着注视的光芒,那陌生的目光,仿佛认识我们。我们迎上前去,用货物去交换陌生和后来的不那么陌生。

我的悟性不高,为了这种以交换为目的的相遇,跟五花八门的L/C信用证、D/P付款交单、T/T预付、T/T尾款不厌其烦地打了二十年的交道,这才弄明白,我们只是往返在七百多年前马可走过的丝路上。我和我的同行们一样,庆幸中国政府"入世"的决心,它让每一位普通的中国人都有可能参与到商品的国际交换中。我们在物质经营的过程中自由地浏览、分辨、领略、学习、采撷那些属于世界不同角落的不同的美丽。我们的收获在于个人和社会财富的增长,在于辅助国家增加外汇储备以换取世界先进技术。而我们的活动从根本上促进的,是东西方民众在当代语言、生活、科技、思想、审美等文明领域的成果分享。贸易是人类通过交换从而实现分享的天然途径,畅通的"丝路"(贸易通道)为交换和随之而来的分享提供了可能,这是丝绸之路数百年前已经给予马可·波罗们的馈赠。千年之后,在重启的丝路分享中,惯于"厚往薄来"的中国人也终于有所受益。

丝绸之路的概念从此才具体地进入我的认识。这时，回过头去重新阅读德国人李希霍芬于1877年为"丝绸之路"给出的定义，那些字眼终于鲜活起来，好像从考古学家的乱岗枯草丛中解放了出来。这让我不禁想起某些聪明人说过的一句话：历史，是重复的。

　　历史，也许正在重演。复苏的丝绸之路，人来人往，呼之欲出的是一个即将被全人类真正共享的新世界。它不只是一个令人感动和遐想的愿景，而是所有从事贸易或非贸易"交换"的我们日复一日的作业现场，它向我们预示了一个未来世界的秘密，也让我们深信自己已经成为参与揭秘直至使命必达的一分子。在接着的十年里，我们跨过了太平洋东岸"分享"给世界的金融危机；我们直面传统出口贸易与进口贸易的挑战；我们见证并体验着网络时代突飞猛进的信息共享；我们目睹通讯技术的跨越升级和它走出国门的布局；我们捕捉中西人工智能产业正在生成和即将生成的新机遇；我们感受着世界各国在前沿科技与全球生产链中的分工、交叉和渗透，亦忧亦喜。多年的全球化开始把"融合"与"共通"注入地球人的信仰，当我们因为这样的信念而拥有知难不退的豪迈时，我们也有幸领悟了另一些聪明人说过的话：历史，永远不会是简单的重复。

　　人类只有一个地球。国际社会日益趋向你中有我、我中有你。2013年，中国领导人借用古代丝绸之路的历史符号，提出"一带一路"倡议，期望在和平的旗帜下积极发展与沿线国家的经济合作伙伴关系，共同打造政治互信、经济融合、文化包容的利益共同体、命运共同体和责任共同体。这项倡议寓意深远而美好，得到了世界上许多国家和人民的理解与积极响应。2019年3月23日，意大利与中国签署"一带一路"备忘录。中国和意大利，丝绸之路历史上东西方世界的代表，决定用穿透陌生的目光，为世界的分享之路背书，为不同文明之间相知互信的努力背书，这是激动人心的。

　　然而，自2020年"新冠"疫情发生以来，世界似乎突然又退回了历史的某个点。空间上的隔绝与距离倒是其次，某种"新冷战思维"所引发的误解、隔膜乃至敌意，尤其令人不安。站在古丝路的沙洲碧浪里遥望今天的马可，估计已经看懵了。在这样的背景下，"丝路"所传达的开放、平等、交流、互通的理念显得尤为珍贵，而筑路人的信念和行走者的果敢，

后记　315

正在守卫着"丝路"的理想。

我们这项献给丝路的工作始于 2017 年。跟满桌子满电脑的约稿缠斗是我近年来的常态，类似经营中与"高品质的高库存"之间可能发生的鏖战，只要它无法动摇你的决心，就只能把你打磨得愈发斗志昂扬。那些文字和图像的作品，来自意中两国数大院校及研究机构的近四十位教授、学者和艺术家。文字作品除了讲述早年马可或者跟马可一样奔赴东方的人和事，他们为丝路远征做过的万全功课，他们穿山越海时的迢迢旱路与水途，还有不少关于他们的家乡地中海的奇闻趣事。

美术家的作品，对于亲近艺术的读者来说，有着别具一格的魅力。它们通过行走东西方的图像为人们留下想象的自由和空间。它们把你拉回当代，让你意识到自我与融合，让你想到文字书写的"中古"或"传统"正在身体里悄悄流淌。

从原来计划编写四册的稿件中，我们最后甄选出二十四位作者。他们的出生时间自 20 世纪 40 年代至 80 年代不等，来自的领域横跨汉学、史学、地理学、航海学、建筑学、哲学、纺织学、艺术史学、美术、美学等。我们决定把他们的共计三十件作品先行汇成单行本出版。从拜访、征稿、通读、筛选，到翻译、修订、编写、校对，时间过去了近四年，我却仍然盘桓在这三十座绿洲里。

编写这样一册文集，只是因为今天的我和我的朋友们终于无数次回访了马可们的出发地。想当年，回到威尼斯的马可仍然忙碌不停，结婚、生子、经商，随时响应祖国的召唤上船去打仗。关于他的东方见闻，马可只是在热那亚的大牢里托了个难友做笔录，貌似断断续续却也天马行空，极具鲜明的创作个性。相形之下，我的境况真的好太多，要让中国乡亲看看马可的来路，不必勉强自己秃笔生花，更无需难兄难弟，诚邀专家们给出专业的文字，就很好。

我想，一册装有好故事的文集完全可以自信地走到人群中去。所以，当马可对路上的某段局势百思不得其解的时候，我正怀着加速消化"品质存量"的憧憬，一遍又一遍地扎进那三十座绿洲里。我应该是把自己想成了一只难得聪明的鸵鸟，风声雨声，不再声声入耳。

终于，在这个清冷的凌晨，可以在键盘上打下一枚句号的时候，我走出绿洲，看到马可站在那里。我走上前去招呼。说什么呢？

"《陌生人马可》结稿了。"我说。

"什么陌生人？"他问。

马可一脸的不解。

我拍了拍自己的脑门，搞错了，这话该说给远在另一头的夏沃先生，我的合作编者，一位米兰的画家与建筑师。知道他在等通知，等很久了。在我的印象中，夏沃的等待仿佛一直没有离开过不远处的外白渡桥，五年前，我们约好在那儿碰头，背着他的"中国画"。

其实，所有的作者都在等待"马可"的消息。这不，刚收到热那亚苏尔迪教授的邮件，告诉我说，他已经在续写自己的专著《丝绸之路》了，增补部分取名为《新丝绸之路》。

事实上，所有的人都在等待"马可"的消息。因为，谁都知道，中国人不会因为干扰停下他们迈向丝路的脚步。那将是一个全新的丝绸之路的故事了，就留给以后的我们再去述说吧。伸展在《陌生人马可》文集里的，是这条美丽之路的前生，它是一支历史的火把，照亮来路也鼓励后人。这是名词"丝路"或"古丝路"存在的意义，历久弥新。

我，不及马可，多年的西行拼不出一册《西行记》来，但有机会行走在意中两国有识之士为丝路书写的美文和镌刻的如画风景中，鉴古思今，不胜荣幸。

世界，终将光彩夺目。因为人类，终将学会彼此欣赏与共享。

邱 捷
2021 年 4 月，上海

CONTENTS

MARCO THE STRANGER

THE SILK ROAD PAST AND PRESENT
BETWEEN ITALY AND CHINA

我思，我读，我在
Cogito, Lego, Sum